中华人民共和国史研究文库

当代中国文化建设理论若干问题研究

刘 仓 著

当代中国出版社
Contemporary China Publishing House

图书在版编目(CIP)数据

当代中国文化建设理论若干问题研究 / 刘仓著 . 北京 : 当代中国出版社 , 2024. 8. -- ISBN 978-7-5154-1416-4

Ⅰ . G12

中国国家版本馆 CIP 数据核字第 2024KC3070 号

出 版 人　王　茵
责任编辑　陈　莎　柯琳娟
责任校对　贾云华　康　莹
印刷监制　刘艳平
封面制作　鲁　娟
出版发行　当代中国出版社
地　　址　北京市地安门西大街旌勇里 8 号
网　　址　http://www.ddzg.net
邮政编码　100009
编 辑 部　(010) 66572180
市 场 部　(010) 66572281　66572157
印　　刷　中国电影出版社印刷厂
开　　本　720 毫米 × 1000 毫米　1/16
印　　张　24.75 印张　2 插页　367 千字
版　　次　2024 年 8 月第 1 版
印　　次　2024 年 8 月第 1 次印刷
定　　价　79.00 元

《中华人民共和国史研究文库》

编辑委员会

《中华人民共和国史研究文库》

总　序

历史研究是一切社会科学的基础，重视历史、研究历史、借鉴历史是中华民族5000多年文明史的优秀文化传统。中国共产党继承了这一优秀文化传统，积极倡导学习历史、研究历史，尤其是学习中共党史、中华人民共和国史（或简称“新中国史”）、改革开放史和社会主义发展史。习近平总书记指出：“重视历史、研究历史、借鉴历史，可以给人类带来很多了解昨天、把握今天、开创明天的智慧。”

党的历史、新中国的历史，是中国共产党为中国人民谋幸福、为中华民族谋复兴的奋斗史，是我们党、国家和民族的宝贵精神财富。中华人民共和国的成立，开启了中华民族发展进步的历史新纪元。从那时起，即有学者开始对中华人民共和国史进行研究。1956年6月，黄炎培在一届全国人大三次会议上提出，应“及时收集和保存建国史料”，并“加以整理”。

党的十一届三中全会后，伴随党的思想路线的重新确立和对中华人民共和国正反两方面历史经验的深刻总结，新中国史研究逐渐引起党和国家以及学术界的高度关注。经过多年的艰辛探索与开拓创新，新中国史研究取得了众多学术成果，成为中国历史研究中一个最年轻的学科。

党的十八大以来，以习近平同志为核心的党中央高度重视历史，特别是党史和新中国史。习近平总书记强调："历史是最好的教科书。""学习党史、国史，是坚持和发展中国特色社会主义、把党和国家各项事业继续推向前进的必修课。这门功课不仅必修，而且必须修好。"在开展"不忘初心、牢记使命"的主题教育中，党中央专门印发通知，要求各地区各部门各单位把学习党史、新中国史作为主题教育重要内容，不断增强守初心、担使命的思想自觉和行动自觉。

当代中国研究所于1990年6月28日经中共中央批准成立，研究和编纂中华人民共和国史、收集和编辑国史资料、出版国史研究著作，是当代所的主要职责，也是当代所人的崇高使命。当代中国研究所成立30年来，撰写并经中央审定出版了《中华人民共和国史稿》序卷和一至四卷，目前正在撰写五至七卷；编纂出版了每卷100万字的《中华人民共和国史编年》，该书为集资料性、研究性和学术性为一体的大型编年史书。在此期间，当代中国研究所和其主管的当代中国出版社，还参与组织编辑出版了152卷、210册、总计1亿字的大型史料性丛书——《当代中国》丛书；与中国大百科全书出版社合作编写了《中华人民共和国国史百科全书》。为迎接新中国成立70周年，受中央委托，当代中国研究所组织编写出版了《新中国70年》《中华人民共和国简史（1949—2019）》《新中国社会主义发展道路70年》等新中国史基本著作和六卷本《中华人民共和国史研究丛书》。此外，为了普及国史知识和消除历史虚无主义的影响，还编写出版了大众读物《中华人民共和国史小丛书》。上述图书均在国内外产生了重要影响，树立了新中国史研究的学术标杆，成为全国干部群众学习新中国史的基础性教材。

今天，我们已经进入中国特色社会主义新时代，正在向着社会主义现代化强国迈进，并日益走近世界舞台的中心，为整个人类社会作出越来越大的贡献。新中国的发展不是一帆风顺的，在探索建设社会主义的过程中，中国共产党遇到许多困难，也遭遇不少挫折。一些别有用心的人抓住新中国史上的曲折失误不放并夸大渲染，使一些领域成为历史虚无主义的重灾区。当代中国正经历着我国历史上最为广泛、深刻而急剧的社会变革，也正进行着人类历史上最为宏大而独特的实践创新。习近平总书记指出："当代中国是历史中国的延续和发展。新时代坚持和发展中国特色社会主义，更加需要系统研究中国历史和文化，更加需要深刻把握人类发展历史规律，在对历史的深入思考中汲取智慧、走向未来。"

历经 30 年不懈努力，当代中国研究所已经成为以马克思主义为指导、具有一流学术水平、汇聚一流科研人才的国史研究基地。30 年来，当代所人始终以为国家写史、为人民立传为己任，牢记党和人民重托，真实记录中国共产党带领全国人民进行社会主义革命、建设和改革的光辉历程，全面反映中华民族从站起来、富起来到强起来的历史性进步，科学总结新中国每个历史阶段各方面建设的经验教训。

今年是当代中国研究所的"而立之年"，为进一步落实中央赋予当代中国研究所"存史、资政、育人、护国"的神圣职责，当代中国研究所决定设立《中华人民共和国史研究文库》(以下简称《文库》)，为当代中国研究所以及国内外从事新中国史研究的专家学者提供一个发表学术成果的平台。入选本《文库》的标准为：以毛泽东思想、邓小平理论、“三个代表”重要思想、科学发展观和习近平新时代中国特色社会主义思想为指导，坚持辩证唯物主义和历史唯物主义的立场、观点、方法，坚持实事求是、论从史出的原则，书写和记录中国共产党领导中国人民进行社会主义和新中国建设与发展的理论创新和伟大实践，总结历史经验。《文库》的目标是打造一个能够充分展示中华人民共和国史研究成果，发挥经世致用、资政育人功能的高端权威学术平台。

“装点此关山，今朝更好看。”伴随着新中国前进的步伐，中华人民共和国史研究空间广阔，任重道远。我们希望中华人民共和国史研究工作者继承优良传统，以高度的历史自觉和历史意识、宽广的历史视野和唯物史观、强烈的文化自信和历史担当，总结历史经验，揭示历史规律，把握历史趋势，服务当代，垂鉴后世，承先启后，继往开来。当代中国研究所作为党中央赋予职能、中国社会科学院直接领导的专门研究中华人民共和国史的科研机构，有责任努力构建中华人民共和国史的学科体系、学术体系、话语体系，打造史学研究的中国学派。这一目标的实现，不仅有赖于所内全体人员的不懈奋斗，也需要所外各个方面的支持和参与。本《文库》就是这样一个服务于上述目标的开放的、持久的学术成果前沿阵地，我们期待所内外的学者写出无愧于时代和人民的历史著作并列入本《文库》，在存史、资政、育人、护国工作中作出更大贡献。

姜　辉

2020 年 5 月 22 日

目　录

当代中国文化史若干问题研究

当代中国意识形态建设若干问题研究

习近平总书记关于社会主义文化建设的重要论述专题研究

前　言

新中国70年的历史，是中华民族砥砺奋进的壮丽史诗，是世界文明跨越发展的璀璨篇章。新中国70年经济文化成就，将永远地载入中华文明和人类文明的史册。

新中国70年，中国文化事业发生翻天覆地的变革。新中国的成立，人民民主政权的建立，使劳动人民成为管理经济文化事业的主人。文化教育从剥削阶级的工具，转变为劳动人民争取自由的武器。当家作主的中国人民，释放出认识和改造世界的伟力，创造了惊天地泣鬼神的伟业。新中国成立之初，中国一辆汽车、一辆坦克、一架飞机也不能制造；而如今，“中华儿女多奇志，敢教日月换新天”，“可上九天揽月，可下五洋捉鳖”。70年砥砺奋进，70年沧桑巨变，70年河清海晏。历史证明，中国社会主义是通往光明的人间正道。社会主义制度优越性和治理体系，创造了人类文明飞跃的神话。

建设中华民族的新文化，是社会主义建设的有机组成部分。新中国成立之初，文化事业基础十分薄弱。就公共文化设施来说，1949年，全国有图书馆55个、文化馆站896个、博物馆21个。截至2018年底，全国有公共图书馆3176个，是1949年的57.7倍，是1978年的2.6倍；文化馆站44464个，是1949年的49.6倍，是1978年的9.7倍；博物馆4918个，是1949年的234.2倍，是1978年的14.1倍。[①]新中国成立初期，中国人口约5.4亿，80%以上是文盲；截至2018年，中国人口近14亿，约有13%受到大专以上文化教育。中国从人口大国转变为人力资源强国。

70年来，中国文化事业从“一穷二白”，向构建现代公共文化服务体系转变；人民群众从享受基本文化权利，向满足多层次、多样化、多领域文化需求转变；对外文化交流从“引进来”为主，向“走出去”“引进来”相结合转变。旧中国“鸦片”“小脚”“辫子”的形象，被代之以“嫦娥”“女排”“蛟龙”。世界性抗击新冠肺炎疫情，彰显了中国社会制度的先进和优越。中华民族的凝聚力向心力感召力不断增强，国家文化软实力和国际竞争力影响力迈上大台阶。中国正在从文化资源大国迈向世界文化强国。中华民族正以高度文明的姿态，屹立于世界民族之林。

追求诗与远方，是中国人民的梦想。走得远了、久了，也要回首走过的道路。坚定道路自信、理论自信、制度自信和文化自信。文化自信是最持久最根本最深沉的自信。中国走出中国特色社会主义道路，也探索出中国特色社会主义文化发展道路。根据文化与经济、政治的关系，根据文化发展独特规律，新中国70年文化发展之路，大致经历了七个阶段。每个阶段都有其突出的矛盾问题，呈现相对独立的特征，作出系列的实践探索，取得一定的成绩，积累了丰富的经验，又遗留诸多缺憾，为下一阶段文化改革创新发展埋下伏笔。

---

① 《文化事业繁荣兴盛 文化产业快速发展——新中国成立70周年经济社会发展成就系列报告之八》，国家统计局网站。

新中国文化发展道路，为文化理论创新提供实践经验；文化理论为文化道路提供行动指南，是文化成功实践的概括和提炼。文化道路拓展的历程，也是文化理论发展的历程。毛泽东思想、中国特色社会主义理论体系，既是文化发展道路的指导思想，也是文化创新发展的重要内容。毛泽东文化思想是毛泽东思想的有机组成部分，是党的文化理论生长的根脉和源泉。改革开放以来中国共产党文化理论的创新发展，许多方面都可以从毛泽东文化思想中找到来源。

意识形态是文化的核心，决定文化性质、方向和道路。中国共产党的指导思想，是意识形态的理论硬核。四项基本原则是立国之本，马列主义、毛泽东思想是四项基本原则的精神支柱。毛泽东是中国共产党、中国人民解放军、中华人民共和国的主要缔造者，是社会主义制度的主要创立者。国内外敌对势力妄图颠覆党和人民政权，都把推倒毛泽东和毛泽东思想作为意识形态领域的重要斗争。科学评价毛泽东和毛泽东思想，反对历史虚无主义，是意识形态领域的卫国战争。

中国共产党的领导是中国特色社会主义的本质特征。坚持党的全面领导制度是国家根本领导制度。工人阶级是国家的领导阶级，中国共产党是国家的领导核心，这决定了马克思主义是国家中居于统治地位的思想。党的领导包含政治领导、思想领导、组织领导等各方面。党的领导制度，决定了坚持马克思主义在意识形态领域指导地位的根本制度。坚持马克思主义在意识形态领域的指导地位，是根本文化制度，居于繁荣发展社会主义先进文化制度的核心地位。发展社会主义先进文化、凝聚人民精神力量，是国家治理体系和治理能力现代化的精神支撑。坚定文化自信，围绕举旗帜、聚民心、育新人、兴文化、展形象的使命任务，巩固马克思主义在意识形态领域的指导地位，巩固中国特色社会主义共同理想，构筑中国精神、中国价值、中国力量。

党的十九届四中全会提出，坚持和完善繁荣发展社会主义先进文化的制度，把文化制度上升为国家制度的有机组成部分，丰富和完善了中国特色社会主义制度的整体性，增强了国家治理体系和治理能力现代化的思想文化力量，丰富了坚定道路自信、理论自信、制度自信和文化自信的内涵，明确了文化制度和文化体制的社会性质标准，为文化体制改革指明了方向。坚持和完善繁荣发展社会主义先进文化的制度，丰富和发展了马克思主义社会形态理论。

坚持和完善繁荣发展社会主义先进文化的制度，是习近平文化思想的核心要义之一。实现中国梦，必须走中国道路，构建中国制度，凝聚中国力量。实现中国梦，是物质文明和精神文明均衡发展、比翼双飞的过程，是物质文明和精神文明相得益彰、相互促进的结果。习近平在党的十九大报告中指出："文化兴国运兴，文化强民族强。没有高度的文化自信，没有文化的繁荣兴盛，就没有中华民族伟大复兴。要坚持中国特色社会主义文化发展道路，激发全民族文化创新创造活力，建设社会主义文化强国。"[①]这是新时代中国特色社会主义文化建设的目标和使命。

中国道路的成功，支撑中国理论的创新，彰显中国制度的成熟，蕴含中国文明的复兴。伟大国家成功的背后，都有其文明的再造和兴盛。新中国成立以来，中华文明实现了对古代文明的传承和超越，坚持和发展社会主义文化，实现了对资本主义文明的借鉴和扬弃。新中国成立以来，党领导人民创造的新型中华文明，是马克思主义与中国

---

① 《中国共产党第十九次全国代表大会文件汇编》，人民出版社2017年版，第33页。

实际和时代特征相结合的产物，是对历史上人类优秀文明的继承和发展。新型中华文明占据科学理论的制高点、价值观念的制高点、文明发展规律的制高点，是中华民族为世界文明作出的原创性贡献。

中华文明是与其他文明交流互鉴而融合发展的文明。费孝通提出“各美其美，美人之美，美美与共，天下大同”的理想。习近平指出：“要尊重世界文明多样性，以文明交流超越文明隔阂、文明互鉴超越文明冲突、文明共存超越文明优越。”① 中华文明走向世界，世界文明不可避免增添中华文明色彩。中华民族将为人类进步作出新的更大贡献；中华文化将在世界文明进程中创造新辉煌。

① 《中国共产党第十九次全国代表大会文件汇编》，人民出版社 2017 年版，第 47 页。

当代中国文化史
若干问题研究

中国共产党与自然科学基础理论研究（1949—1978）

2006年初，温家宝在21世纪第一次全国科学大会上指出：加强基础研究是提升国家创新能力、积累智力资本的重要途径，是跻身世界科技强国的必要条件。[①]随后,《中共中央、国务院关于实施科技规划纲要增强自主创新能力的决定》提出对基础研究和前沿技术研究等战略领域作超前部署,[②]表明中国共产党对自然科学基础理论的高度重视和关怀。然而，自然科学基础理论的战略地位的确立来之不易，在党和共和国的历史上，它走过一段艰难曲折的道路。

一

以毛泽东同志为主要代表的中国共产党人非常重视自然科学基础理论研究。1937年，毛泽东在《实践论》中把科学实验、物质生产、阶级斗争视为社会实践的重要内容。1940年2月，毛泽东在陕甘宁边区自然科学研究会成立大会上指出："自然科学是人们争取自由的一种武装。""人们为着要在自然界里得到自由，就要用自然科学来了解自然，

---

① 温家宝：《认真实施科技发展规划纲要，开创我国科技发展的新局面》,《求是》2006年第3期。

② 《中共中央、国务院关于实施科技规划纲要增强自主创新能力的决定》,《求是》2006年第4期。

克服自然和改造自然，从自然里得到自由。”①

新中国成立后，党提出了“要在不太长的历史时期内，把我国建设成为一个具有现代农业、现代工业、现代国防和现代科学技术的社会主义强国，赶上和超过世界先进水平”②的战略目标，明确指出科学技术的现代化是“四个现代化”的关键。发展基础科学对实现科学技术现代化、赶超世界先进水平具有战略意义。然而，新中国的自然科学基础理论研究非常薄弱，独创性的科研工作基本上尚未开展，原子核物理学、空气动力学、电子学、半导体物理学等几乎还是空白。1955 年 3 月，毛泽东在中国共产党全国代表会议上号召：“我们进入了这样一个时期，就是我们现在所从事的、所思考的、所钻研的，是钻社会主义工业化，钻社会主义改造，钻现代化的国防，并且开始要钻原子能这样的历史的新时期。”③1956 年 1 月，周恩来在中央召开的关于知识分子问题会议上提出要认真地而不是空谈地向现代科学进军，必须为发展科学研究准备一切必要条件，并提议由国家计划委员会负责，会同有关部门制定《1956—1967 年科学技术发展远景规划》(以下简称“12 年科学规划”)。在制定 12 年科学规划的过程中，关于“自然科学中若干重要的基本理论问题”一项，一开始就存在分歧。有人认为，我国科技发展处于初创阶段，工农业生产和国防建设有大量的科技问题亟须解决，发展应用科学是当务之急，不应再花费精力开拓别的领域。也有人认为，新中国成立初期发展应用科学是对的，但理论科学作为应用科学的基础，绝不能放松，也要有人从事这方面的工作，应该正确处理理论科学与应用科学的关系。周恩来从中国科学技术长远发展的战略高度指出：“如果我们还不及时地加强对于长远需要和理论工作的注意，那么，我们就要犯很大的错误。没有一定的理论科学的研究作基础，技术上就不可能有根本性质的进步和革新。”④1959 年 4 月，周恩来在二届全国人大一次会议上所作政府工作

① 《毛泽东文集》第 2 卷，人民出版社 1993 年版，第 269 页。
② 《周恩来选集》下卷，人民出版社 1984 年版，第 439 页。
③ 《毛泽东文集》第 6 卷，人民出版社 1999 年版，第 395 页。
④ 《周恩来选集》下卷，人民出版社 1984 年版，第 183 页。

报告中强调："基础理论的研究，对于科学技术的发展具有深远的影响"[①]。1963年，毛泽东从巩固社会主义制度的高度指出："阶级斗争、生产斗争和科学实验，是建设社会主义强大国家的三项伟大革命运动，是使共产党人免除官僚主义、避免修正主义和教条主义，永远立于不败之地的确实保证，是使无产阶级能够和广大劳动群众联合起来，实行民主专政的可靠保证。"[②]他强调，"科学实验，主要是指自然科学"，"不搞科学技术，生产力无法提高"，"科学研究有实用的，还有理论的。要加强理论研究，要有专人搞，不搞理论是不行的。要培养一批懂得理论的人才，也可以从工人农民中间来培养。我们这些人要懂得些自然科学理论，如医学方面、生物学方面"。[③]1962年底，中央科学小组和国家科委组织对12年科学规划进行全面检查，结果认为，中国的科学技术水平，大体已经达到了世界先进国家50年代中期的水平，某些重要的基础学科得到发展，原子能、电子学、半导体、自动化、计算技术、喷气和火箭技术等新兴科学技术，从无到有、从小到大进展迅速，为以后科学技术和国家各项建设事业打下了坚实的基础。1962—1963年，在周恩来和聂荣臻的主持下，国家科委又编制了《1963—1972年科学技术发展规划纲要》，规划中规定的在1972年以前就要实现的五大目标之一，就是要加速发展基础科学和技术科学，填补这方面重要的空白和充实薄弱部门。[④]可见，新中国成立后党和国家非常重视自然科学基础理论研究的战略地位和作用。

二

"文化大革命"开始以后，在"斗垮走资本主义道路的当权派，批判资产阶级反动学术'权威'，批判资产阶级和一切剥削阶级意识形态"的大背景下，许多科技界、教育界的知识分子受到批斗，大量图书资料遭到查抄以至毁坏，许多科研设备和实验室被砸烂，管理制度混乱，一些

---

① 《建国以来重要文献选编》第12册，中央文献出版社2011年版，第186页。

② 《建国以来重要文献选编》第16册，中央文献出版社2011年版，第252—253页。

③ 《毛泽东文集》第8卷，人民出版社1999年版，第352、351页。

④ 《聂荣臻传》，当代中国出版社1994年版，第540页。

自然科学基础理论，如爱因斯坦的相对论和宇宙大爆炸理论、黑洞理论等受到毫无道理的批判，自然科学基础理论研究工作步履维艰。周恩来对这些现象深感不安。1966年9月7日，在中国科学院辩论大会上，周恩来要求“在进行以无产阶级文化大革命为纲的社会主义革命的同时，又要推动其他两大革命生产斗争和科学实验”。他强调指出：“我们不能看着科学院的尖端科学研究和许多重点实验像现在这样放在一边。凭我的责任来说，我不能够看着这样的情况继续下去。不能在进行文化大革命当中，使我们最紧急、最需要的业务受到影响。”①

1970年，周恩来强调，要在广泛深入实际的基础上把科学研究往高里提，搞点基础理论研究，把实践提高到应有的理论高度。②可惜，周恩来的指示在当时难以贯彻执行。特别是1971年《全国教育工作会议纪要》抛出的“两个估计”（新中国成立后17年教育路线基本上是“资产阶级专了无产阶级的政”，大多数教师和新中国成立后培养的大批学生的“世界观基本上是资产阶级的”），成为广大教师和科研人员的精神枷锁，许多知识分子被戴上诸如“资产阶级反动学术权威”“复辟基础”“理论至上”的帽子。

“九一三事件”以后，周恩来在毛泽东的支持下主持中央日常工作，基础理论研究的状况有了转机。1972年，美籍华人物理学家杨振宁在参观了北京大学和中国科学院物理研究所后，希望我国加强基础理论的研究和交流。7月2日，周恩来在接见杨振宁时表示完全赞同他的建议。他说：杨先生说我们的理论太贫乏了，而且我们也不跟人家交流，恐怕这话有道理，你看到我们的毛病了。又说：理论不提高，一是不能总结经验，再回到实践中去，再提高；二是对人家的经验不那么感兴趣。你有好的意见我们应该听取，不要还是自高自大，我们要是听了当耳边风就很危险了。③杨振宁的建议也得到毛泽东的称赞。④14日，周恩来在会见美籍华人参观团和美籍华人访问团时，提出应在马克思主义世界观指导

---

① 《周恩来年谱（1949—1976）》下卷，中央文献出版社1997年版，第59页。

② 周培源：《“四人帮”破坏基础理论研究用心何在》，《人民日报》1977年1月13日，第2版。

③ 《周恩来年谱（1949—1976）》下卷，中央文献出版社1997年版，第533页。

④ 周培源：《“四人帮”破坏基础理论研究用心何在》，《人民日报》1977年1月13日，第2版。

下，在广泛实践的基础上，加强国内自然科学基础理论研究工作。同时，再次称赞杨振宁不久前提出的关于加强基础理论研究和交流的意见。他还对陪同的周培源说：你回去要把北大理科办好，把基础理论水平提高。这是我交给你的任务。有什么障碍要扫除，有什么钉子要拔掉。①

7 月 20 日，周培源写信给周恩来，反映了教师“普遍的思想情况是不愿搞也怕搞基础理论研究”，“怕挨‘理论脱离实际’的批评”；提出要把我国基础科学赶上去关键在于领导；建议由中国科学院统一领导全国基础科学研究工作，包括综合性大学的理论研究工作，要求发动科学界的广大群众，统一对基础科学工作重要性的认识。② 23 日，周恩来致信中国科学院和国务院科教组负责人：“把周培源同志来信和我的批件及你们批注的意见都退给你们好作根据，在科教组和科学院好好议一下，并要认真实施，不要如浮云一样，过了就忘了。”③

8 月 10 日，根据周恩来提议，全国科学技术工作会议在北京召开。这次会议不仅包括科学院系统，还包括各部委和各省、市、自治区的科技工作管理部门，是“文化大革命”以来第一次全国性的讨论科技工作的会议。会议就加强科研工作、重视基础理论研究等问题展开讨论，并取得一致意见。但张春桥说，“会议的大方向有问题”，“是右倾回潮”，并要求在会议纪要中写入“黑线专政”。周恩来坚决抵制了张春桥的谬论。后来，这次会议的纪要（草案）经国务院批准，于 1973 年 1 月向各省、市、自治区及国务院有关部门作了传达。④

10 月 6 日，《光明日报》发表了周培源根据毛泽东和周恩来一贯的指示精神撰写的《对综合大学理科教育革命的一些看法》一文。文章批评了理论脱离实际的错误倾向、“理论无用论”和“取消理科”的错误思想，阐述了科学实验和自然科学理论的重大意义。文章指出，理和工都是依据客观规律承担认识世界和改造世界的任务；“理与工的关系，实质上是

---

① 《周恩来年谱（1949—1976）》下卷，中央文献出版社 1997 年版，第 536 页。

② 有林、郑新立、王瑞璞主编：《中华人民共和国国史通鉴》第 3 卷（1966—1976），红旗出版社 1993 年版，第 956 页。

③ 《周恩来年谱（1949—1976）》下卷，中央文献出版社 1997 年版，第 539 页。

④ 《周恩来年谱（1949—1976）》下卷，中央文献出版社 1997 年版，第 544 页。

基础学科与生产任务的关系，彼此相辅相成，但各有侧重”，综合大学理科的培养目标是“掌握一定的自然科学理论知识，具备做科学实验、理论分析、概括和计算工作的能力”。[①]虽然现在看来这些是基本常识，但在当时却引起轩然大波。这篇文章本来是周培源1972年春应《人民日报》之邀而写的，由于张春桥和姚文元从中作梗，不得不在《光明日报》发表。《光明日报》发表这篇文章后，在张春桥、姚文元的指使下，上海派人到北大秘密调查这篇文章的“出笼背景”，到处打听“周培源的文章是不是总理要他写的”。张春桥指示上海一家报纸：“周培源有后台，不管他的后台多大多硬，就是要批！”[②]于是，该报接二连三地刊登文章，不指名地对周培源进行“批判”。姚文元还不懂装懂地对“四人帮”的写作班子说，“基础理论的基础是马克思主义的哲学，最基础的理论是马克思主义，离开了马克思主义的理论，哪里有自然科学的理论”，他还叫嚣“那些口口声声说要重视基础理论的人，其实最不懂马克思主义”。[③]在北大的一次群众大会上，“四人帮”的心腹直言不讳地说什么“因为有那么一句话（指周总理关于加强基础理论研究的话），有人就大做文章，翘尾巴了”。“四人帮”在北大的亲信也在党的会议上胡说什么“资产阶级权威打着共产党员的旗号写文章向无产阶级进攻，这是阶级斗争的信号”。可见，“四人帮”实际上是“项庄舞剑，意在沛公”，把矛头指向周恩来。[④]

三

然而，乌云毕竟遮不住太阳。“左”的错误思想和行为扼杀不了党对自然科学基础理论研究的关怀。1972年10月14日，周恩来会见李政道和夫人，主要谈国内教育和科研方面存在的问题。他说：学校学生应“以学习为主”，“对学习社会科学理论或自然科学理论有发展前途的青年，

---

① 有林、郑新立、王瑞璞主编：《中华人民共和国国史通鉴》第3卷（1966—1976），红旗出版社1993年版，第970—973页。

② 周培源：《“四人帮”破坏基础理论研究用心何在》，《人民日报》1977年1月13日，第2版。

③ 中国科学院理论组：《驳姚文元的“代替论”》，《人民日报》1977年3月16日，第2版。

④ 周培源：《“四人帮”破坏基础理论研究用心何在》，《人民日报》1977年1月13日，第2版。

中学毕业后，不需要专门劳动两年，可以直接上大学，边学习、边劳动”。“我们总要有一批大学培养的研究人才出来”，在大学教育方面“要迎头赶上”。“如果设想一二十年赶上他们（指发达国家），现在就要搞起”。周恩来要求在座的国内科学家吴有训、周培源、钱学森、朱光亚、华罗庚等人注重研究人才的培养、提高。他表示：无论生产实践还是理论研究，都有待提高；要把研究工作活跃起来，把科技资料交流工作恢复起来。①

根据周恩来的一系列指示精神，北大、清华草拟了一个教学和科研中加强基础理论的初步意见。11 月 8 日，周恩来作了批示：“将北大、清华两个加强基础科学学习的文件，好好按你们两个大学各自的特点改写一下，再通过教职员和新老学生认真讨论后，然后由科教组审核上报。”根据周恩来的指示，北大进一步作了调查研究，制订规划。1973 年 3 月，北大提出了一个《关于理科加速培养科学研究人材和加强理论研究工作的报告》。在准备报告期间，“四人帮”的亲信曾到北大借故破口大骂，发泄对周恩来关于加强理论工作指示的不满。在“四人帮”掀起的反对加强基础理论的妖雾笼罩下，这个报告所提出的要求根本无法实现。②

然而周恩来关于发展自然科学基础理论研究的指示的贯彻在中国科学院取得突破性进展。1972 年 9 月 5 日，周恩来在会见巴基斯坦总统科学顾问萨拉姆博士时说：“中国科学院有些研究所的研究人员在文化大革命中分散了，现在应该把他们集中起来，搞点研究。”“现在需要提高理论。本来理论是指导实践的，有了经验没有理论还不行，在理论方面我们做得很差。不仅在原子能方面，就是一般科学也是如此。一句话，许多经验，没有理论，忽视理论，这是我最不满意的。”③9 月 11 日，周恩来回复二机部四〇一所张文裕、朱光亚等 18 名科学工作者反映国内高能物理研究工作落后、要求改变现状的来信，说：看了来信“很高兴，正是月初我们同见巴基斯坦那位科学家时所要说的话”。“这件事不能再延迟了。科学院必须把基础科学和理论研究抓起来，同时又要把理论研究与科学

① 《周恩来年谱（1949—1976）》下卷，中央文献出版社 1997 年版，第 558—559 页。

② 周培源：《“四人帮”破坏基础理论研究用心何在》，《人民日报》1977 年 1 月 13 日，第 2 版。

③ 《周恩来年谱（1949—1976）》下卷，中央文献出版社 1997 年版，第 548—549 页。

实验结合起来。高能物理研究和高能加速器的预制研究，应该成为科学院要抓的主要项目之一。”[①]之后，周恩来同二机部、中科院负责人研究确定：组建中国科学院高能物理研究所，进行高能加速器的研究，以加强高能物理的研究工作，尽快赶上国际先进水平。[②]10月5日，周恩来在接见即将赴美访问的中国科学代表团和医学代表团全体成员时再次强调：科学院的研究工作以基础理论为主，也要结合生产；生产部门的研究工作以结合生产实际为主，也要搞点基础理论。[③]1973年1月21日，第二机械工业部和中国科学院根据周恩来的指示精神联合写出关于成立中科院高能物理研究所、召开高能物理研究和高能加速器预制研究工作会议的报告，提出工作会议应于“二月份召开”。周恩来批示同意。2月，二机部发出通知，将原属该部的四〇一所一部和西北二〇三所划归中科院领导。之后，中科院召开高能物理研究和高能加速器预制研究工作会议（香山会议），并正式成立中科院高能物理研究所。[④]周恩来在1975年病重期间，还批准一项高能物理的研究项目。他还多次运用辩证法思想，鼓励高能物理研究所科研人员不断攀登科学高峰。但是，“四人帮”插手中科院，采取种种手段反对高能物理建设项目，掀起批判“理论风”黑潮，谁抓高能物理研究所的工作和基础科学，就给谁乱扣“回潮”“复辟”等罪名；谁钻研技术、理论，就对谁挥舞“唯生产力论”“白专道路”的大棒子；他们不准提四个现代化，更不准提科学技术现代化，不准搞科学规划。

中国科学院顶住了巨大的压力，根据1972年全国科学技术工作会议纪要的决定，提出《关于编制1973—1980年长远规划的安排意见》，要求在理论联系实际的原则下，力争1980年内，在基础科学理论研究上，为主攻当代某些重大科学课题打下扎实基础；在自然科学基础资料积累上，作出显著成绩。为此，中科院提出了当代科学研究前沿的三大基础课题（基本粒子、天体演化、生命起源）、若干重要新兴技术、几项基础

---

① 《周恩来年谱（1949—1976）》下卷，中央文献出版社1997年版，第549页。

② 吴庆彤:《周恩来在“文化大革命”中》(增订版)，中共党史出版社2002年版，第217页。

③ 《周恩来年谱（1949—1976）》下卷，中央文献出版社1997年版，第556—557页。

④ 《周恩来年谱（1949—1976）》下卷，中央文献出版社1997年版，第574页。

学科及边缘交叉学科、自然资源调查和基本资料积累、以新的科技成果支援农业技术革命等五个方面的规划。[①]1974年7月，中国科学院起草的《关于制定我院十年规划工作的安排意见（草案）》提出的奋斗目标是：为实现我国四个现代化，解决一些关键的科研课题，提供一定的科学储备。在基础科学和应用科学方面，包括在当代一些新兴技术的研究方面，开拓一些新的科研领域，做到有若干较大的突破，有更多的重大科学研究成果赶上和超过世界先进水平。[②]这两个“意见”反映了党对自然科学基础理论研究的关注，虽然在当时科技政策和知识分子政策不正常的情况下，许多内容都流于纸上谈兵，但仍为后来的《科学院工作汇报提纲》作了准备。

四

1975年四届人大之后，邓小平主持中央日常工作，华国锋分管科学院工作。7月，中央决定派胡耀邦、李昌和王光伟到中科院主持工作，加强领导，并要求他们提出科学院整顿工作的意见。7月9日，邓小平召集胡乔木等人开会，针对“四人帮”以哲学代替自然科学的教条主义和以生产斗争代替科学实验的实用主义，强调重视基础理论研究的重要意义。他说：“在自然科学研究中，现在对基础理论不重视，只搞应用科学，这样要赶超世界水平不行。”[③]

8月，华国锋召集中国科学院的科技人员举行座谈会，讨论科技战线如何贯彻“百花齐放、百家争鸣”的方针。“四人帮”在他们主持编印的《科技工作情况》上攻击这次会议“实际上是对文化大革命和对资产阶级实行专政不满”的“鸣放会”“诉苦会”，是“资产阶级复辟夺权的信号”。面对“四人帮”的淫威和无端指责，胡耀邦等人不为所动。根据华国锋的意见，中科院在调查研究的基础上，起草了《关于科技工作的几个问

---

① 《中国科学院》（上），当代中国出版社1994年版，第168—169页。

② 陈建新、赵玉林、关前：《当代中国科学技术发展史》，湖北教育出版社1994年版，第254页。

③ 《胡乔木传》编写组编：《邓小平的二十四次谈话》，人民出版社2004年版，第26页。

题（汇报提纲）》（1975年9月2日，胡乔木将汇报提纲改好后，改题目为《科学院工作汇报提纲》），提出科学院十年内科学研究的基本任务是：积极承担国民经济和国防建设中若干综合性的重大科研任务；开辟一批新兴的科学技术领域；大力发展基础科学研究。提纲还引用了毛泽东关于基础理论研究的若干重要论述，强调科学实验在建设社会主义强国中的战略地位和作用；强调要坚持马克思主义认识路线；强调“要加强理论研究，要有专人搞，不搞理论是不行的”；强调“在普及基础上的提高”和“在提高指导下的普及”。[①]

8月，毛泽东左眼手术后视力有所恢复。他看了《化石》杂志创刊以来的各期，写了批语，要求印大字本送他。9月6日，该刊编辑部张锋给毛泽东写信，反映办刊的困难和科学院的一些情况。毛泽东给来信加了标题《一封诉苦的信》，并批示印发在京各中央委员、中央候补委员。毛泽东对《化石》杂志的关心给邓小平等人以极大的鼓舞。邓小平认为“这表示主席对基础理论科学的重视”。[②] 9月，在国务院讨论科技工作的会议上，华国锋等中央其他领导同志严肃地批判了“四人帮”破坏科技工作的种种谬论。[③]9月25日，针对“四人帮”“哲学代替自然科学理论”（即“代替论”）以及有的领导人的疑惑，邓小平指示胡乔木整理一个“毛主席和马克思主义经典作家关于哲学不能代替自然科学的语录，说明《汇报提纲》在理论上是有根据的，站得住的”。[④] 国务院政研室很快编写了一份题为《哲学只能概括、引导而不能代替自然科学》的材料。胡乔木又对《汇报提纲》中的相关内容作了修改，强调马克思主义哲学对自然科学研究的指导作用，同时强调不注意哲学和自然科学的区别，以为哲学可以代替自然科学，以为有了哲学就可以不要各门自然科学本身的基础理论，以为不需要依靠辛勤的科学实验和精确的科学论证，只依靠

① 《胡乔木传》编写组编：《邓小平的二十四次谈话》，人民出版社2004年版，第168—172页。

② 《邓小平年谱（1975—1997）》（上），中央文献出版社2004年版，第100页。

③ 中国科学院理论组：《发生在科技界的一场触目惊心的斗争》，《人民日报》1977年3月9日，第1版。

④ 《胡乔木传》编写组编：《邓小平的二十四次谈话》，人民出版社2004年版，第87页。

哲学的一般原理就能推演出具体的科学问题的科学结论，也是不对的。[①]这些观点像一支支利箭射向“四人帮”的谬论，引起他们的仇恨。

与此同时，教育部部长周荣鑫在广泛调研的基础上多次谈话，强调我国要实现现代化，科技必须走在前面。科技干部要靠学校来培养。不能离开四化建设这个大局谈教育，小平同志讲，对基础理论要恢复名誉。他说，大学理科向工科靠，等于取消理科。不搞基础理论，那基本粒子怎么办？天体演化怎么办？北大把理科变成了机电系，复旦大学还有胆量，办了两个基础科学理论专业，但被贴了大字报，说是复辟，毛主席历来重视科学实验。现在看来，不搞基础科学，短期内问题不大，十年八年就看出问题来了，国防、国民经济都受影响。[②]10月，周荣鑫同李琦等人商量起草教育工作汇报提纲，贯彻周恩来和邓小平的指示，要求正确理解毛泽东的教育革命路线，把打着毛泽东旗帜而反毛泽东思想的言论彻底暴露出来。周荣鑫的举措引起了教育界中紧跟“四人帮”的人的极大恐慌。

正当科技和教育领域的整顿紧锣密鼓的时刻，风云突变。1975年10月，邓小平由于转交清华大学刘冰等人控告迟群的信而受到毛泽东的批评。毛泽东认为邓小平对“文化大革命”不满意，要算“文化大革命”的账，由此认为“清华所涉及的问题不是孤立的，是当前两条路线斗争的反映”。[③]11月15日，中央政治局讨论刘冰等人的告状信。根据毛泽东的指示，胡耀邦、胡乔木、周荣鑫、李昌、刘冰等人参加。当周荣鑫发言时，张春桥、姚文元、王洪文、江青不断插话，实际上形成对周荣鑫的围攻，什么“否定教育革命”“搞资产阶级教育”“搞修正主义”“复辟倒退”等棍子、帽子一齐打来。[④]以此为借口，“四人帮”掀起了一场“批邓、反击右倾翻案风”运动。之后，《红旗》杂志抛出了“北京大学、清

---

① 《胡乔木传》编写组编：《邓小平的二十四次谈话》，人民出版社2004年版，第88页。

② 吴庆彤：《周恩来在“文化大革命”中》（增订版），中共党史出版社2002年版，第300、301页。

③ 逄先知、金冲及主编：《毛泽东传（1949—1976）》（下），中央文献出版社2003年版，第1754—1755页。

④ 吴庆彤：《周恩来在“文化大革命”中》（增订版），中共党史出版社2002年版，第304—305页。

华大学大批判组”炮制的文章《教育革命的方向不容篡改》，反对恢复基础教学和基础理论研究以及少数有发展前途的中学毕业生可以直接上大学等观点，并含沙射影地说，这是同毛主席关于“从有实践经验的工人、农民中间选拔学生”的指示“唱反调”，“另搞一套”，为“修正主义教育路线翻案”。“四人帮”还鼓吹：“这是一个信号”。实际上“四人帮”是拿周荣鑫开刀，为打击邓小平制造舆论和组织上的准备，并且把矛头指向周恩来。之后，“四人帮”之流又长篇累牍地发表了《大是大非问题一定要辩论清楚》（《红旗》1976 年第 1 期）、《回击科技界的右倾翻案风》及《不允许为修正主义教育路线翻案》（《红旗》1976 年第 2 期）、《一份反革命的修正主义提纲——评〈科学院工作汇报提纲〉》（《人民日报》1976 年 7 月 19 日）、《一个在科技界复辟资本主义的纲领——批判〈科学院工作汇报提纲〉》（《红旗》1976 年第 8 期）等文章。与此同时，他们还在组织上打击胡耀邦、李昌等人，把周荣鑫迫害致死，改组科学院领导机构。这样不仅使基础科学研究再次遭到破坏，而且整个科技、教育领域又一次陷入混乱。

1975 年 8 月，“四人帮”指使北大、清华大批判组编辑出版了《评〈论全党全国各项工作的总纲〉》《评〈关于加快工业发展的若干问题〉》《评〈关于科技工作的几个问题〉》三个小册子，集中攻击所谓的“三株大毒草”。[①]“四人帮”叫嚣三个小册子是“不用中央名义的中央文件”，“是毛主席、党中央的重大战略部署”，“无产阶级同走资派的斗争达到了一个新的高度”。他们说，“对正在走的走资派就是批判”，“这是压倒一切，统率一切的”。[②]

然而历史却同倒行逆施的小丑们开了一个大玩笑。广大群众原来并不知道“三株大毒草”是什么，看了三个小册子之后知道了真相。广大群众说，这三个文件根本不是什么“大毒草”，而是说出了我们的心里话。中国科学院的许多单位在“批判”《科学院工作汇报提纲》时，纷纷

---

① 有林、郑新立、王瑞璞主编：《中华人民共和国国史通鉴》第 3 卷（1966—1976），红旗出版社 1993 年版，第 270 页。

② 国家计委大批判组：《一场篡党夺权的反革命丑剧——评“四人帮”对〈二十条〉的“批判”》，《人民日报》1977 年 7 月 16 日，第 1 版。

表示看不出错在哪里，还有故意引用《科学院工作汇报提纲》中的话来讽刺挖苦“四人帮”的。大家明白，正是《科学院工作汇报提纲》说明了什么是正确的科技路线和正确的知识分子政策，也说明了邓小平主持的整顿工作代表了党的正确路线。

五

粉碎“四人帮”以后，自然科学基础理论研究重见天日。1977 年 1 月，中央派方毅到中国科学院主持工作，清理了“四人帮”的帮派体系，重新建立党的领导机构。3 月，中国科学院理论组连续在报刊上发表了《发生在科技界的一场触目惊心的斗争》《要知松高洁，待到雪化时——推翻“四人帮”对〈汇报提纲〉的诬陷》《驳姚文元的“代替论”》等文章，揭批“四人帮”的谬论，重新肯定了基础理论研究的重要地位和作用。以学习《论十大关系》[①]为契机，中国科学院召开了一系列专业科研工作会议，批判了“四人帮”破坏科学实验与阶级斗争、自然科学与哲学、基础科学与应用科学等一系列辩证关系的罪行，要求把颠倒的科技路线、方针、政策、方法再颠倒过来。[②]以纪念《关于正确处理人民内部矛盾的问题》和《在中国共产党全国宣传工作会议上的讲话》发表 20 周年为契机，方毅召集老一辈科学家举行座谈会，谴责“四人帮”在科技领域的罪行，批判了他们与毛泽东科技思想相对立的反动谬论，使“科技人员获得了第二次解放”[③]。

5 月 12 日，邓小平召见方毅和李昌，就科学和教育问题作了谈话。他强调：“我们要实现现代化，关键是科学技术要能上去。发展科学技术，不抓教育不行。靠空讲不能实行现代化，必须有知识，有人才。没

① 《论十大关系》于 1976 年 12 月 26 日在《人民日报》公开发表。

② 《执行抓纲治国战略决策　努力攀登科学技术高峰　中国科学院学习〈论十大关系〉调动一切积极因素》，《人民日报》1977 年 2 月 21 日，第 3 版。

③ 《坚决执行百家争鸣方针　充分发挥科技人员作用　科学院领导干部和科技人员畅谈学习毛主席的两篇光辉著作的体会，深揭狠批“四人帮”，决心为建设四个现代化的强大的社会主义国家作出贡献》，《人民日报》1977 年 3 月 20 日，第 2 版。

有知识，没有人才，怎么上得去？”所以要“尊重知识，尊重人才”。[①]5月30日，中央政治局和国务院联合召开会议，听取方毅、李昌和武衡汇报科学院的工作。这次会议强调科学实验是三大运动的重要方面，对科学技术，一要普及，二要提高。会议还决定召开全国科学大会，由中国科学院和国防科委负责筹备。[②]6月，中科院理论组、全国科协理论组和哲学研究所自然辩证法组联合召开了自然辩证法座谈会，比较系统地批判了“四人帮”所谓的“辩证法就是诡辩论”“自然科学基础理论就是自然辩证法”等谬论。会议要求在党的一元化领导下，加强哲学工作者和自然科学工作者的联系，并有计划地组织编写、翻译和出版关于自然辩证法的各种学习材料、辅导材料和研究材料。

6月20日[③]至7月7日，方毅根据邓小平的指示和中央会议的精神，主持召开了科学院工作会议。这次会议实际上是全国科技工作会议，到会的不仅包括科学院所属各单位，还有有关部委以及各省、市、自治区科技部门的干部和科学家。[④]会议传达了中央关于科技政策的最新精神，回顾了新中国科技发展历程，批判了“四人帮”的反动言论。会议还专门论述了加强基础理论科学的观点，强调：用辩证唯物主义指导科学研究，认真贯彻“百家争鸣”的方针；科学研究要走在生产建设的前面；基础科学和应用科学，近期需要和长远需要的研究工作，要统筹兼顾；在伟大的科学实验群众运动中，专业科技队伍应当起骨干作用；党的领导干部要努力学习马克思主义，同时热心科学，熟悉业务，成为内行。会议讨论了《1978—1985年中国科学院发展规划纲要（草案）》。草案提出包括分子生物学在内的5个重点科研项目和3项重大科学实验工程，即高能加速器、重离子加速器和大型受控热核反应实验装置。[⑤]

搞科学发展规划是邓小平一直赞同的。8月，邓小平在科学和教育工

---

① 《邓小平文选》第2卷，人民出版社1994年版，第40、41页。

② 樊洪业：《中国科学院编年史（1949—1999）》，上海科技教育出版社1999年版，第52页。

③ 据《人民日报》1977年7月8日记载，这次会议是6月20日开始；《中国科学院》一书记载是1977年6月22日至7月7日，方毅主持在北京召开了院工作会议。此处取前一种说法。

④ 《中国科学院》（上），当代中国出版社1994年版，第174页。

⑤ 路甬祥主编：《邓小平与中国科学院》，江西人民出版社1999年版，第65页。

作座谈会上说："过去国家科委搞了一九五六年到一九六七年的十二年科学发展规划，这个规划到一九六二年就基本完成了，后来又搞了十年规划。我总觉得科学、教育目前的状况不行，需要有一个机构，统一规划，统一调度，统一安排，统一指导协作。"① 根据邓小平的指示，1977 年 12 月至 1978 年 1 月，国家科委在中科院八年发展规划的基础上，召开全国科技规划会议，编制了《1978—1985 年全国科学技术发展长远规划（草案）》。这个规划包括基础科学与技术科学两大部分，确定了 108 个项目作为全国科学技术研究的重点。1978 年 3 月 18 日，我国科学史上的空前盛会——全国科学大会召开。邓小平在开幕式上的讲话宣告了中国科学技术发展的第二个春天的到来。方毅在工作报告中专门对《1978—1985 年全国科学技术发展规划纲要》作了说明。全国科学大会是我国科学发展史上重要的里程碑，标志着我国的科学技术事业开始进入一个新的发展时期，科学技术迎来又一个春天，自然科学基础理论研究也获得又一次新生。

在这样的背景下，1977 年 9、10 月间，中国科学院召开了全国自然科学学科规划会议。参加会议的有中国科学院，高等院校，中央有关部、委，各省、市、自治区科技部门共 220 个单位 1200 多名代表。与会人员控诉了"四人帮"破坏基础科学理论研究的罪行，批判了"四人帮"给基础科学和理论研究扣上"资产阶级学科体系"帽子的错误，驳斥了"自然科学的基础理论就是马克思主义哲学"的谬论。会议分别就数学、物理学、化学、天文学、地学、生物学六大基础学科和各分支学科制定了规划，然后提出了《全国基础科学规划纲要（草案）》。规划纲要提出的分阶段的奋斗目标是：从现在起，在三五年内，科学院和高等学校要初步建立起基础学科研究体系，继续发展一些学科某些方面的优秀成绩和领先地位，扎扎实实地全面地向着赶超世界先进的科学水平进军。在八年内，要建成学科门类齐全，中央和地方互相配合，拥有一批现代化实验室的基础学科研究体系，全面展开各学科的研究工作，在一些学科的某些领域接近和赶上世界先进科学水平，在基础学科的更多方面作出优

① 《邓小平文选》第 2 卷，人民出版社 1994 年版，第 52 页。

秀成绩和进入世界先进行列。到20世纪末，基础科学各分支学科要大部分或绝大部分接近当时世界先进水平，有相当部分赶上当时世界先进水平，个别学科要居于领先地位。[①] 中共中央和国务院于1979年1月批转了这个规划，并在批语中指出：四个现代化的关键在于科学技术现代化，基础科学是整个科学技术发展的基础，不论从当前还是从长远考虑，不搞基础科学研究是不行的。[②]

就这样，在中国共产党的关怀下，中国的自然科学基础理论研究历经千辛万苦，走过许多坎坷，终于步入了正轨。

［原载《当代中国史研究》2006年第5期，原题为《改革以前的中国共产党与自然科学基础理论研究》］

---

① 《适应本世纪内把我国建成为社会主义现代化强国的需要 全国自然科学学科规划会议在京举行》，《人民日报》1977年11月8日，第1版。

② 路甬祥主编：《邓小平与中国科学院》，江西人民出版社1999年版，第83页。

邓小平对1977年恢复高考的特殊贡献

一

20世纪60、70年代，中国在世界新的科技革命浪潮兴起的时期步履蹒跚，重要原因之一就是“文化大革命”导致高科技人才的缺乏。高科技人才主要靠大学来培养。因此，高考就成为国家决策中不可回避的问题。邓小平把握时代发展的潮流，认为中国要实现现代化，关键是科学技术要能上去。发展科学技术，不抓教育不行。1977年5月24日，邓小平在同王震、邓力群谈话时一针见血地指出：“抓科技必须同时抓教育。从小学抓起，一直到中学、大学。我希望从现在开始做起，五年小见成效，十年中见成效，十五年二十年大见成效。办教育要两条腿走路，既注意普及，又注意提高。要办重点小学、重点中学、重点大学。要经过严格考试，把最优秀的人集中在重点中学和大学。”[①]

恢复高考是总结“文化大革命”时期高等教育历史教训的结果。1966年7月24日，中共中央、国务院发出《关于改革高等学校招生工作的通知》，要求“从今年起，高等学校招生，取消考试，采取推荐和选拔相结合的办法”。1970年6月27日，中共中央批转了北京大学、清华大学《关于招生（试点）的请示报告》，要求各地按照群众推荐、领导批

---

① 《邓小平文选》第2卷，人民出版社1994年版，第40页。

准和学校复审相结合的办法招收“工农兵学员”。从1970年到1976年，全国295所大专院校共招收工农兵学员7届，约94万人。工农兵学员主流是好的，他们在大动乱的年代成为文化科学的传承者和经济、社会建设的脊梁。但他们的文化水平参差不齐，给教育组织带来很大困难，影响了高水平的科技队伍建设。

党和国家领导人曾经努力恢复文化考试。为解决工农兵学员入学时文化程度较低的问题，1972年10月14日，周恩来会见李政道和夫人，主要谈国内教育和科研方面存在的问题。他说：学校学生应“以学习为主。对学习社会科学理论或自然科学理论有发展前途的青年，中学毕业后，不需要专门劳动两年，可以直接上大学，边学习、边劳动”。“我们总要有一批大学培养的研究人才出来”，在大学教育方面“要迎头赶上”。[①] 根据周恩来的指示，国务院批转科教组《关于高等学校1973年招生工作的意见》提出：要“重视文化程度，进行文化考核，了解推荐对象掌握基本知识的状况和分析问题、解决问题的能力，保证入学学生具有相当于初中毕业以上的实际文化程度”。[②]

1975年9月邓小平在听取中科院负责同志汇报时曾对办好中国科技大学作过重要指示。他指出：“要后继有人，这是对教育部门提出的问题。大学究竟起什么作用？培养什么人？有些大学只是中等技术学校水平，何必办成大学？科学院要把科技大学办好，选数理化好的高中毕业生入学，不照顾干部子弟。……这不是复旧！一点外语知识、数理化知识也没有，还攀什么高峰？中峰也不行，低峰还有问题。我们有个危机，可能发生在教育部门，把整个现代化水平拖住了。”[③] 中国科技大学为此起草了改进学校工作的意见，提出要把培养又红又专的科技人才作为自己的任务，并准备实行周恩来总理指示的招生办法。[④]

但树欲静而风不止，张春桥、迟群、毛远新等炮制了“白卷英雄”

---

① 《周恩来年谱（1949—1976）》下卷，中央文献出版社1997年版，第558页。

② 何东昌主编：《中华人民共和国重要教育文献（1949—1975）》，海南出版社1998年版，第1405页。

③ 《邓小平文选》第2卷，人民出版社1994年版，第33—34页。

④ 《一定要办好中国科技大学》，《人民日报》1977年8月19日。

事件，使招生工作再入歧途，随着“批邓、反右倾翻案风运动”而夭折。

粉碎“四人帮”以后，随着邓小平的复出，大学招生问题重新被提了出来，其间邓小平多次强调要从高中毕业生中直接招生。1977年7月23日，邓小平在同中共长沙工学院临时委员会正副书记张文峰、高勇谈话时讲：“一九七五年教育战线的整顿搞不动，我就想让军队带头，在军队搞一所国防科技大学，从高中直接招生。现在看来还不够，还应当发展。教育要两条腿走路，要有重点。大学要从工农兵中招生，重点学校可以从应届高中毕业生中招。”①1977年8月1日，他在同方毅、刘西尧谈教育问题时说：学校可以搞多种形式。总的目标是尽快地培养一批人出来。两条腿走路，但要有重点。重点大学就是直接从高中毕业生中招生。②

邓小平以无产阶级革命家的政治追求，以宽阔的世界眼光，以尊重规律的科学精神，以求真务实的工作作风，以直面落后的勇气，将恢复高考这一战略问题提上日程。

二

1977年6月29日至7月13日，教育部在太原召开全国高等学校招生工作会议。会议批判了“四人帮”对教育的破坏和“白卷英雄”事件，提出应该落实周总理关于“应从高中毕业生中招收一部分学生升入大学”的指示精神。但会议面临着两难选择：如果恢复高考，就要否定毛泽东的“七二一”指示③。此举涉及“两个凡是”④的问题，因而成为困扰教育

---

① 《邓小平年谱（1975—1997）》（上），中央文献出版社2004年版，第165页。

② 《邓小平年谱（1975—1997）》（上），中央文献出版社2004年版，第168—169页。

③ 1968年7月21日，毛泽东在审阅《人民日报》的一份调查报告《从上海机床厂看培养工程技术人员的道路》时批示：“大学还是要办的，我这里主要说的是理工科大学还要办，但学制要缩短，教育要革命，要无产阶级政治挂帅，走上海机床厂从工人中培养技术人员的道路。要从有实践经验的工人农民中间选拔学生，到学校学几年以后，又回到生产实践中去。”后称“七二一”指示。（《人民日报》1968年7月22日）

④ 1977年2月7日，《人民日报》《解放军报》《红旗》杂志发表题为《学好文件抓好纲》的社论，提出：“凡是毛主席作出的决策，我们都坚决维护，凡是毛主席的指示，我们都始终不渝地遵循。”社论是经过华国锋批准发表的。

部门领导人的难题。7 月 29 日，刚复出不久的邓小平在听取中科院副院长方毅、教育部部长刘西尧汇报教育工作时说：有几个问题要提出来考虑：第一，是否废除高中毕业生一定要劳动两年才能上大学的做法？第二，要坚持考试制度，重点学校一定要坚持不合格的要留级。对此要有鲜明的态度。第三，要搞个汇报提纲，提出方针、政策、措施。教育与科研两者关系很密切，要狠抓，要从教育抓起，要有具体措施，否则就是放空炮。他还指示，最近准备开一个科学和教育工作座谈会，找一些敢说话、有见解，在自然科学方面有才学，与“四人帮”没有牵连的人参加。① 8 月 1 日，邓小平在同方毅、刘西尧谈教育问题时说：“办教育要两条腿走路，学校可以搞多种形式。总的目标是尽快地培养一批人出来。”“两条腿走路，但要有重点。重点大学就是直接从高中毕业生中招生。”② 即便如此，8 月 4 日，教育部向国务院报送了《关于 1977 年高等学校招生工作的意见》仍然沿袭了“文化大革命”中实行的“自愿报名、群众推荐、领导批准、学校复审”的老办法；虽然提出“重视文化程度”，但文化考核“采取口试、笔试等多种形式进行，提倡开卷考试，独立完成”。在落实周总理指示精神问题上，只建议招收占总人数 1%—5%的应届高中毕业生。③

同一天，即 8 月 4 日，邓小平主持召开了科学和教育工作座谈会。出席座谈会的有吴文俊、马大猷、唐敖庆、杨石先、苏步青、查全性等国内著名专家。可谓群英荟萃，共商国是。与会人员谈论的重点之一，是要求废除“文化大革命”时期的高校招生办法，恢复考试制度。8 月 5 日，中国科学院生物研究所邹承鲁在发言中指出高校招生制度的弊端：高校招生的 16 字方针应当修改，群众推荐往往只是形式，而领导批准实际成为走后门的合法根据，今后一定要有考试考查制度。④ 中国科技大学的温元凯也提出了 16 字恢复高考方案，即“自愿报考，领导批准，严格考试，择优录取”。邓小平当场讲，温元凯，至少采纳你四分之三。什么

---

① 《邓小平年谱（1975—1997）》（上），中央文献出版社 2004 年版，第 167、166 页。
② 《邓小平年谱（1975—1997）》（上），中央文献出版社 2004 年版，第 168、169 页。
③ 方晓东、李玉非等主编：《中华人民共和国教育史纲》，海南出版社 2002 年版，第 232 页。
④ 参见薛庆超：《邓小平恢复高考》，《党史天地》2005 年第 7 期。

叫四分之三？邓小平说，第二句“领导批准”可以拿掉，考大学是每个人的权利，不需要领导批准。6日，武汉大学化学系副教授查全性的发言最具有代表性。他说：“招生是保证大学质量的第一关，它的作用好像工厂原材料的检验一样，不合格的原料，就不可能生产出合格的产品，当前新生质量没有保证，其原因之一是中小学的质量不高，二是招生制度有问题。主要矛盾还是招生制度。不是没有合格的人才可以招收，而是现行制度招不到合格的人才。”他勇敢地指出现行招生制度的四个严重弊病：即埋没了人才、限制了工农子弟上大学、败坏了社会风气、严重影响了中小学生和教师们教与学的积极性。[①]随后，长春光机所王大珩、上海有机所汪犹、数学家吴文俊也积极发言，建议国务院应下大决心改革现行招生制度。邓小平表态说：既然今年还有时间，那就坚决改嘛！把原来写的招生报告收回来，根据大家的意见重写。招生涉及下乡的几百万青年。要拿出一个办法来，既可以把优秀人才选拔上来，又不要引起波动。重点学校要统一招生。今年下决心按要求招生，招的学生要符合要求。[②]在有人谈到学制等问题时，邓小平还表示：从明年开始执行新的教育制度。今年做准备，把学制、教材、教师、学生来源、招生制度、考试制度、考核制度等都要确定下来，都要搞好。[③]8日，邓小平在讲话中谈到教育制度和教育质量时指出：“教育还是要两条腿走路。大专院校是一条腿，各种半工半读的和业余的大学是一条腿。”“教育制度中的许多具体问题，比如学制、放假制度、招生制度、跳级留级制度等都要认真研究，该恢复的恢复，能实行便实行。高等院校今年就要下决心恢复从高中毕业生中直接招考学生，不要再搞群众推荐。从高中直接招生，我看可能是早出人才、早出成果的一个好办法。”[④]邓小平的讲话石破天惊，其中许多内容明显是对过去的教育制度以及毛泽东有关指示的反正。这样，是坚持毛泽东过去一贯同意的做法，还是根据实际情况作出科学

---

① 参见郝瑞庭：《科教文的春天——科教文化界拨乱反正》，安徽人民出版社1998年版，第19页。

② 《邓小平年谱（1975—1997）》（上），中央文献出版社2004年版，第176页。

③ 参见《邓小平年谱（1975—1997）》（上），中央文献出版社2004年版，第175页。

④ 《邓小平年谱（1975—1997）》（上），中央文献出版社2004年版，第179页。

的改革；是“凡是”毛泽东的批示都坚决贯彻，还是改正其错误的方面，承继其正确的方面，成为非常棘手、但又不能不解决的矛盾。在进退两难的处境下，教育部向中央提交了《关于推迟招生和新生开学时间的请示报告》。《报告》提出：原计划高等学校和中等专业学校 8 月开始招生，11 月中旬新生开学。现根据邓副主席最近的指示，我们将对高等学校招生制度作较大的改进，招生时间拟推迟到第四季度，1977 年新生于明年 2 月底前入学。邓小平批示：“这是经过考虑，为了保证重点大学学生质量而商定的。拟同意。”①

为贯彻邓小平的意见，8 月 13 日②至 9 月 25 日，教育部在北京召开第二次全国招生工作会议。这次会议开得并不轻松。与会代表遇到无法逾越的怪圈：实现四个现代化，教育是基础，而教育要上去，就必须改革现有的高校招生体制；而要改革高校招生体制，就必须拿掉高悬的达摩克利斯之剑——“两个估计”③。但否定“两个估计”就势必会触犯“两个凡是”。④不推翻“两个估计”，此次高招会议将难突出重围。此时，《人民日报》记者穆扬邀请 6 位曾经参加过 1971 年全国教育工作座谈会的同志召开小型会议，主题是分析《全国教育工作会议纪要》出笼的背景及其影响，说明“两个估计”成为教育战线前进和发展的障碍。穆扬连夜将讨论的内容写成内参稿，由人民日报社以《情况汇编·特刊》的形式上报中央。

邓小平看到这份内参后很快作出批示，并于 9 月 19 日找国家科委主任方毅、教育部部长刘西尧、副部长雍文涛、李琦等人谈话。邓小平从《人民日报》报送的内参谈起，指出《全国教育工作会议纪要》是姚文

---

① 《邓小平年谱（1975—1997）》（上），中央文献出版社 2004 年版，第 185 页。

② 王永钦在《教育的春天——1977 年推翻“两个估计”和恢复高考前后》记载是 8 月 17 日，不确。见《党的文献》1997 年第 4 期。

③ “两个估计”，即“文化大革命”前 17 年教育战线是“资产阶级专了无产阶级的政”，是“黑线专政”；知识分子的大多数“世界观基本上是资产阶级的”，是“资产阶级知识分子”。这是 1971 年 7 月在姚文元修改、张春桥定稿的《全国教育工作会议纪要》里提出来的。毛泽东圈阅了这个文件。

④ 郝瑞庭：《科教文的春天——科教文化界拨乱反正》，安徽人民出版社 1998 年版，第 50—51 页。

元修改、张春桥定稿的，说明“两个估计”是不符合实际的。他说，新中国成立后17年，各条战线，包括知识分子比较集中的战线，都是以毛泽东为代表的路线占主导地位，唯独你们教育战线不是这样，能说得通吗?《纪要》是毛泽东同志画了圈的，不等于说里面就没有是非问题了。应该准确地完整地理解毛泽东思想的体系，否则非犯错误不可。这是对“两个估计”的正面批判，也是对“两个凡是”的冲击。邓小平还讲到1972年周恩来指示“要从应届高中毕业生中直接招收大学生”的情况，指出教育部还没有转过弯来。他强调，18岁到20岁正是学习的好时期，直接招生不会中断学习的连贯性，实践证明劳动两年后再入学丢掉了知识、浪费了时间。他旗帜鲜明地提出，重点高校招生不能走上海机床厂的道路。他直截了当地批评道：你们起草的招生文件写得很难懂，太繁琐。政审，主要看本人的政治表现。政治历史清楚，热爱社会主义，热爱劳动，遵守纪律，决心为革命学习，有这几条，就可以了。总之，招生主要抓两条：第一是本人表现好，第二是择优录取。教育方面有好多问题，归根到底是要出人才、出成果。他严肃地说，教育部要争取主动，你们没有取得主动，至少说明你们怕跟着我犯“错误”。不抓科学、教育，四个现代化就没有希望，就会成为一句空话。抓，要有具体政策、具体措施，解决具体的思想问题和实际问题。教育部首要的问题是要思想一致。赞成中央方针的，就干；不赞成的，就改行。教育部要思想解放，争取主动。过去讲错了的，再讲一下，改过来。拨乱反正，语言要明确，含糊其词不行，解决不了问题。①

三

尽管邓小平三令五申要恢复直接从应届高中毕业生中招生的办法，教育系统一些负责人还是裹足不前。之所以出现逡巡不定的状况，其中一个重要原因就是思想障碍在作祟。于是邓小平在多次谈话中都鼓励和引导思想战线、科教战线上的同志要解放思想。

---

①《邓小平文选》第2卷，人民出版社1994年版，第66—71页。

要改革“文化大革命”时期的高校招生制度，就要改变毛泽东作出的一些错误指示、决策，这就不能不与“两个凡是”相抵牾。这也是当时教育系统许多领导人难以解开的疙瘩。邓小平旗帜鲜明地指出，“两个凡是”不是马克思主义、不是毛泽东思想。“把毛泽东同志在这个问题上讲的移到另外的问题上，在这个地点讲的移到另外的地点，在这个时间讲的移到另外的时间，在这个条件下讲的移到另外的条件下，这样做，不行嘛！”[①] 他要求要善于学习、掌握和运用毛泽东思想的科学体系来指导我们各项工作。即使“就一个领域、一个方面的问题来说，也要准确地完整地理解毛泽东思想”。[②]

如前所述，在高考问题上裹足不前的一个重要思想障碍，就是对毛泽东“七二一”指示的错误理解。邓小平多次强调，教育工作基本方针要遵照毛主席的教育路线去做，但对毛主席的教育革命思想要准确地、完整地去理解和贯彻。比如，对毛泽东的“七二一”指示要正确地去理解。七二一大学、共产主义劳动大学要各省去搞，毕业生不属于国家统一分配。但清华大学、北京大学等重点高校不能走上海机床厂的道路。[③] 再比如，教材要精简，一是精，二是简。现代自然科学一日千里，教材要做到精，就要合乎现代科学的发展水平，用最新的科学知识来教育青年。这是对“知识越多越反动”谬论的批判。他接着指出，要研究用什么办法、经过什么途径选拔自学成才的人，大学可以直接从高中招生，重点培养研究生，这是个方针问题。[④]

针对科教系统普遍关心的“两个估计”，邓小平认为，“我们要把毛泽东同志在教育方面的主导思想，在知识分子问题上的主导思想讲清楚。”毛泽东在“文化大革命”以前对科教工作的一系列指示，基本精神是鼓励，是提倡，是估计到知识分子中绝大部分是为社会主义服务或者愿意为社会主义服务的。尽管 1957 年以后毛泽东讲过一些过头的话，但

---

① 《邓小平文选》第 2 卷，人民出版社 1994 年版，第 38 页。
② 《邓小平文选》第 2 卷，人民出版社 1994 年版，第 43 页。
③ 《邓小平文选》第 2 卷，人民出版社 1994 年版，第 68 页。
④ 《邓小平年谱（1975—1997）》（上），中央文献出版社 2004 年版，第 172、173 页。

在60年代初期，他还是支持“科学十四条”“高校六十条”的。[①]新中国成立后17年全国教育战线的工作主导方面是红线；17年中，绝大多数知识分子，不管是科学工作者还是教育工作者，在毛泽东思想的光辉照耀下，都取得了很大成绩。

邓小平特别针对知识分子是“臭老九”的谬论，指出：“我们要准确地完整地理解毛泽东同志关于知识分子问题的思想和政策。”毛泽东历来重视知识分子的作用，也非常注意知识分子要改造世界观，要好好地为社会主义服务。就知识分子的世界观改造方面来说，应该怎样估计呢？世界观的改造重要表现是为谁服务。我国的知识分子绝大多数是自觉自愿地为社会主义服务的。反对社会主义的是极少数，对社会主义不那么热心的也只是一小部分。尽管毛泽东曾经把知识分子看作是资产阶级的一部分，但从整个革命和建设过程来看，毛泽东是重视知识分子的作用的。1975年他还针对“四人帮”的诬蔑，提出“老九不能走”。针对知识分子还要改造世界观的责难，邓小平指出，不仅从旧社会过来的知识分子要改造，就是新中国成立后培养出来的知识分子也要继续改造，而且工农和党员的思想也要继续改造。[②]针对“脑力劳动不是劳动者”的谬论，邓小平说：“要理解毛主席的整个教育思想体系。从马克思到毛主席，都认为从事脑力劳动的人也是劳动者，无非是脑力劳动还是体力劳动的区别。”[③]所以，强调科研工作、教育工作都是脑力劳动，要尊重知识、尊重劳动、尊重人才，知识分子的名誉要恢复。

邓小平还支持教育战线上的拨乱反正。7月21日，《人民日报》发表第一机械部批判组的文章《从摘桃到篡党的丑恶表演——彻底批判“四人帮”破坏“七·二一”指示的罪行》。9月中旬，邓小平找王海容、唐闻生谈话，了解毛泽东生前同她们谈教育的情况。得知毛泽东说过，对17年教育工作不能估计过低。9、10月间，邓小平审阅《红旗》杂志根据邓小平关于教育的几次谈话整理成的评论员文章《大力发展社会主义教育事业》。10月21日，《人民日报》发表教育部大批判组的文章《一株反

① 《邓小平文选》第2卷，人民出版社1994年版，第49页。

② 《邓小平文选》第2卷，人民出版社1994年版，第43、49页。

③ 《邓小平年谱（1975—1997）》（上），中央文献出版社2004年版，第176页。

党乱校的大毒草——批判北京大学、清华大学大批判组的〈教育革命的方向不容篡改〉》。《红旗》杂志第 12 期发表了经邓小平仔细审阅的文章《教育战线的一场大论战——批判“四人帮”炮制的“两个估计”》。文章比较详细地叙述了张春桥、姚文元、迟群等人炮制“两个估计”的过程，重申了毛泽东关于社会主义教育的方针，论证了新中国成立后 17 年教育战线取得的巨大成绩，强调了党的知识分子政策和思想改造的必要性，指出知识分子是革命的力量而不是革命的对象。文章披露了毛泽东对新中国成立后 17 年的基本评价[①]，这无疑是对“两个估计”的当头一棒，也将毛泽东的教育革命路线与“四人帮”的罪恶阴谋区分开来。11 月 18 日，《人民日报》等报纸纷纷转载这篇文章，有力地推动了教育思想上的拨乱反正。

四

在邓小平的直接领导下，第二次全国招生工作会议经过艰苦漫长的讨论，终于冲破《全国教育工作会议纪要》的阴霾，推翻了“两个估计”，决定恢复高校招生统一考试制度。10 月 3 日，邓小平审阅教育部《〈关于 1977 年高等教育招生工作的意见〉的请示报告》、教育部代拟的《国务院转发教育部〈关于 1977 年高等教育招生工作的意见〉》等文件，致函华国锋：“此事较急”，“建议近几日内召开一次政治局会议，连同《红旗》杂志关于教育的评论员文章一并讨论。”[②]10 月 5 日，中共中央政治局讨论通过了由邓小平修改的高等学校招生工作的意见。10 月 12 日，国务院正式批转教育部《关于 1977 年高等教育招生工作的意见》。《意见》废除了“文化大革命”时期的招生办法，对 1977 年高校招生工作

① 即：十七年的估价不要讲得过分。在无产阶级专政下执行了错误的路线，不是大多数人，是一少部分人。多数知识分子还是拥护社会主义制度。执行封、资、修路线的还是少数人。高教六十条，总的还有它对的地方嘛，难道没有一点对的地方嘛，错误的要批，批它错误的东西。毛主席还说：人家是教师，还要尊重他嘛。一讲不对就批评，哪能都讲对呀，讲不对没关系，讲错了没关系，大家共同研究，怎么能一下子都讲对，不可能嘛。这是从迟群的笔记中查出来的。

② 引文中的评论员文章指《大力发展社会主义教育事业》一文。

进行重大改变。首先，扩大了招生对象：工人、农民、上山下乡和回乡知识青年（包括按政策留城而尚未分配工作的）、复员军人、干部和应届高中毕业生。年龄20岁左右，不超过25周岁，未婚。对实践经验比较丰富并钻研有成绩或确有专长的，年龄可放宽到30岁，婚否不限（要注意招收1966、1967两届高中毕业生）。条件是：政治历史清楚，拥护中国共产党，热爱社会主义，热爱劳动，遵守革命纪律，决心为革命学习；具有高中毕业或相当于高中毕业的文化水平（在校的高中学生，成绩特别优良，可自己申请，由学校介绍，参加报考）；身体健康。另外，今年招收应届毕业生的比例，占省、市、自治区招生总数的20%—30%。以选优为原则，可高于或低于这个比例。其次，改变了过去“十六字”招生方针。规定：招收新生要根据德、智、体全面衡量，择优录取的原则，实行自愿报名，统一考试，地、市初选，学校录取，省、市、自治区批准的办法。再次，增加了文化考试。考试分文理两类。文科考试科目是：政治、语文、数学、史地。理科考试科目是：政治、语文、数学、理化。报考外语专业的要加试外语。由省、市、自治区拟题，县（区）统一组织考试。考试的目的主要是了解掌握基础知识的状况和分析问题、解决问题的能力。①10月21日，《人民日报》发表《高等学校招生进行重大改革》，正式公布了恢复高校招生统一考试制度。②同日，《人民日报》发表经邓小平审阅修改的社论《搞好大学招生是全国人民的希望》，号召全党全国人民把粉碎“四人帮”以后的第一次招生工作搞好。22日，《人民日报》发表教育部负责人就1977年高校招生问题答记者问，紧锣密鼓地向人民群众讲解党和国家关于高考政策的重大变革。经过十余年的曲折之后，新的高考像乍响的春雷一样震撼了整个神州大地。与此同时，邓小平还有条不紊地领导整顿教学秩序，健全高校领导体制和教育制度，制定各项政策和措施，创造良好的高等教育环境，为顺利推行高考制度保驾护航。1977年高考从11月28日开始，到12月25日结束，录取新生

---

① 何东昌主编：《中华人民共和国重要教育文献（1976—1990）》，海南出版社1998年版，第1579、1580页。

② 方晓东等主编的《中华人民共和国教育史纲》讲社论正式宣布，不确。二者虽同在第1版，但社论是号召性质的，不是公布政策。

27.3 万人。[①]

恢复高考是教育战线拨乱反正的一个重要突破，是中国高等教育发展的一个里程碑，是中国人才战略的一个关键环节，是转折时代的一个重要标志。恢复高考改变了一代有志青年的人生命运。当时闯过独木桥的莘莘学子，现在都成为各个领域的骨干和栋梁，对中国社会的前进起了巨大的推动作用。这是国家和民族之幸，党和人民之福。历史和人民将会永远铭记邓小平在这转折关头所作出的特殊贡献。

［原载《当代中国史研究》2007 年第 6 期］

① 方晓东、李玉非等主编：《中华人民共和国教育史纲》，海南出版社 2002 年版，第 286 页。

中国特色社会主义文化纲领的历史发展

改革开放的30年，是中国共产党围绕建设中国特色社会主义这一主题，把马克思主义文化理论与中国文化建设的实践相结合的30年，是在建设中国特色社会主义总体布局中不断探索精神文明建设规律的30年，是中国特色社会主义文化建设纲领不断丰富、发展和完善的30年，是中国化马克思主义文化理论一脉相承又与时俱进的30年。梳理中国特色社会主义文化纲领和文化理论的发展，对研究30年改革开放进程中文化建设和文化理论的发展趋势，把握当今文化建设的规律，展望未来文化发展方向具有重要意义。

一、“两个文明”建设总体布局中的精神文明建设纲领

改革开放以后，党围绕“什么是社会主义，怎样建设社会主义”这一中心问题，深刻反思“文革”的经验和教训，在毛泽东为代表的第一代领导集体开辟的社会主义文化建设理论和实践的基础上，不断探索社会主义精神文明建设的方案。1979年9月29日，叶剑英在庆祝中华人民共和国成立30周年大会上指出：“我们要在改革和完善社会主义经济制度的同时，改革和完善社会主义政治制度，发展高度的社会主义民主和完备的社会主义法制。我们要在建设高度物质文明的同时，提高全民族的教育科学文化水平和健康水平，树立崇高的革命理想和革命道德风尚，发展高尚的丰富多彩的文化生活，建设高度的社会主义精神文明。

这些都是我们社会主义现代化的重要目标，也是实现四个现代化的必要条件。”[①] 这是在党的文献中首次使用“社会主义精神文明”的概念，并把它与物质文明建设一起作为社会主义现代化的目标，实际上也提出了“两个文明一起抓”的总体思路。

此后，党和国家领导人多次论述都是从“两个文明一起抓”的“二位一体”布局中论述精神文明建设。1979 年 10 月 30 日，邓小平在中国文学艺术工作者第四次代表大会上基本重申了叶剑英的论述。[②]1980 年 2 月，胡耀邦在剧本创作座谈会上论述了两个文明的辩证关系：我们的根本目的，是要使物质财富和精神财富大大地丰富起来。“这两个文明是相互联系的。物质财富、物质文明为精神财富、精神文明奠定基础，提供源泉；而精神财富、精神文明反过来又促进物质财富、物质文明向前发展。它们相互依存，相互促进。”[③]3 月，他又在中国科协第二次全国代表大会上强调两个文明的辩证关系，并提出要攀登思想理论、科学技术和文学艺术三个精神文明建设的高峰。[④]

同年 12 月 25 日，邓小平在中央工作会议上比较系统地论述了社会主义精神文明建设问题。一是明确了社会主义精神文明建设的内容，指出“所谓精神文明，不但是指教育、科学、文化（这是完全必要的），而且是指共产主义的思想、理想、信念、道德、纪律，革命的立场和原则，人与人的同志式关系，等等”。包含了教育科学文化建设和思想道德建设两个方面。二是提出了思想道德建设的重要内容，强调要用共产主义的思想体系指导整个工作；用共产主义道德约束共产党员和先进分子的言行；提倡和表彰“全心全意为人民服务”“个人服从

---

① 《三中全会以来重要文献选编》（上），中央文献出版社 2011 年版，第 204 页。

② 《邓小平文选》第 2 卷，人民出版社 1994 年版，第 208 页。再如，1983 年 4 月 29 日，邓小平在会见印度共产党中央代表团时强调：“在社会主义国家，一个真正的马克思主义政党在执政以后，一定要致力于发展生产力，并在这个基础上逐步提高人民的生活水平。这就是建设物质文明。……与此同时，还要建设社会主义的精神文明，最根本的是要使广大人民有共产主义的理想，有道德，有文化，守纪律。国际主义、爱国主义都属于精神文明的范畴。”（《邓小平文选》第 3 卷，人民出版社 1993 年版，第 28 页）

③ 《三中全会以来重要文献选编》（上），中央文献出版社 2011 年版，第 334 页。

④ 《三中全会以来重要文献选编》（上），中央文献出版社 2011 年版，第 412 页。

组织”“大公无私”“毫不利己、专门利人”“一不怕苦、二不怕死”；强调要发扬革命战争时期形成的“五种革命精神”[①]；强调共产党员尤其是高级干部要身体力行共产主义思想和共产主义道德。要批判和反对封建主义残余的影响，批判和反对崇拜资本主义、主张资产阶级自由化的倾向，发扬爱国主义精神，提高民族自尊心和自信心。三是指出了精神文明建设在社会主义建设中的战略地位和作用，指出“没有这种精神文明，没有共产主义思想，没有共产主义道德，怎么能建设社会主义？”[②]1982 年 4 月，邓小平在题为《坚决打击经济犯罪活动》的讲话里，提出建设社会主义精神文明是坚持社会主义道路的四项必要保证之一。[③]

7 月，邓小平在军委座谈会上提出社会主义精神文明建设的根本目标，他说：“搞社会主义精神文明建设，主要是使我们的各族人民都成为有理想、有道德、有文化、守纪律的人民。”[④]党的十二大强调，“在建设高度物质文明的同时，一定要努力建设高度的社会主义精神文明。这是建设社会主义的一个战略方针问题”，关系到社会主义的兴衰和成败。并且论述物质文明和精神文明的关系，为社会主义精神文明赋予重要的战略地位和作用，强调“社会主义精神文明是社会主义的重要特征，是社会主义制度优越性的重要表现”。党的十二大还把社会主义精神文明建设分为文化建设和思想建设两个方面，强调建设社会主义精神文明，是全党的任务，是各条战线的共同任务。党的思想建设是全社会精神文明建设的支柱，共产党员应当首先在思想道德方面起模范作用。[⑤]

1985 年 9 月，邓小平在党的全国代表会议上强调了精神文明建设的战略作用，他说：“不加强精神文明的建设，物质文明的建设也要受破坏，

---

① 即革命和拼命精神，严守纪律和自我牺牲精神，大公无私和先人后己精神，压倒一切敌人、压倒一切困难的精神，坚持革命乐观主义、排除万难去争取胜利的精神。

② 《邓小平文选》第 2 卷，人民出版社 1994 年版，第 367—368 页。

③ 《邓小平文选》第 2 卷，人民出版社 1994 年版，第 403 页。

④ 《邓小平文选》第 2 卷，人民出版社 1994 年版，第 408 页。

⑤ 《十二大以来重要文献选编》（上），中央文献出版社 2011 年版，第 26 页。

走弯路。光靠物质条件，我们的革命和建设都不可能胜利。过去我们党无论怎样弱小，无论遇到什么困难，一直有强大的战斗力，因为我们有马克思主义和共产主义的信念。有了共同的理想，也就有了铁的纪律。无论过去、现在和将来，这都是我们的真正优势。”①

1986 年 9 月，党的十二届六中全会通过《中共中央关于社会主义精神文明建设指导方针的决议》，对社会主义精神文明建设的战略地位、根本任务、主要内容作出明确规定和详细的论述，对社会主义的共同理想、道德风尚、教育科学文化、民主法制纪律教育、马克思主义的指导地位、旗帜鲜明地反对资产阶级自由化等问题作了比较系统的论述，成为关于社会主义精神文明建设的第一个纲领性的文件。会议明确提出了社会主义现代化建设的总体布局，就是以经济建设为中心，坚定不移地进行经济体制改革，坚定不移地进行政治体制改革，坚定不移地加强精神文明建设。1987 年 10 月，党的十三大提出“一个中心，两个基本点”的基本路线和建设富强、民主、文明的社会主义现代化国家的奋斗目标，要求贯彻十二届六中全会精神，提高整个民族的思想道德素质和科学文化素质，努力形成有利于现代化建设和改革开放的理论指导、舆论力量、价值观念、文化条件和社会环境，克服小生产的狭隘眼界和保守习气，抵制封建主义和资本主义的腐朽思想，振奋全国各族人民献身于现代化事业的巨大热情和创造精神。党的十三大还提出，为了实现 20 世纪末人民生活达到小康水平的奋斗目标，必须把发展科学技术和教育事业放在首位，使经济建设转到依靠科技进步和提高劳动者素质的轨道上来。②

1989 年 6 月，在十三届四中全会上，江泽民针对此前一段的教训时指出：“在抓紧社会主义物质文明建设的同时，必须抓紧社会主义精

① 《邓小平文选》第 3 卷，人民出版社 1993 年版，第 144 页。

② 《十三大以来重要文献选编》(上)，中央文献出版社 2011 年版，第 13、15 页。

神文明建设，坚决纠正‘一手硬、一手软’的状况。”[①]1992年初，邓小平在南方谈话中强调，两个文明都要超过“亚洲四小龙”，才是有中国特色的社会主义。[②]同年10月，党的十四大概括和总结了“建设有中国特色社会主义理论”的主要内容，明确提出“物质文明和精神文明都搞好，才是有中国特色的社会主义。精神文明建设必须紧紧围绕经济建设这个中心，为经济建设和改革开放提供强大的精神动力和智力支持。”[③]为贯彻十四大之后“两手抓，两手都要硬”的方针，1994年1月，党中央召开全国宣传思想工作会议。江泽民在会议上指出：“我们的宣传思想工作，必须以科学的理论武装人，以正确的舆论引导人，以高尚的精神塑造人，以优秀的作品鼓舞人，不断培养和造就一代又一代有理想、有道德、有文化、有纪律的社会主义新人，在建设有中国特色社会主义的伟大事业中发挥有力的思想保证和舆论支持作用。”并提出：“邓小平同志建设有中国特色社会主义的理论是全党各项工作的根本指导方针”，要求着重做好四个方面的工作：第一，坚持用邓小平同志建设有中国特色社会主义的理论武装全党；第二，坚持

① 《江泽民文选》第1卷，人民出版社2006年版，第60页。此后，中央一直强调“两个文明一起抓”，两手都要硬。如，1989年9月，江泽民在庆祝中华人民共和国40周年大会上指出：“社会主义不仅要实现经济繁荣，而且要实现社会的全面进步。坚持物质文明和精神文明一起抓，是我们的基本方针。……我们要深刻吸取近几年来物质文明建设和精神文明建设一手硬一手软的教训，在努力发展物质文明的同时，切实抓好精神文明建设。”（《十三大以来重要文献选编》（中），中央文献出版社2011年版，第74页）1991年10月，江泽民在浙江考察时强调：“建设有中国特色的社会主义，什么时候都必须做到物质文明与精神文明一起抓，既促进经济发展，又促进社会的全面进步，这是社会主义的本质要求。”（《江泽民论有中国特色社会主义》（专题摘编），中央文献出版社2002年版，第379页）1993年12月18日，江泽民强调：“社会主义的优越性不仅表现在经济政治方面，表现在能够创造出高度的物质文明上，而且表现在思想文化方面，表现在能够创造出高度的精神文明上。贫穷不是社会主义；精神生活空虚，社会风气败坏，也不是社会主义。……两个文明缺少任何一个方面的发展，都不成其为有中国特色的社会主义。”（《江泽民论有中国特色社会主义》（专题摘编），中央文献出版社2002年版，第380页）1993年12月26日，江泽民在毛泽东诞辰100周年纪念大会上又重申上述观点，并强调“坚持两个文明全面发展，坚持两手抓和两手都要硬，这是邓小平同志总结改革和建设的经验得出的一个具有长远指导意义的重要结论。”（《十四大以来重要文献选编》（上），中央文献出版社2011年版，第544页）

② 《邓小平文选》第3卷，人民出版社1993年版，第378页。

③ 《江泽民文选》第1卷，人民出版社2006年版，第238页。

贯彻党的基本路线，做好正确引导舆论的工作；第三，加强思想工作，培养“四有”新人，促进社会主义精神文明建设；第四，坚持“为人民服务，为社会主义服务”的方向和“百花齐放，百家争鸣”的方针，弘扬主旋律，繁荣社会主义文化。他还提出，社会主义精神文明建设，涉及各个方面，是一项系统工程；要求用两三年的时间，提出精神文明建设的总体规划、阶段性目标和具体措施。[①]同年8月，中共中央又批准印发中宣部拟定的《爱国主义教育实施纲要》。1995年9月，江泽民在十四届五中全会上强调物质文明建设和精神文明建设的关系，要求：“必须把社会主义精神文明建设提到更加突出的地位。要把物质文明建设和精神文明建设作为统一的奋斗目标，始终不渝地坚持两手抓、两手都要硬。任何情况下，都不能以牺牲精神文明为代价去换取经济的一时发展。”提出“精神文明建设要同经济发展战略相适应，纳入国民经济和社会发展的总体规划”。[②]

1995年9月，党的十四届五中全会通过的《关于制定国民经济和社会发展“九五”计划和二〇一〇年远景目标的建议》，把社会主义精神文明建设纳入了国民经济和社会发展的总体目标，放到更加突出的地位，并强调，“能否搞好社会主义精神文明建设，关系到我国社会主义的兴衰成败，关系到把一个什么样的中国带入二十一世纪”。《建议》提出关于精神文明建设的六项工作。[③]10月，丁关根在全国精神文明建设经验交流会上提出精神文明重在建设的方针：“重在建设，就是要以立为本，持之以恒，贵在落实，务求实效。社会主义精神文明建设在现代

---

① 《十四大以来重要文献选编》（上），中央文献出版社2011年版，第567—575页。

② 《江泽民文选》第1卷，人民出版社2006年版，第474页。

③ 第一，坚持不懈地用邓小平建设有中国特色社会主义理论武装全党，教育干部和人民。要引导人们正确认识什么是社会主义、怎样建设社会主义，认识国家的命运和发展前途，在全社会形成共同理想和精神支柱。第二，坚持不懈地加强艰苦奋斗的优良传统教育，倡导敬业创业精神。第三，坚持不懈地加强道德建设和爱国主义、集体主义、社会主义思想教育，树立正确的世界观、人生观、价值观。第四，坚持不懈地加强党风廉政建设，深入持久地开展反腐败斗争。第五，坚持不懈地开展群众性精神文明建设活动。第六，坚持不懈地推进教育科学文化建设，全面提高整个中华民族的科学文化素质。（《十四大以来重要文献选编》（中），中央文献出版社2011年版，第488—489页）

化建设总体布局中的战略地位，决定了它必须是围绕和推动社会主义现代化建设的精神文明建设，必须是促进全面改革和实行对外开放的精神文明建设，必须是坚持四项基本原则的精神文明建设。重在建设，反映了社会主义现代化建设的客观要求，体现了社会主义精神文明建设的内在规律，是社会主义精神文明建设必须长期遵循的重要方针。”[①] 为贯彻上述会议精神，1996 年 1 月，召开全国宣传部长会议。江泽民对“以科学的理论武装人，以正确的舆论引导人，以高尚的精神塑造人，以优秀的作品鼓舞人”进行系统论述，并提出本年召开十四届六中全会，集中讨论社会主义精神文明建设问题，主要是进一步研究思想道德和文化建设方面的问题。[②] 丁关根提出关于未来 5 年的“一个目标”“两个关系”“三个如何”“四个任务”“五个问题”“八个方面工作”“十条方针原则”等宣传思想工作总体布局。[③]

1996 年 10 月，党的十四届六中全会通过《关于加强社会主义精神文明建设若干重要问题的决议》，坚持全面的、历史的、发展的观点，从建设中国特色社会主义整个事业的大局来考察社会主义精神文明建设，对其战略地位和作用、指导思想、目标任务、基本方针、主要内容、重要措施等做出明确规定，比较系统地总结了改革开放以后精神文明建设的理论和经验，成为社会主义精神文明建设的第二个纲领性文件，标志着党对社会主义精神文明建设和社会主义本质的认识达到一个新水平。《决议》提出：社会主义精神文明建设，是以经济建设为中心、坚持四项基本原则和坚持改革开放的精神文明建设，是继承发扬优良传统而又充分体现时代精神、立足本国而又面向世界的精神文明建设。今后 15 年，社会主义精神文明建设的主要目标是：在全民族牢固树立建设有中国特色社会主义的共同理想，牢固树立坚持党的基本路线不动摇的坚定信念；实现以思想道德修养、科学教育水平、民主法制观念为主要内容的公民素质的显著提高，实现以积极健康、丰富多彩、服务人民为主要要求的文化生活质量的显著提高，实现以

① 《十四大以来重要文献选编》(中)，中央文献出版社 2011 年版，第 511 页。

② 《十四大以来重要文献选编》(中)，中央文献出版社 2011 年版，第 643 页。

③ 《十四大以来重要文献选编》(中)，中央文献出版社 2011 年版，第 662—664 页。

社会风气、公共秩序、生活环境为主要标志的城乡文明程度的显著提高；在全国范围形成物质文明建设和精神文明建设协调发展的良好局面。[①]江泽民在会议上讲话时指出："社会主义社会是全面发展、全面进步的社会。社会主义现代化建设事业是物质文明和精神文明协调发展、相辅相成的事业，缺少任何一个方面，都不成其为有中国特色的社会主义。"[②]

这段时期，党和政府主要从"两个文明"建设总体布局中探索社会主义精神文明的总体方案。这个方案的各个方面，都表现出不断完善、不断成熟、不断系统化和具体化的特点，反映了党和人民根据不同的历史阶段的不同形势和问题，不断丰富社会主义精神文明建设的理论宝库和培育社会主义精神花园的奋斗历程。

二、"三位一体"总体布局中的先进文化建设[③]

江泽民在党的十五大报告中指出："有中国特色社会主义的文化，就其主要内容来说，同改革开放以来我们一贯倡导的社会主义精神文明是一致的。文化相对于经济、政治而言。精神文明相对于物质文明而言。"[④]其实，叶剑英在1979年的"国庆讲话"中就已经表达出经济、政治、文化三方面的内容，只是没有明确表述。1991年7月1日，江泽民在庆祝中国共产党成立70周年大会上明确提出了中国特色社会主义建设的经济、政治、文化纲领，指出："有中国特色社会主义的文化，必须以马克思列宁主义、毛泽东思想为指导，不能搞指导思想的多元化；必须坚持为人民服务、为社会主义服务的方向和百花齐放、百家争鸣的方针，繁

① 《十四大以来重要文献选编》（下），中央文献出版社2011年版，第139页。

② 《江泽民文选》第1卷，人民出版社2006年版，第571页。在这篇讲话中，江泽民提出："社会文明包括物质文明也包括精神文明，缺少任何一个方面，社会就是畸形的，也不可能健康地向前发展。"这里的社会文明是一个大范畴。而后来提出的"四位一体"中的社会文明是小范畴。

③ 江泽民在庆祝中国共产党成立八十周年大会上指出：在当代中国，发展先进文化，就是发展有中国特色社会主义的文化，就是建设社会主义精神文明。（《江泽民文选》第3卷，人民出版社2006年版，第276页）

④ 《江泽民文选》第2卷，人民出版社2006年版，第32—33页。

荣和发展社会主义文化，不允许毒害人民、污染社会和反社会主义的东西泛滥；必须继承发扬民族优秀传统文化而又充分体现社会主义时代精神，立足本国而又充分吸收世界文化优秀成果，不允许搞民族虚无主义和全盘西化。我们应该牢牢把握有中国特色社会主义文化的这些基本要求，极大地提高全民族的思想道德和科学文化素质，促进社会主义物质文明和精神文明的发展。”①

1997 年 9 月，党的十五大根据邓小平理论和党的基本路线，围绕建设富强民主文明的社会主义现代化国家，进一步明确什么是初级阶段的“有中国特色社会主义”的经济、政治和文化，怎样建设这样的经济、政治和文化，对建设中国特色社会主义经济、政治、文化作出全面部署，确定了跨世纪的宏伟蓝图并指出：“建设有中国特色社会主义的文化，就是以马克思主义为指导，以培育有理想、有道德、有文化、有纪律的公民为目标，发展面向现代化、面向世界、面向未来的，民族的科学的大众的社会主义文化。这就要坚持用邓小平理论武装全党，教育人民；努力提高全民族的思想道德素质和教育科学文化水平；坚持为人民服务、为社会主义服务的方向和百花齐放、百家争鸣的方针，重在建设，繁荣学术和文艺。建设立足中国现实、继承历史文化优秀传统、吸取外国文化有益成果的社会主义精神文明。”上述建设“有中国特色社会主义”的经济、政治、文化的基本目标和基本政策，有机统一，不可分割，构成党在社会主义初级阶段的基本纲领。②这样就在党的正式文献上确定了“三位一体”的总体布局。③

① 《江泽民文选》第 1 卷，人民出版社 2006 年版，第 158 页。

② 《江泽民文选》第 2 卷，人民出版社 2006 年版，第 17—18 页。

③ 关于“三位一体”总体布局的起始时间，论者说法并不一致。有的论者认为，从十六大开始强调全面建设社会主义物质文明、政治文明、精神文明。有的论者认为江泽民在纪念建党 70 周年大会上，首次对“三位一体”的总体布局作了初步的表述和论证。我认为，从新中国成立伊始，党就注重民主政治、经济、文化三位一体的革命和建设。改革开放以后，在“建设有中国特色的社会主义”这一总命题下，也包括三个方面的内容。1991 年 7 月 1 日江泽民明确提出经济、政治、文化纲领，但后来重点强调两个文明一起抓。直到十五大明确提出“有中国特色社会主义”的经济、政治、文化纲领，才一直强调社会主义社会是全面发展、全面进步的社会，强调经济、政治、文化有机统一不可分割。说明“三位一体”布局发展到一个新阶段。

1998年12月，江泽民在纪念十一届三中全会召开20周年大会上强调："社会主义社会作为人类历史上崭新的社会形态，是以经济建设为重点的全面发展、全面进步的社会。经济、政治、文化协调发展，两个文明都搞好，才是有中国特色社会主义。没有经济的发展，社会发展和精神文明建设就没有物质基础；没有社会的发展和精神文明的进步，物质文明建设就没有动力，经济发展目标就难以实现。"坚持全面发展、全面进步的目标，要求在搞好物质文明建设的同时，把社会主义精神文明建设提到更加突出的地位。①

2000年2月25日，江泽民在广东考察工作时提出"三个代表"重要思想，强调党代表先进文化的前进方向，必须坚持以马克思主义为指导，努力继承和发扬中华民族的一切优秀文化传统，努力学习和吸收外国的一切优秀文化成果，从而不断创造和推进有中国特色社会主义文化，使社会主义物质文明和精神文明协调发展，使社会全面进步。②2001年7月1日，他又在建党80周年庆祝大会上指出："社会主义社会是全面发展、全面进步的社会。社会主义现代化事业是物质文明和精神文明相辅相成、协调发展的事业。"坚持什么样的文化方向，推动建设什么样的文化，是一个政党在思想上精神上的一面旗帜。党要始终代表中国先进文化的前进方向，就是党的理论、路线、纲领、方针、政策和各项工作，必须努力体现发展面向现代化、面向世界、面向未来的，民族的科学的大众的社会主义文化的要求，促进全民思想道德素质和科学文化素质的不断提高，为我国经济发展和社会进步提供精神动力和智力支持。③2001年9月20日，中共中央通知印发《公民道德建设实施纲要》强调：加强社会主义思想道德建设，是发展先进文化的重要内容和中心环节。《纲要》指出：在新世纪全面建设小康社会，加快改革开放和现代化建设步伐，顺利实现第三步战略目标，必须在加强社会主义法制建设、依法治国的同时，切实加强社会主义道德建设、以德治国，把法制建设与道德建设、依法治国与以德治国紧密结合起来，逐步形成与发展社会主义市场经济相适

① 《江泽民文选》第2卷，人民出版社2006年版，第258—259页。

② 《江泽民文选》第3卷，人民出版社2006年版，第2页。

③ 《江泽民文选》第3卷，人民出版社2006年版，第276、277页。

应的社会主义道德体系。这是提高全民族素质的一项基础性工程，对促进物质文明与精神文明协调发展，全面推进建设有中国特色社会主义伟大事业，具有十分重要的意义。[①]

2002年5月31日，江泽民在中央党校省部级干部进修班毕业典礼上提出全面建设小康社会，开创中国特色社会主义事业新局面的奋斗目标，指出：发展社会主义民主政治，建设社会主义政治文明，是社会主义现代化建设的重要目标。他同时指出："我们必须在发展社会主义经济、政治的同时，加强社会主义精神文明建设，大力发展面向现代化、面向世界、面向未来的，民族的科学的大众的社会主义文化，不断丰富人们的精神世界，不断增强人们的精神力量。要坚持先进文化的前进方向，全面建设和繁荣我国的文化事业。要坚持和巩固马克思列宁主义、毛泽东思想、邓小平理论在意识形态领域的指导地位，用'三个代表'要求统领社会主义文化建设。"[②]7月16日，江泽民在中国社会科学院建院25周年座谈会上指出："建设有中国特色社会主义，应该是我国经济、政治、文化全面发展的进程，是我国社会主义物质文明、政治文明、精神文明全面建设的进程。"[③]这样就明确了三大文明的"三位一体"的总体布局中的先进文化建设纲领。

党的十六大提出全面建设小康社会的目标，就是要使经济更加发展、民主更加健全、科教更加进步、文化更加繁荣、社会更加和谐、人民生活更加殷实，不断促进中国特色社会主义物质文明、政治文明、精神文明全面、协调发展，推动社会全面进步和促进人的全面发展。这样形成"三位一体"总体布局中的精神文明建设新局面。党的十六大提出建设社会主义先进文化这一精神文明建设的重要命题和内容，指出"在当代中国，发展先进文化，就是发展面向现代化、面向世界、面向未来的，民族的科学的大众的社会主义文化，以不断丰富人们的精神世界，增强人们的精神力量。必须坚持马克思列宁主义、毛泽东思想和邓小平理论在意识形态领域的指导地位，用'三个代表'重要思想统领社会主义文化

---

① 《十五大以来重要文献选编》（下），中央文献出版社2011年版，第218、220页。

② 《十五大以来重要文献选编》（下），中央文献出版社2011年版，第599页。

③ 《江泽民文选》第3卷，人民出版社2006年版，第490—491页。

建设”。党的十六大要求把弘扬和培育民族精神作为文化建设极为重要的任务，纳入国民教育全过程，纳入精神文明建设全过程，使全体人民始终保持昂扬向上的精神状态。关于思想道德建设，十六大提出：依法治国和以德治国相辅相成。要建立与社会主义市场经济相适应、与社会主义法律规范相协调、与中华民族传统美德相承接的社会主义思想道德体系。深入进行党的基本理论、基本路线、基本纲领和“三个代表”重要思想的宣传教育，引导人们树立中国特色社会主义共同理想，树立正确的世界观、人生观和价值观。认真贯彻公民道德建设实施纲要，弘扬爱国主义精神，以为人民服务为核心、以集体主义为原则、以诚实守信为重点，加强社会公德、职业道德和家庭美德教育，特别要加强青少年的思想道德建设，引导人们在遵守基本行为准则的基础上，追求更高的思想道德目标。党的十六大还提出国家支持和保障文化公益事业。要求根据社会主义精神文明建设的特点和规律，适应社会主义市场经济发展的要求，继续推进文化体制改革，抓紧制定文化体制改革的总体方案。[①]同年胡锦涛在“七一”讲话中强调“三个代表”重要思想是同马列主义、毛泽东思想和邓小平理论一脉相承而又与时俱进的科学体系，其中关于社会主义物质文明、政治文明和精神文明协调发展的思想，是马克思主义中国化的重要成果之一。[②]7 月 28 日，胡锦涛在总结防治非典工组的经验教训时指出：“我们要更好地坚持全面发展、协调发展、可持续发展的发展观，更加自觉地坚持推动社会主义物质文明、政治文明和精神文明协调发展，坚持在经济社会发展的基础上促进人的全面发展，坚持促进人与自然的和谐。”[③]2003 年 10 月，胡锦涛在十六届三中全会上提出用科学发展观指导全面建设小康社会，促进社会主义物质文明、政治文明和精神文明协调发展，坚持在经济发展的基础上促进社会全面进步和人的全面发展。[④]为贯彻十六大和十六届三中全会精神，2003 年 12 月党召开全国宣传思想工作会议。会议强调，做好新形势下的宣传思想工作，是

---

① 《十六大以来重要文献选编》(上)，中央文献出版社 2005 年版，第 29—32 页。
② 《十六大以来重要文献选编》(上)，中央文献出版社 2005 年版，第 365 页。
③ 《十六大以来重要文献选编》(上)，中央文献出版社 2005 年版，第 396—397 页。
④ 《十六大以来重要文献选编》(上)，中央文献出版社 2005 年版，第 483 页。

全面建设小康社会，促进社会主义物质文明、政治文明和精神文明协调发展的需要。胡锦涛在讲话中阐述了新世纪新阶段宣传思想工作的重大作用、根本指针、主要任务和方针原则，强调要切实加强和改善党对宣传思想工作的领导。①

从“两个文明一起抓”到“物质文明、政治文明、精神文明”“三位一体”总体布局，从社会主义精神文明理论到社会主义先进文化纲领，从邓小平理论到“三个代表”重要思想和科学发展观，表明党对社会主义本质的认识不断深化，对中国特色社会主义先进文化建设规律的认识不断深化，反映了中国化马克思主义文化理论与时俱进的特征。

三、“四位一体”总体布局中的和谐文化建设

在贯彻落实科学发展观，推动整个社会全面进步和人的全面发展的进程中，2004年9月，十六届四中全会通过《中共中央关于加强党的执政能力建设的决定》，提出加强党的执政能力建设的主要任务是：按照推动社会主义物质文明、政治文明、精神文明协调发展的要求，不断提高驾驭社会主义市场经济的能力、发展社会主义民主政治的能力、建设社会主义先进文化的能力、构建社会主义和谐社会的能力、应对国际局势和处理国际事务的能力。②这样，把我国现代化建设的总体布局，从发展社会主义市场经济、社会主义民主政治和社会主义先进文化这样的“三位一体”，扩展为包括社会主义和谐社会在内的“四位一体”。③这样，在“四位一体”的总体布局中，特别是在构建社会主义和谐社会中，建设社会主义先进文化具有崭新的内容。《决定》提出发展社会主义先进文化的重要战略部署，强调要坚持马克思主义在意识形态领域的指导地位，不断提高建设社会主义先进文化的能力；加强马克思主义理论研究

① 《为全面建设小康社会创造良好的思想舆论环境》，《人民日报》2003年12月8日。

② 《十六大以来重要文献选编》（中），中央文献出版社2006年版，第276页。

③ 曾庆红：《加强党执政能力建设的纲领性文献》，另见胡锦涛：《在省部级主要领导干部提高构建社会主义和谐社会能力专题研讨班上的讲话》，曾庆红：《不断提高构建社会主义和谐社会的能力》。（《十六大以来重要文献选编》（中），中央文献出版社2006年版，第392、696、723页）

和建设工程[①]，回答重大的理论问题和实践问题；要根据社会主义精神文明建设的特点和规律，适应社会主义市场经济的要求，深化文化体制改革[②]，进一步革除制约文化发展的体制性障碍，解放和发展文化生产力；要坚持党管媒体的原则，增强引导舆论的本领，掌握舆论工作的主动权；要加强理想信念教育、民族精神和时代精神教育，实施公民道德建设工程。[③]

2004 年 12 月 17 日，李长春在全国宣传部长会议上，对如何提高构建社会主义先进文化的能力作出具体部署，并且指出，马克思主义是我们立党立国的根本指导思想，是社会主义意识形态的旗帜和灵魂。提高思想道德建设的能力，就是要加强理想信念教育，弘扬以爱国主义为核心的民族精神和以改革创新为核心的时代精神，弘扬集体主义、社会主义思想，形成与社会主义市场经济相适应、与社会主义法律规范相协调、与中华民族传统美德相承接的社会主义思想道德体系，不断增强中华民族的自信心、自豪感和凝聚力，使全体人民始终保持昂扬向上的精神状态。强调大力弘扬民族精神和时代精神，是发展先进文化的永恒主题。[④]这实际形成了社会主义核心价值体系的基本内容。

2005 年 2 月 19 日，胡锦涛在省部级主要领导干部专题研讨班上，从构建和谐社会的角度论述了"四位一体"之间的关系："构建社会主义和谐社会，同建设社会主义物质文明、政治文明、精神文明是有机统一的。它们既有不可分割的紧密联系，又有各自的特殊领域和规律。建设社会主义物质文明、政治文明、精神文明，可以为构建社会主义和谐社会提

---

① 2003 年 7 月 1 日，江泽民提出，社会主义自我完善和发展过程中需要进一步探索和回答的 14 个重要课题之一，是如何巩固马克思主义在意识形态领域的指导地位。2003 年 12 月，全国宣传思想工作会议提出：认真实施马克思主义理论研究和建设工程，形成全面体现邓小平理论和"三个代表"重要思想的马克思主义学科体系和教材体系。2004 年 1 月，中共中央《关于进一步繁荣发展哲学社会科学的意见》规定实施马克思主义理论研究和建设工程。

② 1997 年 9 月，党的十五大提出：深化文化体制改革，落实和完善文化经济政策。2002 年 11 月，党的十六大提出：继续深化文化体制改革。根据社会主义精神文明建设的特点和规律，适应社会主义市场经济发展的要求，推进文化体制改革。抓紧制定文化体制改革的总体方案。

③ 《十六大以来重要文献选编》(中)，中央文献出版社 2006 年版，第 283—285 页。

④ 《十六大以来重要文献选编》(中)，中央文献出版社 2006 年版，第 493—496 页。

供坚实基础；构建社会主义和谐社会，又可以为建设社会主义物质文明、政治文明、精神文明提供重要条件。”[①]

2005年10月，党的十六届五中全会指出：科学发展观是指导发展的世界观和方法论的集中体现，必须以科学发展观统领经济社会发展的全局，加强精神文明建设。这为发展社会主义先进文化，加强社会主义精神文明建设提出了新的任务和要求。[②]第一，贯彻这一精神，就是要把以人为本、全面协调可持续发展的要求贯穿到精神文明建设的各个方面。要体现人民群众的意志，满足人民群众的需求，维护人民群众的根本利益，把服务群众、实现人的全面发展作为精神文明建设的核心，把人民拥护不拥护、赞成不赞成、高兴不高兴、答应不答应作为检验精神文明建设成效的根本标准。坚持“两手抓、两手都要硬”，把精神文明建设摆到更加突出的地位，把精神文明建设提高到一个新水平。要统筹城乡精神文明建设，更加注重农村的精神文明建设和发展。第二，贯彻这一精神，就要按照构建和谐社会的要求推进精神文明建设。要全面落实用邓小平理论和“三个代表”重要思想武装全党、教育人民的战略任务，加强理想信念教育，为构建和谐社会打牢共同的思想基础。要大力弘扬以爱国主义为核心的民族精神和以改革创新为核心的时代精神，落实公民道德建设实施纲要，加强社会主义民主法制教育，加强反腐倡廉教育，倡导公平正义、诚信友爱的社会风尚，激发人民群众的爱国精神，为构建和谐社会提供强大精神动力。在创建文明城市、文明村镇活动中，要大力推动建设和谐社区、和谐村镇，为构建和谐社会营造良好的人际关系。第三，贯彻这一精神，就要把建设社会主义新农村作为精神文明建设的重中之重抓紧抓好。加强农村文化基础设施建设，提高农民的科学文化素质，引导农民树立适应建设社会主义新农村的思想观念和文明意识。第四，贯彻这一精神，就要加强社会主义思想道德建设，在全社会倡导爱国守法、明礼诚信、团结友善、勤俭自强、敬业奉献的基本道德规范，为全面建设小康社会提供强大精神动力和道德支撑。会议通过的

---

① 《十六大以来重要文献选编》（中），中央文献出版社2006年版，第707页。

② 《十六大以来重要文献选编》（下），中央文献出版社2008年版，第24—28页。

《中共中央关于制定国民经济和社会发展第十一个五年规划的建议》，对上述精神文明建设的具体内容作了纲要性的规定。

为贯彻十六大以后关于文化体制改革的精神，2005 年 12 月 23 日，中共中央、国务院作出《关于深化文化体制改革的若干意见》。《意见》要求必须从全面落实科学发展观、构建社会主义和谐社会的高度，从巩固马克思主义在意识形态领域指导地位的高度，从加强党的执政能力建设的高度，充分认识文化体制改革的重要性和紧迫性，指出深化文化体制改革，加快文化事业和文化产业发展，是加快社会主义现代化建设的内在要求，是实现经济、政治、文化和社会协调发展，构建社会主义和谐社会的重要内容。《意见》还对文化体制改革的指导思想、原则要求、目标任务提出明确要求，并对改革文化主体、调整文化结构、培育文化市场、健全宏观管理体制、加强文化体制改革的领导等方面作出安排和部署。[①]《意见》是以胡锦涛为总书记的党中央，在科学判断国际国内形势，全面把握世界文化发展趋势，深刻分析基本国情和战略任务的基础上，继经济体制改革、政治体制改革、教育体制改革、科技体制改革、卫生体制改革之后作出的又一项关系全局的重大决策，是指导文化体制改革的纲领性文献。表明党对中国特色社会主义建设总体布局的认识达到了新高度，对发展社会主义先进文化重要性的认识达到了新高度，对社会主义市场经济条件下文化建设规律的认识达到了新高度。[②]

2006 年 3 月 4 日，胡锦涛在全国政协十届四次会议民盟、民进界委员联组讨论会议上正式提出了社会主义荣辱观，成为精神文明建设的重要指针。他指出：社会风气是社会文明程度的重要标志，是社会价值导向的集中体现。在社会主义社会里，是非、善恶、美丑的界限绝对不能混淆，坚持什么、反对什么，倡导什么、抵制什么，都必须旗帜鲜明。要教育广大干部群众特别是广大青少年树立社会主义荣辱观，坚持以热爱祖国为荣、以危害祖国为耻，以服务人民为荣、以背离人民为耻，以崇尚科学为荣、以愚昧无知为耻，以辛勤劳动为荣、以好逸恶劳为耻，以团结互助为荣、

① 《十六大以来重要文献选编》（下），中央文献出版社 2008 年版，第 125—137 页。

② 《十六大以来重要文献选编》（下），中央文献出版社 2008 年版，第 372—373 页。

以损人利己为耻，以诚实守信为荣、以见利忘义为耻，以遵纪守法为荣、以违法乱纪为耻，以艰苦奋斗为荣、以骄奢淫逸为耻。[①]

10月，十六届六中全会通过《中共中央关于构建社会主义和谐社会若干重大问题的决定》，指出社会和谐是中国特色社会主义的本质属性；社会主义和谐社会，是经济建设、政治建设、文化建设协调发展的社会，是人与人、人与社会、人与自然整体和谐的社会。构建社会主义和谐社会，是从中国特色社会主义事业总体布局和全面建设小康社会全局出发提出的重大战略任务，贯穿于建设中国特色社会主义的整个历史过程，反映了建设富强民主文明和谐的社会主义现代化国家的内在要求。《决定》指出：建设和谐文化，是构建社会主义和谐社会的重要任务。社会主义核心价值体系是建设和谐文化的根本。马克思主义指导思想，中国特色社会主义共同理想，以爱国主义为核心的民族精神和以改革创新为核心的时代精神，社会主义荣辱观，构成社会主义核心价值体系的基本内容。要把社会主义核心价值体系融入国民教育和精神文明建设全过程、贯穿现代化建设各方面。[②] 社会主义核心价值体系是党在思想道德建设上的一个重大理论创新，也是对新形势下思想道德建设提出的一项重大任务。

为贯彻十六届六中全会精神，12月1日，李长春在全国宣传部长会议上对社会主义核心价值体系做了比较系统的论述。他指出：马克思主义指导思想是社会主义核心价值体系的旗帜和灵魂，决定着和谐文化建设的性质和方向。中国特色社会主义共同理想是社会主义和谐价值体系的主题，是和谐文化建设的根本任务。民族精神和时代精神是社会主义核心价值体系的精髓，是和谐文化建设的主旋律；构建社会主义和谐社会，实现全面建设小康社会的宏伟目标，就要靠这样的精神；社会主义荣辱观是社会主义核心价值体系的基础，也是和谐文化建设的基本任务。这四个方面的内容，相互联系、相互贯通、相互促进，是有机统一的整体。以社会主义核心价值体系为根本推进和谐文化建设，是意识形态工作的一个崭新课题。要把铸造灵魂、突出主题、把握精髓、打牢基础的

---

① 《十六大以来重要文献选编》（下），中央文献出版社2008年版，第316—317页。

② 《十六大以来重要文献选编》（下），中央文献出版社2008年版，第660—661页。

基本要求，体现到经济、政治、文化、社会建设各个领域，从政策环境、体制环境、社会环境等方面给予有力支撑。要把社会主义核心价值体系融入国民教育和精神文明建设全过程，贯穿到理论武装、新闻出版、广播影视、思想道德、文学艺术、社会科学等工作实践中，以更好更多的精神文化产品推进和谐文化建设。李长春也对深化文化体制改革、加强对外宣传工作、建设高素质队伍和加强党对和谐文化建设的领导等问题作出重大部署。[①] 李长春还提出，在深化文化体制改革，大力推动文化创新过程中，认真落实《中共中央、国务院关于深化文化体制改革的若干意见》和《国家“十一五”期间文化发展规划纲要》，加快建立覆盖全社会的公共文化服务体系。这是落实科学发展观、从中国特色社会主义事业总体布局和全面建设小康社会全局出发提出的一项重要任务，是繁荣和发展社会主义先进文化、建设和谐文化、构建社会主义和谐社会的必然要求。2007 年 8 月 21 日，中央办公厅、国务院办公厅联合发出《关于加强公共文化服务体系建设的若干意见》，对公共文化服务体系建设的重要性、指导思想、目标任务等作出明确规定，对实施重大公共文化服务工程、增强公共文化产品生产供给能力、创新公共文化服务运行机制和党对公共文化服务体系建设的领导作出具体安排和部署。[②]

10 月，中共十七大在科学发展观的指导下，把握经济社会发展的趋势和规律，坚持中国特色社会主义经济建设、政治建设、文化建设、社会建设的基本目标和基本政策构成的基本纲领，对全面建设小康社会提出更高的目标，要求社会主义核心价值体系深入人心，良好思想道德风尚进一步弘扬，覆盖全社会的公共文化服务体系基本建立，文化产业占国民经济比重明显提高，国际竞争力明显增强，适应人民需要的文化产品更加丰富，建设具有更高文明素质和精神追求的国家。[③]

[原载《当代中国史研究》2009 年第 1 期，与岳从欣合著]

① 《十六大以来重要文献选编》(下)，中央文献出版社 2008 年版，第 782—802 页。
② 《十六大以来重要文献选编》(下)，中央文献出版社 2008 年版，第 1132—1142 页。
③ 《中国共产党第十七次全国代表大会文件汇编》，人民出版社 2007 年版，第 18—20 页。

改革开放以来中国共产党对文化理论的创新与发展

改革开放以来，中国共产党在成功开辟中国特色社会主义道路、形成中国特色社会主义理论体系的同时，也开拓了中国化马克思主义文化理论新阶段，推动中国特色社会主义文化理论的丰富和发展。本文择取文化的含义和性质、文化的战略地位和作用、文化体制改革、文化“走出去”战略等问题，对改革开放以来中国共产党文化理论的创新与发展略加阐释。

一、社会主义文化基本内涵的丰富和演变

（一）以毛泽东同志为核心的第一代中央领导集体奠定社会主义文化基本内涵的基础

新中国成立后到改革开放前，中国共产党围绕什么是社会主义文化、如何建设社会主义文化这一基本问题进行了探索，并取得一系列科学成果。如社会主义改革基本完成之后，新中国文化的性质不再是新民主主义的，而基本是社会主义的。社会主义文化是反映社会主义经济和政治的上层建筑，是以马克思主义为指导的、民族的科学的大众的文化。坚持文化为工农兵服务、为社会主义服务的方向和“百花齐放、百家争鸣”的基本方针；提倡爱国主义、集体主义、社会主义价值观念；强调思想政治工作是经济工作和其他一切工作的生命线等。这些都是社会主义文

化的基本内涵，为新中国文化建设奠定了理论基础。

（二）以邓小平同志为核心的第二代中央领导集体探索社会主义精神文明的性质及其主要内容

1980 年 12 月 25 日，邓小平在中央工作会议上强调：“所谓精神文明，不但是指教育、科学、文化（这是完全必要的），而且是指共产主义的思想、理想、信念、道德、纪律，革命的立场和原则，人与人的同志式关系，等等。”①

1986 年 9 月，中共十二届六中全会通过的《关于社会主义精神文明建设指导方针的决议》，对社会主义精神文明建设的根本性质、根本任务、主要内容和基本特征作出明确规定。《决定》指出，以马克思主义为指导的社会主义精神文明是社会主义社会的重要特征。它必须是坚持四项基本原则、促进改革开放和推动社会主义现代化建设的精神文明建设。它的根本任务，是培育“四有”的社会主义公民，提高整个中华民族的思想道德素质和科学文化素质。其主要内容包括思想道德建设和教育科学文化建设两个方面，渗透在整个物质文明建设之中，体现在经济、政治、文化、社会生活的各个方面。建设有中国特色的社会主义，是现阶段各族人民的共同理想。社会主义道德建设的基本要求，是爱祖国、爱人民、爱劳动、爱科学、爱社会主义；建立和发展平等、团结、友爱、互助的社会主义新型关系。在此基础上，1996 年 10 月，中共十四届六中全会通过《关于加强社会主义精神文明建设若干重要问题的决议》，又强调爱国主义同社会主义有机地统一于建设有中国特色社会主义的伟大实践，在全民族树立艰苦创业精神，是实现社会主义现代化的重要思想保证。

（三）以江泽民同志为核心的第三代中央领导集体探索社会主义先进文化的内涵

1991 年 7 月 1 日，江泽民在庆祝中国共产党成立 70 周年大会上，明确提出中国特色社会主义建设的经济、政治、文化纲领，指出：“有中国

① 《邓小平文选》第 2 卷，人民出版社 1994 年版，第 367—368 页。

特色社会主义的文化，必须以马克思列宁主义、毛泽东思想为指导，不能搞指导思想的多元化；必须坚持为人民服务、为社会主义服务的方向和百花齐放、百家争鸣的方针，繁荣和发展社会主义文化，不允许毒害人民、污染社会和反社会主义的东西泛滥；必须继承发扬民族优秀传统文化而又充分体现社会主义时代精神，立足本国而又充分吸收世界文化优秀成果，不允许搞民族虚无主义和全盘西化。”① 这里把社会主义文化的基本要求概括为“三个必须，三个不能”，鲜明地指出社会主义文化的性质和特征。

1997 年 9 月，中共十五大根据邓小平理论和基本路线，围绕建设富强民主文明的社会主义现代化国家，进一步明确什么是初级阶段的“有中国特色社会主义”的经济、政治和文化，怎样建设这样的经济、政治和文化，指出：“建设有中国特色社会主义的文化，就是以马克思主义为指导，以培育有理想、有道德、有文化、有纪律的公民为目标，发展面向现代化、面向世界、面向未来的，民族的科学的大众的社会主义文化。”② 这里，“三个面向”成为社会主义文化的基本内涵。

2000 年 2 月 25 日，江泽民在广东考察工作时提出“三个代表”重要思想，强调党代表先进文化的前进方向。2002 年 10 月，中共十六大提出“发展先进文化”这一精神文明建设的重要命题和内容，强调用“三个代表”重要思想统领社会主义文化建设。

（四）以胡锦涛为总书记的中共中央对和谐文化的探求

2004 年 12 月 17 日，李长春在全国宣传部长会议上，对如何提高构建社会主义先进文化的能力作出具体部署。他指出，马克思主义是我们立党立国的根本指导思想，是社会主义意识形态的旗帜和灵魂。提高思想道德建设的能力，就是要加强理想信念教育，弘扬以爱国主义为核心的民族精神和以改革创新为核心的时代精神，弘扬集体主义、社会主义思想，形成社会主义思想道德体系，使全体人民始终保持昂扬向上的精神状态。③ 这实际形成了社会主义核心价值体系的基本内容。

---

① 《江泽民文选》第 1 卷，人民出版社 2006 年版，第 158 页。

② 《江泽民文选》第 2 卷，人民出版社 2006 年版，第 17—18 页。

③ 《十六大以来重要文献选编》（中），中央文献出版社 2006 年版，第 493—496 页。

2006年10月，十六届六中全会通过的《关于构建社会主义和谐社会若干重大问题的决定》指出，社会主义和谐社会，是经济建设、政治建设、文化建设协调发展的社会。建设和谐文化，是构建社会主义和谐社会的重要任务。社会主义核心价值体系是建设和谐文化的根本。马克思主义指导思想，中国特色社会主义共同理想，以爱国主义为核心的民族精神和以改革创新为核心的时代精神，社会主义荣辱观，构成社会主义核心价值体系的基本内容。[①] 和谐文化反映了社会主义社会的本质属性。

2006年12月1日，李长春在全国宣传部长会议上对社会主义核心价值体系作了比较系统的论述。他指出：马克思主义指导思想是社会主义核心价值体系的旗帜和灵魂，决定着和谐文化建设的性质和方向。中国特色社会主义共同理想是社会主义和谐价值体系的主题，是和谐文化建设的根本任务。民族精神和时代精神是社会主义核心价值体系的精髓，是和谐文化建设的主旋律。社会主义荣辱观是社会主义核心价值体系的基础，也是和谐文化建设的基本任务。这四个方面的内容，相互联系、相互贯通、相互促进，是有机统一的整体。[②] 以社会主义核心价值体系为根本推进和谐文化建设，是意识形态工作的一个崭新课题，也是中国共产党关于文化理论的重大创新和发展。

改革开放以来，从“社会主义精神文明”到“有中国特色社会主义文化”，到“中国特色社会主义文化”“先进文化”，再到“社会主义核心价值体系”“和谐文化”，反映党对社会主义总体布局认识的不断深化，对社会主义文化的内涵和性质的认识不断深化，对社会主义文化建设规律的认识不断深化，这为探索如何建设社会主义文化等问题奠定了理论基础。

二、文化战略地位和作用的创新与发展

（一）文化在整个社会结构中的地位和作用

社会主义文化是社会主义建设总体布局中的有机组成部分。毛泽东

① 《十六大以来重要文献选编》（下），中央文献出版社2008年版，第660—661页。

② 《十六大以来重要文献选编》（下），中央文献出版社2008年版，第782—802页。

从整个社会结构中定位文化的地位和作用。他指出："一定的文化（当作观念形态的文化）是一定社会的政治和经济的反映，又给予伟大影响和作用于一定社会的政治和经济；而经济是基础，政治则是经济的集中表现。"[①]这成为改革开放以来中国共产党关于文化建设的基本指导方针。1986年9月，中共十二届六中全会明确提出，社会主义现代化建设的总体布局，就是以经济建设为中心，坚定不移地进行经济体制改革，坚定不移地进行政治体制改革，坚定不移地加强精神文明建设。这基本确立了"三位一体"总体布局中精神文明建设的地位和作用。1997年9月，中共十五大正式规定经济、政治、文化的总体布局。2004年9月，十六届四中全会通过《关于加强党的执政能力建设的决定》，把现代化建设的总体布局，从物质文明、政治文明和精神文明的"三位一体"，扩展为包括社会主义和谐社会在内的"四位一体"。在"四位一体"的总体布局中，建设社会主义先进文化具有崭新的内容。

从改革开放之初提出的"两个文明建设"，到十五大提出的"经济、政治、文化纲领"，再到十六届四中全会"物质文明、政治文明、精神文明、社会文明"的发展过程，实质是在中国特色社会主义事业总体布局中，社会主义精神文明建设面临新任务、扮演新角色、承担新使命的过程，是中国特色社会主义文化纲领继往开来、不断丰富发展和完善的过程。

（二）社会主义文化对社会全面发展和全面进步的作用

改革开放以来，中国共产党十分重视精神文明建设对社会全面发展、全面进步的作用，强调精神文明建设为物质文明建设提供强大的精神动力、智力支持和思想保证；社会主义精神文明是社会主义建设的有机组成部分，是社会主义的重要特征，是社会主义制度优越性的重要表现，是关系社会主义兴衰成败的大事；强调两个文明都搞好，才是"有中国特色的社会主义"；社会主义精神文明能够不断满足人民日益增长的精神文化生活的需要，不断促进人们思想道德素质和科学文化素质的提高。

---

① 《毛泽东选集》第2卷，人民出版社1991年版，第663—664页。

21 世纪以来，中国共产党在这些基本思想的基础上，根据经济、社会、文化新的发展趋势，提出文化生产力是社会生产力的重要组成部分。文化发展以经济为基础，经济发展创造文化成就，文化发展为经济发展提供支撑并开辟新的领域。

社会主义文化是全面建设小康社会的重要内容。中共十六大提出全面建设小康社会的战略任务。全面建设小康社会的目标，是物质文明、政治文明、精神文明、生态文明全面、协调发展和促进人的全面发展。这个目标把文化同经济、政治摆在同等重要的地位，突出强调了文化发展是全面建设小康社会的重要保证和内容。

构建社会主义和谐社会是全面建设小康社会的题中应有之义。2004 年 9 月 19 日，中共十六届四中全会提出构建社会主义和谐社会的战略任务。2005 年 10 月 26 日，李长春在全国精神文明建设工作表彰会上指出：社会主义和谐社会是民主法治、公平正义、诚信友爱、充满活力、安定有序、人与自然和谐相处的社会。这既需要雄厚的物质基础，也需要强大的思想保证和精神支撑。需要社会主义文化营造思想基础、精神动力和良好的人际关系。①2006 年 11 月 10 日，胡锦涛在中国文联第八次全会代表大会、中国作协第七次全国代表大会上指出：和谐文化既是和谐社会的重要特征，也是实现社会和谐的精神动力。建设和谐文化，是构建社会主义和谐社会的重要任务，也是构建社会主义和谐社会的重要条件。繁荣社会主义先进文化，建设和谐文化，为构建社会主义和谐社会作出贡献，是现阶段我国文化工作的主题。②

（三）文化在综合国力中的地位和作用

文化力是综合国力的重要因素。1997 年 9 月，中共十五大提出："有中国特色社会主义的文化，是凝聚和激励全国各族人民的重要力量，是综合国力的重要标志。"③ "当今世界激烈的综合国力竞争，不仅包括经济

---

① 参见《十六大以来重要文献选编》（下），中央文献出版社 2008 年版，第 25—26 页。

② 《十六大以来重要文献选编》（下），中央文献出版社 2008 年版，第 753 页。

③ 《江泽民文选》第 2 卷，人民出版社 2006 年版，第 33 页。

实力、科技实力、国防实力等方面的竞争，也包括文化方面的竞争。”[①] 社会主义文化与民族振兴联系起来，与综合国力联系起来，成为渗透到民族、国家、人民中的重要力量，标志着中国共产党对文化的战略地位和作用认识进一步深化。

2002 年 11 月，中共十六大指出：“当今世界，文化与经济和政治相互交融，在综合国力竞争中的地位和作用越来越突出。文化的力量，深深熔铸在民族的生命力、创造力和凝聚力之中。”[②] 这说明，文化是国家和民族的灵魂，集中体现国家和民族的品格。2006 年 11 月 10 日，胡锦涛指出：当今时代，文化在综合国力竞争中的地位日益重要。谁占据了文化发展的制高点，谁就能够更好地在激烈的国际竞争中掌握主动权。人类文明进步的历史充分表明，没有先进文化的积极引领，没有人民精神世界的极大丰富，没有全民族创造精神的充分发挥，一个国家、一个民族不可能屹立于世界先进民族之林。[③]

2007 年 10 月，中共十七大提出：“文化越来越成为民族凝聚力和创造力的重要源泉、越来越成为综合国力竞争的重要因素，丰富精神文化生活越来越成为我国人民的热切愿望。”[④] 表明文化在综合国力竞争中的地位越来越重要。

（四）社会主义文化体现我党的性质、宗旨和形象

中国特色社会主义文化关系到中国共产党的性质、宗旨和形象。2000 年 2 月 25 日，江泽民在广东考察工作时提出“三个代表”重要思想，指出始终代表先进文化的前进方向，是中国共产党的立党之本、执政之基、力量之源的重要方面。2001 年 7 月 1 日，江泽民在建党 80 周年庆祝大会上指出，坚持什么样的文化方向，推动建设什么样的文化，是一个政党在思想上精神上的一面旗帜。党要始终代表中国先进文化的前进方向，就是党的理论、路线、纲领、方针、政策和各项工作，必须

---

① 《江泽民文选》第 3 卷，人民出版社 2006 年版，第 399 页。

② 《十六大以来重要文献选编》（上），中央文献出版社 2005 年版，第 29 页。

③ 《十六大以来重要文献选编》（下），中央文献出版社 2008 年版，第 751、752 页。

④ 《十七大以来重要文献选编》（上），中央文献出版社 2009 年版，第 26 页。

努力体现发展面向现代化、面向世界、面向未来的，民族的科学的大众的社会主义文化的要求，促进全民思想道德素质和科学文化素质的不断提高，为我国经济发展和社会进步提供精神动力和智力支持。[①]这里，社会主义先进文化与中国共产党的无产阶级性质联系起来，表明文化不仅关系到社会主义社会的全面发展和全面进步，而且关系到执政党的性质、旗帜和方向。这是中国共产党关于文化的地位和作用理论的创造性发展。

2004年9月19日，中共十六届四中全会通过《关于加强党的执政能力建设的决定》，提出执政能力建设，是党执政后的一项根本建设；坚持马克思主义在意识形态领域的指导地位，不断提高建设社会主义先进文化的能力。[②]这表明，提高建设社会主义先进文化的能力，不仅是实现党的执政目标的需要，而且是增强党的执政能力的重要方面，意义重大。

2004年12月17日，李长春在全国宣传部长会议上提出，提高建设社会主义先进文化的能力，为全面推进改革开放和现代化建设提供强大的精神动力、思想保证、舆论支持和文化条件。第一，积极推进理论武装和理论创新，不断提高巩固马克思主义在意识形态领域指导地位的能力。第二，牢牢把握舆论导向，不断提高引导社会舆论的能力。第三，大力弘扬民族精神和时代精神，不断提高社会主义市场经济条件下思想道德建设的能力。第四，坚持解放和发展文化生产力，不断提高满足人民群众日益增长的精神文化需求的能力。第五，加强对外宣传和文化交流，不断提高推动中华文化走向世界的能力。第六，坚持“三贴近”原则，不断提高创新宣传思想工作的能力。这六个方面，是中国共产党提高建设社会主义先进文化能力的重要方面，关系党的性质、旗帜、宗旨、形象，是中国共产党关于文化理论的重大发展。

---

① 《江泽民文选》第3卷，人民出版社2006年版，第277、276页。

② 《十六大以来重要文献选编》(中)，中央文献出版社2006年版，第283页。

三、文化体制改革的深化和演进

（一）深化文化体制改革的客观要求

改革开放30多年来，中国逐渐从计划经济体制向社会主义市场经济体制转变，从封闭、半封闭向对外开放转变，从政府包办文化生产向政府管理文化转变。文化赖以生存和发展的经济基础、体制环境、社会条件发生了深刻变化，给文化建设和发展带来了一系列重大影响。文化发展与人民日益增长的精神文化多方面需求不相适应，与全面建设小康社会新阶段的要求不相适应，与高新技术飞速发展不相适应，与对外开放的新形势不相适应。改变上述不适应的状况，根本出路在于改革，进一步解放和发展文化生产力。

（二）文化体制改革的发展进程

改革开放之后，中国共产党进一步探索文化体制改革。20世纪90年代以来，文化体制改革取得重大突破。1997年9月，中共十五大明确提出："深化文化体制改革，落实和完善文化经济政策。"①2000年10月，中共十五届五中全会通过《关于制定国民经济和社会发展第十个五年计划的建议》，提出"深化文化体制改革，建立科学合理、灵活高效的管理体制和文化产品生产经营机制。继续实行支持文化事业发展的有关政策，增加对重要新闻媒体和公益文化事业的投入。加强文物保护工作。完善文化产业政策，加强文化市场建设和管理，推动有关文化产业发展"②。这实际上提出文化体制改革的基本思路。2002年，中共十六大提出发展文化事业和文化产业，要求根据社会主义精神文明建设的特点和规律，适应社会主义市场经济发展的要求，推进文化体制改革。③

2003年6月，全国文化体制改革试点工作会议召开。会议按照十六大提出的深化文化体制改革的要求，研究部署全国文化体制改革试点工

① 《江泽民文选》第2卷，人民出版社2006年版，第35页。

② 《十五大以来重要文献选编》（中），人民出版社2001年版，第1395页。

③ 《十六大以来重要文献选编》（上），中央文献出版社2005年版，第31—32页。

作。10月，十六届三中全会通过的《关于完善社会主义市场经济体制若干问题的决定》提出，深化文化体制改革，要逐步建立党委领导、政府管理、行业自律、企事业单位依法运营的文化管理体制。《决定》还对转变文化行政管理部门的职能，公益性文化事业单位、经营性文化产业单位改革提出具体要求。[①] 这为发展文化事业和文化产业指明了任务和方向。2004年9月，中共十六届四中全会进一步确定深化文化体制改革的总体思路和目标要求；明确提出要深化文化体制改革，解放和发展文化生产力。2005年10月11日，中共十六届五中全会通过《关于制定国民经济和社会发展第十一个五年规划的建议》，提出要逐步形成覆盖全社会的比较完备的公共文化服务体系。一手抓公益性文化事业，一手抓经营性文化产业，做到两手抓、两加强，这是深化文化体制改革的基本思路。[②]

2005年12月23日，中共中央、国务院颁布《关于深化文化体制改革的若干意见》。阐述了文化体制改革的重要性和紧迫性，明确了文化体制改革的指导思想、原则要求和目标任务，对推进文化事业单位改革、深化文化企业改革作出具体部署，对加快文化领域结构调整、培育现代文化市场体系、健全宏观管理体制作出具体安排，是指导文化体制改革的纲领性文献。[③] 这表明党对社会主义市场经济条件下文化建设规律的认识达到新高度。2007年8月21日，中共中央办公厅、国务院办公厅颁布《关于加强公共文化服务体系建设的若干意见》。阐述了建设覆盖全社会的公共文化服务体系的重要性、指导思想、目标任务，实施重大公共文化服务工程、增强公共文化产品的生产供给能力、创新公共文化服务运行机制等问题，反映了中国共产党对促进社会主义文化大繁荣、大发展，建设和谐文化的认识达到新的高度。

深化文化体制改革，是新世纪中共中央在科学判断国内外形势，把握当今世界文化发展趋势，深刻分析我国基本国情和战略任务的基础上，继经济体制改革、政治体制改革、教育体制改革、科技体制改革、卫生

① 《十六大以来重要文献选编》(上)，中央文献出版社2005年版，第477—478页。

② 《十六大以来重要文献选编》(中)，中央文献出版社2006年版，第1080页。

③ 《十六大以来重要文献选编》(下)，中央文献出版社2008年版，第125—137页。

体制改革之后作出的又一项关系全局的重大决策。[①]

（三）文化体制改革的基本思路

深化文化体制改革，既要遵循社会主义精神文明建设的特点和规律，也要适应社会主义市场经济发展的要求，目的是巩固马克思主义在意识形态领域的指导地位，推动社会主义文化大发展大繁荣，维护和保障国家文化安全，解放和发展文化生产力，而不是损害社会主义核心价值体系，妨碍中国特色社会主义健康发展。

坚持一手抓公益性文化事业、一手抓经营性文化产业，推动社会主义文化全面协调发展，这是深化文化体制改革的基本思路。公益性文化事业的根本任务，是构建覆盖全社会的公共文化服务体系，保障人民群众基本文化权益。发展经营性文化产业的根本任务，是繁荣文化市场，满足人民群众多层次、多方面、多样化的精神文化需求。发展文化产业，要充分发挥市场在文化资源配置中的基础性作用，关键是培育一批有实力、有竞争力的骨干文化企业，带动全行业改革发展。主要途径是实施重大文化项目带动战略，加快文化产业基地和区域性特色文化产业群建设，形成若干文化产业密集区。重点是发展文化创意、影视制作、出版发行、印刷复制、广告、演艺、娱乐、文化会展、数字内容和动漫等 9 大文化产业。最终要形成以公有制为主体、多种所有制共同发展的文化产业格局，以民族文化为主体、吸收外来有益文化的文化对外开放格局。[②]

四、文化“走出去”战略的拓展与发展

改革开放以来，中国共产党非常重视对外文化工作。1983 年 10 月，邓小平在中共十二届二中全会上指出：“经济上实行对外开放的方针，是正确的，要长期坚持。对外文化交流也要长期发展。”[③]1997 年 9 月，江泽民在中共十五大上指出：“要坚持以我为主、为我所用的原则，开展多

---

① 参见《十六大以来重要文献选编》(下)，中央文献出版社 2008 年版，第 372—373 页。

② 《十七大以来重要文献选编》(上)，中央文献出版社 2009 年版，第 745—746 页。

③ 《邓小平文选》第 3 卷，人民出版社 1993 年版，第 43 页。

种形式的对外文化交流，博采各国文化之长，向世界展示中国文化建设的成就。”① 中共十七大指出：“加强对外文化交流，吸收各国优秀文明成果，增强中华文化国际影响力。”② 在这种思想指导下，中国对外文化工作已初步形成文化外交、文化交流、文化贸易和对外文化宣传四大领域，构建起全方位、多层次、宽领域、多渠道的对外工作格局。

（一）文化外交成为中国外交总战略中的有机组成部分

中国加入世界贸易组织之后，中国共产党从全局和战略的高度，把文化建设作为国家总体战略的一部分。2002 年 11 月，中共十六大指出：“继续广泛地开展民间外交，扩大对外文化交流，增进人民之间的友谊，推动国家关系的发展”。这为 21 世纪对外文化工作指明方向。作为国际社会重要成员和地区大国，增强国家文化软实力，推动文化大发展大繁荣，提高中国文化的国际影响力，是 21 世纪中国对外文化工作的主要目标。

在这种思想指导下，文化外交成为国家总体外交战略的有机组成部分。2009 年，中国在 82 个国家的使领馆中设立 96 个文化处（组），负责官方的文化交流。中国在马耳他瓦莱塔、法国巴黎、埃及开罗、韩国首尔、德国柏林以及贝宁和毛里求斯等地建立中国文化中心。海外文化中心成为中国在海外传播中华文化、展示中国形象的重要阵地。

（二）加强对外文化交流与合作是增强中国文化国际影响力的重要内容

2009 年，中国已同 145 个国家签订政府间文化合作协定和近 800 个年度文化交流执行计划，与上千个文化组织保持密切的合作关系。在法国、美国、俄罗斯等国举办“中国文化节”。举办“中华文化非洲行”“中华文化北非行”“中日文化体育交流年”等大型文化活动。在对外文化交流实践中，逐渐形成一系列展示国家形象的文化品牌。如“春节品牌”“相约北京”“亚洲艺术节”“中国文化年”“吴桥国际杂技

① 《江泽民文选》第 2 卷，人民出版社 2006 年版，第 35 页。

② 《十七大以来重要文献选编》（上），中央文献出版社 2009 年版，第 28 页。

节”“广西国际民歌节”“中国国际声乐比赛”等文化交流活动品牌。大规模“走出去”提升了中国国家的新形象和国际影响力。2002年以来，中国政府派文化代表团出席“国际文化政策论坛”第五、六届部长级年会，在上海举办第七届年会，发表《上海声明》。2003年，中国主办以“文化多样性中的统一性”为主题的“亚欧会议文化与文明会议”，通过《亚欧会议文化与文明会议主席声明》。①

（三）文化贸易成为中国外贸总体战略的一部分

大力发展对外文化贸易，成为我国发展文化事业、增强文化实力、提高国际竞争力的一个新的战略突破口和历史性机遇。2003年10月，党的十六届三中全会通过的《中共中央关于完善社会主义市场经济体制若干问题的决定》明确指出：要“增强参与国际合作与竞争的能力”，“继续实施‘走出去’战略”。2003年12月6日，李长春在全国宣传思想工作会议上指出：“要支持和鼓励我国文化产品的出口，形成一批对外交流的文化品牌，逐步改变文化产品进出口严重逆差的局面。”②据商务部统计，2007年我国文化产品和服务进出口贸易总额为166.4亿美元，其中核心文化产品进出口贸易总额达到129.2亿美元，比2006年增长26.6%，是2001年的3.7倍；文化服务进出口贸易总额为37.2亿美元，比2006年增长39.9%，是2001年的6.1倍，我国文化产品进出口不平衡的局面有所改变。③2009年，我国境外商业演出团组数为426个，演出场次16373场，实现演出收益约7685万元。具有民族文化特色和自主知识产权的知名文化品牌不断增加，大型功夫舞台剧《功夫传奇》、杂技芭蕾《天鹅湖》、原生态歌舞《云南映象》、综艺舞台剧目《中国风》等演艺节目顺利走出国门，迅速打入国际市场，不断扩大中华文化国际影响力。

① 蔡武主编：《改革 发展 繁荣——改革开放30年中国文化发展报告》，文化艺术出版社2008年版，第94—95页。

② 《十六大以来重要文献选编》（上），中央文献出版社2005年版，第542页。

③ 蔡武：《改革开放30年中国文化的发展》，《人民日报》2008年12月04日。

（四）对外文化宣传是提高中国文化国际影响力重要窗口

积极发展对外文化工作，还具有外交、外宣功能。21世纪以来，中国文化外宣的核心思路和理念日益清晰。2004年12月7日，李长春在宣传部长会议上指出："加强对外宣传和文化交流，不断提高推动中华文化走向世界的能力。对外宣传和文化交流，是党和国家一项具有全局性和战略性的工作，对于营造有利的国际舆论环境，维护国家利益和文化安全，增进我国人民同各国人民的相互了解、友谊和合作，具有重大意义。提高推动中华文化走向世界的能力，就是要构建全方位、多层次、宽领域对外宣传和文化交流工作的新格局，形成与我国国际地位相适应的对外宣传舆论力量，不断增强中华文化在世界上的吸引力、竞争力和影响力。"①

中共中央把构建和谐社会的思想运用于外交工作，提出建设持久和平、共同繁荣的和谐世界的思想。文化外宣工作围绕这一理念，宣传中华文化的精华，如"以和为贵""和而不同"的哲学思想，"己所不欲、勿施于人"的思想等，展示改革开放、文明进步、平等友好、坦诚负责、科学民主的国家形象。2005年7月，文化部推出郑和下西洋600周年全球纪念活动，大型图片展"来自中国的和平使者"全球巡展活动在马来西亚等近40个郑和下西洋沿线国家展开。2008年以来，通过宣传报道抗击冰雪灾害、汶川抗震救灾、成功举办北京奥运会、应对金融危机、庆祝新中国成立60周年等重大活动，很好地提升了国家形象。2010年，参加中国上海世博会的国家和国际组织达创纪录的246个。世博会加拿大馆总代表大山说："奥运会是中国向全世界呈现自己的机会。世博会则正好相反，是世界各国向中国呈现自己的机会。"《环球邮报》文章评论说，2010年世博会证明中国已经成为世界中心。中国，这个昔日羡慕别人的落后国家已经摇身一变，成为万众敬仰、人人羡慕的对象。②

［原载《毛泽东邓小平理论研究》2010年第8期］

① 《十六大以来重要文献选编》（中），中央文献出版社2006年版，第498—499页。

② 《世博会让中国成"羡慕对象"》，《参考消息》2010年5月3日。

当代中国文化建设的历程、成就和经验探析（1949—2009）

新中国文化[1]建设已经走过60多年的历史，系统总结新中国文化建设的基本经验，是在新世纪新形势下，解决文化发展难题、深化文化体制改革、谋求社会主义文化大发展大繁荣的时代要求，有助于推动马克思主义文化理论的创新和发展，有助于解决未来文化建设中的相关问题。

一、当代中国文化建设的主要历程和基本成就

新中国成立60多年来，中国共产党在探索中国社会总体发展道路的过程中，也在探索中国特色文化发展道路和发展规律，并取得了举世瞩目的成就，积累了宝贵的经验。

---

① 文化有广义和狭义之分。广义的文化指人类创造的物质文明和精神文明的总称。狭义的文化指精神领域的文明成果。中国共产党关于文化的概念的使用，在不同历史时期也有不同的内容。《共同纲领》规定的新民主主义文化，包括思想道德、文学艺术、教育、科技等内容。社会主义制度基本建立之后，文化指教育、科技、文艺、哲学社会科学等内容。改革开放以来所提的社会主义精神文明，包括思想道德建设和教育、科学、文学艺术、新闻出版、广播影视、卫生、体育、文物、图书馆、博物馆等各项文化事业。中共十五大讲文化建设的部分，包括指导思想、思想道德、教育科学、文学艺术、新闻出版、广播影视等事业。中共十六大在十五大所论述的内容的基础上，增加民族精神，将卫生、体育、文物、图书馆、博物馆等归入文化事业，提出文化产业是满足人民精神文化需求的途径。中共十七大在关于文化建设的部分，增加社会主义核心价值体系、和谐文化、网络文化、文化传播体系等内容，却将教育、科技划入社会和经济部分。本文讲的文化，主要指党的指导思想和思想道德、文学艺术、新闻出版、公共文化事业、文化产业等内容。

（一）当代中国文化事业的发展大致经历了六个时期

1949 至 1956 年，是新民主主义文化向社会主义文化转变的过渡时期，即社会主义文化的基本确立和初步建设时期。在这一时期，以马克思主义为指导的社会主义意识形态基本确立，爱国主义、集体主义、社会主义价值观念逐渐深入人心；民族自信心、自尊心和自豪感得以增强。随着社会的转变，新民主主义文化也转变为社会主义文化。

1956 至 1966 年的十年探索时期，党领导社会主义文化建设出现两个发展趋向。一方面，党提出关于社会主义文化建设的奋斗目标、发展方向、基本方针等理论，总结文化建设的历史经验，社会主义文化事业取得可喜成就；另一方面，由于受反修、防修、防止资本主义复辟和阶级斗争扩大化的影响，混淆两类不同性质的矛盾的界限，错误地在文艺领域和哲学社会科学领域进行批判等，社会主义思想文化建设中也存在严重的失误。总的来说，十年建设时期的文化事业，正确的和比较正确的方面是主流，成就和经验是第一位的，缺点和错误是第二位的。

1966 至 1976 年的“文化大革命”时期，是社会主义文化事业陷入灾难时期。中国共产党探索文化建设道路误入歧途，“左”的指导思想占据文化领域的主导地位，伤害一大批又红又专的建设者，文化事业遭到严重破坏，处于万马齐喑的低谷。1975 年，在毛泽东支持下，邓小平主持文艺整顿，是文化领域纠正“左”的错误的尝试和探索，成为“文化大革命”后实现文化领域的拨乱反正和重新树立马克思主义文化思想的先导。围绕天安门事件而形成的革命诗歌，也是“文化大革命”时期诗歌创作的高潮。

“文化大革命”结束到 1992 年，是文化事业完成拨乱反正和在改革开放中复苏、发展的时期。其突出特征是，在探索文化发展新道路过程中，文化建设实现从从属于政治的附属地位到相对独立发展的转变，从服务于“以阶级斗争为纲”到自觉服务于党和国家的中心工作的转变，从封闭半封闭状态到扩大对外交流与合作的转变。中国共产党在改革开放中探索新道路、创新文化理论上比较成功，文化建设发展迅猛，这是主流。但由于存在“一手软”等偏差，文化建设也经历波折。这为继续探索文化发展规律积累了正反两方面的经验。

从1992年邓小平南方谈话到2002年，是探索社会主义市场经济体制条件下文化建设新路子的时期。这一时期，党的指导思想实现第二次历史性飞跃，党的文化建设理论不断完善；在坚持“两个文明一起抓”“两手都要硬”的方针下，加快推进文化体制改革；弘扬和培育民族精神是鲜明的时代特色；在推进社会主义市场经济体制改革的条件下，增添了适应新时代新形势的新内容，开拓了前所未有的新局面，取得令人振奋的新成就，这为社会主义文化大发展大繁荣开辟了道路，创造了条件。

2002年中共十六大以来，是社会主义文化大发展大繁荣时期。这一时期，党把马克思主义中国化第二次历史性飞跃的成果概括为中国特色社会主义理论体系，总结概括了新的文化发展理念，牢牢把握先进文化的前进方向，把文化建设纳入国民经济和社会发展总体规划，把文化战略上升为国家战略，深化文化体制改革，大力发展文化产业，解放和发展文化生产力。社会主义文化进入大发展大繁荣的时期。

新中国60多年文化发展的每个阶段，都有其特征和中心内容，且前一个发展阶段成为后一个发展阶段的先导，后一个阶段承继前一个阶段的成绩或者错误、经验或者教训。新中国60多年文化建设，是在艰辛探索中螺旋式上升、曲折性前进的60年。

（二）当代中国文化建设事业取得了令人振奋的成就

社会主义核心价值体系建设成效显著。中国共产党始终高举马克思主义旗帜，成功走出一条中国特色社会主义道路，创造毛泽东社会主义革命和建设思想以及中国特色社会主义理论体系。根据时代发展，形成中国特色社会主义共同理想，提倡集体主义、爱国主义、社会主义价值观念，确立社会主义基本道德体系。在伟大的创业实践中，丰富和发展了以爱国主义为核心的民族精神，孕育了抗美援朝精神、雷锋精神、焦裕禄精神、铁人精神、“两弹一星”精神、女排精神、抗洪精神、抗击“非典”精神、载人航天精神、奥运精神、抗震救灾精神等；创造了解放思想、实事求是、与时俱进、开拓创新等改革创新精神。

1. 公共文化服务体系逐渐形成　1949 年，全国有公共图书馆 55 个，文化馆 896 个，乡镇文化站建设基本上属于空白。到 2009 年末，全国共有艺术表演团体 2478 个，文化馆 3214 个，公共图书馆 2833 个，博物馆 1996 个；广播电台 251 座，电视台 272 座，广播电视台 2087 座，教育台 44 个；有线电视用户 17398 万户，有线数字电视用户 6200 万户；广播节目综合人口覆盖率为 96.3%，电视节目综合人口覆盖率为 97.2%；全年生产故事影片 456 部，科教、纪录、动画和特种影片 102 部；全国共有档案馆 4035 个，已开放各类档案 7991 万卷（件）。①（以上主要指标详见表 1）。

表 1　全国文化事业机构统计数据（单位：个）

年份	艺术表演团体	艺术表演场所	文化馆	公共图书馆	博物馆	广播电台	电视台	广播电视台
1949	1000	891	896	55	21	49		
1955	2414		2437	96	50	58		
1965	3458	2943	2598	577	214	87	12	
1976	2906	1458	2609	768	263	89	32	
1978	3150	1095	2478	1218	349	93	32	
1992	2753	2037	2900	2558	1106	261	308	
1998	2652	1929	2901	2652	1339	298	347	1304
2002	2587	1829	2854	2697	1511	306	368	1526
2009	2478		3214	2833	1996	251	272	2087

注：1998 年以后，由于文化事业机构改革，部分地区广播电台和电视台合并，称广播电视台。

资料来源：国家统计局：《新中国五十五年统计资料汇编》，中国统计出版社 2005 年版，第 86 页。

① 国家统计局：《中华人民共和国 2009 年国民经济和社会发展统计公报》（2010 年 2 月 25 日），《人民日报》2010 年 2 月 26 日。

2. 新闻出版事业增长迅速　60 多年来，新闻出版事业也取得辉煌的成绩（见表 2）。

表 2　新闻出版业统计数据

年份	图书		期刊		报纸	
	种数	总印数（亿册、张）	种数	总印数（亿册）	种数	总印数（亿份）
1949	8000	1.05	257	0.2	315	4.12
1950	12153	2.7	295	0.4	382	8.0
1955	21071	10.8	370	2.9	285	19.5
1965	20143	21.7	790	4.4	343	47.4
1976	12842	29.1	542	5.6	182	124.3
1978	14987	37.7	930	7.6	186	127.8
1992	92148	63.4	6486	23.6	1657	257.9
2002	170962	68.7	9029	29.5	2137	367.8
2008	275668	69.36	9549	31.05	1943	442.92

资料来源：国家统计局：《新中国五十五年统计资料汇编》，中国统计出版社 2005 年版，第 87 页。《经典中国辉煌 60 年（文化篇）》，《光明日报》2009 年 11 月 9 日。

3. 文化产业方兴未艾　据国家统计局 2010 年 5 月 14 日在第六届中国（深圳）国际文化产业博览交易会上发布的相关数据显示，2008 年底，我国文化产业共有法人单位 46.08 万个，非法人单位 2.43 万个，个体经营户 49.69 万户。文化产业从业人员总数为 1182 万人，占全国从业人员的 1.53%，占城镇从业人员的 3.91%。2004 年至 2008 年，文化产业增加值的年平均现价增长速度达 22%，高于同期 GDP 的年平均现价增长速度 3.6 个百分点。2009 年文化产业增加值为 8400 亿元左右，快于同期 GDP 的现价增长速度 3.2 个百分点，占同期 GDP 初步核算数的比重为 2.5% 左右。①

① 胡谋、刘阳：《文博会举行权威信息发布会 去年文化产业保持较快发展》，《人民日报》2010 年 5 月 15 日。

4. 对外文化交流与合作不断扩大 2009年，中国已同145个国家签订政府间文化合作协定和近800个年度文化交流执行计划，与上千个文化组织保持密切的合作关系。整合文化资源，实施重大文化工程，推动中国文化走向世界。举办“中法文化年”，美国和俄罗斯也举办“中国文化节”。此外，还有“中华文化非洲行”“中华文化北非行”“中日文化体育交流年”等大型文化活动。中国文化大规模“走出去”提升了中国国家的新形象。

二、当代中国文化建设的基本经验

60多年来，新中国文化建设之所以取得显著的成就，重要原因在于中国共产党把马克思主义文化理论与中国文化建设实际和时代特征结合起来，不断探索文化建设的规律，总结文化建设的经验。叶剑英在国庆30周年大会上的讲话，中共十二大以来历次党的代表大会关于文化建设的论述和两个精神文明建设的决议都可以说是文化建设经验的总结。2006年，国家颁布《国民经济和社会发展第十一个五年规划纲要（2006—2010）》，把“加强社会主义文化建设”作为独立篇章。随后，又发布《国家“十一五”时期文化发展规划纲要》。这是第一个国家级文化建设中长期专项规划，是指导“十一五”时期乃至今后较长时期文化发展的纲领性文献①，包含着对文化建设经验的系统总结。2006年3月28日，李长春在文化体制改革工作会议上，把十六大以来中共中央关于发展先进文化的新观点、新论断，概括为六点，提出“新的文化发展观”。2008年1月21日，李长春又把“新的文化发展理念”概括为八个方面。2010年6月17日，李长春在《求是》上发表《正确认识和处理文化建设发展中的若干重大关系》，把这些文化理念系统化为十大关系。这既是根据新形势新任务，结合新的时代特征对文化建设规律的探索，也是对中国共产党领导文化建设经验的总结。

---

① 中华人民共和国文化部政策法规司编：《文化建设“十一五”规划汇编》，文化艺术出版社2008年版，编写说明。

（一）在文化建设的指导思想方面，把坚持马克思主义文化理论与推进文化理论创新相结合，推进中国化马克思主义文化理论实现与时俱进而又一脉相承的发展

马列主义为中国社会主义文化建设提供了理论指南。马克思主义是科学的世界观和方法论，构成社会主义文化思想的理论根源。其中关于社会存在决定社会意识的思想、关于物质生产和精神生产的关系的思想、关于意识形态的理论、关于文化的前进都是向自由迈进的一步的论断、关于科学是在历史上起推动作用的进步的力量的思想等，以及列宁关于两种民族文化的思想、关于无产阶级文化的思想、关于如何对待资产阶级文化遗产的思想等，都为中国共产党的文化理论奠定了基础。

中国共产党在探索社会主义建设道路和规律的同时，也不断探索文化建设的道路和规律。在革命、建设和改革时期，中国共产党形成了毛泽东思想和包括邓小平理论、“三个代表”重要思想和科学发展观在内的中国特色社会主义理论体系，坚持、继承和发展马克思主义文化理论是题中应有之义。中共十六大以来，中国共产党形成了新的文化发展理念，在文化地位和作用、文化发展方向、目的、动力、思路、格局、战略、领导力量和依靠力量等方面，推动了马克思主义文化理论的创新和发展，既是对中国特色社会主义文化建设实践经验的总结，也是对社会主义初级阶段文化发展规律的科学把握，初步回答了新的历史条件下文化为什么发展，实现什么样的发展，怎样发展和发展为了谁，发展依靠谁等一系列重大问题，是科学发展观在文化建设领域的集中体现，是在新的历史时期推动文化大发展大繁荣的重要理论依据。

（二）在文化发展地位和作用方面，把文化建设同经济社会发展相结合，促进整个社会全面协调发展

中国特色社会主义是全面发展全面进步的事业，是物质文明、政治文明、精神文明、社会文明和生态文明相互融合、相辅相成、协调发展的社会，缺少哪一项，都不是中国特色社会主义。经济、政治、社会发

展是文化发展的基础和前提，文化发展是经济、政治、社会发展的重要内容和重要支撑。搞好文化建设，可以为社会主义建设提供精神动力、智力支持、舆论支持和共同的思想基础。因为文化与经济、政治、社会的融合越来越紧密，形成你中有我、我中有你的格局，所以经济发展、政治进步、社会前进都离不开文化的作用。从这个意义上说，经济、政治、社会的发展也是文化发展的动力和源泉。这要求更加重视文化建设的地位和作用，把文化建设纳入经济社会发展的全局，努力实现文化建设与经济建设、政治建设、社会建设、生态建设整体推进、共同发展，提升文化软实力。

（三）在文化发展方向上，把弘扬主旋律与提倡多样化相结合，把握社会主义先进文化的前进方向

弘扬主旋律与坚持“为人民服务、为社会主义服务”的方向是一致的，提倡多样化与“百花齐放、百家争鸣”的方针是统一的，都是发展社会主义先进文化的基本方针。弘扬主旋律，必须坚持“二为”方向，离开了“二为”方向，就不能称为社会主义文化；而搞千篇一律，不提倡多样化，也会窒息社会主义文化的生命力。在当代中国，弘扬主旋律，就是充分反映中国共产党领导全国各族人民建设中国特色社会主义、实现中华民族振兴的时代主题、伟大征程、光辉道路和伟大成就，宣传社会主义核心价值体系，唱响共产党好、社会主义好、改革开放好、伟大祖国好、各族人民好的时代最强音。同时，为了满足人民群众多样多变的精神文化的需要，还要充分发扬文化民主，创造更多的思想性和艺术性相统一的文化成果，创造为人民群众所喜闻乐见而又具有中国作风中国气派的文化产品。

（四）在文化发展目的方面，把坚持以人为本、满足人们精神文化生活的需要同发挥人民群众参与文化建设的创造精神相结合

社会主义建设的最终目的是推进人的全面而自由的发展，离开了人民群众，文化建设就没有任何意义。文化建设以人为本，就是要贴近实

际、贴近生活、贴近群众，以服务人民为根本宗旨，以满足人民群众精神文化需求、促进人的全面发展为根本目的，以人民群众为根本依靠力量，以提高文化产品和服务的供给能力为根本途径，把群众喜欢不喜欢、满意不满意、接受不接受、认可不认可作为评价作品的最终标准和衡量工作成效的根本尺度，建立健全面向群众、服务群众的体制机制，多提供人民需要的文化产品和服务，保障人民基本文化权益。坚持以人为本，应切实尊重人民群众的主体地位，激发人民群众参与文化建设的积极性、主动性、创造性，做到谋划文化发展思路向人民群众问计，查找文化发展中的问题听人民群众意见，改进文化发展措施向人民群众请教，衡量文化发展成效由人民群众评判。①

（五）在文化发展动力方面，把发展公共文化服务事业同发展经营性文化产业相结合，深化文化体制改革

如何适应社会主义市场经济体制的要求，建立与社会主义精神文明相适应、与社会主义道德体系相协调的文化体制，是文化建设的重要问题。改革创新是中国社会发展的强大动力。深化文化体制改革，应该自觉地把思想认识从不符合文化科学发展的思想观念、体制机制的束缚中解放出来，破解文化发展难题，转变文化发展方式，解放和发展文化生产力。

21 世纪以来，中国共产党明确把文化建设划分为公益性文化事业和经营性文化产业。公益性文化事业的根本任务，是构建覆盖全社会的公共文化服务体系，保障人民群众基本文化权益。这需要以政府为主导，以公共财政为支撑，以公益性文化事业单位为骨干，以全民为服务对象，以基层特别是农村为重点，构建覆盖城乡的公共文化服务体系。经营性文化产业的根本任务，是繁荣文化市场，满足人民群众多层次、多方面、多样化的精神文化需求。这需要建设和培育门类齐全的文化市场体系。二者如“车之两轮、鸟之双翼”，共同推动文化的繁荣和发展。

---

① 李长春：《深入学习实践科学发展观，推动社会主义文化大发展大繁荣》（2008 年 11 月 16 日），《十七大以来重要文献选编》（上），中央文献出版社 2009 年版，第 749、750 页。

（六）在文化发展环境方面，把文化大发展大繁荣同加强文化市场的监督、管理相结合，发展先进文化，支持健康有益文化，改造落后文化，抵制腐朽文化，营造健康有序的文化发展环境

推进社会主义文化大发展大繁荣，离不开对文化产品生产、流通、消费的各个环节的监督和管理。借口促进文化繁荣而放弃文化管理，就会陷入混乱无序状况，最终也会损害文化的发展和繁荣；而对文化领域采取包办的办法也会窒息文化发展的活力。管理也是生产力。建立和完善科学有效的管理体制，是为了文化发展创造优良的环境，两者是并行不悖的。加强文化管理的重点是加强文化产品的生产、销售、流通的管理，加强文化市场和传媒的管理。在加强思想教育的同时，注重依法管理为主，综合运用法律、经济、行政、科技等手段，推进管理工作的法制化、规范化、制度化、科学化，有效解决在管理上存在的突出问题。

（七）在文化发展途径方面，把继承和弘扬中国传统文化同当代文化建设实践结合起来，把民族文化同外来文化结合起来，推进文化创新，实施“走出去”战略，提升国家文化软实力

中国是具有 5000 多年文明历史的文化资源大国，应该正确处理传统文化与现代文化的关系，植根于文化建设的实践，深入挖掘传统文化中的优秀成分，结合时代需要实现创造性转换，为创新当代中国先进文化服务。随着经济全球化的发展和中国改革开放的不断扩大，中外思想文化交流、交融、交锋更加频繁，这为学习借鉴国外有益文化、推动中华文化“走出去”、扩大中华文化在国际上的影响力和竞争力提供机遇，同时也面临保护民族文化特性和维护文化安全的任务。中国文化、价值体系、发展道路、发展模式等核心观念被世界接受越广泛，中国文化的影响力就越深远，中国文化安全和主权越有保障。这需要统筹国内国际两个市场、利用两种资源，加快发展文化产业，把丰富的民族文化资源转化为文化产业优势，努力形成以民族文化为主体、积极吸收外来有益文化的文化市场格局。

（八）在文化成果的判断标准方面，把社会效益同经济效益结合起来，既要发挥文化教育人民、引导社会、推动发展的功能，也要发挥文化产品向物质收益转化的潜力

优秀的文化成果具有陶冶情操、凝聚力量、振奋精神、宣传教育、传承知识的功能。无论是公益性文化事业，还是经营性文化产业，都坚持社会主义先进文化前进方向，把社会效益摆在首位。文化有通过市场交换，获取经济利益，实现再生产的属性，因此也应该注重经济效益。当经济效益同社会效益发生冲突时，经济效益要服从社会效益。购买优秀文化产品的人越多，受教育的面就越大，经济效益就越好，社会效益也就越广泛。实现社会效益与经济效益相辅相成、相互促进、有机统一。因此，要不断提高文化产品和服务的质量，努力达到思想性和艺术性的统一，同时善于运用市场机制，鼓励文化企业把面向群众和面向市场结合起来，实现经济效益和社会效益的统一。

（九）在文化建设的领导力量和依靠力量方面，把加强和改善党的领导同尊重人民群众的创造精神结合起来，尊重知识、尊重劳动、尊重创造、尊重人才，培养从事文化建设事业的高素质人才队伍

党的领导是各项事业取得成功的根本保证。推动社会主义大发展大繁荣，关键在于加强和改善党的领导。加强和改善党对文化工作的政治领导、思想领导、组织领导，提高领导文化建设的能力和水平，把握文化建设和发展的主动权。文化建设面临的复杂形势和艰巨任务，迫切要求中国共产党不断提高巩固马克思主义在意识形态领域指导地位的能力，不断提高创新宣传思想工作和引导社会舆论的能力，不断提高社会主义市场经济条件下加强思想道德建设的能力，不断提高满足人民群众日益增长的精神文化需求的能力，不断提高推动中华文化走向世界的能力，不断提高统筹文化发展大局的能力，不断提高文化管理和监督的能力。文化工作者是文化建设的主力军和文化产品的创作者。培养和选拔宏大的文化人才队伍是社会主义事业，包括文化事业取得成功的关键。人才

资源是第一资源。培养和造就一大批能够为人民服务、为社会主义服务的艺术家和领军人物，一大批精通文化工作、懂经营善管理、具有现代科学素养的复合型人才，一大批精通外语、熟悉国际文化市场规则、善于开拓国际文化市场的外向型人才，构建一支门类齐全、结构合理、梯次分明、素质优良的文化工作者队伍，这些都相当重要。

［原载《毛泽东邓小平理论研究》2011 年第 3 期，
原题为《新中国文化建设的历程、成就和经验探析》］

论当代中国文化发展的历史分期（1949—2009）

一、划分当代中国文化史发展阶段的标准

新中国 60 多年来，中国共产党领导社会主义文化建设呈现出哪些阶段性特征？根据什么样的标准划分当代中国文化发展的历史时期？这是研究文化史的基本问题。因为划分文化史分期的标准不同，对一定历史阶段文化建设的中心内容、主要线索和发展趋势的把握也会有所区别。

学术界对当代中国文化史的分期作了许多探讨，提出许多有价值的观点。有人认为，新中国文化 60 多年的发展历程分三个阶段：1949 年到 1978 年，奠定当代中国文化发展的坚实基础；1978 年到 1997 年，建设社会主义精神文明；1997 年至今，中国特色社会主义文化建设的繁荣和发展。[①] 这种分期，是把当代新中国文化事业的奠基、改革开放后中国特色文化发展道路的开辟和中共十五大以后文化建设的繁荣和发展作为划分文化史分期的根据。实际上，社会主义精神文明与中国特色社会主义文化是一致的。中共十五大以来，中共中央仍然强调建设社会主义精神文明。因此，这种分期旨在说明当代中国文化发展量的积累，是可以的，但没有反映出质的阶段性的变化。

---

① 樊锐：《新中国文化建设的历史成就和主要经验》，《党史研究与教学》2009 年第 6 期。

有人认为，当代中国文化建设的历程可以分为三个阶段：1949年到1966年“文化大革命”，确立了当代中国文化发展的理论政策；“文化大革命”期间，给文化建设带来了深重的灾难，是一段有深刻历史教训的时期；以中共十一届三中全会为标志，中国进入了中国特色社会主义事业发展的新的历史时期，也是文化发展最好的时期之一。这种分期以中国共产党对中国特色社会主义建设道路包括文化发展道路的探索为根据，是划分当代中国文化发展阶段的根据，其表现是文化事业的奠基、发展、低谷、发展的波浪形特征。实际上，当代中国文化的性质并不是开始就是社会主义性质，而是有一个从新民主主义文化向社会主义文化转变的时期，二者不仅诸如民族的、科学的、大众的含义等有区别，而且一些具体政策和方针也有区别，比如对待资产阶级思想问题，过渡时期总路线提出前后就迥然不同。另外，新时期30多年文化事业的发展也不是一帆风顺的，也经历过曲折。

还有人提出，当代中国60多年来中国共产党的文化理论可以分为五个阶段，即探索阶段（1949—1965年）、探索陷入误区（1966—1976年）、拨乱反正和恢复马克思主义文化理论（1977—1996年）、文化体制改革展开（1997—2002年）、文化大发展大繁荣（2003年至今）。[①] 实际上，从1977年到1996年，除了恢复马克思主义文化理论，中国化的马克思主义文化理论也在发展；后两个阶段也都是马克思主义文化理论的发展阶段。改革开放初期，文化体制改革已见端倪，20世纪90年代文化体制改革加快了脚步。中共十六大以后，2003年开始，文化体制改革经过试点之后，全面铺开，进入快速发展时期。而社会主义文化大发展大繁荣的一个特征，就是文化产业的迅猛发展。因此把文化体制改革单独作为一个阶段不合适。

笔者认为，在中国特色社会主义的奠基、开创和发展过程中，中国共产党也在探索社会主义文化的发展道路和规律。应该将新中国文化建设放在整体经济社会发展与演变的大背景中确立划分当代中国60多年文

① 李道中、杨吉华：《建国六十年来我党文化理论的演变与创新》，《科学社会主义》2009年第5期。

化发展分期的标准。具体来说有以下内容：

第一，根据经济基础和上层建筑的辩证关系，物质生产方式决定思想文化的发展过程。这对如何划分新中国文化发展的历史分期具有决定作用。经济基础发生变动，思想文化也会随之改变。马克思指出："生产关系的总和构成社会的经济结构，即有法律的和政治的上层建筑竖立其上并有一定的社会意识形式与之相适应的现实基础。物质生活的生产方式制约着整个社会生活、政治生活和精神生活的过程。"① 新中国成立之初，新民主主义的经济、政治和文化构成新民主主义社会的基本内容。新民主主义文化是无产阶级领导的人民大众的反帝反封建的文化。但是，随着对农业、手工业和资本主义工商业社会主义改造的发展，社会主义经济制度的基本确立，新民主主义社会逐渐转变为社会主义社会，新民主主义文化也逐渐向社会主义文化转变。改革开放以来，中国逐渐形成以公有制为主体、多种所有制并存的社会主义经济制度，文化体制改革也不断发展，文化单位的所有制结构和文化建设的格局也在不断变化。

第二，中国共产党在探索社会主义总体发展道路的过程中，也在探索文化发展道路。这对新中国文化发展的历史分期也具有重要影响。社会主义制度建立以后，中国共产党围绕什么是社会主义、怎样建设社会主义这一中心问题，也在探索什么是社会主义文化、怎样建设社会主义文化这一重要问题。当探索社会主义发展道路比较健康、比较成功的时候，文化发展也呈现良好的态势；当探索社会主义发展道路出现曲折的时候，文化发展也会呈现曲折。比如，在 1956 年到 1966 年全面建设社会主义的十年中，一方面存在正确的和比较正确的发展趋向，另一方面也出现了错误的发展趋向；中国文化建设一方面也取得了巨大的成绩，积累了丰富的经验，另一方面也存在沉痛的教训。改革开放以来，中国在成功走出一条中国特色社会主义道路的同时，也逐渐找到在市场经济条件下如何推进社会主义文化发展和繁荣的道路，对社会主义文化建设的规律不断完善。

---

① 《马克思恩格斯选集》第 2 卷，人民出版社 2012 年版，第 2 页。

第三，中国政治局势的变动也对文化发展产生重要影响，这是确定新中国文化发展分期时不能不考虑的因素。一定的文化是一定社会的经济和政治在观念上的反映，因此，文化的发展受到一定社会的经济和政治的影响。政治同文化的关系处理得好，文化建设就会健康发展；反之，文化建设会经历波折。这方面的显著表现，是“文化大革命”时期文化发展的低潮。

第四，社会意识具有相对独立性，文化自身发展呈现独特规律，也是影响新中国文化发展阶段划分的因素。经济和政治是思想文化发展的决定性因素，但思想文化的发展与经济、政治的发展并不完全同步，有时落后于经济、政治的发展，有时超越经济、政治的发展。思想文化自身具有历史继承性，不可能脱离原有的思想文化材料，特别是社会主义思想文化，更应该继承和借鉴人类创造的优秀文明成果。因此，把握文化自身的发展规律，有助于了解文化从哪里来，怎么发展，发展成什么样，向哪里发展，从而揭示文化发展的阶段性特征。

确立上述划分新中国文化史分期的标准，有利于反映中国共产党对中国社会发展道路的探索，有利于反映文化在社会主义建设总体布局中的地位和作用，有利于反映不同历史阶段文化建设的主要内容、基本特征和发展趋势。

二、当代中国文化发展的六个历史阶段

根据上述当代中国文化发展分期的标准，可以将中国共产党领导新中国文化建设的历史分为六个阶段：

第一个阶段，1949 年至 1956 年，是社会主义文化的基本确立和初步建设时期，主要特征是改革旧有文化事业，建设新的文化事业；在社会性质转变过程中，新民主主义文化转变为社会主义文化。

1949 年 9 月，《共同纲领》规定：中华人民共和国的文化教育为新民主主义的，即民族的、科学的、大众的文化教育。人民政府的文化教育工作，应以提高人民文化水平，培养国家建设人才，肃清封建的、买办

的、法西斯主义的思想，发展为人民服务的思想为主要任务。[①] 因此，在完成社会性质转变的过程中，实现新民主主义文化向社会主义文化的转变，是中国共产党面临的重要任务。

第一，肃清帝国主义奴化思想、封建主义思想和批判资产阶级腐朽思想。为了建立社会主义意识形态，首先必须与旧的腐朽的意识形态划清界限。新中国成立之初，党和政府通过禁止国外反动新闻机构活动、接收帝国主义在华文化教育机关和宗教团体、动员全国人民参与抗美援朝战争等形式，发扬爱国主义精神，重塑民族自尊心、自信心、自豪感，扫除帝国主义对中国人民的思想文化影响；通过开展土地改革、改造旧有教育事业、建立人民教育事业、制定和宣传《婚姻法》等，涤荡封建主义思想意识；通过“三反”、“五反”运动和实行公私合营，批判资产阶级的唯利是图、利己主义、损公肥私等价值观念。

第二，确立马克思主义的指导地位。人民民主专政建立后，理所当然地应在全国范围内推广马克思主义。正像刘少奇所说：“必须用马列主义的观点和方法去教育人民，而不是用其他任何观点和方法去教育人民”[②]，为建设社会主义打下思想基础。1951 年 2 月，中共中央发出《关于加强党的宣传教育工作的指示》，1953 年 4 月 23 日，中共中央发出《关于 1953—1954 年干部理论教育的指示》。1949 年 10 月，中共中央决定成立马列学院，要求高级干部要定期进马列学院学习。全国人民还掀起学习唯物史观和社会发展史运动。1951 年 9 月，由北大 13 位教授发起、在全国高校中开展知识分子思想改造运动。1953 年 12 月，中共中央发布过渡时期总路线学习和宣传提纲，指明了向社会主义过渡的方向。1954 年 9 月 16 日，毛泽东在一届全国人大上宣布：“领导我们事业的核心力量是中国共产党。指导我们思想的理论基础是马克思列宁主义。”[③]

第三，开展思想批判运动，为确立和巩固马克思主义在意识形态领域的指导地位开辟道路。1950 年对《武训传》的批判、1954 年对《红楼

---

① 《建国以来重要文献选编》第 1 册，中央文献出版社 2011 年版，第 9 页。
② 《刘少奇选集》下卷，人民出版社 1985 年版，第 82 页。
③ 《毛泽东文集》第 6 卷，人民出版社 1999 年版，第 350 页。

梦》研究的批判和对胡适资产阶级唯心主义思想的批判，中心就是运用唯物史观指导文化工作。尤其是后两次批判，扫除了资产阶级学术思想的权威，确立了马克思主义在学术研究中的地位，意义深远。

这一时期，中国共产党还领导人民开展了广泛的文艺整风运动和戏剧改革。文艺为人民服务，首先为工农兵服务的主旨得到弘扬，反映革命战争和新社会生活的文艺作品不断涌现，话剧《龙须沟》、电影《百万雄师下江南》、歌曲《歌唱祖国》是其中的代表。在思想道德建设方面，在三大改造运动中，人剥削人、人压迫人的旧制度、旧习惯、旧观念逐渐消除，新的人与人之间的平等、团结、友爱、互助关系得以确立，集体主义、爱国主义、社会主义观念得到发扬。这些都说明着新民主主义性质的文化已经基本转变为社会主义性质的文化。

第二个阶段，1956 年至 1966 年，全面探索社会主义文化建设时期，主要特征是中国共产党在探索社会主义建设道路的同时，也在探索中国特色文化发展道路，社会主义文化事业取得可喜成就，也出现严重失误，呈现出两个发展趋向。主要表现有：

一是提出一系列关于社会主义文化建设的基本原则和方针。提出建设“一个工业化的具有高度现代文化程度的伟大的国家”的奋斗目标；提出“为工农兵服务”“为社会主义服务”的方向和“双百”“古为今用”“洋为中用”的基本方针；提出在完成经济战线社会主义革命以后，政治战线和思想战线的社会主义革命将是长期的曲折的艰巨的；强调加强社会主义教育，提倡集体主义、爱国主义、社会主义等原则，提倡共产主义道德，提倡艰苦奋斗、改革创新等精神。另外，还比较系统地总结了关于文化建设的具体经验。如在文艺创作领域，提出正确处理“物质生产与精神生产”的关系，探索文艺自身的发展规律，提出革命的现实主义和浪漫主义、文学遗产中的继承与创新和关系，等等。

二是取得前所未有的伟大成就。如 1965 年与 1955 年相比，群众性艺术表演团体从 2414 个增加到 3458 个，文化馆从 2437 个增加到 2598 个，公共图书馆从 96 座增加到 577 座，博物馆从 50 座增加到 214 座，广播电台从 58 座增加到 87 座，期刊从 370 种增加到 790 种，报纸从

285 种增加到 343 种。[①]

三是在探索发展中走过“一波三折”的历程。这一阶段是新中国文化史上最为曲折的时期。1956 年中共八大前后，中国共产党探索文化发展道路开局良好，成效显著。随后在反右派斗争中，伤害了许多文化工作者，“左”的指导思想和错误逐渐发展。在“大跃进”期间，全国人民参与文化创作工作，出现文化“大跃进”局面。1958 年 11 月开始纠“左”之后，围绕 1959 年国庆 10 周年，文化工作呈现复苏态势。60 年代初期，在调整方针指导下，文化工作呈现发展势头。然而好景不长，受反修、防修、防止资本主义复辟的影响，1962 年 9 月，中共中央重提阶级斗争，并发动对小说《刘志丹》的批判。1963 年，毛泽东多次对文化工作提出批评，特别是 1963 年 12 月 12 日和 1964 年 6 月 27 日关于文艺工作的两个批示，给文化工作造成严重影响。1964 年，思想文化领域的过火批判从文艺领域扩展到哲学、经济学等文化领域。如在文艺界对小说昆曲《李慧娘》、电影《北国江南》等的批判；在经济学领域对孙冶方经济思想的批判；在哲学领域对杨献珍“合二而一”的批判；在历史学领域对翦伯赞史学观点的批判等。在中共中央和文艺工作者的努力下，1964 年 6 月 6 日至 7 月 3 日，全国京剧现代戏观摩演出大会在北京举行，演出了《芦荡火种》《红灯记》《奇袭白虎团》《红色娘子军》《智取威虎山》等 37 个剧目，现代戏剧大放异彩。

总的来说，十年建设时期的文化事业，正确的和比较正确的方面是主流，成就和经验是第一位的，缺点和错误是第二位的；随着“左”的指导思想的抬头，文化领域错误的“左”的指导思想也在发展，上纲上线的思想批判如脱缰的野马难以驾驭，直至“文化大革命”前期错误的方面逐渐占据主导地位。

第三个阶段，1966 年至 1976 年的“文化大革命”时期，是社会主义文化事业陷入灾难时期，主要特征是中国共产党探索文化建设道路误入歧途，“左”的指导思想占据文化领域的主导地位，文化事业遭到严重破坏，处于万马齐喑的低谷。主要表现有：

---

① 国家统计局：《新中国五十五年统计资料汇编》，中国统计出版社 2005 年版，第 86、87 页。

1965年11月10日，上海《文汇报》发表姚文元《评新编历史剧〈海瑞罢官〉》，引燃了“文化大革命”的导火线。在“无产阶级专政下继续革命”的理论的指导下，以阶级斗争为纲，把意识形态领域的阶级斗争扩大化、绝对化，导致混淆人民内部矛盾和敌我矛盾的界限，运用疾风暴雨式的群众运动的方法开展大批判，伤害了一大批又红又专的建设者，给新中国文化事业带来深重的灾难。

在“左”的错误的影响下，全盘否定1949年到1966年的文化建设的成就。如在破除“文艺黑线专政论”的旗号下，大批文艺界著名人士被划入“文艺黑线”的圈子。大批传统剧种、剧目被勒令禁演。新闻出版业受到巨大冲击。1965年，全国共出版图书20143种，杂志790种，报纸343种，到1968年，图书下降到3694种，杂志22种，报纸42种。[①]“九一三”事件之后，周恩来主持中共中央日常工作，公共文化事业逐渐恢复，但总体上未达到“文化大革命”前的水平。

1975年，毛泽东指示文艺要调整。邓小平主持文艺整顿，推动《创业》《海霞》等电影开禁，鲁迅书信、著作得以编辑出版，姚雪垠能够安心写《李自成》，冼星海、聂耳的歌曲重新被传唱，《长征组歌》重上舞台等。这是文化领域纠正“左”的错误的尝试和探索，成为“文化大革命”后实现文化领域的拨乱反正和重新树立马克思主义文化思想的先导。围绕天安门事件而形成的革命诗歌，也是“文化大革命”时期诗歌创作的高潮。北京第二外国语学院16名教师编辑《天安门诗抄》，于1978年由人民文学出版社出版。

第四个阶段，“文化大革命”结束到1992年，这是文化领域完成拨乱反正和在改革开放中复苏、发展的新时期。其突出特征是在探索文化发展新道路过程中，文化建设实现从从属于政治的附属地位到获得相对独立发展的转变，从服务于“以阶级斗争为纲”到自觉服务于党和国家的中心工作的转变，从封闭半封闭状态到扩大对外交流与合作的转变。主要表现有：

一是文化建设的指导思想完成拨乱反正和实现创新发展。“文化大革命”结束以后，中国共产党即在文化领域批判“左”的思想，如在文艺领

① 国家统计局：《新中国五十五年统计资料汇编》，中国统计出版社2005年版，第87页。

域批判“文艺黑线”专政论等。1982 年 9 月，中共十二大提出建设有中国特色的社会主义的命题；1987 年，中共十三大阐述党在社会主义初级阶段的理论，确立了基本路线和发展战略等，这为文化建设指明了方向。

1979 年 10 月，邓小平在第四次文代会上阐述“‘二为’方向”“‘双百’方针”“古今中外”等方针以及党的知识分子政策，为新时期文化发展奠定了理论基础。1986 年 9 月，中共十二届六中全会通过《关于社会主义精神文明建设指导方针的决议》，是关于文化建设的纲领性文献。1991 年，江泽民在中国共产党成立 70 周年大会上阐述文化建设基本纲领，为发展社会主义文化提供了指导思想。

二是文化工作实现历史性转变。就文艺工作来说，其思想内涵实现从拨乱反正到解放思想，从政治反思到艺术反思；文艺管理体制从政府包办发展为民间参与。反映新时代新生活的文艺作品不断涌现。有反思“文化大革命”的伤痕文学，如刘心武的《班主任》、卢新华的《伤痕》；有反映追求个性的朦胧诗，如舒婷的《致橡树》；有反映改革时代人民建设热潮的小说，如《乔厂长上任记》等。

三是公共文化事业恢复和发展迅速。比较典型的有公共图书馆，1966 年为 523 个，1976 年为 768 个，1978 年为 1218 个，1992 年为 2558 个；对应上述年份的数字，博物馆分别为 193 个、263 个、349 个、1106 个；图书分别为 11055 种、12842 种、14987 种、92148 种；杂志分别为 191 种、542 种、930 种、6486 种；报纸分别为 49 种、182 种、186 种、1657 种。[①] 对外文化交流的广度和深度都有新的发展。从新中国成立到 1991 年，中国与外国签订的 133 个政府间文化合作协定中，有 91 个是 1978 年底以后签订的，比“文化大革命”前增加了两倍多；从 1980 年到 1991 年，中国和外国签订文化交流执行计划达 253 个。[②]

四是文化建设受错误思潮的影响而经历波折。随着改革开放的发展，思想文化领域滋长了资产阶级自由化的倾向。如在理论上宣扬抽象的人道主义与异化问题；“一切向钱看”，忽视文化产品的社会效益；不加

---

① 国家统计局：《新中国五十五年统计资料汇编》，中国统计出版社 2005 年版，第 86、87 页。

② 文化部对外文化联络局：《中国对外文化交流概览（1949—1991）》，光明日报出版社 1993 年版，第 65 页。

分析地引进国外思想学术作品等。尽管邓小平等领导人多次强调反对思想战线上的精神污染，可惜这一问题没有得到较好的解决，这成为引发1986年学潮和1989年政治风波的重要因素，给文化建设带来消极影响。

总的来说，这一时期，在拨乱反正的前提下，中国共产党在改革开放中探索新道路、创新文化理论比较成功，文化建设发展迅猛，这是主流。但由于存在“一手软”等偏差，文化建设也经历波折。这为继续探索文化发展规律积累了正反两方面的经验。

第五个阶段，从1992年邓小平南方谈话到2002年，是探索社会主义市场经济体制条件下文化建设新路子的时期，主要特征是坚持“两个文明一起抓”“两手都要硬”，加快推进文化体制改革。主要表现是：

第一，党的指导思想实现新的飞跃，党的文化建设理论不断完善。1992年10月，中共十四大系统阐述“建设有中国特色社会主义理论”；1997年9月，中共十五大把这一理论概括为邓小平理论，标志着党的指导思想实现新的飞跃；2000年2月，江泽民提出“三个代表”重要思想，是中国特色社会主义理论体系的新发展。针对“一手硬、一手软”的弊病和反“和平演变”的时代要求，强调精神文明重在建设。1996年10月，十四届六中全会通过《关于加强社会主义精神文明建设若干重要问题的决议》和江泽民在中共十五大上正式阐述文化建设纲领及其内容，表明党对文化建设规律的认识逐渐深化。1995年9月，十四届五中全会把精神文明建设纳入“九五”计划和2010年远景目标。

第二，文化体制改革的步伐明显加快。1992年邓小平南方谈话之后，中共十四大确立了社会主义市场经济体制改革的目标，文化体制改革也在加快。1992年10月，中共十四大提出：“积极推进文化体制改革，完善文化事业的有关经济政策，繁荣社会主义文化”。[①]在这种背景下，同年，文化部提出深化文艺体制改革、加快文化事业发展步伐的10点意见。[②]1996年10月，中共十四届六中全会提出，“改革文化体制是文化事业繁荣和发展的根本出路。”[③]1997年9月，中共十五大明确提出：“深化

① 《江泽民文选》第1卷，人民出版社2006年版，第238页。

② 参见《深化文化体制改革 加快文化事业发展》，《人民日报》1992年8月16日。

③ 《十四大以来重要文献选编》（下），中央文献出版社2011年版，第146页。

文化体制改革，落实和完善文化经济政策。”[①]2000年10月，中共十五届五中全会通过《关于制定国民经济和社会发展第十个五年计划的建议》，正式提出“完善文化产业政策，加强文化市场建设和管理，推动有关文化产业发展”[②]。表明文化产业上升列为国家发展战略。

第三，随着公有制为主体、多种经济成分并存的所有制结构的发展，文化事业也逐渐形成以公有制为主体、其他所有制形式为补充的格局。如1993年，个体文化经营单位发展到30余万户，合资企业占文化市场的22%。多渠道、多层次、多体制办文化的情况，改变了以往市场竞争机制先天不足的缺陷。[③]同时，对文化市场的监管也逐渐跟进。1994年11月，文化部召开全国文化市场监督检查工作会议，专题研究文化市场的监督检查工作，正式提出进一步建立健全文化市场稽查机构和稽查队伍。1993年到1999年，国务院颁布音像、电影、营业性演出、娱乐场所等方面的管理条例；文化部颁布《营业性歌舞娱乐场所管理办法》和《文化市场稽查暂行办法》等，规范文化市场管理。

第四，弘扬和培育民族精神是鲜明的时代特色。有没有高昂的民族精神，是衡量一个国家综合国力强弱的重要尺度。1993年3月31日，江泽民在八届全国人大一次会议上提出，要倡导和发扬“64字”创业精神。1996年10月17日，他倡导发扬“长征精神”。1998年9月28日，他号召发扬“抗洪精神”。1999年9月18日，他要求发扬“两弹一星”精神。这些都是以爱国主义为核心的民族精神在新时期的继承和发展。

总的来说，这一时期，中国共产党在继承改革开放以来积累的基本经验的基础上，在推进社会主义市场经济体制改革的条件下，继续探索中国特色的文化发展道路，增添了适应新时代新形势的新内容，开拓了前所未有的新局面，取得令人振奋的新成就。这为社会主义文化大发展大繁荣开辟了道路，创造了条件。

第六个阶段，2002年中共十六大以来，是社会主义文化大发展大繁荣时期，主要特征是贯彻落实科学发展观，总结改革开放以来文化建设

---

① 《江泽民文选》第2卷，人民出版社2006年版，第35页。

② 《十五大以来重要文献选编》(中)，中央文献出版社2011年版，第509页。

③ 孟晓驷:《我国文化市场发展现状扫描》,《人民日报》1993年4月1日。

基本经验，牢牢把握先进文化的前进方向，深化文化体制改革，把文化建设上升为国家战略。其与以往阶段不同的特色是：

第一，在指导思想和文化理论方面取得新的突破。中共十六大以来，中共中央提出贯彻落实科学发展观、加强党的执政能力建设、构建社会主义和谐社会、建设社会主义核心价值体系等重大战略思想；2007年，中共十七大把改革开放以来马克思主义中国化第二次历史性飞跃的成果概括为中国特色社会主义理论体系，这为文化建设提供新的理论支撑。中国共产党比较系统地总结改革开放以来文化建设的基本经验，提出了新的文化发展观。2006年3月28日，李长春在文化体制改革工作会议上提出“新的文化发展观”。2008年1月21日，李长春把“新的文化发展理念”概括为八个方面。2010年6月17日，李长春在《求是》上发表《正确认识和处理文化建设发展中的若干重大关系，努力探索社会主义文化发展道路》，把这些文化理念系统化为十大关系。这是中国共产党根据新形势新任务，结合新的时代特征对文化建设规律的探索，为文化大发展大繁荣指明了方向。

第二，把文化建设纳入国民经济和社会发展总体规划，把文化战略上升为国家战略。2006年，国家颁布《国民经济和社会发展第十一个五年规划纲要（2006—2010）》，把“加强社会主义文化建设”作为独立篇章。随后，《国家“十一五”时期文化发展规划纲要》系统规定了文化建设的指导思想、方针原则和发展目标，理论和思想道德建设，公共文化服务，新闻事业，文化产业，文化创新，民族文化保护，对外文化交流，人才队伍，保障措施和重要政策等十个方面的内容。这是第一个国家级文化建设中长期专项规划，是指导“十一五”时期乃至今后较长时期文化发展的纲领性文献。[①]在这种战略指引下，文化部、广电总局、新闻出版总署、国家文物局都制定了部门专项规划。许多省、市、自治区以及地级市也都制定了地方文化建设“十一五”规划。这表明从中央到地方，文化建设被提高到经济社会发展战略全局的高度。

第三，文化体制改革驶入快车道。2002年11月，中共十六大提出发

---

① 中华人民共和国文化部政策法规司编：《文化建设“十一五”规划汇编》，文化艺术出版社2008年版，编写说明。

展文化事业和文化产业，推进文化体制改革的战略任务。2003年3月，中共中央研究部署全国文化体制改革试点工作。10月，十六届三中全会通过《关于完善社会主义市场经济体制若干问题的决定》，提出深化文化体制改革，要逐步建立党委领导、政府管理、行业自律、企事业单位依法运营的文化管理体制。《决定》还对转变文化行政管理部门的职能，公益性文化事业单位、经营性文化产业单位改革提出具体要求。[①]这为发展文化事业和文化产业指明了任务和方向。2005年10月11日，中共十六届五中全会通过《关于制定国民经济和社会发展第十一个五年规划的建议》，把文化体制改革纳入“十一五”规划。[②]12月23日，中共中央、国务院发出《关于深化文化体制改革的若干意见》。2007年8月21日，中共中央办公厅、国务院办公厅发出《关于加强公共文化服务体系建设的若干意见》。2009年9月，国家颁布《文化产业振兴规划》，对文化产业的指导思想、基本原则、规划目标和主要任务等作出部署。

第四，文化产业发展突飞猛进。政策措施助力文化产业发展。继《文化产业振兴规划》出台之后，2010年1月4日，新闻出版总署发布《关于进一步推动新闻出版产业发展的指导意见》。2010年底，全国581家图书出版社中，除少数保留事业性质外，所有经营性出版社完成转企改制。金融支持文化产业取得明显进展。2009年4月24日，文化部与中国银行在京签订《支持文化产业发展战略合作协议》；27日，文化部与中国进出口银行等单位发出《关于金融支持出口的指导意见》；2010年4月8日，文化部、中国人民银行等九部委联合下发《关于金融支持文化产业振兴和发展繁荣的指导意见》。这些为民营文化企业融资开拓了途径。

第五，文化体制改革解放和发展文化生产力成效显著。据国家统计局的统计报告显示，2004年至2008年，文化产业增加值的年平均现价增长速度达22%，高于同期GDP的年平均现价增长速度3.6个百分点。2009年文化产业增加值为8400亿元左右，快于同期GDP的现价增长速度3.2个百分点，占同期GDP初步核算数的比重为2.5%左右。[③]对外文

① 《十六大以来重要文献选编》(上)，中央文献出版社2005年版，第477—478页。

② 《十六大以来重要文献选编》(中)，中央文献出版社2006年版，第1080—1081页。

③ 胡谋、刘阳:《文博会举行权威信息发布会》,《人民日报》2010年5月15日。

化贸易成为中国发展文化事业、提高国际竞争力的一个新的突破口。据商务部统计，2007 年中国文化产品和服务进出口贸易总额为 166.4 亿美元，其中核心文化产品进出口贸易总额达到 129.2 亿美元，比 2006 年增长 26.6%，是 2001 年的 3.7 倍；文化服务进出口贸易总额为 37.2 亿美元，比 2006 年增长 39.9%，是 2001 年的 6.1 倍，中国文化产品进出口不平衡的局面有所改变。①

中共十六大以来，在党的指导思想和文化理论的指导下，在国家和地方文化发展战略规划的指引下，文化体制改革深入、快速发展，解放和发展了文化生产力。这些都表现了文化建设加速发展的主流趋势，反映了与以往历史阶段不同的特色。由此可知，社会主义文化进入大发展大繁荣的时期。

综上所述，新中国 60 多年文化发展的每个阶段，都有其特征和中心内容，且前一个发展阶段成为后一个发展阶段的先导，后一个阶段承继前一个阶段的成绩或者错误、经验或者教训。新中国 60 多年文化建设，是在艰辛探索中螺旋式上升、曲折性前进的。就新中国文化发展史来说，第一个阶段，即新民主主义文化转变为社会主义文化是第一次质的飞跃；第二个阶段，即探索社会主义文化发展道路，是质变中的量的积累；第四个阶段，即改革开放以后成功开辟中国文化发展道路是新的质的变化；第五个阶段，是在新的质变基础上的新的探索和新的发展阶段，上承新的文化发展道路，下启新的文化发展模式；第六个阶段，即社会主义文化大发展大繁荣就是在新的质变基础上的新的量的积累。整个发展过程，反映了社会主义文化建设内涵的不断丰富和发展，也反映了中国共产党对文化建设规律的认识不断深化和完善。

[原载《当代中国史研究》2011 年第 2 期，
原题为：《论新中国文化发展的历史分期》]

① 蔡武：《改革开放 30 年中国文化的发展》，《人民日报》2008 年 12 月 4 日。

新民主主义文化向社会主义文化转变的必然趋势

民主革命是社会主义革命的必要准备，社会主义革命是民主革命的必然趋势。新民主主义革命胜利之后建立新民主主义社会，然后过渡到社会主义社会。这是中国共产党在领导民主革命时就已经指明了的基本目标。因此，作为构成新民主主义社会组成部分的新民主主义经济、政治和文化，需要相应地转变为社会主义经济、政治和文化，这样才能建立完整的社会主义社会。新民主主义文化向社会主义文化转变是历史发展的必然趋势，这是中国革命发展的基本命题之一。

一、为什么新民主主义文化必须转变到社会主义文化

社会性质的变革必然要求文化性质的变革。马克思说过："要研究精神生产和物质生产之间的联系，首先必须把这种物质生产本身不是当作一般范畴来考察，而是从一定的历史的形式来考察。例如，与资本主义生产方式相适应的精神生产，就和与中世纪生产方式相适应的精神生产不同。如果物质生产本身不从它的特殊的历史的形式来看，那就不可能理解与它相适应的精神生产的特征以及这两种生产的相互作用。"[①] 这段话说明了物质生产与精神生产、社会制度与文化性质之间的关系。毛泽东

① 《马克思恩格斯全集》第26卷（Ⅰ），人民出版社1960年版，第296页。

也说："社会的生产力和社会的生产关系相结合，就是社会的生产方式。社会的生产方式是一切社会制度、政治制度和精神生活的基础。"[①] 一定的文化总是和一定的政治、经济联系在一起的，总是和一定的社会制度结合在一起的。文化建设必然也必须与一定的物质生产方式相互印证。物质生产方式发生根本的变化，社会制度发生根本的转变，必然要求文化性质也有一个根本的转变。从奴隶制文化转变到封建主义文化是如此，从封建主义文化转变到资本主义文化也是这样。在中国共产党领导民主革命走向社会主义革命的时代，中国的文化革命也会存在一个根本性质的转变。这是马克思主义的基本分析。

中华人民共和国的成立，标志着中国进入了新民主主义社会时期。是维持现状、走向资本主义，还是走向社会主义，在历史的十字路口上，中国共产党和中国人民需要再一次作出历史性的抉择。新民主主义社会是属于社会主义类型的具有过渡性质的社会。新民主主义社会固然不是资本主义社会，但也还不是社会主义社会，它是中国从新民主主义革命向社会主义革命转变并向社会主义社会过渡的社会。与此相伴随，新民主主义文化也向社会主义文化转变。经过新民主主义社会走向社会主义社会是中国历史发展的必然选择。从新民主主义文化向社会主义文化的转变，也是中国文化发展的必然趋势。

建立社会主义社会的奋斗目标要求建立社会主义文化，由新民主主义文化转变为社会主义文化，是建立社会主义文化的基本途径之一。从新民主主义社会发展到社会主义社会，这是中国共产党和中国人民已经确定了的目标。党和人民选择了社会主义制度，也就选择了中国文化的社会主义方向。社会主义社会不但需要公有制的社会主义经济基础，需要人民民主专政的社会主义政治制度，还需要以马克思主义为指导的社会主义文化。毛泽东在新中国成立前就预言："随着经济建设的高潮的到来，不可避免地将要出现一个文化建设的高潮。中国人被人认为不文明的时代已经过去了，我们将以一个具有高度文化的民族出现于世界。"[②]1952 年，

---

① 《毛泽东文集》第 5 卷，人民出版社 1999 年版，第 55 页。

② 《毛泽东文集》第 5 卷，人民出版社 1999 年版，第 345 页。

周恩来提出“经济建设”和“文化建设”是社会发展的“两个轮子”思想，指出“经济建设和文化建设好像一个车子的两个轮子，相辅而行”，二者要同时发展，“不应该把文化建设看作是将来的事，不能等待，现在就应着手”。[①]刘少奇在八大报告中明确肯定了“文化教育事业在整个社会主义建设事业中占有重要的地位”，并对社会主义文化建设进行了阐述。高度文化是指“现代科学文化”，是具有世界先进水平的社会主义文化。建设现代的科学文化是社会主义现代化建设的重要内容。目标已经确定，就必须有实现目标的历史材料。在新民主主义社会时期，党和人民已经掌握了新民主主义政治革命和文化革命的成果之一——新民主主义文化。社会主义文化不可能凭空产生，必须完成对原有文化成果的超越，在新的经济建设中发展壮大。因此，把新民主主义文化转变为社会主义文化，不仅是一个理论问题，更是紧迫的实践问题。

社会主义改造即社会主义革命是新民主主义社会进入社会主义社会的基本途径。在这一革命过程中，也需要对新民主主义文化加以发展，推动文化方面的社会主义革命。马克思和恩格斯在《共产党宣言》中早就指出：共产主义革命就是同传统的所有制关系实行最彻底的决裂；毫不奇怪，它在自己的发展进程中要同传统的观念实行最彻底的决裂。社会主义社会不但需要进行政治革命和经济革命，建立新的政治制度和经济制度，而且需要文化革命，建立以马克思主义为指导的社会主义文化体系。只有三者协调发展，才是真正的社会主义。毛泽东指出：“中国的面貌，无论是政治、经济、文化，都不应该是旧的，都应该改变”[②]。除旧布新是社会主义革命时期文化建设的基本途径。“旧”指帝国主义、封建主义、法西斯主义以及资产阶级、小资产阶级的思想意识，“新”当然是指社会主义思想文化。只有经过彻底的革命的洗礼，才能建立新社会所需要思想基础和新的人才队伍。马克思、恩格斯指出：“无论为了使这种共产主义意识普遍地产生还是为了实现事业本身，使人们普遍地发生变化是必需的，这种变化只有在实际运动中，在革命中才有可能实现；因

① 《周恩来文化文选》，中央文献出版社 1998 年版，第 56 页。

② 《毛泽东文集》第 7 卷，人民出版社 1999 年版，第 82—83 页。

此，革命之所以必需，不仅是因为没有任何其他的办法能够推翻统治阶级，而且还因为推翻统治阶级的那个阶级，只有在革命中才能抛掉自己身上的一切陈旧的肮脏东西，才能胜任重建社会的工作。”[①]

在社会主义革命中，资产阶级成为革命的对象，资产阶级思想也成为批判和改造的对象。要把资产阶级改造成什么样子呢？周恩来说：“就是要使他们按照《共同纲领》的规定办事，以适合于新民主主义经济的要求，适合于新民主主义政治的要求，适合于新民主主义文化的要求。”所谓改造，就是在经济上使他们既有利可图，又受到限制；政治上使他们参加政府，受我们党的影响；“在文化上，要对他们加强思想教育，逐步地改造他们的思想，以至改造他们的家庭。改造的结果，就会使他们走上《共同纲领》规定的轨道”。《共同纲领》所规定的当然是社会主义的前途。周恩来指出：“《共同纲领》没有写社会主义前途，是因为当时新中国刚刚成立，虽然把这个前途写出来他们也是可以接受的，但是有点强加于他们，所以我们采取等待的政策，没有把社会主义前途写进去。但是这个前途是肯定了的。”[②]

文化机构和文化设施是承载文化思想和文化内容的物质形态。这些文化设施掌握在哪个阶级手中，就为哪个阶级服务，从而也是这个阶级的统治工具。在资本主义时代，文化教育机构是资产阶级进行阶级统治的工具。列宁指出：“事实上，学校完全变成了资产阶级阶级统治的工具，它浸透了资产阶级的等级观念，它的目的是为资本家培养恭顺的奴才和能干的工人。战争表明，现代技术的奇迹怎样成了靠战争发财的资本家屠杀千百万工人和搜刮巨额财富的手段。”[③]改变文化机构的性质，成为无产阶级政党的一个重要任务。马克思、恩格斯指出：“共产党人并没有发明社会对教育的作用；他们仅仅是要改变这种作用的性质，要使教育摆脱统治阶级的影响。”[④]十月革命以后，俄国无产阶级政党根据马克思、恩格斯这一思想，对原有的文化机构进行了改造。他们把文化设施置于党

① 《马克思恩格斯选集》第1卷，人民出版社2012年版，第171页。

② 《周恩来选集》下卷，人民出版社1984年版，第100、101页。

③ 《列宁全集》第35卷，人民出版社2017年版，第77页。

④ 《马克思恩格斯选集》第1卷，人民出版社2012年版，第418页。

的领导之下，使之成为苏维埃政权管理之下的为工农兵和社会主义服务的工具。列宁指出："把学校由资产阶级的阶级统治工具变为摧毁这种统治和完全消灭社会阶级划分的工具。学校应当成为无产阶级专政的工具，就是说，不仅应当传播一般共产主义原则，而且应当对劳动群众中的半无产者和非无产者的阶层传播无产阶级在思想、组织、教育等方面的影响，以利于彻底镇压剥削者的反抗和实现共产主义制度。"①可见，不对旧有文化机构进行改造，就难以建立社会主义社会。在中国社会主义革命过程中，也应该对原有的文化体制和文化机构进行改造。在党的七届三中全会上，毛泽东提出，要"有步骤地谨慎地进行旧有学校教育事业和旧有社会文化事业的改革工作，争取一切爱国的知识分子为人民服务。在这个问题上，拖延时间不愿改革的思想是不对的，过于性急、企图用粗暴方法进行改革的思想也是不对的"②。为了建设社会主义文化，必须改造旧有文化教育事业，这当然包含改造资产阶级的文化教育事业。

二、新民主主义文化向社会主义文化转变的基本前提

新中国成立以后，我们党成为领导全国政权的党，建立了以工农联盟为基础的人民民主专政，掌握了一支工人阶级领导的坚强的人民军队，这些使我国资产阶级民主性质的革命有可能经过和平的道路，直接转变为社会主义性质的革命，从而也为新民主主义文化向社会主义文化的转变提供了政治依托。

人民民主专政的国家政权是劳动人民享受文化成果的根本保证。自从海禁开放以来，西方的文化科学传入中国。在清朝、北洋军阀、国民党反动派等反动政府的统治下，中国人自己能够掌握科学文化为人民谋幸福吗？帝国主义者站在中国人民头上，把文化、科学作为剥削、压迫、屠杀、麻痹、控制中国人民的工具。人民政权的建立，才根本改变了劳动人民在政治、经济和文化上遭受奴役的状况。列宁指出："过去，人

① 《列宁全集》第36卷，人民出版社2017年版，第106页。

② 《毛泽东文集》第6卷，人民出版社1999年版，第71页。

类的全部智慧、人类的全部天才所进行的创造，只是为了让一部分人独享技术和文化的一切成果，而使另一部分人连最必需的东西——教育和发展也被剥夺了。然而现在一切技术奇迹、一切文化成果都将成为全民的财产，从今以后，人类的智慧和天才永远不会变成暴力手段和剥削手段。”[①]由于中国新民主主义革命的胜利和人民政权的建立，给中国的科学、文化的发展开辟了一条无限广阔的康庄大道。在人民政府的统一领导下，才有可能在全国范围内进行马克思主义的教育，确定马克思主义在思想文化领域中的指导地位，引导人民肃清帝国主义、封建主义、法西斯主义等腐朽思想的影响，批判地改造资产阶级思想，改革和改造旧社会的文化机构和文化设施，推行社会主义的文化、教育、科学、文艺事业，建立中国人民自己的社会主义文化体系。毛泽东指出：“在革命胜利以后，我们的任务主要地就是发展生产和发展文化教育。人民革命的胜利和人民政权的建立，给人民的文化教育和人民的文学艺术开辟了发展的道路。”[②]人民民主专政的国家政权是引导人民走向社会主义的根本保证。在这个伟大事业中，劳动人民享有受教育的权利和民主的权利，有可能在党和政府的指导下成为社会主义新人。毛泽东在《论人民民主专政》中说：“有了人民的国家，人民才可能在全国范围内和全体规模上，用民主的方法，教育自己和改造自己，使自己脱离内外反动派的影响（这个影响现在还是很大的，并将在长时期内存在着，不能很快地消灭），改造自己从旧社会得来的坏习惯和坏思想，不使自己走入反动派指引的错误路上去，并继续前进，向着社会主义社会和共产主义社会前进。”[③]

在社会主义革命时期，中国共产党领导的人民民主专政是社会主义文化的政治基础；党领导人民进行生产资料的社会主义改造，建立社会主义的经济制度，是社会主义文化的经济基础。正是中国社会的经济基础和政治上层建筑发生了根本性的变化，也必然要求新民主主义文化向社会主义文化转变。政治变革和经济变革为文化变革开辟了道路。当初，列宁在《论合作社》中说：“我们的敌人曾不止一次地对我们说，我们在

① 《列宁全集》第33卷，人民出版社1985年版，第292—293页。
② 《毛泽东文艺论集》，中央文献出版社2002版，第129—130页。
③ 《毛泽东选集》第4卷，人民出版社1991年版，第1476页。

一个文化不够发达的国家里推行社会主义是冒失行为。但是他们错了，我们没有从理论（一切书呆子的理论）所规定的那一端开始，我们的政治和社会变革成了我们目前正面临的文化变革，文化革命的先导。”以前我们把工作的重心放在政治斗争、革命、政权等方面，现在重心改变了，转变到和平的“文化”组织工作上去了。“现在，只要实现了这个文化革命，我们的国家就能成为完全社会主义的国家了。”随后，列宁在驳斥苏汉诺夫等人的观点时再次强调，要在工农民主政权和苏维埃制度的前提下发展文化事业。他说：“你们说，为了建设社会主义就需要文明。好极了。那么，我们为什么不能首先在我国为这种文明创造前提，如驱逐地主，驱逐俄国资本家，然后开始走向社会主义呢？”“我们为什么不能首先用革命手段取得达到这个一定水平的前提，然后在工农政权和苏维埃制度的基础上赶上别国人民呢？”①列宁的论述为经济文化落后的中国如何过渡到社会主义，如何实现新民主主义文化向社会主义文化的转变提供了宝贵的经验。周恩来指出：“文化教育一方面是政治的先导，另一方面它的改造又要在经济、政治变革之后才能完成。所以文化教育既是‘先锋’，又是‘殿军’。”②八大前夕，毛泽东论述文化革命在社会主义改造和社会主义建设中的作用时说：“我们有些同志不愿意承认文化革命的重要性，他们根据中国革命胜利的老经验来否认提高文化的迫切需要。是的，当劳动人民大多数是文盲，文化水平很低的时候，只要劳动人民的阶级觉悟逐步提高，并且有了马克思列宁主义思想的指导，就能够打倒帝国主义和封建主义的统治，并且能够实现社会主义的改造。如果在那个时候，认为必须首先提高人民的文化水平，然后进行这些斗争，那是荒谬的。但是在已经完成了这些斗争以后，摆在我们面前的任务就是建设社会主义；而要进行建设，就要有文化，建设愈向前发展对文化的要求也愈迫切。”③可见，在新民主主义社会向社会主义社会转变过程中，新民主主义文化也要向社会主义文化转变。

---

① 《列宁选集》第4卷，人民出版社2012年版，第773—774、778、777页。

② 《周恩来选集》下卷，人民出版社1984年版，第20页。

③ 《建国以来毛泽东文稿》第6册，中央文献出版社1992年版，第159页。

三、新民主主义文化向社会主义文化转变的内在逻辑

毛泽东指出："新民主主义社会中有社会主义的因素，在政治、经济、文化方面都是这样，并且是领导的因素，而总的说来是新民主主义的。"[①]这也道破了新民主主义文化必然向社会主义文化转变的内在动因。新民主主义文化属于世界无产阶级的社会主义文化的一部分。由于新民主主义政治、经济和文化都是无产阶级领导的缘故，就都具有社会主义的因素，并且不是普通的因素，而是具有决定作用的因素，它们的最终发展方向是走向社会主义的。中国革命必须经过民主主义革命才能发展到社会主义革命，中国社会只有经过新民主主义才能发展到社会主义，从而中国文化只有经过新民主主义文化才能发展成为社会主义文化。新民主主义文化是社会主义文化发展的必要准备，社会主义文化是新民主主义文化发展的必然趋势。这是新民主主义革命时期就已经确定的基本理论和基本预见。在社会主义革命时期，这个论断已经不能停留在理论层面，而应该付诸实践，将理论变为现实。如何实现呢？这需要分析新民主主义文化与社会主义文化的内在关系。

新民主主义文化从性质上说，属于无产阶级社会主义文化的范畴，因此它与社会主义文化具有共同的理论特征。

第一，二者都是无产阶级领导的、以马克思主义为指导思想的文化体系。新民主主义文化是中国共产党领导资产阶级民主主义性质的革命的产物。民主主义文化的性质是哪个阶级的文化，就看领导权掌握在哪个阶级手中，"受无产阶级领导，这就叫做社会主义因素"。马克思主义是无产阶级和被压迫劳动群众解放的战斗武器和战斗旗帜，是无产阶级实现共产主义的行动指南。中国新民主主义文化既是新民主主义革命过程中的文化革命的目标，又是社会主义革命过程中的文化改造的对象，而第二个革命的直接目的是建立社会主义文化。因此，新民主主义文化和社会主义文化最终方向都是共产主义，而且是向共产主义发展的前后相

---

① 《毛泽东文集》第5卷，人民出版社1996年版，第145页。

继的两个阶段。可见，如果中国沿着马克思主义所指引的方向前进，就必然存在一个新民主主义文化向社会主义文化的转变过程。

第二，二者都坚持政治、经济和文化的辩证统一，把文化革命和文化建设牢牢建立在唯物主义基础之上。毛泽东在 1948 年 2 月指出："中国现阶段的人民民主革命的任务，就是要改变旧的社会经济形态、旧的生产关系以及竖立在其上面的一切社会的、政治的、精神的旧的建筑物，建立新的社会经济形态、新的生产关系以及竖立在其上面的一切社会的、政治的、精神的新的建筑物。我们的基本任务，就是如此。"[①] 新民主主义的文化革命和文化建设不是孤立地进行，而是与政治革命、经济革命同时进行，构成一个有机整体，从而能够使文化沿着正确的道路前进。而在民主革命过程中建立和保存的资本主义成分，正是社会主义革命的对象。社会主义革命时期，我们党领导人民进行生产资料私有制的社会主义改造和文化改造，进行政治战线和思想战线上的社会主义革命，主张社会主义经济建设和文化建设同步发展，都为文化发展提供了坚实的物质基础。

第三，二者都坚持为工农兵服务、为革命和建设服务，保证文化发展的正确方向。新民主主义文化是无产阶级领导的人民大众的反帝反封建的文化，其创作主体、表现对象、服务对象都是作为革命主力军的工农兵；新民主主义文化还是民族民主革命总战线中的重要战线，为革命战争和新民主主义经济、政治建设服务。新中国成立后，经过社会主义改造建立社会主义社会。社会主义国家的性质是无产阶级领导的以工农联盟为基础的人民民主专政。中国共产党强调"文艺为工农兵服务，为社会主义服务"的正确方向。这个观点成为改革开放以来文化"为人民服务、为社会主义服务"的思想来源。

第四，二者都具有相同的文化发展规律，在马克思主义的指导下，正确处理文化发展中的"古今中外"的关系，走综合创新之路。既要批判地吸收中华民族优秀的传统文化，作为新文化的成分，又要反对复古主义和民族虚无主义；既要有选择地吸收国外优秀文化成果，作为新文化

① 《毛泽东文集》第 5 卷，人民出版社 1996 年版，第 58 页。

的营养，又要反对全盘西化和闭关自守；在批判与吸收的过程中，创造符合中国特点的新文化。

第五，二者都充分重视知识分子的地位和作用。知识分子是承载文化、创造文化和传播文化的基本力量。没有知识分子革命就不能胜利，这是已经被历史所证明的真理。革命需要知识分子，建设尤其需要知识分子。知识分子成为国家各方面建设的重要力量。动员知识分子为社会主义服务是一项重要的政治任务。周恩来在《关于知识分子问题的报告》中指出："发展社会主义建设，除了必须依靠工人阶级和广大农民的积极劳动以外，还必须依靠知识分子的积极劳动，也就是说，必须依靠体力劳动和脑力劳动的密切合作，依靠工人、农民、知识分子的兄弟联盟。"① 共同的特征，是前者转变到后者的内在动因。相同的基因，预示着新民主主义文化这株幼苗，有可能转变成社会主义文化的参天大树。

但是，新民主主义文化和社会主义文化毕竟是不同历史时期的产物，具有不同内容。正像恩格斯所说："每一个时代的理论思维，包括我们这个时代的理论思维，都是一种历史的产物，它在不同的时代具有完全不同的形式，同时具有完全不同的内容。"② 社会主义文化具有新民主主义文化所不具备的新的性质和特点：

第一，二者反映的时代特征和历史主题是不同的。新民主主义文化是党领导新民主主义革命的产物，是无产阶级领导的人民大众的反对帝国主义、封建主义和官僚资本主义的文化。新中国成立之初的文化仍然称为新民主主义文化，它的历史使命是完成民主革命遗留的任务和通过自身改造向社会主义文化转变。社会主义文化是社会主义革命所要建立的文化形态，是社会主义社会的有机组成部分，它既是社会主义建设的重要内容，又主要是为社会主义建设服务的文化形态。

第二，二者的主体和服务对象发生明显的变化，集中表现在对待资产阶级的态度上。新民主主义文化的服务对象，虽然在不同历史阶段有一定的变化，但基本上包括工人、农民、士兵、小资产阶级和民族资产阶

① 《周恩来选集》下卷，人民出版社 1984 年版，第 160 页。

② 《马克思恩格斯选集》第 3 卷，人民出版社 2012 年版，第 873 页。

级。在社会主义革命时期，资产阶级是我们团结的对象，同时也是革命的对象，他们的思想也成为批判和改造的对象。作为阶级，他们是要被消灭的。党和政府的目的，就是把他们改造成自食其力的劳动者，拥护社会主义的爱国者。社会主义文化是为社会主义劳动者服务，而不是为原来意义上的资产阶级服务。

第三，二者所奉行的价值取向和价值观念有一定的区别，从而他们各自的道德体系相互联系又相互区别。新民主主义文化奉行民族解放和个性解放的统一、集体主义和个性张扬的统一、个人价值与社会价值的统一、爱国主义和国际主义的统一，提倡共产主义道德。社会主义文化除了继续发扬这些优秀的价值观念，还大力推行社会主义和共产主义，将爱国主义与社会主义、人民解放与人类解放、社会主义道德与共产主义道德联系在一起，是对新民主主义文化蕴含的价值体系的升华。

第四，二者所遵循的政治判断标准是不尽相同的。就政治标准而言，只要有利于反帝反封建的思想文化，或者在政治立场上不反对人民民主政权，或者保持中立的文化派别，都可以纳入文化革命统一战线的范畴，都可以作为新民主主义文化的一个组成部分。关于社会主义文化的判断标准，毛泽东在论述“双百”方针时提出了人民群众辨别香花和毒草的六条政治标准，这六条标准中，最重要的是社会主义道路和党的领导两条。新民主主义文化与社会主义文化的这些差异，表明从前者到后者的过渡，并不是通过文化自身的演进所能实现的，必然通过经济革命、政治革命与思想革命的相互作用才能顺利进行，必然随着革命和建设实践的发展才能完成。社会主义文化所独有的特征，正是在文化转变过程中所要着力建设的内容。

从新民主主义文化和社会主义文化的异同可以看出，社会主义文化是对新民主主义文化的扬弃与升华，新民主主义文化是社会主义文化的“已有”的资源和基础。发扬二者共同的文化成分；按照“应有的”社会主义文化的目标，改造“已有的”新民主主义文化中与社会主义文化不相适应的成分，并与社会主义革命和社会主义建设相结合，构成了新民主主义文化向社会主义文化转变的内在逻辑。

从以上分析可以看出，新民主主义文化向社会主义文化转变是历史发展的必然趋势。随着从革命到建设的时代主题的变换，新民主主义文化胜利地完成了自己的历史使命，让位于自己的更高的形态——社会主义文化。中华民族新文化已经从新民主主义文化转变到了社会主义文化。如同新民主主义革命上承资产阶级领导的民主革命、下启社会主义革命一样，新民主主义文化继承了资产阶级文化的优秀传统、推动了新民主主义革命的前进和开创了中国社会主义文化发展的先河。同样，如同中国社会制度进入崭新的历史阶段一样，中华民族新文化也肩负着新的历史使命，踏上了新的征程，步入了崭新的历史时期。一个伟大而光辉的时代结束了，另一个伟大而艰巨的时代开始了。承前启后，继往开来，中华民族新文化的历史画卷翻开了崭新的一页。

［原载《中国井冈山干部学院学报》2013 年第 1 期］

略论中国特色社会主义文化发展道路

党的十八指出："建设社会主义文化强国，必须走中国特色社会主义文化发展道路"。这既是对新中国成立以来、特别是改革开放以来中国共产党领导中国文化建设的历史经验的总结，也是在新的历史条件下推动文化大发展大繁荣、实现民族伟大复兴和文化复兴的历史宣言。

自从党的十七届六中全会提出"坚持中国特色社会主义文化发展道路，努力建设社会主义文化强国"的战略任务后，什么是中国特色社会主义文化发展道路的基本内涵，成为社会各界关注的焦点。胡锦涛在党的十七届六中全会第二次全体会议上指出：中国特色社会主义文化发展道路内涵丰富，具体体现在全会决定提出的指导思想、重要方针、目标任务、政策举措之中，要全面领会、全面贯彻。①《中共中央关于深化文化体制改革推动社会主义文化大发展大繁荣若干重大问题的决定》（以下简称《决定》）指出：坚持中国特色社会主义文化发展道路，深化文化体制改革，推动社会主义文化大发展大繁荣，必须全面贯彻党的十七大精神，高举中国特色社会主义伟大旗帜，以马克思列宁主义、毛泽东思想、邓小平理论和"三个代表"重要思想为指导，深入贯彻落实科学发展观，坚持社会主义先进文化前进方向，以科学发展为主题，以建设社会主义核心价值体系为根本任务，以满足人民精神文化需求为出发点和落脚点，

---

① 胡锦涛：《坚定不移走中国特色社会主义文化发展道路，努力建设社会主义文化强国》，《求是》2012 年第 1 期。

以改革创新为动力，发展面向现代化、面向世界、面向未来的，民族的科学的大众的社会主义文化，培养高度的文化自觉和文化自信，提高全民族文明素质，增强国家文化软实力，弘扬中华文化，努力建设社会主义文化强国。[①]李长春在对《决定》进行说明时明确提出："这段话，是我们推进文化改革发展的指导思想，也是坚持中国特色社会主义文化发展道路的基本要求。"[②]可以认为，这是中国特色社会主义文化发展道路的基本内涵。

学术界也对中国特色社会主义文化发展道路给予高度关注。有的从党的新的文化发展观的角度，或者从文化发展路径的角度来阐述中国特色社会主义文化发展道路。有的从《决定》提出的关于文化改革发展的五条重要方针等角度，来阐述中国特色社会主义文化发展道路。有的以胡锦涛在党的十七届六中全会第二次全体会议上的讲话中强调的"四个必须"，即必须坚持以马克思主义为指导，坚持社会主义先进文化前进方向；必须发挥人民在文化建设中的主体作用，坚持文化发展为了人民、文化发展依靠人民、文化发展成果由人民共享；必须继承和发扬中华优秀文化传统，大力弘扬中华文化，学习借鉴一切有利于我国文化改革发展的外来文化优秀成果，建设中华民族共有精神家园；必须坚持一手抓公益性文化事业、一手抓文化产业，推动文化事业和文化产业全面协调可持续发展，来论述构成中国特色社会主义文化发展道路的科学内涵和基本要求。这些论述都很有价值，很有启发。笔者认为，还可以从以下三个维度来理解和把握中国特色社会主义文化发展道路。

一、从文化在社会结构中的地位和作用中把握中国特色社会主义文化发展道路

生产力和生产关系、经济基础和上层建筑构成整个社会结构。"物质

---

① 《中共中央关于深化文化体制改革推动社会主义文化大发展大繁荣若干重大问题的决定》，《人民日报》2011年10月26日，第1版。

② 李长春：《关于〈中共中央关于深化文化体制改革推动社会主义文化大发展大繁荣若干重大问题的决定〉的说明》，《人民日报》2011年10月27日，第2版。

生活的生产方式制约着整个社会生活、政治生活和精神生活的过程。”[①] 经济、政治、文化的密切联系构成整个社会结构。毛泽东指出：“一定的文化（当作观念形态的文化）是一个社会的政治和经济的反映，又给予伟大影响和作用于一定社会的政治和经济；而经济是基础，政治则是经济的集中的表现。这是我们对于文化和政治、经济的关系及政治和经济的关系的基本观点。”[②] 因此，要深刻领会文化发展道路，应该把它放在整个社会结构和整个社会发展中来考察。文化发展道路是整个社会发展道路的有机组成部分。这是理解中国特色社会主义文化发展道路的理论基石。

中国特色社会主义文化发展道路是由中国特色社会主义制度、发展道路和执政党的性质决定的。一般说来，由于国家的经济基础和执政党性质的不同而选择不同性质的社会制度，从而选择不同的社会发展道路。统治阶级的意识形态构成占统治地位的思想文化。有什么样的社会制度和发展道路，执政党奉行什么样的执政理念，就会创造和发展与之相应的思想文化。因此，把握中国特色社会主义文化发展道路，应该与中国特色社会主义发展道路，与中国共产党的执政理念，与马克思主义中国化的历史进程联系起来。

中国共产党是以马克思主义为指导的无产阶级政党，它在领导中国社会主义革命和建设的历程中，围绕“什么是社会主义、怎样建设社会主义”这一中心问题，也在探索如何建设社会主义文化，探索具有中国特色的社会主义文化发展道路。以毛泽东为核心的党的第一代中央领导集体，强调思想文化是整个社会结构的有机组成部分，要求建设与社会主义经济基础和政治制度相适应，以马克思主义为指导的社会主义思想文化。改革开放以来，中国共产党提出中国特色社会主义现代化建设总体布局的思想，强调文化建设是现代化建设总体布局中的有机组成部分。2011 年 10 月，中共十七届六中全会制定和通过《决定》，是从中国特色社会主义事业总体布局出发，重点研究部署与经济建设、政治建设、社会建设以及生态文明建设相对应的文化建设。党的十八大明确提出在

① 《马克思恩格斯选集》第 2 卷，人民出版社 2012 年版，第 2 页。
② 《毛泽东选集》第 2 卷，人民出版社 1991 年版，第 663—664 页。

“五位一体”总体布局中坚持中国特色社会主义文化发展道路，扎实推进社会主义文化强国建设的战略任务。这表明，中国特色社会主义文化发展道路是在社会主义社会全面发展、全面进步中的文化发展道路，是与其他方面建设相互制约、相互促进的发展道路。

新中国成立以来，中国共产党领导人民经过艰苦奋斗取得的根本成就，就是开辟了中国特色社会主义道路，形成了中国特色社会主义理论体系，确立了中国特色社会主义制度。中国特色社会主义文化发展道路，同中国特色社会主义经济发展道路、民主政治发展道路、社会发展道路、生态文明发展道路一起，构成中国特色社会主义发展道路的基本内容。中国特色社会主义文化发展理论是中国特色社会主义理论体系的有机组成部分。尽管党没有提出“基本文化制度”的概念，但强调社会主义制度是“经济、政治、文化、社会等各个领域形成一整套相互衔接、相互联系的制度体系”[①]，指明了中国特色社会主义文化制度在社会主义制度中的地位。因此，中国特色社会主义文化发展道路是与社会主义基本制度联系在一起的文化发展道路，是马克思主义中国化整体成就中的文化发展道路。

建设社会主义文化强国的目标是与建设社会主义现代化强国、实现中华民族伟大复兴紧密相连的。经济强国、政治强国、军事强国是文化强国的基础。文化强国是国家繁荣昌盛的因素和体现。一个民族，没有文化建设的引领，没有精神世界的丰富发展，不可能屹立于世界民族之林。物质贫穷和精神贫穷都不是社会主义。没有社会主义文化的繁荣和发展，就没有社会主义的现代化。中华民族的伟大复兴离不开文化的复兴。因此，中国特色社会主义文化发展道路是实现文化复兴和建设现代化强国伟大进程中的文化发展道路。

当代中国已经进入全面建成小康社会的关键阶段和深化改革开放、加快转变经济发展方式的攻坚时期，文化越来越成为民族凝聚力和创造力的重要源泉、越来越成为综合国力竞争的重要因素、越来越成为经济社会发展的重要支撑，丰富精神文化生活越来越成为我国人民的热切愿

① 胡锦涛：《在庆祝中国共产党成立 90 周年大会上的讲话》，《人民日报》2011 年 7 月 2 日。

望。这需要坚持“一个中心、两个基本点”的基本路线，自觉把文化的繁荣和发展，作为坚持发展这一执政兴国第一要务的重要内容，作为巩固和发展社会主义制度的重要内容，进一步推动文化建设与经济建设、政治建设、社会建设以及生态文明建设协调发展，发挥先进文化引领风尚、教育人民、服务社会、推动发展的作用，为建设社会主义和谐社会提供坚强思想保证、精神动力、舆论支持和文化条件。中国特色社会主义文化发展道路是承载全面建成小康社会重任的文化发展道路。

从文化在整个社会结构中的地位和作用的角度把握中国特色社会主义文化发展道路，有助于全面深刻地理解其内涵，深化对社会主义文化建设规律的认识。

二、从其奠基、开创和发展的历史联系中把握中国特色社会主义文化发展道路

党的十七届六中全会把“走出了中国特色社会主义文化发展道路”的时限表述为“改革开放特别是党的十六大以来”。这并不否定它是中国历史文化在新的历史条件下合乎逻辑的发展。中国特色社会主义文化发展道路不是无源之水、无本之木，其来源、奠基、开创和发展具有不可分割的历史联系。

中华民族优秀传统文化的长河是中国特色社会主义文化发展道路的历史来源。从本质上说，中国特色社会主义文化与中国传统文化在性质上是根本不同的。二者在文化主体、经济和政治基础、指导思想、价值取向、发展方向、历史使命等各方面都有本质的区别。但这并不意味着中国传统文化对于中国特色社会主义文化发展没有意义。中国传统文化是中华民族发展的血脉，是中国特色社会主义文化历史来源。博大精深的传统文化积淀了中国文化发展的优秀基因，凝结着中国人民的价值观念和思想体系，汇聚了中华民族的精神支柱和文化底蕴，延续着中国人的思维方式和精神纽带，包含具有民族特色的品质风格和表现形式，深刻影响着中国文化的发展道路。中国共产党是中华民族优秀传统文化的忠实传承者和弘扬者。坚持中国特色社会主义文化发展道路，必须以马

克思主义立场、观点和方法，批判地继承中国优秀传统文化，把中华文化精神与时代精神结合起来，努力发展具有中国特色、中国风格、中国气派的社会主义文化。正如刘云山所说，坚持中国特色社会主义文化发展道路，“就是高扬社会主义先进文化与传承民族优秀传统文化相结合的发展道路，就是植根民族历史文化土壤而又面向现代化、面向世界、面向未来的发展道路”①。

中国共产党领导革命、建设和改革的历史，是中国社会主义文化发展道路的实践来源。中国共产党在领导中国文化革命和建设的进程中，实现了三次历史性的飞跃。第一次是在民主革命时期，党领导人民发展新民主主义文化，解决中国文化是“走西方的路，还是走孔家的路”的历史困惑，指出了中国文化发展的马克思主义方向，实现了中国文化发展方向的根本转变。第二次是在社会主义革命时期，成功实现从新民主主义文化向社会主义文化的转变，结合新中国文化建设的实践，开辟了中国社会主义文化发展道路，为中国文化的发展进步奠定了基础。第三次是改革开放以来，成功探索出中国特色社会主义文化发展道路，回答了“建设什么样的文化和怎样建设社会主义文化”的问题。中国特色社会主义文化发展道路的奠基、开创和发展是紧密相连的历史进程。

全面理解和把握中国特色社会主义文化发展道路，离不开研究以毛泽东为核心的党的第一代中央领导集体，对开拓中国社会主义文化发展道路的伟大贡献。在文化的地位和作用上，毛泽东提出文化是社会主义社会的有机组成部分。在文化建设的指导思想上，他强调马克思主义的基本原理与中国文化建设的具体实践相结合，为中国文化建设指明了方向。在文化发展目标上，他提出“要把我们这个经济落后、文化落后的国家，建设成为富裕的、强盛的、具有高度文化的国家”②的战略目标和任务；提出要培养具有社会主义觉悟的、德智体全面发展的人才。在文化发展路径上，他强调批判地继承中国优秀传统文化，批判地吸收外国优秀文化成果，并与中国文化建设的实际和民族形式相结合，“创造出中

---

① 刘云山：《坚持中国特色社会主义文化发展道路，努力建设社会主义文化强国》，《人民日报》2011年10月28日。

② 《毛泽东文集》第7卷，人民出版社1999年版，第275页。

国自己的、有独特的民族风格的东西”[①]。在文化价值取向和方针上，他强调文化为工农兵服务，为社会主义服务，提出“百花齐放、百家争鸣”、推陈出新、“古为今用，洋为中用”的方针。在思想道德建设上，他提倡全心全意为人民服务，正确处理个人、集体、国家的利益关系，倡导共产主义的风尚，发扬爱国主义和革命精神，继续保持和发扬谦虚、谨慎、不骄、不躁的作风和艰苦奋斗的作风。在文化的判断标准上，他强调坚持政治标准和艺术标准的统一，其中坚持党的领导、社会主义制度是根本的政治标准。在文化建设的领导力量上，他强调要加强党对社会主义文化建设的领导，争取知识分子为社会主义服务。这些基本思想，奠定了中国特色社会主义文化发展的基础，成为中国特色社会主义文化发展道路及其理论的生长点。

中国特色社会主义文化发展道路是与社会主义初级阶段的基本国情相统一的文化发展道路。一方面，我国已经是社会主义社会，建立了社会主义基本经济制度和民主政治制度。反映在思想文化和价值观念上，要求人民群众是国家和社会的主人，成为文化创造的参与者、所有者和享有者；要求把为人民服务作为基本价值取向；要求以马克思主义为指导，坚持社会主义理想信念，发扬以爱国主义为核心的民族精神和以改革创新为核心的时代精神，为建设中国特色社会主义凝聚精神力量。社会主义核心价值体系是兴国之魂，决定着中国特色社会主义文化发展方向。另一方面，中国仍然处于社会主义初级阶段，主要矛盾是人民群众日益增长的物质文化生活的需要同落后的社会生产之间的矛盾，这种落后的社会生产包括精神文化的生产。坚持中国特色社会主义文化发展道路，建设社会主义文化强国，是不断发展的历史过程。

中国特色社会主义文化发展道路就是建设社会主义文化强国之路，二者是路径与目标的关系，也是一个长期的历史发展过程。它继承和拓展过去中国文化发展道路，并为其未来发展奠定基础。随着中国特色社会主义现代化建设的前进，中国特色社会主义文化的发展道路将随着新的实践和新的文化发展而增添新的内容。这种前进，总是朝着一个方向，

---

① 《毛泽东文集》第 7 卷，人民出版社 1999 年版，第 83 页。

即建设文化强国，实现文化复兴和民族复兴；坚持根本性质，即中国特色社会主义先进文化；完成根本任务，即用社会主义核心价值体系武装全党、教育人民；实现根本目的，即保障人民群众的文化权益，满足人民群众日益增长的、多层次的文化生活的需要。中国特色社会主义文化发展道路是实践与理论的统一、承继和创新的统一、现实与未来的统一、阶段性目标与最终目标的统一。

三、从中国文化与世界文化的联系中把握中国特色社会主义文化发展道路

随着资本主义生产方式在全球扩展，人类社会的历史逐渐成为世界历史。各民族和地区的发展日益融入世界历史发展的进程中。作为代替资本主义社会的社会主义社会，更离不开世界的历史发展。中国特色社会主义文化发展道路，也离不开世界文明发展道路的影响。在两种社会制度共存和竞争的历史背景下，如何对待世界文化，主要包括如何对待以马克思主义为指导的社会主义文化、如何对待资本主义文化成果两个方面的问题。

马克思主义是人类历史上优秀的文化成果的结晶，是科学的世界观和方法论。它科学地揭示了人类社会发展的基本规律和资本主义社会的特有规律，是世界工人阶级和广大劳动人民实现解放、自由的理论武器。近代以来的中国历史证明，无论是封建专制制度，还是西方的资产阶级君主立宪制、民主共和国制，都不能完成民族独立、人民解放的历史任务。只有以马克思主义为指导思想的中国共产党，才真正领导人民群众解决了近代以来中国社会的主要矛盾和主要任务，指引中国革命和建设取得了胜利。

马克思指出："统治阶级的思想在每一时代都是占统治地位的思想。这就是说，一个阶级是社会上占统治地位的物质力量，同时也是社会上占统治地位的精神力量。"[①] 中华人民共和国的成立，标志着中国共产党从领导民主革命、在局部执政的党，成为领导社会主义革命和建设、在全

① 《马克思恩格斯选集》第 1 卷，人民出版社 2012 年版，第 178 页。

国范围内执政的党。这决定了占统治地位的思想必然是马克思主义。正如毛泽东指出："领导我们事业的核心力量是中国共产党。指导我们思想的理论基础是马克思列宁主义。"[①]社会主义经济、政治制度的确立，要求建设以马克思主义为指导的中国社会主义文化，这是中国社会发展的内在要求。离开马克思主义在意识形态领域的指导地位，中国社会不仅会迷失方向，而且会陷于混乱和倒退。这绝不是危言耸听，因为中外历史都有深刻的经验教训。

当然，马克思主义是国际共产主义运动的指导思想，但是它不是可以照搬照抄的教条。马克思主义与各国的具体实际相结合，形成具有不同民族特色的社会主义。正如毛泽东所说："马克思主义的普遍真理一定要同中国革命的具体实践相结合，如果不结合，那就不行。这就是说，理论与实践要统一。理论与实践的统一，是马克思主义的一个最基本的原则。按照辩证唯物论，思想必须反映客观实际，并且在客观实践中得到检验，证明是真理，这才算是真理，不然就不算。"[②]中国社会主义是共性和个性的统一。中国特色社会主义文化也是这样。毛泽东指出："社会主义的内容，民族的形式，在政治方面是如此，在艺术方面也是如此。"[③]从这个意义上讲，"中国特色社会主义文化"是非常科学的概念。

中国特色社会主义文化属于世界社会主义文化的范畴，同其他民族的社会主义文化构成世界社会主义文化的组成部分。中国特色社会主义文化从世界社会主义文化中吸收有益的成分，与中国实际相结合，构成中国文化的营养。这种中国文化发展道路，既坚持社会主义性质，又具有中国特色。因此，应该从世界社会主义文化发展的历史进程中，把握中国特色社会主义文化发展道路。

在对待西方资本主义文化问题上，我们既反对全盘西化的态度，也反对闭关自守的主张。运用马克思主义的立场、观点和方法批判地学习和吸收资本主义优秀文化成果，坚持"洋为中用"，是发展中国特色社会主义文化的重要途径。

---

① 《毛泽东文集》第6卷，人民出版社1999年版，第350页。

② 《毛泽东文集》第7卷，人民出版社1999年版，第90页。

③ 《毛泽东文集》第7卷，人民出版社1999年版，第78页。

但是，学习和引进资本主义有益文化成果，绝不是引进资本主义根本制度，绝不是引进个人主义、利己主义观念及其他腐朽没落的东西。对于资本主义思想文化，应该区分其精华和糟粕，坚持取其精华、去其糟粕的方针。即使是国外优秀的文化成分，也应该与中国文化建设的实际相结合，而不是无原则地照搬照抄。在这样的前提下，学习和借鉴一切有利于中国社会主义建设的有益思想和经验，一切有利于丰富和发展人民群众文化生活的成果，一切有利于发展文化事业和文化产业的管理体制和机制。

特别是当今世界正处在大发展大变革大调整时期，世界多极化、经济全球化趋势不断加强，各种思想文化的交流、交融、交锋不可避免。谁占据了文化发展的制高点，谁拥有强大的文化软实力，谁就能够在激烈的国际竞争中赢得主动。在两种社会制度并存与竞争中，西方国家利用其经济、科技、军事等各方面的优势，对中国搞“和平演变”和意识形态渗透，推行其所谓“普世价值”。摆在中国面前的主要有三条文化发展道路：一是照搬西方发展模式，在经济上搞私有化、自由主义市场化，在政治上搞多党制、议会制、三权分立制，在思想文化上推行所谓民主、自由、人权等“普世价值”，走西方资本主义文化发展道路。这种文化发展道路将引导中国走上资本主义道路，最终将成为西方发达国家的附庸，是一条死路。二是为了反对“和平演变”而拒绝学习和借鉴西方文化成果，走闭关自守的道路。这将导致中国的停滞和倒退，是一条绝路。三是坚持以马克思主义为指导，坚持“洋为中用”的方针，既吸收西方优秀文化成果，又独立自主地坚持走中国特色社会主义文化发展道路。这是建设社会主义文化强国之路，是通向中华民族伟大复兴的道路，是前景光明的道路。这条道路必然历经艰难险阻，但却是唯一的希望之路。

从世界和中国历史经验来看，任何一个国家的发展道路，包括文化发展道路都必须由各国人民自己选择，不能简单地复制他国发展模式。苏联戈尔巴乔夫曾推行所谓的“人道的民主的社会主义”，抛弃马列主义的指导地位，放弃社会主义文化发展道路，给国家带来严重灾难。中国的社会主义文化发展应该坚持“中国特色”和“中国道路”。中国作为社会主义国家，信守社会主义核心价值体系，具有适合自身特点的政治制度、经济结构和外交理念。在对外文化交流过程中，要用马克思主义立场、观点和方法，批判地有选择地吸收资本主义文化成果，坚决抵制资本主义根本经济、政治制度及其价值观念，坚决抵制西方国家的“和平演变”图谋和意识形态渗透，维护国家核心利益和文化安全，独立自主地走中国特色社会主义文化发展道路。没有国家安全和文化安全，中国特色社会主义文化发展道路就无从谈起。另外，中国制定和实施对外文化宣传战略，向世界各国宣传中国道路，展示文明、民主、开放、进步的国家形象。国外认同中国道路的人越多，中国的文化安全就越有保证，中国特色社会主义文化发展道路就越显示出世界影响力。

建设中国特色社会主义文化强国，从实践上说，是坚持中国特色社会主义文化发展道路，推动文化的大发展和大繁荣；从理论上说，是形成并创新中国特色社会主义文化发展理论。中国特色社会主义文化发展理论，是中国特色社会主义文化发展道路的总结、凝聚和升华。因此，既要从实践上制定和实施文化战略、政策和措施，又要从理论上总结文化发展规律，共同推动中国特色社会主义文化不断发展。中国特色社会主义文化发展道路是马克思主义文化理论中国化的文化发展道路。

综上所述，中国特色社会主义文化发展道路，既遵循中国社会全面发展的整体道路，又体现文化自身的相对独立性规律；既包含时间上的历史发展过程，又涵盖空间上的中外文化融合与碰撞；既有“源”与“流”的丰富和发展，又有各个组成部分的相互联系、制约与促进，是动态的、综合的、开放的、整体性的文化发展道路。缺少哪个方面、哪个环节，都不能完整准确地把握中国特色社会主义文化发展道路。

[原载《思想理论教育导刊》2013年第3期]

改革开放以来文化体制改革的四条经验

文化体制改革是改革开放伟大革命的有机组成部分，是文化建设方面中国特色社会主义制度的自我完善和发展。经过 40 年文化体制改革，文化发展格局逐步扩展，文化管理体制逐步完善，文化事业实现初步繁荣，国家文化软实力显著增强。回顾文化体制改革历程，清点文化改革发展成就，总结文化体制改革基本经验，对于进一步解决体制机制弊端，解放和发展文化生产力，坚持中国特色社会主义文化发展道路，建设社会主义文化强国，具有历史意义、理论意义和实践意义。40 年文化体制改革经验非常丰富，本文仅从以下四个方面做出探析。

一、坚持解放文化生产力和发展文化生产力的辩证统一

改革开放以来，中国从计划经济体制逐渐转变为市场经济体制，从封闭半封闭状态转变为全面对外开放。改革开放初期到十八大前，文化领域的主要矛盾，是人民日益增长的文化生活需要，同落后的文化生产之间的矛盾。文化赖以发展的经济、政治、体制和社会等条件发生根本变化。高度集中的文化体制与人民日益增长的文化需求不相适应，与建设小康社会建设目标不相适应，与市场经济体制改革取向的要求不相适应，与依法治国方略不相适应，与高新技术在文化建设领域的应用和发展不相适应，与对外开放格局不相适应。对外文化贸易逆差巨大，文化软实力和国际竞争力不强，维护国家文化安全和意识形态安全任重道远。

十八大以来，中国社会主要矛盾发生变化，相应地，文化领域的主要矛盾，转变为人民多层次文化生活的需要，同文化事业不平衡不充分发展之间的矛盾。但文化体制中的结构性问题依然存在。因此，推动文化体制改革，解放和发展文化生产力，是推动经济文化社会协调发展、加快现代化建设和增强国家综合国力的必然要求。

（一）坚持公共文化事业和文化产业双轮驱动

文化体制改革是解放和发展文化生产力的重要途径。文化体制改革探索阶段[①]，根据经济体制改革进程，在行政隶属关系、所有制主体不变的前提下，逐步推进文化事业单位改革，改善经营机制和分配机制，培育文化市场主体，加强文化市场综合执法等。十五届五中全会通过“十五”计划建议提出，支持文化事业发展和推动文化产业发展。[②]实际上提出文化体制改革的基本思路。

十六大提出发展文化事业和文化产业，指出“完善文化产业政策，支持文化产业发展，增强我国文化产业的整体实力和竞争力”[③]。明确文化体制改革的基本思路，强调公益性文化事业以政府为主导，目的是满足人民基本文化权益；经营性文化产业以市场为导向，满足人民多层次、多样化的文化需求。

2005 年 12 月，中共中央、国务院颁布实施《关于深化文化体制改革的若干意见》，重申文化体制改革的指导思想、方针原则、基本思路、目标任务，强调以改革为动力，以体制机制创新为重点，逐步构建宏观文化管理体制，形成文化生产和文化服务的微观运行机制，构建公共文化

---

① 关于文化体制改革的分期，学术界有四分法和三分法两种观点，其中全面展开阶段（2002 年至 2012 年）、全面深化阶段（2012 年以来），没有分歧。其分歧在于如何划分 1978 年至 2002 年这一阶段。一种观点是把 1978 年至 1991 年作为“初始时期”或“起步阶段”或“初步探索阶段”；把 1992 年至 2002 年作为“在探索中前进阶段”或“扩大探索阶段”。其实，这些概括都可以说是探索阶段。1978 年至 2002 年，文化体制改革主要集中在领导体制、管理体制、分配体制以及文化与市场的关系等方面，没有根本突破政府办文化的体制，没有根本突破计划经济体制以及政府与文化市场的固有关系等。故本文将 1978 年至 2002 年，作为文化体制改革的探索阶段。

② 《十五大以来重要文献选编》（中），中央文献出版社 2011 年版，第 509 页。

③ 《十六大以来重要文献选编》（上），中央文献出版社 2005 年版，第 31—32 页。

服务体系，形成产业格局、现代文化市场体系、文化创新体系，形成中华文化的开放格局，提升中华文化的国际影响力和竞争力。[①]该《若干意见》是指导文化体制改革的纲领性文献。

根据文化体制改革布局，按照“区别对待、分类指导、循序渐进、逐步推开”的原则，文化体制改革经过试点，从点到面，有组织有领导、分阶段分步骤地逐步推开。文化体制改革的重点，是“重塑市场主体、完善市场体系、改善宏观管理、健全政策法规、转变政府职能等关键环节，解决主要矛盾，破解难点问题，推动改革全面展开”[②]。2010 年 4 月，中办、国办转发中宣部《关于中共十六大以来文化体制改革及文化事业文化产业发展情况和下一步工作意见》，确定 2012 年前文化体制改革的主要任务。十七届六中全会提出坚持中国特色社会主义文化发展道路，建设社会主义文化强国的目标和任务。十八大以来，文化体制改革更注重顶层设计和部门协作。2014 年 2 月，中央全面深化改革领导小组通过《深化文化体制改革实施方案》，开列出 25 项、104 条改革举措及工作项目，规定路线图、时间表、任务书。[③]出台构建现代公共文化服务体系、中华优秀传统文化传承发展工程、国际传播能力建设等 40 多项改革文件，搭建“四梁八柱”性质的文化体制机制。

经过 40 年的改革开放，文化建设各方面的目标任务都取得显著成效。文化产业逐渐发展成为国民经济支柱性产业。出台并实施《文化产业振兴规划》，所有制结构趋向合理化、科学化；逐步构建统一开放竞争有序现代文化产业体系。文化产业的整体竞争力显著提高，对国民经济增长的贡献逐渐增大。截至 2016 年底，全国文化及相关产业企业数量达 297.65 万户，注册资本 14.29 万亿元；全国规模以上文化及相关产业法人单位数从 2012 年的 3.6 万家发展到 2016 年的 5 万家，实现营业收入 80314 亿元。[④]

---

① 《十六大以来重要文献选编》（下），中央文献出版社 2008 年版，第 129 页。

② 《十六大以来重要文献选编》（下），中央文献出版社 2008 年版，第 126 页。

③ 徐京跃、隋笑飞：《深化文化体制改革任务展望——访中央文化体制改革和发展工作领导小组办公室主任、中宣部副部长孙志军》，《光明日报》2012 年 3 月 12 日。

④ 周科：《千帆竞发浪潮涌 百舸争流正逢时——十八大以来我国文化产业发展成就综述》，《中国文化报》2017 年 5 月 13 日。

近年来，我国正在逐步构建现代公共文化服务体系。出台并实施《关于加快构建现代公共文化服务体系的意见》，更好满足人民基本文化权益。公共文化基本设施建设逐渐完善。2016 年，全国共有群众文化机构 44497 个，公共图书馆 3153 个，博物馆 4109 个，文物保护管理机构 3318 个。广播电视覆盖面持续扩大。截至 2016 年底，全国广播综合人口覆盖率为 98.4%，全国电视综合人口覆盖率 98.9%。2016 年，全国有线电视实际用户达 2.3 亿户，其中，数字电视实际用户 2.0 亿户。出版事业蓬勃发展。2016 年，全国图书总印数 90.4 亿册（张）、电子出版物出版数量 28839 万张，成年国民人均图书阅读量为 7.86 本。

为构建中华优秀传统文化传承体系，中办、国办印发《关于实施中华优秀传统文化传承发展工程的意见》。许多省市出台中华优秀传统文化传承实施意见。继承和弘扬中华核心价值理念、中华传统美德、中华人文精神，结合新时代新征程和当代中国价值理念，推动中华优秀传统文化的创造性转化和创新性发展。坚持保护为主、抢救第一、合理利用、加强管理的方针，推进文物保护工作，实施馆藏文物修复计划，加强新兴城镇化和新农村建设中的文物保护。加强历史文化名城名镇名村、历史文化街区、名人故居保护和城市特色风貌管理。实施非物质文化遗产传承发展工程和传统工艺振兴计划等。

实践表明，文化体制改革是解放和发展文化生产力的根本途径，是拉动经济社会发展的新引擎，是加强和改善党对意识形态工作领导的重要方式，是坚持中国文化发展道路、建设文化强国的必由之路。

（二）坚持文化体制改革和文化管理体制创新的辩证统一

改革开放初期，文化商品涌进市场领域，出现片面追求经济效益，忽视社会效益；片面追求娱乐化而有损思想道德建设现象。盗版侵权、黄色出版物、非法出版物等破坏文化市场。这要求把文化体制改革和文化市场管理结合起来，以体制改革推进有序管理，以规范管理保证文化改革健康发展。

十四届六中全会指出：“一手抓繁荣，一手抓管理，促进文化市场健康发展。文化市场是社会主义精神文明建设的重要阵地，决不允许成为腐朽思想文化滋生蔓延的场所。”[①] 在推进文化领域结构调整，培育文化市场体系的同时，主要推进文化市场综合执法管理体制改革，整治和规范文化市场；加强政府宏观管理体制，转变政府职能；建立健全文化法制建设，完善文化事业经济政策体系。十八大提出，构建科学规范、运行有效、系统完备的制度体系，使各方面制度更加有效、更加成熟，并提出文化体制改革内容。十八届三中全会提出全面深化改革总目标，要求坚持和完善中国特色社会主义制度，推进国家治理体系和治理能力现代化，专列“推进文化体制机制创新”任务，提出健全现代文化市场体系、完善文化管理体制机制、构建现代公共文化服务体系、提高文化开放水平等主攻方向。[②]

40 年来的文化体制改革，围绕全面深化改革总目标，把政府监管、行业自律和依法治国相结合，探索文化改革发展综合管理体制，推进文化领域的治理体系和治理能力现代化。逐步形成党委领导、政府管理、行业自律、企事业单位依法运营的体制机制。按照政企、政事、政资分开原则和管办分离的原则，逐渐理顺党委、政府、市场、社会四者之间的关系，推动政府从主办文化向主管文化转变。各级文化行政部门，由以行政管理手段为主，向综合运用行政、司法、财税、技术等多种手段转变。政府减少对微观文化经营主体的干预，加强经济调节、市场监管、社会管理和公共服务等职能，完善行政管理体制。将依法行政和依法治国相结合，加强文化立法，加强综合执法，保证公正司法。探索管人、管事、管资产、管导向相结合的国有文化资产管理体制。按照权利、义务、责任统一，探索对文化企业的有效管理，建立和完善国有文化企业评估、检测、考核体系，确保国有资产保值增值。[③]

近年来，我国逐渐形成中国特色社会主义文化制度的基本框架。从思想理论层面来说，社会主义核心价值体系是文化制度的指导思想和价值取向。从法治体系来说，《中华人民共和国宪法》，以及《文物保护法》《非物质文化遗产法》《电影产业促进法》《公共文化服务保障法》等专

---

① 《十四大以来重要文献选编》(下)，中央文献出版社 2011 年版，第 146 页。

② 《十八大以来重要文献选编》(上)，中央文献出版社 2014 年版，第 533—535 页。

③ 蔡武主编:《筑牢文化自信之基——中国文化体制改革 40 年》，广东经济出版社 2017 年版，第 141 页。

项法律和规章制度，对文化性质、内容、管理体制、运行机制等方面作出规定，是中国特色社会主义文化在法律层面的制度化表达。从领导管理层面来说，党和政府为推进文化体制改革进程而作出的一系列政策性、制度性规定，是中国特色社会主义文化制度的有机组成部分。这些构成文化政策法规体系的基本成果。

（三）坚持改革创新和科技进步的辩证统一

"改革创新和科技进步是文化发展的根本动力。"① 科学技术是第一生产力。提高自主创新能力，是国家发展战略的核心。在数字技术和网络信息技术时代，科学技术融入文化产品创作、生产、传播、消费的关键环节，成为文化产业发展的核心支撑和重要引擎。科技与文化融合，催生大批新兴文化形态和文化业态。发达国家凭借经济和技术实力，形成全球文化传播体系，对中国核心价值观念带来冲击。推进文化体制机制创新，必须推进文化和科技的融合与创新，占领文化与科技融合的制高点，才能在世界文化竞争中抢占先机。

2006 年《国家"十一五"时期文化发展规划纲要》专设"推动文化企业成为文化创新主体"和"加快科技创新"，要求"加强数字和网络等核心技术的研发和应用，推动文化与科技的融合"。十七大强调："运用高新技术创新文化生产方式，培育新的文化业态，加快构建传输快捷、覆盖广泛的文化传播体系。"② 十七届六中全会通过《关于深化文化体制改革推动社会主义文化大发展大繁荣若干重大问题的决定》，专设"推进文化科技创新"栏目。2012 年 6 月，科技部、文化部等单位印发《国家文化科技创新工程纲要》，提出指导思想、总体目标等内容，设置加强文化领域共性关键技术研究、促进传统文化产业结构优化升级、培育和发展新兴文化产业、提升文化事业服务能力、加强文化科技创新发展环境建设等五项工作任务。2017 年 5 月，文化部发布《文化部"十三五"时期文化科技创新规划》，提出文化创新、文化科技重点研发、文化大数据、

① 《十七大以来重要文献选编》（上），中央文献出版社 2009 年版，第 748 页。
② 《十七大以来重要文献选编》（上），中央文献出版社 2009 年版，第 28 页。

文化科技成果转化等六项重点工程，通过项目、载体、人才、平台等多重形式，形成文化科技创新合力。①

在文化科技规划指导下，我国正逐步构建产学研相结合的文化创新体系，以企业为纽带推动文化与市场、科技、产业、管理的结合。党的十八大以来，文化、科技与经济、资本的融合，成为文化产业发展最突出的特点。文化产品和服务的生产、传播、消费的数字化、网络化进程加快；基于互联网和移动互联网的新型文化业态，成为文化产业发展新增长点；“互联网＋文化”势头良好。

文化体制改革是不断探索、不断实践、不断完善的过程。每个阶段会解决一定的矛盾，也会产生新的问题。把文化创新同文化体制改革结合起来，以改革精神推动文化内容和文化科技进步，孵化新生文化业态，促进文化体制机制和文化生产力相互适应、良性循环。

二、坚持国家发展战略和文化专项战略的辩证统一

文化体制改革涉及经济基础和上层建筑许多领域，是文化领域广泛而深刻的社会变革。推进文化体制改革，既要坚持顶层设计，也要各部门协调配合，从现代化建设总体布局谋划文化建设，把文化发展战略纳入国家整体战略，根据国家中长期发展规划制定专项文化发展改革规划，推动文化领域中国特色社会主义制度的自我完善和发展，推进中国特色社会主义文化的繁荣和发展。

（一）从现代化建设总体布局谋划文化建设和文化体制改革

改革经济、政治、文化体制，都是为生产力发展扫除体制机制障碍。文化体制改革与经济、政治体制改革有机相连，既要改革体制机制弊端，建立充满生机活力的体制机制；也要抵制腐朽价值观念的冲击，坚持文化的性质、内容和方向。这需要把文化体制改革纳入现代化建设总体布局，以保证其性质和方向。

① 《文化部“十三五”时期文化科技创新规划》，《中国文化报》2017 年 5 月 4 日，第 6 版。

改革开放以来，党中央把精神文明建设作为现代化建设的基本内容。十二届六中全会提出现代化建设总体布局的战略规划，要求加强精神文明建设。十五大提出在经济、政治、文化纲领框架下，“深化文化体制改革，落实和完善文化经济政策”。十六大从建设小康社会高度，专列“文化建设和文化体制改革”。之后，文化体制改革逐步纳入“五位一体”总体布局，着眼于全面建成小康社会，规划公共文化、文化产业、文化管理体制机制、新兴文化业态、现代传播体系、文化市场、文化“走出去”等发展战略。

党的十八大以来，在“两个一百年”历史交汇期，中国社会主要矛盾的变化，要求解决文化发展不平衡不充分的问题，破除人民对美好生活需要的主要制约因素。党的十九大提出“坚持社会主义核心价值体系”的基本方略，特别提出“推动文化事业和文化产业发展”，要求深化文化体制改革，完善文化管理体制，坚持社会效益和经济效益相统一，完善公共文化服务体系，实施文化惠民工程。健全现代文化产业体系和市场体系，创新生产经营机制，完善文化经济政策，培育新型文化业态。推进国际传播能力建设，讲好中国故事，展现真实、立体、全面的中国，提高国家文化软实力。[①]把文化体制改革作为整个社会全面发展进步的有机组成部分。

（二）在国家中长期发展规划指导下制定专项文化改革发展规划

制定中长期国民经济和社会发展战略规划，是社会主义建设的基本方式。把文化发展战略和国家发展规划相结合，是推进文化体制改革的战略依托。有领导、有步骤、有秩序地推进文化体制改革，防止忽“左”忽右偏向，是科学决策的基本要求。十六大以来，在制定国家“十一五”“十二五”“十三五”规划的同时，制定专项文化改革发展规划纲要，保障文化体制改革与国家整体建设同步前进。

---

① 习近平：《决胜全面建成小康社会 夺取新时代中国特色社会主义伟大胜利》，人民出版社2017年版，第43—44页。

2006年，国家“十一五”（2006—2010年）发展规划纲要，要求“加强社会主义文化建设”，设置加强思想道德建设、丰富人民精神文化生活、深化文化体制改革三项内容。随后，国家颁布实施《国家“十一五”时期文化发展规划纲要》。这是首个国家级文化建设中长期专项规划，是指导“十一五”以及以后较长时期内的文化发展的纲领性文献。[①]在两个规划纲要指导下，文化部、广电总局、新闻出版总署、国家文物局等单位，以及许多地方行政部门，制定本部门、本地区的“十一五”文化发展规划。这种独具特色的制度设计，保证国家文化发展战略与专项战略、整体规划与具体任务的统一。

2017年，中办、国办印发《国家“十三五”时期文化发展改革规划纲要》。该《规划纲要》除序言外，共分为13个部分。第一部分是总体要求，明确“十三五”时期文化发展改革的指导思想、方针原则和目标任务。第二至第十二部分，从理论建设、舆论引导、核心价值观、公共文化、文化产业、文化体制改革、中华传统文化、文化开放、人才队伍等方面，明确“十三五”时期文化发展改革的主要目标。第十三部分为组织实施，对各地各有关部门抓好规划落实提出明确要求。[②]其中各方面文化建设目标，既有定性的，也有定量的；既有预期性的，也有约束性的，各有侧重、相互关联，与全面深化改革的总目标衔接配套，确保到2020年中国特色社会主义文化制度更加成熟、更加定型。

（三）顶层设计和部门协作的上下联动机制

坚持顶层设计和部门协作相结合，是推进文化体制改革的联动体制。党中央集中统一领导和部门分工负责，是中国领导体制的特点和优势。党中央负责国家整体规划，制定文化改革发展的顶层设计，为文化体制改革指明方向，明确要求，提供遵循。各级党委、政府和有关部门，贯彻落实中央决策部署，承担文化体制改革职责，加强社会整体改革设计，

---

① 中华人民共和国文化部政策法规司编：《文化建设“十一五”规划汇编》，文化艺术出版社2008年版，编写说明。

② 《中办国办印发〈国家“十三五”时期文化发展改革规划纲要〉》，《人民日报》2017年5月8日。

实施具体文化体制改革。文化体制改革是牵动整个社会系统的综合性工程，需要在党委统一领导下，统筹发展改革、财政、社保、税务、工商与文化部门协调合作，在政策、财政、物力等方面担负起建设和管理职责。

为保证国家规划和专项规划贯彻落实，十八大后建立中央全面深化改革领导小组。2014年，由文化部牵头，联系中宣部等20多个部门，成立国家公共文化服务体系建设协调组。其主要职责是：负责协商和部署全国公共文化服务体系建设重大事项。其主要工作是：协调推进重大公共文化服务法规、政策、标准的制定、实施和考核；建立稳定的公共文化服务保障机制；推动基层公共文化资源共建共享；统筹实施公共文化服务重大工程等。建立公共文化服务体系协调机制，是加快政府机构改革和职能转变的必然要求。这种上下联动的制度设计，是把发展规划蓝图转化为实际成果的政治保证。

三、坚持中华文化走向世界和世界文明发展趋势的辩证统一

当今世界是开放的世界，文化软实力和核心价值观的比较和竞争，是世界文化竞争成败的决定性因素。在两种社会制度竞争和共存背景下，敌对势力对中国的意识形态渗透不会改变。美国等发达国家都制定了文化产业战略，这要求中国也制定文化强国战略，保证在世界文化竞争中立于不败之地。不同文明之间的竞争与共存、碰撞与交锋、交流与互鉴，是世界文明发展的基本趋势。正确处理中华文明与世界文明的关系问题，是执政党必须解决的问题。这需要把国家治理与全球治理相结合，把文化强国战略同世界文化发展大势相结合，统筹国内外两个市场、利用两种资源，立足中华文化立场，“引进来”“走出去”，占领文化制高点，提高中华文化国际影响力。

（一）根据世界形势制定中国文化“走出去”战略

改革开放以来，党中央把对外文化交流作为展示中国成就、宣传中

国形象、传播中华文明的重要途径。党的十五大指出:“要坚持以我为主、为我所用的原则，开展多种形式的对外文化交流，博采各国文化之长，向世界展示中国文化建设的成就。”[①] 十六大以后，对外文化交流成为文化体制改革的重要领域。十七届五中全会通过“十二五”规划提出：加强对外文化交流，创新文化“走出去”模式，增强中华文化的国际影响力和竞争力。[②]《关于深化文化体制改革推动社会主义文化大发展大繁荣若干重大问题的决定》，特别提出“推动中华文化走向世界”[③]。十八大从建设文化强国战略出发，提出“扩大文化领域对外开放，积极吸收借鉴国外优秀文化成果”；要求“中华文化走出去迈出更大步伐”。[④]2016 年 11 月，中央全面深化改革领导小组通过《关于进一步加强和改进中华文化走出去工作的指导意见》。2016 年 12 月，文化部发布《文化部“一带一路”文化发展行动计划（2016—2020 年）》，为中国与“一带一路”国家的文化交流绘制路线图。

在这种文化战略指引下，中华文化和中华文明不断走向世界。十六大以来，逐渐构建起全方位、宽领域、多层次的对外文化开放格局。制定文化产品和服务、动漫、演出、新闻出版等“走出去”规划。加大对文化出口重点企业和项目的扶持力度，打造具有核心竞争力的知名文化品牌，加强财政、金融、保险、海关等方面的支持，以企业为主体、以市场化运作为主要方式，推动文化产品和服务进出口逆差逐步减少。加快国际传播能力建设，《人民日报》、新华社、央视国际频道等海外覆盖面不断扩大，建立中国国际电视台，打造对外宣传旗舰媒体。打造国家级、国际化、综合性文化博览交易平台。

---

① 《十五大以来重要文献选编》（上），中央文献出版社 2011 年版，第 32 页。

② 《十七大以来重要文献选编》（中），中央文献出版社 2011 年版，第 994 页。

③ 主要内容有：增强中华文化在世界上的影响力和感召力；展现中国文明、民主、开放、进步的形象；实施文化“走出去”战略工程；支持重点主流媒体在外国设立分支机构，培育外向型文化骨干企业和中介机构；加强海外中国文化中心和孔子学院建设；构建人文交流机制，把政府交流和民间交流结合起来等。《十七大以来重要文献选编》（下），中央文献出版社 2013 年版，第 578 页。

④ 《十八大以来重要文献选编》（上），中央文献出版社 2014 年版，第 26、14 页。

（二）文化贸易成为中国外贸总体战略的组成部分

改革开放初期，对外文化贸易规模较小，核心文化产品竞争力不强，文化产品和服务贸易逆差长期存在。发展对外文化贸易，拓展中国文化发展空间，是增强国家文化实力、提高国际竞争力的突破口。

2003 年 12 月，李长春在全国宣传思想工作会议上指出："要支持和鼓励我国文化产品的出口，形成一批对外交流的文化品牌，逐步改变文化产品进出口严重逆差的局面。"[①]2014 年 3 月，国务院印发《关于加快发展对外文化贸易的意见》，对文化贸易的总体要求、政策措施和组织领导，作出明确规定。2017 年 5 月，《国家"十三五"时期文化发展改革规划纲要》专设"发展对外文化贸易和投资"，要求培育对外文化贸易主体，打造外向型骨干文化企业；稳定传统优势文化产品出口，提高数字文化产品的国际市场竞争力；支持中华武术、医药、烹饪、园林等走出去；鼓励各类企业对外投资合作；发展外包文化服务。[②]

党的十八大以来，中国对外文化贸易迈上新台阶。文化产品进出口逐渐改变逆差局面，与"一带一路"沿线国家的文化贸易取得进展，文化交流、文化贸易和文化投资并举的"走出去"新格局逐渐形成，国家文化软实力明显提升。2013 至 2015 年，中国文化产品进出口总额均保持 1000 美元以上，连续实现顺差。2016 年，文化产品进出口总额 885 亿美元，占全国货物进出口总额 2.4%，实现顺差 688 亿美元。

（三）根据外交战略传播当代中国价值

当今，世界多极化、经济全球化、社会信息化、文化多样化深入发展。和平合作、安全发展、全球治理等全球性问题，摆在全人类面前。在国际金融危机背景下，中国展示出不同于西方社会制度的发展道路，为世界文明增添独特的价值。然而，西强我弱的国际舆论格局没有改变。中华文化的国际影响力同对外开放格局不相适应，同不断增强的综合国

---

① 《十六大以来重要文献选编》（上），中央文献出版社 2005 年版，第 542 页。

② 《中办国办印发〈国家"十三五"时期文化发展改革规划纲要〉》，《人民日报》2017 年 5 月 8 日。

力不相适应。这需要把外交战略与文化“走出去”战略相结合，在谋划国际大格局中传播当代中国价值观念。

党的十八大以来，党中央通过“一带一路”高峰论坛、G20峰会、金砖国家领导人峰会等重大外交场合，倡导构建人类命运共同体，提出共建“一带一路”倡议，倡导“走对话而不对抗、结伴而不结盟”国家关系，提出树立共同、综合、合作、可持续的安全观，统筹应对传统和非传统安全威胁、反对一切形式的恐怖主义，提出构建创新、活力、联动、包容的世界经济等，彰显中国理念和中国方案对全球治理的贡献。

党的十八大以来，中国对外文化交流工作覆盖全球，海外文化阵地建设加速推进，对外传播能力逐渐增强，国际话语体系影响力逐渐扩大。据《中国国家形象全球调查报告2016—2017》显示，海外对中国整体形象好感度稳中有升，中国对全球治理的贡献和国内治理的表现赢得海外好评。中国经济影响力排名仅次于美国，位居世界第二。“一带一路”倡议赢得普遍点赞，中国在金砖国家合作机制中的作用备受期待；中餐、中医药、中国高铁等中国文化与科技元素继续成为国家形象亮点。历史悠久、充满魅力的东方大国和全球发展的贡献者成为中国最突出的国家形象。中国发展道路和模式是中国快速发展的主要原因。[①]

进入新时代，对外文化交流逐渐从学习外国优秀文化，转变为全方位、多层次、宽领域、多渠道的“引进来”“走出去”格局。中华文明在世界文明格局中占有举足轻重的地位。中国从文化资源大国不断走向文化创新强国。

四、坚持文化理论创新和文化改革实践的辩证统一

解放思想是总开关。思想和思路的改变，是改革开放的先导和前提。冲破陈旧思想观念的束缚，才有新思路、新举措、新办法。坚持文化理论创新同文化改革实践的良性互动，以文化理论创新指导文化体制

① 《〈中国国家形象全球调查报告2016—2017〉显示海外受访者对中国未来发展充满信心》，《光明日报》2018年1月6日。

改革实践，以文化体制改革实践推进文化理论创新，用发展着的文化创新理论指导文化体制改革，保证中国特色社会主义文化沿着正确方向发展。

（一）根据文化体制改革实践推进党的文化理论创新

围绕什么是社会主义文化、怎样建设社会主义文化这个基本问题，需要回答为什么要推进文化体制改革，如何推进文化体制改革等问题，以此推进党的文化理论创新和发展。

在文化体制改革探索阶段，既要突破束缚生产力发展的体制机制障碍，解放和发展文化生产力；又要解决改革中出现的矛盾问题，保证改革的方向正确。从改革开放到十六大之前，党中央逐步总结文化体制改革的经验，在文化的地位和作用、文化性质、发展战略、根本任务、文化体制改革方向等问题上，提出一系列新的观念，指出改革文化体制，是文化建设事业发展和繁荣的根本出路；强调一手抓繁荣，一手抓管理，促进文化市场健康发展；"改革要区别情况、分类指导"，逐步形成国家保证重点、鼓励社会兴办文化事业的发展格局①；建立科学合理的管理体制和文化商品生产经营机制；支持文化事业发展有关政策；完善文化产业政策，强化文化市场建设和管理，推动相关文化产业发展。②这些创新思想为进一步改革文化体制奠定了基础。

但市场经济弊端也会影响文化体制改革。"一切向钱看"等剥削阶级思想冲击社会主义价值观念；盲目崇拜西方文化，宣扬资产阶级自由化等现象，动摇马克思主义的指导地位；有些文艺作品鼓吹民族虚无主义，诋毁民族传统文化。这些负面效应，严重危害社会主义精神文明建设。针对这些弊端，党中央要求文化艺术、新闻出版、广播电视等部门，坚持以爱国主义、集体主义、社会主义、共产主义的思想教育人民，加强精神文明建设。强调有领导有步骤地进行文艺体制改革，目的是促进文艺繁荣，提高作家、艺术家素质，提高作品质量。强调坚持"二为"方

---

① 《十四大以来重要文献选编》(下)，中央文献出版社 2011 年版，第 146—147 页。

② 《十五大以来重要文献选编》(中)，中央文献出版社 2011 年版，第 509 页。

向，反对唯利是图和资产阶级自由化倾向。

党的十六大根据全面建设小康社会目标要求，强调“根据社会主义精神文明建设的特点和规律，适应社会主义市场经济发展的要求，推进文化体制改革”[①]，把文化体制改革与精神文明统一起来。十六届三中全会从完善市场经济体制角度，确定文化体制改革的总体思路和目标。十六届四中全会把发展先进文化的能力，作为提高党的执政能力建设的重要内容，提出推进文化体制改革、解放和发展文化生产力的任务。2006年3月，李长春在全国文化体制改革工作会议上，比较系统地阐述文化体制改革的重大意义、工作部署，强调文化体制改革是构建社会主义和谐社会、完善和健全市场经济体制、推动文化发展、满足人民文化需求、维护国家文化安全和战略安全、推动中华文化走向世界的客观需要。[②]

党的十六大以后，党中央根据文化体制改革进程，不断总结文化体制改革经验，梳理文化改革中的问题，提出文化改革方向，逐渐形成新的文化发展理念，在文化地位和作用、目的、方向、动力、思路、格局、战略、领导力量和依靠力量等问题上，形成新的文化发展理念，初步回答了新世纪新阶段文化发展一系列重大问题，[③]反映了党对文化发展规律认识的深化。

党的十八大以来，以习近平同志为核心的党中央，统筹“五位一体”总体布局，协调推进“四个全面”战略布局，把握国际国内两个大局，强调坚定文化自信，坚持文化发展道路，掌握意识形态工作的领导权管理权话语权，增强新闻舆论工作的影响力和公信力，弘扬和培育核心价值观，坚持以人民为中心的创作导向，净化晴朗干净的网络空间，讲好中国故事、传播中国声音，推进文化体制改革、推进体制机制和观念创新，形成习近平新时代中国特色社会主义文化建设思想，是指导新时代文化改革发展的行动指南。

---

① 《十六大以来重要文献选编》(上)，中央文献出版社2005年版，第32页。

② 《十六大以来重要文献选编》(下)，中央文献出版社2008年版，第373—376页。

③ 《十七大以来重要文献选编》(上)，中央文献出版社2009年版，第741—742页。

（二）把握文化体制改革“变”与“不变”的辩证关系

文化体制改变什么，不能改变什么，都需要统筹规划，辨证施策。文化体制改革的指导思想、前进方向、目标任务、中心环节和基本框架不能改变。2014 年 2 月，中央全面深化改革领导小组通过《深化文化体制改革实施方案》，提出深化文化体制改革要坚持的根本问题，强调“四个坚持”“一个围绕”“两个巩固”“一个中心环节”“三个方面工作”[①]等理论观点，初步构建起文化体制改革理论准则。习近平指出：“大胆推进改革、推进文化事业全面繁荣和文化产业快速发展、建设社会主义文化强国的同时，把握好意识形态属性和产业属性、社会效益和经济效益的关系，始终坚持社会主义先进文化前进方向，始终把社会效益放在首位。无论改什么、怎么改，导向不能丢，阵地不能丢。”[②]

文化体制改革，改变的是文化管理体制和生产经营机制，推动国有文化企业成为市场主体，形成资产组织形式和经营管理模式；推动文化事业单位组建理事会，形成权责明确的现代运行机制。

（三）中国共产党是推进文化体制改革和文化理论创新的核心力量

建设先进文化，是无产阶级政党的一项重要任务。中国特色社会主义文化关系中国共产党的阶级性质、党性、宗旨和形象。中国共产党是文化体制改革的领导核心。改革开放以来，党把代表先进文化的前进方向，作为立党之本、执政之基、力量之源的重要方面；把“深化文化体制改革，解放和发展文化生产力”，作为提高党的执政能力建设的重要方面[③]。

---

① “四个坚持”，即坚持社会主义先进文化前进方向，坚持中国特色社会主义文化发展道路，坚持以人民为中心的工作导向，坚持把社会效益放在首位、社会效益和经济效益相统一。“一个围绕”，即围绕建设社会主义核心价值体系、社会主义文化强国。“两个巩固”，即巩固马克思主义在意识形态领域的指导地位，巩固全党全国各族人民团结奋斗的共同思想基础。“一个中心环节”，即以激发全民族文化创造活力为中心环节。“三个方面工作”，即促进文化事业全面繁荣、文化产业快速发展、优秀传统文化传承弘扬。

② 《习近平关于社会主义文化建设论述摘编》，中央文献出版社 2017 年版，第 185 页。

③ 《十六大以来重要文献选编》（中），中央文献出版社 2006 年版，第 284 页。

在经济全球化条件下，要求执政党统筹经济社会发展全局，制定文化发展战略，编制文化发展规划，制定和实施重大文化政策，确定和抓住文化发展重点，领导组织实施重大文化项目，构建和优化文化发展布局，完善文化体制管理，推动文化体制机制创新，不断促进文化发展繁荣。十八大以来，党中央把文化体制改革纳入国家治理体系和治理能力现代化总体战略；指出“没有文化的繁荣兴盛，就没有中华民族伟大复兴”。这反映了党对文化发展规律、中国社会发展规律和社会主义建设规律认识的不断深化，为全面建成小康社会、实现“两个一百年”奋斗目标，奠定了坚实的理论基础。

［原载《求索》2018 年第 4 期］

中国文化体制改革探析

改革开放以来，中国从计划经济体制逐渐转变为社会主义市场经济体制，从主要向友好国家开放转变为全面对外开放。文化事业发展的经济基础、体制环境、社会条件和国际环境等都发生了深刻变化。原有计划经济体制下的文化发展与人民群众日益增长的精神文化需求不相适应。中共十一届三中全会后，文化体制改革随之起步。深入总结文化体制改革近 40 年来的成就与经验，对于坚定文化自信、推动中国特色社会主义文化繁荣兴盛具有重要意义。

一、改革开放以来文化体制改革的历程

从中共十一届三中全会到中共十九大，中国文化体制改革大致经历了探索、全面展开和全面深化三个阶段。

（一）探索阶段（1978—2002 年）

文化体制改革是以艺术表演团体改革为起点的。新中国成立后，国家对绝大多数艺术表演团体实行统包统管，在一定时期内对保障人民群众的基本文化需求起到了积极作用。但这种体制也存在诸多弊端：如艺术表演团体缺乏自主权；平均主义严重，缺乏竞争机制；机构臃肿，缺乏流动机制和淘汰机制；结构布局不平衡、不合理；政府对艺术表演团

体缺乏宏观指导、规划、协调、服务和监督等。[①] 推进文化管理体制改革是经济文化社会发展的客观要求。1978 年，文化部决定恢复中国京剧院、中国青年艺术剧院、中国儿童剧院、中央实验话剧院、中央歌舞团等所属艺术表演团体建制和名称。[②]1979 年，一些艺术表演团体尝试改革经营机制，如福建省在大部分地、县剧团实行“四定一奖”[③] 责任制，上海等地艺术院团实行承包经营责任制。1980 年 2—3 月，全国文化局长会议讨论了艺术表演团体调整、改革体制及改进领导管理问题，明确提出要“坚决地有步骤地改革文化事业体制，改革经营管理制度”[④]。之后，一些艺术剧团开始探索进行“承包责任制”改革，文化体制改革随之展开。

1. 探索所有制和经营机制改革　艺术表演团体改革先行先试。从 20 世纪 70 年代末期开始，中共中央、国务院和文化部陆续出台了诸多关于艺术表演团体改革的文件，指导艺术表演团体改善结构布局；推进试行多种所有制形式和经营方式；实行聘任合同制或演出合同制；改革劳动人事制度和劳动报酬制度；建立健全文化市场体系，拓宽投融资渠道；政府部门在业务、人事、财务等方面下放或放宽管理权限等。[⑤]1996 年 10 月，中共十四届六中全会通过了《关于加强社会主义精神文明建设若干重要问题的决议》，对文化体制改革的目的、发展格局、市场管理等作出总体部署。[⑥]1997 年 1 月 11 日，中共中央作出《关于进一步做好文艺工作的若干意见》，对艺术表演团体、电影电视管理体制改革提出目标，并在文化管理、文艺立法、经济政策、市场管理、对外文化交流等方面作

---

① 国务院法制办公室：《中华人民共和国法规汇编》第 8 卷，中国法制出版社 2005 年版，第 671—672 页。

② 蔡武主编：《筑牢文化自信之基——中国文化体制改革 40 年》，广东经济出版社 2017 年版，第 2 页。

③ 即指定创作任务、演出场次、演出收入、补贴金额和完成任务奖励。参见华年轮、秦杰：《竞赛在悄悄进行》，《人民日报》1986 年 2 月 3 日。

④ 张晓明、胡惠林、章建刚主编：《2005 年：中国文化产业发展报告》，社会科学文献出版社 2005 年版，第 23 页。

⑤ 中华人民共和国文化部办公厅编：《中华人民共和国文化法规汇编（1993—1996）》，文化艺术出版社 1997 年版，第 133—141 页。

⑥ 《十四大以来重要文献选编》（下），中央文献出版社 2011 年版，第 144—147 页。

出部署。[①]

2. *形成多元化文化市场主体* 艺术表演团体改革带动了新闻、出版、广播影视领域的改革。20 世纪 90 年代，一些国有大型文化事业单位面向市场推进转型，出现了一批出版集团、报业集团和影视集团。2001 年 8 月，中共中央批转中宣部、广电总局、新闻出版总署《关于深化新闻出版广播影视业改革的若干意见》，强调以发展为主题，以结构调整为主线，以集团化建设为重点和突破口，在宏观管理体制、微观运行机制、政策法律体系、市场环境、开放格局等方面探索创新。[②] 这推动了新闻出版广电领域的集团化建设。截至 2002 年上半年，中国组建了 26 家报业集团、8 家广播电视集团、6 家出版集团和 4 家发行集团。[③]

3. *加强文化市场管理* 1988 年，文化部、国家工商行政管理局联合发布了《关于加强文化市场管理工作的通知》。[④] 中共十四大以后，中国逐步加强政府宏观管理和文化法制建设，整顿和规范文化市场。1993 年 11 月，中共中央作出《关于建立社会主义市场经济体制若干问题的决定》，强调“深化文化体制改革，完善文化经济政策，依法加强文化市场管理”[⑤]。1994 年 11 月 7 日，中共中央办公厅、国务院办公厅发出《关于加强和改进书报刊影视音像市场管理的通知》，强调对市场发展进行宏观调控，加强对图书报刊、影视、音像市场的管理，打击非法出版经营活动，健全规章制度，建设文化市场管理稽查队伍。[⑥] 为了贯彻该通知精神，11—12 月，文化部召开了全国文化市场监督检查会议，要求完善文化市场监督检查的规章制度，促进文化市场执法水平的提高，维护文化市场的正常秩序，为文化事业的健康发展创造一个良好的市场环境。[⑦] 此

---

① 《十四大以来重要文献选编》（下），中央文献出版社 2011 年版，第 257—259 页。

② 欧阳雪梅主编：《中华人民共和国文化史（1949—2012）》，当代中国出版社 2016 年版，第 269 页。

③ 孙家正主编：《中国文化年鉴（2002—2003）》，新华出版社 2004 年版，第 67 页。

④ 《中华人民共和国法律法规全书》第 10 卷，中国民主法制出版社 1994 年版，第 253—254 页。

⑤ 《十四大以来重要文献选编》（上），中央文献出版社 2011 年版，第 476 页。

⑥ 中共中央宣传部出版局：《书刊音像市场管理法规必备》，学习出版社 1996 年版，第 55—63 页。

⑦ 秦杰：《全国文化市场监督检查会议召开》，《人民日报》1994 年 11 月 30 日。

后，为了进一步规范文化市场的管理，国务院相继下发了一系列管理条例，如 1997 年 8 月 11 日发布《营业性演出管理条例》；1999 年 3 月 26 日发布《娱乐场所管理条例》；2001 年 8 月 2 日发布《印刷业管理条例》；2001 年 12 月 25 日发布《音像制品管理条例》《电影管理条例》和《出版管理条例》；[①]2002 年 9 月 29 日发布《互联网上网服务营业场所管理条例》。[②] 这些条例的出台有助于完善文化市场管理体系。

4. 制定和完善文化事业相关经济政策 1991 年，国务院批转《文化部关于文化事业若干经济政策意见的报告》。[③]1996 年 9 月，国务院颁布了《关于进一步完善文化经济政策的若干规定》，通过开征文化事业建设费、鼓励对文化事业的捐赠、继续实行财税优惠政策、建立健全专项资金制度等途径，拓宽了文化事业资金投入的渠道。[④]10 月，中共十四届六中全会决议提出文化体制改革的指导思想、目标任务、方针原则，要求“坚持把社会效益放在首位，力求实现社会效益和经济效益的最佳结合”[⑤]，这为后来制定文化事业相关经济政策奠定了基础。2000 年 12 月 18 日，国务院发出《关于支持文化事业发展若干经济政策的通知》，对多项经济政策作出调整，强调增加对文化事业的财政投入。[⑥]

1978—2002 年，文化领域在所有制结构、市场主体、市场管理、经济政策等方面作出了探索性改革，为进一步推进文化体制改革积累了经验。

（二）全面展开阶段（2002—2012 年）

中共十六大深刻分析了国内外形势的变化和特点，强调文化建设的

---

① 中华人民共和国文化部政策法规司主编：《中华人民共和国文化法规汇编（1997—2001）》，文化艺术出版社 2002 年版，第 33、43、52、65、79、94 页。

② 中央网络安全和信息化领导小组办公室、国家互联网信息办公室政策法规局编：《中国互联网法规汇编》，中国法制出版社 2015 年版，第 63—70 页。

③ 欧阳雪梅主编：《中华人民共和国文化史（1949—2012）》，当代中国出版社 2016 年版，第 268 页。

④ 中华人民共和国文化部办公厅编：《中华人民共和国文化法规汇编（1993—1996）》，文化艺术出版社 1997 年版，第 57—59 页。

⑤ 《十四大以来重要文献选编》（下），中央文献出版社 2011 年版，第 146—147 页。

⑥ 孙家正主编：《中国文化年鉴·2001》，新华出版社 2002 年版，第 306 页。

重要地位和作用，指出要“根据社会主义精神文明建设的特点和规律，适应社会主义市场经济发展的要求，推进文化体制改革”[①]，并对文化体制改革和发展作出新的部署。

1. 加强文化体制改革顶层设计　中共十六大提出，要“抓紧制定文化体制改革的总体方案”[②]。2005 年 12 月 23 日，中共中央、国务院印发《关于深化文化体制改革的若干意见》，阐明了文化体制改革的指导思想、方针原则、基本思路、总体目标和主要任务，指出要以体制机制创新为重点，逐步形成科学有效的宏观文化管理体制，不断完善文化法律法规体系，逐步构建覆盖城乡的公共文化服务体系，形成富有效率的文化生产和文化服务的微观运行机制和以公有制为主体、多种所有制共同发展的产业格局，形成统一开放竞争有序的现代文化市场体系、高效独特的文化创新体系以及中华文化“走出去”的开放格局，提升中华文化的国际影响力和竞争力。[③]该意见构建了文化体制改革的基本框架。2006 年 3 月 14 日，第十届全国人民代表大会第四次会议批准《中华人民共和国国民经济和社会发展第十一个五年规划纲要》，其中单列“深化文化体制改革”一节，要求建立党委领导、政府管理、行业自律、企事业单位依法运营的文化管理体制和富有活力的文化产品生产经营机制；推进经营性文化事业单位转制，努力形成一批坚持社会主义先进文化方向，有较强自主创新能力、市场竞争能力的文化企业和企业集团；完善文化产业政策，促进民族文化产业发展，形成以公有制为主体、多种所有制共同发展的文化产业格局和以民族文化为主体、吸收外来有益文化的文化市场格局等。[④]同年 9 月，中共中央办公厅、国务院办公厅印发《国家“十一五”时期文化发展规划纲要》，把文化建设纳入国家整体规划。“这是我国颁布的第一个国家级文化建设中长期专项规划，是指导我国

① 《十六大以来重要文献选编》(上)，中央文献出版社 2005 年版，第 32 页。

② 《十六大以来重要文献选编》(上)，中央文献出版社 2005 年版，第 32 页。

③ 《十六大以来重要文献选编》(下)，中央文献出版社 2008 年版，第 129 页。

④ 《中华人民共和国国民经济和社会发展第十一个五年规划纲要》，《人民日报》2006 年 3 月 17 日，第 1 版。

‘十一五’时期乃至今后较长时期文化发展的纲领性文献。”[①]2011年10月，中共十七届六中全会通过《关于深化文化体制改革推动社会主义文化大发展大繁荣若干重大问题的决定》，明确了坚持中国特色社会主义文化发展道路、努力建设社会主义文化强国的战略目标和任务。[②]

2. *形成文化体制改革的基本思路* 2003年后，文化体制改革经过试点逐步推开。2005年，《关于深化文化体制改革的若干意见》指出：文化体制改革的基本方法，是“围绕重塑市场主体、完善市场体系、改善宏观管理、健全政策法规、转变政府职能等关键环节，解决主要矛盾，破解难点问题，推动改革全面展开”[③]。2010年4月11日，中共中央办公厅、国务院办公厅转发《中央宣传部关于党的十六大以来文化体制改革及文化事业文化产业发展情况和下一步工作意见》，总结中共十六大到2010年文化体制改革的历程，确定2012年以前文化体制改革的主要任务。[④]

3. *构建覆盖城乡的公共文化服务体系* 2005年10月，中共十六届五中全会提出：“加大政府对文化事业的投入，逐步形成覆盖全社会的比较完备的公共文化服务体系。”[⑤]2007年8月21日，中共中央办公厅、国务院办公厅印发《关于加强公共文化服务体系建设的若干意见》，对公共文化服务体系建设的重要性、指导思想和目标任务、实施重大公共文化服务工程、增强公共文化产品的生产供给能力、创新公共文化服务运行机制、加强对公共文化服务体系建设的领导等问题作出部署。[⑥]该意见搭建了公共文化服务体系建设的基本框架。“十二五”期间，全国初步建成了“包括国家、省、地市、县、乡、村和城市社区在内的六级公共文化服务网络”；陆续免费开放博物馆、图书馆、美术馆、科技馆、文化宫等文化设施，“保证群众的读书权、鉴赏权等基本权益”；通过农村广播电视村村通、户户通工程，让农村群众在家里免费听广播、看电视；通过各级文化馆和乡镇

---

① 中华人民共和国文化部政策法规司编：《文化建设“十一五”规划汇编》，文化艺术出版社2008年版，编写说明。

② 《十七大以来重要文献选编》（下），中央文献出版社2013年版，第562页。

③ 《十六大以来重要文献选编》（下），中央文献出版社2008年版，第126页。

④ 《十七大以来重要文献选编》（中），中央文献出版社2011年版，第643—655页。

⑤ 《十六大以来重要文献选编》（中），中央文献出版社2006年版，第1080页。

⑥ 《十六大以来重要文献选编》（下），中央文献出版社2008年版，第1132—1142页。

（街道）文化站、村（社区）文化室，活跃群众的文化生活。[①]

4. 构建文化产业体系　中共十六大提出："完善文化产业政策，支持文化产业发展，增强我国文化产业的整体实力和竞争力。"[②]这为发展文化产业指明了方向。2003 年 9 月 4 日，文化部发出《关于支持和促进文化产业发展的若干意见》[③]，促进了文化产业的加快发展。2009 年 9 月，国务院颁布《文化产业振兴规划》，明确提出发展文化产业的指导思想、基本原则和规划目标，并部署了 8 项重点任务，即发展重点文化产业、实施重大项目带动战略、培育骨干文化企业、加快文化产业园区和基地建设、扩大文化消费、建设现代文化市场体系、发展新兴文化业态、扩大对外文化贸易。[④]该规划是指导文化产业发展的纲领性文献。2012 年 2 月 23 日，《文化部"十二五"时期文化产业倍增计划》[⑤]印发，为加快发展文化产业增加了动力。以上这些文件为振兴文化产业提供了政策支撑。2002—2012 年，文化部先后命名了 204 家国家文化产业示范基地、6 家国家级文化产业示范园和 4 家国家级文化产业试验园区。[⑥]

深化文化体制改革的中心是转企改制、重塑市场主体。2003 年，中宣部、中组部、财政部、人事部等有关部门和单位制定《文化体制改革试点中支持文化产业发展的规定（试行）》和《文化体制改革试点中经营性文化事业单位转制为企业的规定（试行）》[⑦]，并出台了相关配套措施推动经营性文化事业单位向文化企业转变。截至 2012 年 9 月，全国有 580

---

① 张贺：《"十二五"以来特别是党的十八大以来我国文化改革发展成就辉煌》，《人民日报》2015 年 10 月 10 日。

② 《十六大以来重要文献选编》（上），中央文献出版社 2005 年版，第 31—32 页。

③ 《文化部关于支持和促进文化产业发展的若干意见》（2003 年 9 月 4 日），中华人民共和国文化和旅游部网，2017 年 12 月 20 日。

④ 《文化产业振兴规划》，《人民日报》2009 年 9 月 27 日。

⑤ 《文化部关于印发〈文化部"十二五"时期文化产业倍增计划〉的通知》（2012 年 2 月 23 日），中华人民共和国文化和旅游部网，2017 年 12 月 20 日。

⑥ 国家统计局编：《科学发展谱新篇——从十六大到十八大》，中国统计出版社 2012 年版，第 194 页。

⑦ 《国务院办公厅关于印发文化体制改革试点中支持文化产业发展和经营性文化事业单位转制为企业的两个规定的通知》（2003 年 12 月 31 日），中华人民共和国中央人民政府网，2017 年 12 月 20 日。

家出版社、3000 家新华书店、850 家电影制作发行放映单位、57 家电视剧制作机构、38 家党报党刊发行单位完成转企改制；全国 2103 家有改革任务的国有文艺院团中有 2093 家完成改革任务，占总数的 99.5%；全国 3388 种应转企改制的非时政类报刊有 3041 种完成改革任务，占总数的 89.8%；中央和全国除新疆、西藏、青海外的 28 个省市区重点新闻网站 80% 以上完成和基本完成转企改制。[①]

5. 加快构建文化市场体系　2003 年 2 月 28 日，文化部发布了《2003—2010 年文化市场发展纲要》，对文化市场发展的主要目标、发展思路、分类发展目标、文化市场建设和管理的保障措施等作出规划，提出力争到 2010 年初步建成统一、开放、竞争、有序的社会主义文化市场体系。[②]2005 年 12 月 23 日，中共中央、国务院《关于深化文化体制改革的若干意见》提出要加强文化产品和要素市场建设、完善现代流通体制、建立健全市场中介机构和行业组织、加强文化市场监管等。[③]2002—2010 年，我国加快构建文化市场体系，"形成了若干规模大、实力强、覆盖广的出版物发行、广播电视网络传输、电影发行放映和演出票务连锁企业，打破了条块分割、城乡分离的市场格局"[④]。2004 年 8 月，中共中央办公厅、国务院办公厅转发中宣部、文化部等《关于在文化体制改革综合试点地区建立文化市场综合执法机构的意见》，[⑤]为建立文化市场综合执法机构提供了政策支撑。截至 2012 年 8 月，全国列入改革范围的 403 个地级市及 2594 个县（区）全部组建了文化市场综合执法机构，文化市场综合执法机构改革全面完成。[⑥]

---

① 李长春：《文化强国之路——文化体制改革的探索与实践》（上），人民出版社 2013 年版，第 273 页。

② 《2003—2010 年文化市场发展纲要》（2003 年 2 月 28 日），中华人民共和国文化和旅游部网，2017 年 12 月 20 日。

③ 《十六大以来重要文献选编》（下），中央文献出版社 2008 年版，第 134—135 页。

④ 《十七大以来重要文献选编》（中），中央文献出版社 2011 年版，第 648 页。

⑤ 欧阳雪梅主编：《中华人民共和国文化史（1949—2012）》，当代中国出版社 2016 年版，第 326 页。

⑥ 蔡武：《深入贯彻落实党的十八大精神　开创文化系统改革发展新局面》，《中国文化报》2013 年 3 月 20 日。

6. *推动中华文化走向世界* 2002年11月，中共十六大报告提出，着眼于世界文化发展的前沿，不断增强中国特色社会主义文化的吸引力和感召力。[①]2005年10月，中共十六届五中全会提出："积极开拓国际文化市场，推动中华文化走向世界。"[②]2006年11月，国务院办公厅转发财政部、文化部等部门《关于鼓励和支持文化产品和服务出口的若干政策》，鼓励和支持文化企业参与国际竞争，推动我国文化产品和服务进入国际市场。[③]2007年4月，商务部、文化部等部门制定了《文化产品和服务出口指导目录》[④]，并于2012年作出修改。2011年4月，文化部牵头组建了对外文化交流部际联席会议机制，并制定了《关于促进文化产品和服务"走出去"2011—2015年总体规划》。2011年4月20日，新闻出版总署制定了《新闻出版业"十二五"时期"走出去"发展规划》，2012年1月9日颁布了《关于加快我国新闻出版业"走出去"的若干意见》。[⑤]"十一五"期间，我国核心文化产品出口总额为11.8亿美元，相比"十五"期间增长了255.6%。[⑥]

2011年10月，中共十七届六中全会通过了《关于深化文化体制改革推动社会主义文化大发展大繁荣若干重大问题的决定》，强调增强中华文化在世界上的影响力和感召力；展现中国文明、民主、开放、进步的形象；实施文化"走出去"工程；支持重点主流媒体在海外设立分支机构，培育外向型文化企业和中介机构；加强海外中国文化中心和孔子学院建设；构建人文交流机制，把政府交流和民间交流结合起来。[⑦]中国逐步形成多层次、宽领域的对外文化交流格局。

---

① 《十六大以来重要文献选编》(上)，中央文献出版社2005年版，第29—30页。

② 《十六大以来重要文献选编》(中)，中央文献出版社2006年版，第1081页。

③ 蔡武主编:《筑牢文化自信之基——中国文化体制改革40年》，广东经济出版社2017年版，第240页。

④ 《文化产品和服务出口指导目录》(2007年4月11日)，中华人民共和国文化和旅游部网，2017年12月20日。

⑤ 蔡武主编:《筑牢文化自信之基——中国文化体制改革40年》，广东经济出版社2017年版，第240—241页。

⑥ 吕立勤:《以新的思路谋划文化改革发展》,《经济日报》2011年10月16日。

⑦ 《十七大以来重要文献选编》(下)，中央文献出版社2013年版，第578页。

（三）全面深化阶段（2012 年以来）

中共十八大以来，中国社会的主要矛盾转变为人民日益增长的美好生活需要和不平衡不充分的发展之间的矛盾。为全面建成小康社会，建设社会主义文化强国，中共十八大强调，要“深化文化体制改革，解放和发展文化生产力”，更好地保障人民基本文化权益，全面提高人民的思想道德素质和科学文化素质，不断增强中华文化的国际影响力。①

1. 强化文化体制改革顶层设计　中共十八大提出，全面建成小康社会，必须“不失时机深化重要领域改革……构建系统完备、科学规范、运行有效的制度体系，使各方面制度更加成熟更加定型”，并提出了深化文化体制改革的内容。②2013 年 11 月，中共十八届三中全会作出《关于全面深化改革若干重大问题的决定》，明确提出了国家治理体系和治理能力现代化的总目标，其中第 11 个问题即“推进文化体制机制创新”，对完善文化管理体制、建立健全现代文化市场体系、构建现代公共文化服务体系、提高文化开放水平等问题进行了部署。③2014 年 2 月，中央全面深化改革领导小组通过了《深化文化体制改革实施方案》，列出 25 项、104 条改革举措及工作项目，为今后一个时期的文化体制改革规划了路线图、明确了时间表、布置了任务书。④2017 年，中共中央办公厅、国务院办公厅印发了《国家“十三五”时期文化发展改革规划纲要》，对文化发展改革的总体要求、加强思想理论建设、提高舆论引导水平、培育和践行社会主义核心价值观、加快现代公共文化服务体系建设、完善现代文化市场体系和现代文化产业体系、传承弘扬中华优秀传统文化、提高对外开放水平、推进文化体制改革创新等问题作出系统规划。⑤

2. 完善文化管理体制　按照政企分开、政事分开原则，文化行政单

---

① 《十八大以来重要文献选编》（上），中央文献出版社 2014 年版，第 24 页。

② 《十八大以来重要文献选编》（上），中央文献出版社 2014 年版，第 14、26 页。

③ 《十八大以来重要文献选编》（上），中央文献出版社 2014 年版，第 533—535 页。

④ 徐京跃、隋笑飞：《深化文化体制改革任务展望——访中央文化体制改革和发展工作领导小组办公室主任、中宣部副部长孙志军》，《光明日报》2014 年 3 月 12 日。

⑤ 《中办国办印发〈国家“十三五”时期文化发展改革规划纲要〉》，《人民日报》2017 年 5 月 8 日。

位由办文化向管文化转变。以“转变职能、简政放权”为主要内容，国务院推进文化管理体制改革，简化行政审批权限。从2013年至2017年2月，文化部取消了3项行政审批事项，新闻出版广电总局取消了15项行政审批事项，国家文物局取消了3项行政审批事项；[①] 文化部还废止了《文化部创新奖奖励办法》等三项文件。[②] 为了进一步促进文化市场持续健康发展，中共中央办公厅、国务院办公厅于2016年印发了《关于进一步深化文化市场综合执法改革的意见》，指出要高度重视文化市场管理问题，推动现代文化市场体系建设，更好地维护国家文化安全和意识形态安全，更好地促进文化事业文化产业繁荣发展。[③]

3. 健全现代文化市场体系　中共十八大以来，国有艺术院团、非时政类报刊、重点新闻网站等国有经营性文化单位继续推进转企改制。2014年4月，国务院批准了中宣部、科技部、财政部等有关部门拟定的《文化体制改革中经营性文化事业单位转制为企业的规定》和《进一步支持文化企业发展的规定》，这两个规定修订完善了一系列推动文化体制改革的经济政策，为新一轮文化体制改革提供了有力的支撑。[④] 在政策指引下，文化企业加快进行投融资体制改革，通过资本市场做大做强文化企业。以阿里巴巴、百度、腾讯为代表的大型企业集团通过并购、控股、参股等形式进入文化产业领域。2017年，沪深两市上市文化公司103家，约占A股上市公司总数的3.21%。全国挂牌的文化企业有690家，约占新三板挂牌企业总数的6.2%。[⑤]

4. 构建现代公共文化服务体系　2012年7月，国务院印发《国家基

---

① 国务院审改办：《2013年以来国务院已公布的取消和下放国务院部门行政审批事项》，《人民日报》2017年2月10日。

② 《文化部关于废止部分规范性文件的通知》（2017年12月14日），中华人民共和国文化和旅游部网，2018年1月3日。

③ 《中共中央办公厅、国务院办公厅印发〈关于进一步深化文化市场综合执法改革的意见〉》，《中国文化报》2016年4月6日。

④ 《国务院办公厅关于印发文化体制改革中经营性文化事业单位转制为企业和进一步支持文化企业发展两个规定的通知》，《中国文化报》2014年4月17日。

⑤ 刘阳、郑海鸥：《坚定文化自信　开创社会主义文化繁荣新景象——党的十八大以来文化体制改革成效显著》，《人民日报》2017年7月24日。

本公共服务体系“十二五”规划》，要求“围绕建设社会主义核心价值体系和满足城乡居民精神文化需求的要求，坚持公益性、基本性、均等性、便利性，建立健全公共文化服务体系，扩大公共文化产品和服务的供给”[①]，把构建公共文化服务体系纳入国家基本公共服务体系范围。中共十八大以来，公共文化服务体系建设从过去注重搭建框架发展到整体推进、科学发展、全面提升的阶段。中共十八届三中全会提出了“构建现代公共文化服务体系”的战略要求和总体部署，要求建立公共文化服务体系建设协调机制，统筹服务设施网络建设，促进基本公共文化服务标准化、均等化；建设综合性文化服务中心；鼓励社会力量、社会资本参与公共文化服务体系建设；等等。[②]2015 年 1 月，中共中央办公厅、国务院办公厅印发了《关于加快构建现代公共文化服务体系的意见》和《国家基本公共文化服务指导标准（2015—2020 年）》，对统筹推进公共文化服务均衡发展、增强公共文化服务发展动力、加强公共文化产品和服务供给、推进公共文化服务与科技融合发展、创新公共文化管理体制和运行机制、加大公共文化服务保障力度等作出全面系统的规划。[③]2016 年 12 月 25 日，十二届全国人大常委会第二十五次会议通过了《中华人民共和国公共文化服务保障法》，并于 2017 年 3 月 1 日起正式施行。[④]这些政策法规为构建现代公共文化服务体系搭建了基本框架。

5. 扩大中华文化的国际影响力　中共十八大提出：“扩大文化领域对外开放，积极吸收借鉴国外优秀文化成果”；要求“中华文化走出去迈出更大步伐”。[⑤]2014 年 3 月 3 日，国务院发布《关于加快发展对外文化贸易的意见》[⑥]；2016 年 11 月 1 日，中央全面深化改革领导小组通过《关于

---

① 《国务院关于印发国家基本公共服务体系“十二五”规划的通知》（2012 年 7 月 11 日），中华人民共和国中央人民政府网，2018 年 1 月 3 日。

② 《十八大以来重要文献选编》（上），中央文献出版社 2014 年版，第 534—535 页。

③ 《中共中央办公厅、国务院办公厅印发〈关于加快构建现代公共文化服务体系的意见〉》，《中国文化报》2015 年 1 月 15 日。

④ 《中华人民共和国公共文化服务保障法》，《中国文化报》2016 年 12 月 26 日。

⑤ 《十八大以来重要文献选编》（上），中央文献出版社 2014 年版，第 26、14 页。

⑥ 《国务院关于加快发展对外文化贸易的意见》，《中国文化报》2014 年 3 月 20 日。

进一步加强和改进中华文化走出去工作的指导意见》[①]；2016年12月，《文化部“一带一路”文化发展行动计划（2016—2020年）》[②]发布。这些政策为中华文化“走出去”指明了道路。中共十八大以来，以习近平同志为核心的党中央高度重视构建对外话语体系建设，宣讲中国故事；文化部等部门积极拓展对外文化交流，借助中医、中国功夫、中华美食等不断扩大中华文化的国际影响力。

改革开放近40年来，文化管理体制机制、所有制格局、文化生产和消费格局、对外文化交流格局都发生了显著变化，这为进一步解放和发展文化生产力创造了条件。

二、文化体制改革发展的主要成就

经过近40年文化体制改革，中国的文化建设取得了历史性成就，现代文化市场体系、现代公共文化服务体系、中华优秀文化传承体系、对外文化传播和对外话语体系等[③]都取得了显著成绩，国家文化软实力和中华文化的国际影响力显著增强。

（一）形成现代文化市场体系

2000年，全国共有各类文化产业机构约28.35万个，从业人员约为149.16万人；资本金合计约418.06亿元，其中国家资本金约26.42亿元；主营业收入142.16亿元，利润33.97亿元。[④]从中共十六大到2016年，文化产业逐渐成为国民经济的支柱性产业之一。据统计，截至2016年底，全国文化及相关产业企业数量达297.65万家，注册资本14.29万亿元。全国规模以上文化及相关产业法人单位数从2012年的3.6万家发展

① 《习近平主持召开中央全面深化改革领导小组第二十九次会议强调 全面贯彻党的十八届六中全会精神 抓好改革重点落实改革任务》，《人民日报》2016年11月2日。

② 《文化部“一带一路”文化发展行动计划（2016—2020年）》，《中国文化报》2017年1月5日。

③ 周玮、姜潇：《全面深化改革一年来 标记当代中国文化新高度——全面深化文化体制改革述评》，《光明日报》2015年1月11日。

④ 孙家正主编：《中国文化年鉴·2001》，新华出版社2002年版，第5页。

到2016年的5万家，营业收入80314亿元。[①]以2004年、2012年、2016年为例，文化产业增加值、增长速度及其占GDP比重分别为3440亿元、37.1%、2.15%，18071亿元、16.5%、3.48%，30785亿元、13.0%、4.14%。[②]

国有文化企业是文化建设的中坚力量。据财政部发布的《国有文化企业发展报告（2016）》统计，截至2015年末，全国国有文化企业共计13994户（按独立法人统计），从业人员137.1万，资产总额31746.7亿元，实现营业总收入14085.2亿元，利润总额1311.4亿元。[③]2017年第九届“文化企业30强”名单中，中国出版集团公司、中国电影股份有限公司、中国国际电视总公司、中国教育出版传媒集团有限公司等国有或国有控股企业有25家。[④]

（二）逐步构建现代公共文化服务体系

改革开放以来，全国文化事业费用稳定增长，逐步建立起了覆盖城乡的基本公共文化服务体系。以1978年、2002年、2012年、2015年为例，文化事业费分别为4.44亿元、83.66亿元、480.10亿元、682.97亿元。[⑤]中共十八大以来，各级政府切实履行在文化领域的公共服务职能，不断加强现代公共文化服务体系建设，努力保障人民群众基本的文化权益，“三馆一站”（即美术馆、公共图书馆、文化馆以及乡镇综合文化站）公共文化服务设施全部免费开放，基本实现了“县有公共图书馆、文化馆，乡有综合文化站”的建设目标；深入实施广播电视村村通、文化信息资源共享、农家书屋等重大文化惠民工程，公共文化服务能力和普惠水平不断提高。广播电视覆盖面持续扩大，截至2016年底，全国广播综合人

---

① 周科：《千帆竞发浪潮涌　百舸争流正逢时——十八大以来我国文化产业发展成就综述》，《中国文化报》2017年5月13日。

② 国家统计局社会科技和文化产业统计司、中宣部文化体制改革和发展办公室编：《中国文化及相关产业统计年鉴·2017》，中国统计出版社2017年版，第32页。

③ 曲晓燕：《〈国有文化企业发展报告（2016）〉显示国有文化企业增长态势良好》，《中国文化报》2016年12月27日。

④ 吕绍刚、郑海鸥：《第九届文化企业30强名单揭晓》，《人民日报》2017年5月12日。

⑤ 中华人民共和国文化部编：《中国文化文物统计年鉴·2016》，国家图书馆出版社2016年版，第15—16页。

口覆盖率为98.4%，全国电视综合人口覆盖率98.9%。[①]

（三）构建中华优秀传统文化传承体系

2017年1月，中共中央办公厅、国务院办公厅印发《关于实施中华优秀传统文化传承发展工程的意见》，明确提出传承和发展中华优秀传统文化的重要意义、指导思想、基本原则、重点任务以及保障措施等。[②]同年5月7日，中共中央办公厅、国务院办公厅发布《国家"十三五"时期文化发展改革规划纲要》，提出加强中华优秀传统文化研究挖掘和创新发展、开展中华优秀传统文化普及、加强文化遗产保护、传承振兴民族民间文化、保护和发展传统工艺等内容。[③]这些文件为构建中华优秀文化传承体系提供了政策保障。

实施非物质文化遗产保护工程是中华优秀传统文化传承体系的重要内容。2005年3月26日，国务院办公厅印发了《关于加强我国非物质文化遗产保护工作的意见》[④]。2012年2月2日，文化部印发了《关于加强非物质文化遗产生产性保护的指导意见》[⑤]。1987—2017年，共有泰山、敦煌莫高窟、秦始皇陵及兵马俑、鼓浪屿等52家单位入选世界文化和自然遗产名录。2001—2016年，昆曲、古琴艺术、中国书法、剪纸、中医针灸、京剧、二十四节气等39项入选世界非物质文化遗产。[⑥]2005—2009年，我国开展了全国性的非物质文化遗产普查，非物质文化遗产资源总量近87万项。在此基础上，我国建立了国家、省、市、县四级非物质文

---

① 《文化强国建设稳步推进文化改革发展成绩显著——党的十八大以来经济社会发展成就系列之二十》，中华人民共和国国家统计局网，2018年1月3日。

② 《中共中央办公厅、国务院办公厅印发关于实施中华优秀传统文化传承发展工程的意见》，《人民日报》2017年1月26日。

③ 《中办国办印发〈国家"十三五"时期文化发展改革规划纲要〉》，《人民日报》2017年5月8日。

④ 《国务院办公厅关于加强我国非物质文化遗产保护工作的意见》（2005年3月26日），中华人民共和国文化和旅游部网，2018年1月3日。

⑤ 《文化部关于加强非物质文化遗产生产性保护的指导意见》（2012年2月2日），中华人民共和国文化和旅游部网，2018年1月3日。

⑥ 国家统计局社会科技和文化产业统计司、中宣部文化体制改革和发展办公室编：《中国文化及相关产业统计年鉴·2017》，中国统计出版社2017年版，第261—263页。

化遗产名录体系。截至 2017 年 10 月，国务院批准公布了四批共 1372 项国家级代表性项目，各省区市批准公布了 13087 项省级代表性项目。文化部命名了四批共 1986 名国家级代表性传承人，各省区市命名了 14928 名省级代表性传承人。①

加强中华优秀传统文化教育是构建中华优秀传统文化传承体系的重要途径。2014 年 3 月，教育部印发了《完善中华优秀传统文化教育指导纲要》，强调指出加强中华优秀传统文化教育的重要性和紧迫性，制定了指导思想和基本原则，要求把中华优秀传统文化教育系统融入课程和教材体系。② 从 2012 年起，教育部组织新编义务教育道德与法治、语文和历史教材，并于 2017 年 9 月 1 日在全国投入使用。道德与法治教材介绍传统节日、民歌民谣、传统美德、民族精神、古代辉煌科技成就等内容；语文教材所选古诗文数量有所增加，并增加了楹联、成语、谚语、歇后语、蒙学读物等传统文化内容；历史教材内容涵盖中国古代的思想、文学、艺术、科技等诸多方面，增强学生对中华优秀传统文化的认同和传承。

（四）对外文化交流体系建设取得进展

改革开放后，中国外交工作的指导方针作出了重大调整，对外文化交流也随之逐步扩展。1981 年，中国与 33 个国家签订了文化协定，③ 到 2017 年 10 月，中国已与 157 个国家签订了政府文化协定和 700 多个年度文化交流计划。截至 2015 年 10 月，在 134 个国家和地区建立了 495 所孔子学院和 1000 多个中小学孔子课堂。④ 初步形成了覆盖世界主要国家和地区的政府间文化交流与合作网络，海外文化阵地建设加速推进，中华文化对外传播能力逐渐增强，在国际话语体系中的影响力逐渐扩大。

---

① 王学思：《开创非遗当代传承发展的生动局面——党的十八大以来我国非遗保护工作综述》，《中国文化报》2017 年 10 月 16 日。

② 《教育部关于印发〈完善中华优秀传统文化教育指导纲要〉的通知》，中华人民共和国教育部网，2018 年 1 月 4 日。

③ 韦琮妍：《日益活跃的对外文化交流》，《人民日报》1981 年 7 月 7 日。

④ 张贺：《“十二五”以来特别是党的十八大以来我国文化改革发展成就辉煌》，《人民日报》2015 年 10 月 10 日。

对外文化贸易迈上新台阶，文化产品和服务在国际市场的份额和竞争力明显增强。2016 年，中国文化产品出口额 786.7 亿美元，文化体育和娱乐业对外直接投资 39.2 亿美元；图书版权输出 1 万种。[①] 文化产品进出口逆差的局面逐渐改变，文化交流、文化贸易和文化投资并举的新格局逐渐形成。

经过近 40 年的文化体制改革，中国文化事业向构建现代公共文化服务体系转变；人民群众的基本文化权益和多层次、多样化、多领域的文化需要不断得到满足；对外文化交流逐渐从“引进来”为主向“走出去”“引进来”相结合转变；国家文化软实力和中华文化的国际竞争力影响力上了一个大台阶。中国逐渐从文化资源大国向文化强国迈进。实践表明，文化体制改革是解放和发展文化生产力的根本途径，是拉动经济社会发展的新引擎，是坚持社会主义文化发展道路、建设社会主义文化强国的必由之路。

三、文化体制改革的基本经验

近 40 年文化体制改革的实践积累了丰富经验，如加强和改善党对文化工作的领导，坚持社会效益和经济效益的统一，坚持人民群众的主体地位，坚持文化体制改革的基本思路、基本方针，坚持改革的力度、发展的速度和管理的程度相结合等。[②] 从对立统一规律角度，文化体制改革还可以总结出如下基本经验。

（一）坚持解放和发展文化生产力的辩证统一

在全面建设小康社会、实现中华民族伟大复兴的历史进程中，繁荣和发展社会主义先进文化具有全局性、战略性的地位与作用。改革不适应文化发展的体制机制，是解放和发展文化生产力的必由之路。深化文

① 刘阳、郑海鸥：《坚定文化自信 开创社会主义文化繁荣新景象——党的十八大以来文化体制改革成效显著》，《人民日报》2017 年 7 月 24 日。

② 蔡武主编：《筑牢文化自信之基——中国文化体制改革 40 年》，广东经济出版社 2017 年版，第 22—26 页。

化体制改革，加快文化事业和文化产业发展，是加快社会主义现代化建设的内在要求，是提升我国综合国力的迫切需要，是实现经济、政治、文化和社会协调发展，构建社会主义和谐社会的重要内容。① 文化体制改革涉及政府、单位和社会的关系，涉及微观运行机制、产业格局、市场体系、管理体系、政策法规等各个环节。通过革除体制机制弊端，解放和发展文化生产力，是文化体制改革的基本经验。

中共十四届六中全会指出，要“一手抓繁荣，一手抓管理，促进文化市场健康发展。文化市场是社会主义精神文明建设的重要阵地，决不允许成为腐朽思想文化滋生蔓延的场所”②。把文化体制改革和文化市场管理结合起来，以规范有效的管理保证文化改革健康发展，是文化体制改革健康发展的保障。

“改革创新和科技进步是文化发展的根本动力。”③ 中共中央始终重视文化与科技的融合。1978 年 8 月，文化部成立了科学技术局，此后电影制作、文物保护、舞台艺术、印刷等领域都成立了相关科研机构。中共十六大以来，文化建设的目标任务被纳入经济社会发展的总体规划。《国家“十一五”时期文化发展规划纲要》要求“推动文化与科技的融合”④。2012 年 6 月 27 日，科技部、文化部等印发了《国家文化科技创新工程纲要》⑤。2017 年 5 月，文化部发布《文化部“十三五”时期文化科技创新规划》，提出文化创新、文化科技重点研发、文化大数据、文化科技成果转化等 6 项重点工程。⑥ 在数字技术和网络信息技术时代，科学技术融入文化产品创作、生产、传播、消费等关键环节，成为文化产业发展的重要支撑。

文化体制改革是不断探索、不断实践、不断完善的过程。把文化创新同文化体制改革结合起来，推动文化科技进步，孵化新生文化业态，

---

① 《十六大以来重要文献选编》（下），中央文献出版社 2008 年版，第 126 页。

② 《十四大以来重要文献选编》（下），中央文献出版社 2011 年版，第 146 页。

③ 《十七大以来重要文献选编》（上），中央文献出版社 2009 年版，第 748 页。

④ 《国家“十一五”时期文化发展规划纲要》，《人民日报》2006 年 9 月 14 日。

⑤ 《科技部 中宣部 财政部 文化部 广电总局 新闻出版总署关于印发〈国家文化科技创新工程纲要〉的通知》（2012 年 6 月 27 日），中华人民共和国科学技术部网，2018 年 1 月 4 日。

⑥ 《文化部“十三五”时期文化科技创新规划》，《中国文化报》2017 年 5 月 4 日。

才能促进文化体制机制与文化生产力相互适应并形成良性循环。

（二）坚持文化发展战略与经济社会发展全局的辩证统一

文化体制改革是复杂的社会系统工程，涉及经济基础和上层建筑许多领域，需要统筹国家经济社会发展全局，又要聚焦文化发展实际，把国家整体战略与文化专项战略统一起来，推动文化与经济、政治、社会的相互促进和全面发展。

把文化发展战略纳入国民经济和社会发展规划是推进文化体制改革的重要依托。改革开放以来，中共中央始终把文化纳入现代化建设总体布局。1986 年 4 月，“七五”计划指出：“专业艺术表演团体，要改革体制，完善经营管理制度”[①]。中共十四大以来，党和国家始终从社会发展全局的高度谋划文化建设事业和文化体制改革。2000 年 10 月，“十五”计划强调要深化文化体制改革，建立科学合理、灵活高效的管理体制和文化产品生产经营机制；实行支持文化事业发展的有关政策，增加对重要新闻媒体和公益文化事业的投入；完善文化产业政策，加强文化市场建设和管理，推动有关文化产业发展。[②]根据“十五”计划，文化部制定了《文化事业发展第十个五年计划纲要》和《文化产业发展第十个五年计划纲要》。中国文化体制改革的思想理论政策准备基本完成。

（三）坚持文化强国战略同世界文明发展趋势的辩证统一

发展中国特色社会主义文化是社会主义现代化建设的重要内容和保证。中共十五大提出：“建设有中国特色社会主义的文化，就是以马克思主义为指导，以培育有理想、有道德、有文化、有纪律的公民为目标，发展面向现代化、面向世界、面向未来的，民族的科学的大众的社会主义文化。”[③]当今世界，文化与经济和政治相互交融，在综合国力竞争中的地位和作用越来越突出。2011 年，中共十七届六中全会提出“坚持中国特色社会主义文化发展道路，努力建设社会主义文化强国”的战略目

① 《十二大以来重要文献选编》（中），中央文献出版社 2011 年版，第 460 页。
② 《十五大以来重要文献选编》（中），中央文献出版社 2011 年版，第 509 页。
③ 《十五大以来重要文献选编》（上），中央文献出版社 2011 年版，第 16 页。

标。[①]这是总结改革开放30多年经济文化发展成就，为实现全面建设小康社会战略目标而提出的重大决策，对于经济社会的全面协调发展具有重大指导意义。

中华文明与各国文明交流互鉴是世界文明发展的趋势。改革开放以来，对外文化交流成为展示中国成就、宣传中国形象、传播中华文化的重要渠道。中共十七届六中全会指出，要“开展多渠道多形式多层次对外文化交流，广泛参与世界文明对话，促进文化相互借鉴，增强中华文化在世界上的感召力和影响力，共同维护文化多样性”[②]。中共十八大强调，建设社会主义文化强国关键是增强全民族文化创造活力，要深化文化体制改革，解放和发展文化生产力，开创中华文化国际影响力不断增强的新局面。[③]2014年3月27日，习近平在联合国教科文组织总部演讲时阐述了世界文明发展的基本规律，他指出：“文明因交流而多彩，文明因互鉴而丰富。文明交流互鉴，是推动人类文明进步和世界和平发展的重要动力。”[④]

文化强国战略与世界文明发展趋势是辩证统一的，只有尊重世界文明的发展规律，才能海纳百川，增强中华文化的国际影响力和竞争力。正如中共十九大报告指出：“要尊重世界文明多样性，以文明交流超越文明隔阂、文明互鉴超越文明冲突、文明共存超越文明优越。”[⑤]据《中国国家形象全球调查报告（2016—2017）》显示，海外对中国整体形象的好感度稳中有升，中国对全球治理的贡献和国内治理的表现赢得海外好评。历史悠久、充满魅力的东方大国和全球发展的贡献者成为中国最突出的国家形象。[⑥]

---

① 《十七大以来重要文献选编》（下），中央文献出版社2013年版，第562页。

② 《十七大以来重要文献选编》（下），中央文献出版社2013年版，第578页。

③ 《十八大以来重要文献选编》（上），中央文献出版社2014年版，第24页。

④ 《习近平谈治国理政》，外文出版社2014年版，第258页。

⑤ 习近平：《决胜全面建成小康社会 夺取新时代中国特色社会主义伟大胜利——在中国共产党第十九次全国代表大会上的报告》，《人民日报》2017年10月28日。

⑥ 《〈中国国家形象全球调查报告2016—2017〉显示 海外受访者对中国未来发展充满信心》，《光明日报》2018年1月6日。

（四）坚持文化理论创新和文化实践创新的辩证统一

以文化理论创新指导文化改革实践，以文化改革实践推进文化理论创新，是文化体制改革的基本经验之一。

在文化体制改革探索阶段，中共中央在全国代表大会报告、文化事业和文化产业专项规划中对文化体制改革的方向、政策等问题作出了明确阐述，如改革文化体制是文化建设事业发展和繁荣的根本出路；强调把社会效益放在首位，坚持社会效益和经济效益的统一；强调“一手抓繁荣，一手抓管理”，促进文化市场健康发展；“改革要区别情况、分类指导”，逐步形成国家保证重点、鼓励社会兴办文化事业的发展格局；[①] 建立科学合理的管理体制和文化商品生产经营机制；支持文化发展有关政策；健全文化产业政策，强化文化市场建设和管理，推动相关文化产业发展。[②] 这些创新思想为进一步深化改革文化体制奠定了基础。

中共十六大以来，中共中央针对文化体制改革中的问题，提出“树立既符合社会主义精神文明建设的特点和规律，又适应社会主义市场经济发展要求的新文化发展观”[③]。2008 年 11 月，李长春比较系统地阐述了新文化发展理念，初步回答了新世纪新阶段文化发展的一系列重大问题。在文化发展动力上，坚持改革创新和科技进步，破除文化发展的体制性障碍，解放和发展文化生产力；在文化发展思路上，一手抓公益性文化事业，一手抓经营性文化产业；在文化发展格局上，形成以公有制为主体、多种所有制共同发展的文化产业格局，以民族文化为主体、吸收外来有益文化的对外开放格局；在文化发展战略上，提升国家文化软实力，实施文化“走出去”战略，增强中华文化的国际影响力等。[④] 科学发展观指导下的新文化发展理念是中共十六大以来文化体制改革实践的科学指南。

中共十八大以来，以习近平同志为核心的党中央统筹“五位一体”总体布局，强调坚定文化自信，坚持中国特色社会主义文化发展道路，推进

① 《十四大以来重要文献选编》（下），中央文献出版社 2011 年版，第 146—147 页。

② 《十五大以来重要文献选编》（中），人民出版社 2001 年版，第 1395 页。

③ 《十六大以来重要文献选编》（上），中央文献出版社 2005 年版，第 342—343 页。

④ 《十七大以来重要文献选编》（上），中央文献出版社 2009 年版，第 741—742 页。

文化体制改革、推进体制机制和观念创新，形成习近平新时代中国特色社会主义文化建设思想，是指导新时代文化改革发展的行动指南。习近平指出："大胆推进改革、推进文化事业全面繁荣和文化产业快速发展、建设社会主义文化强国的同时，把握好意识形态属性和产业属性、社会效益和经济效益的关系，始终坚持社会主义先进文化前进方向，始终把社会效益放在首位。无论改什么、怎么改，导向不能丢，阵地不能丢。"[①]2014 年 2 月，中央全面深化改革领导小组通过《深化文化体制改革实施方案》，提出深化文化体制改革要做到："四个坚持"（坚持社会主义先进文化前进方向，坚持中国特色社会主义文化发展道路，坚持以人民为中心的工作导向，坚持把社会效益放在首位、社会效益和经济效益相统一）；"一个围绕"（围绕建设社会主义核心价值体系、社会主义文化强国）；"两个巩固"（巩固马克思主义在意识形态领域的指导地位，巩固全党全国各族人民团结奋斗的共同思想基础）；"一个中心环节"（以激发全民族文化创造活力为中心环节）；"三个方面工作"（促进文化事业全面繁荣、文化产业快速发展、优秀传统文化传承弘扬）。[②] 这是文化体制改革必须坚持的基本理论原则。

文化体制改革近 40 年来，中国文化建设取得了历史性成就，积累了许多历史经验，这为进一步解决文化领域的矛盾问题、全面深化文化体制改革提供了前提条件和路径参照，为坚持中国特色社会主义文化发展道路、完善文化制度、建设社会主义文化强国提供了行动指南，为实现"两个一百年"奋斗目标准备了必要的物质基础、政策基础和精神条件。

［原载《当代中国史研究》2018 年第 4 期］

① 《习近平关于社会主义文化建设论述摘编》，中央文献出版社 2017 年版，第 185 页。

② 徐京跃、隋笑飞：《深化文化体制改革任务展望——访中央文化体制改革和发展工作领导小组办公室主任、中宣部副部长孙志军》，《光明日报》2014 年 3 月 12 日。

当代中国意识形态建设若干问题研究

新中国成立初期的胡适思想批判运动

新中国成立初期的胡适思想批判运动是历史合力的结果，也是中国共产党与胡适之间的政治对立关系逐步演进的结果。

一、前奏：新中国成立前后中共对胡适的批判与争取

抗战结束之际，胡适充当蒋介石的说客，致电毛泽东，劝说中共领袖“审查世界形势，爱惜中国前途，努力忘却过去，瞻望将来，痛下决心，放弃武力，准备为中国建立一个不靠武装的第二大政党”，又警告中共“万不可以小不忍而自致毁灭”。①

在解放战争时期，胡适又多次攻击共产党和马克思主义，宣扬“点滴进化”的改良主义。1948 年 4 月，在国民党召开的非法“国民大会”上，胡适作为大会主席团主席，扶助蒋介石登上“总统”宝座。

以上表明胡适在政治立场、思想体系、社会发展方向等根本问题上都与共产党格格不入。

1949 年 3 月，胡适在台北对国民党中央社记者发表谈话，鼓吹北大西洋公约“可以防止第三次大战之爆发”，公然拥护美帝国主义的扩张政策。

4 月，胡适在赴美途中，写成《〈自由中国〉的宗旨》这篇反共宣

① 《胡适来往书信选》（下），中华书局 1980 年版，第 26、27 页。

言，声称“共产党的武力踏到的地方，立刻就罩下了一层十分严密的铁幕”，在铁幕底下，“人民基本自由更无法存在”。同时还撰写《陈独秀最后对于民主政治的见解——〈论文与书信〉序言》，极力攻击无产阶级革命和无产阶级专政。[①]22 日，胡适在美国旧金山赞扬国民党拒绝国内和平协定，竭力鼓吹抵抗共产主义。23 日，人民解放军占领南京时，胡适仍然宣称“不管局势如何艰难，我始终是坚定的用道义支持蒋总统的”[②]。

在革命与反革命的政治对抗中，胡适不可避免地会受到中共的反驳和批判，其中主要集中在以下几个方面：

第一，重评胡适在新文化运动中的地位和作用，指出胡适与中国共产党人在政治上分道扬镳的罪状。1949 年 5 月 4 日，《人民日报》发表吴玉章的《纪念“五四”三十周年应有的认识》和何干之的《五四的两个基本口号》，指出中国共产党与胡适之间革命与改良、无产阶级与资产阶级、马列主义与实验主义的分野，认为新文化运动的领导者不是胡适，而是李大钊。[③] 1950 年 7 月 30 日，艾青在《人民日报》发表《爱国诗人闻一多——纪念闻一多先生逝世四周年》，指出，“新月派”成员在中国革命的严重考验中分裂成两部分：一部分以胡适之为代表，走向反人民的道路，奴颜婢膝，向美帝国主义者献媚，给中国最后一个暴君做殉葬的侍女；一部分以闻一多为代表，从不丧失真诚，以严肃的态度对待人生与艺术，努力探求真理，在认识了真理之后，毅然决然走向人民，参加了革命行动。[④]

第二，反驳胡适所谓“共产党统治下没有自由”的诬蔑，强调共产党的政权是人民自己的政权。1949 年 5 月 11 日，陈垣在《给胡适之一封公开信》中，讲述解放后的北平，来了人民军队，树立了人民政权，一切都属于人民，不是“决无自由”。顾执中在《我到了北平》一文中，用亲身经历证明共产党统治下的北平，人人都有自由，“香港的谣言，胡

① 耿云志：《胡适研究论稿》，社会科学文献出版社 2007 年版，第 373 页。
② 耿云志：《胡适研究论稿》，社会科学文献出版社 2007 年版，第 373 页。
③《人民日报》1949 年 5 月 4 日。
④《人民日报》1950 年 7 月 30 日。

适的谰言，都给这些事实打得稀烂”[①]。

第三，严厉批判胡适拥蒋投美、反共反人民的政治立场。1949 年 8 月 25 日，纽约《华侨日报》发表 25 个留美的中国团体致胡适的公开信。公开信列数了胡适的反动历史和反动活动，正告胡适“立即停止一切卖国行为”，戴罪立功，争取宽大处理。[②]

第四，批判胡适为代表的民主个人主义者，指出“第三条道路”在中国行不通。1949 年 8 月，美国发表《美国与中国的关系》白皮书以后，中国各民主党派负责人和华侨领袖纷纷发表谈话，批判胡适搞“自由中国”，企图欺骗华侨和中国人民，指出美国挑拨中苏关系，否定共产党的领导，注定会遭到失败。1950 年 12 月 13 日，返国的留美学生杜度、刘心显等 80 余人发表爱国抗美宣言，指出“正义与欺诈，革命与反革命，和平与战争之间没有第三条路”，表示永远站在中国人民的立场，在抗美援朝、保家卫国的伟大运动中尽最大的责任。[③]

从新中国成立前后批判胡适的态势来看，主要是集中批判胡适反共反人民的政治立场，核心问题是政治方向和社会发展道路等根本方面的分野。

与此同时，中国共产党并没有放弃对胡适的争取，希望他能离美背蒋，回到共产党政权和人民立场上来。陈垣在给胡适的公开信中说，“在 30 年前，你是青年的‘导师’，你在这是非分明、胜败昭然的时候，竟脱离了青年而加入反人民的集团，你为什么不再回到新青年的行列中来呢？”希望胡适“敢于否定过去观点错误”“转向人民，幡然觉悟”，并“希望我们将来能在一条路上相见”。[④]

然而胡适却铁了心与共产党水火不容。1950 年初，他在《自由中国》上发表《共产党统治下决没有自由》[⑤]，声称陈垣的信是被人捉刀代笔，陈垣已经变成“跪在思想审判庭长面前忏悔乞怜的思想罪犯”，表示不肯与

---

① 《人民日报》1949 年 5 月 11 日、6 月 7 日。

② 《人民日报》1949 年 10 月 23 日。

③ 《人民日报》1950 年 12 月 15 日。

④ 《人民日报》1949 年 5 月 11 日。

⑤ 胡明记载是 1950 年 1 月 9 日，耿云志记载是 2 月 1 日。

陈垣“将来在一条路上相见”的决心。[①]10月，胡适又在美国《外交季刊》发表《斯大林雄图下的中国》，全面歪曲中国革命的历史，把党领导的革命胜利说成是莫斯科阴谋的逐步实现，把人民军队说成是执行斯大林战略的工具。[②]这样，中国共产党反击胡适的责难、批判胡适的政治立场的行动已经蓄势待发。

二、开端：知识分子思想改造运动中对胡适思想的批判

1951年秋，京津高等学校教师兴起思想改造运动。重点是讨论立场问题、态度问题和为谁服务等问题，联系思想和教学态度、教学方法，进行批评和自我批评。其中批判胡适思想成为整个运动的一道风景线。

1951年11月6日，北京大学法学院院长钱端升发表《为改造自己更好地服务祖国而学习》，坦言他解放前“是从个人的利益出发的，是遵循着资产阶级的思想道路的，客观上是为反动统治阶级服务的”，解放以后，仍充分表现了旧知识分子的思想和作风。他表示要承继“五四”的光荣传统，“宣布胡适的思想为敌人的思想”，清除这些错误思想的影响。

顾颉刚也在一个批判胡适思想的座谈会上发言，表示应该严格分清敌我，指出“胡适是政治上的敌人，也是思想上的敌人。唯有彻底清除他散播的毒素，才尽了我们的职责”[③]。

北京大学教授游国恩发表《我在解放前走的是怎样一条道路》，讲述胡适的整理国故、“科学方法”“学术独立”“好人政府”对他的影响，解剖自己“小资产阶级自私自利的个人主义思想”。

中国科学院水生生物研究所所长王家楫在《批判我的旧思想》中，解剖自己承认胡适的“泰斗地位”，表示要“为人民谋福利，不能再效法为资产阶级服务的英美式的科学家了”，要虚心学习马列主义和毛泽东思想，抛弃一切自私自利的旧思想，接受无产阶级思想的领导。[④]

---

① 胡明：《胡适思想与中国文化》，广西师范大学出版社2005年版，第293页。

② 耿云志：《胡适研究论稿》，社会科学文献出版社2007年版，第375页。

③《人民日报》1951年12月22日。

④《人民日报》1951年12月26日。

随后由于“三反”“五反”运动的兴起，1952年至1954年秋，没有批判胡适思想的重大步骤，也鲜有这方面的批判文章。

这一时期，在知识分子自我反省和自我检讨的思想改造过程中，连带批判胡适思想，即自我思想改造为主，批判胡适思想为次。

大洋彼岸的胡适却仍然冥顽不化。1953年7月4日，胡适给台湾远东图书公司出版的《胡适文存》作序说：“我的一些著作虽然未必都值得长久保存流传，但在大陆上的共产党烧毁我的书的时候，在这个共产党‘清算胡适思想’的时候，我应该让自由中国与自由世界的人们知道究竟‘胡适思想’是什么，究竟‘胡适思想’为什么值得共产党的疯狂清算。”[①]

三、发展：从批判俞平伯《红楼梦》研究到批判胡适资产阶级唯心主义思想

1954年10月，毛泽东因不满《文艺报》的错误，支持李希凡、蓝翎的文章，发起了一场批判俞平伯《红楼梦》研究的运动。毛泽东表示，“不应当承认俞平伯的观点是正确的”，不是研究《红楼梦》更深刻的问题，“而是批判错误思想的问题”。毛泽东还对《光明日报》刊载的《评〈红楼梦研究〉》中语句“麻油拌韭菜，各人心里爱”批注：“这就是胡适哲学的相对主义即实用主义。”[②]

10月16日，毛泽东发出关于《红楼梦》研究问题的信指出，“这个反对在古典文学领域毒害青年三十余年的胡适派资产阶级唯心论的斗争，也许可以开展起来了。”[③]这封信标志着《红楼梦》研究批判运动正式开始，也标志着新一轮胡适思想批判运动的启动。

10月18日，中国作家协会党组开会传达毛泽东的信的指示精神，22日，传达了毛泽东关于批判《〈红楼梦〉研究》和胡适反动思想的口头指示。

10月23日，《人民日报》发表钟洛的文章《应该重视对“红楼梦”

① 胡明：《胡适思想与中国文化》，广西师范大学出版社2005年版，第299页。

② 《建国以来毛泽东文稿》第4册，中央文献出版社1990年版，第570、571页。

③ 《建国以来毛泽东文稿》第4册，中央文献出版社1990年版，第574页。

研究中的错误观点的批判》，通过批判俞平伯的红学观，批判胡适以实验主义对待《红楼梦》的观点和方法，指出李希凡、蓝翎的文章“是三十多年来向古典文学研究工作中胡适之派的资产阶级立场、观点、方法进行反击的第一枪，可贵的第一枪！”①

24 日，《人民日报》发表李希凡、蓝翎的文章《走什么样的路？——再评俞平伯先生关于“红楼梦”研究的错误观点》，指出胡适之所提倡的学术路线，其反动目的就是阻挠马克思主义在青年中的传播，把他们蒙着眼睛牵着鼻子走向“国故”堆里去，脱离现实，避开阶级斗争。因此，要研究全部古典文学遗产，就必须批判胡适的实验主义在中国学术界所散布的流毒。只有这样，才能真正使古典文学研究工作走向正确的健康的道路，才能真正把马克思主义的光辉旗帜在古典文学研究工作的领域中树立起来，照耀着我们前进的道路。②

同日，中国作家协会古典文学部召开关于《红楼梦》研究的讨论会。与会人员在批判俞平伯关于《红楼梦》研究中错误观点的同时，批判了《红楼梦》研究中所运用的胡适资产阶级唯心主义、形式主义的观点、方法，指出在古典文学研究领域中以马克思列宁主义的立场、观点、方法来批判资产阶级唯心主义的立场、观点、方法，是一场严重的斗争。③

根据这次讨论会的情况，10 月 27 日，中央宣传部副部长陆定一关于展开《红楼梦》研究问题的批判给毛泽东并中央的报告，重申了 24 日讨论会的主要意见，指出：这次讨论的目的，是要在关于《红楼梦》和古典文学研究方面与资产阶级唯心论划清界限，并进而运用马克思主义的观点和方法对《红楼梦》的思想性和艺术性作出较全面的分析和评价，以引导青年正确地认识《红楼梦》。报告提出，这次讨论不应该仅停止在《红楼梦》一本书和俞平伯一个人上，也不应仅限于古典文学研究的范围内，而应该发展到其他部门去，从哲学、历史学、教育学、语言学等方面彻底地批判胡适的资产阶级唯心论的影响。毛泽东批示：“刘、周、陈、

---

① 《人民日报》1954 年 10 月 23 日。

② 《人民日报》1954 年 10 月 24 日。

③ 《人民日报》1954 年 10 月 26 日。

朱、邓阅，退陆定一照办。”[①]

之后，许多高等院校、科研机构、文艺团体纷纷召开关于《红楼梦》研究问题的座谈会、讨论会，除揭露俞平伯《红楼梦》研究中的错误观点外，还批判了胡适派资产阶级唯心论观点在古典文学研究领域的影响和毒害，表示必须进一步加强学习马克思列宁主义和毛泽东著作，才能彻底肃清资产阶级的唯心观点。这一时期，批判俞平伯《红楼梦》研究中的错误观点为主，批判胡适为次。但前者的分量逐渐减轻，后者的地位逐渐上升。

四、高潮：全面、系统地批判胡适思想

从1954年10月31日到12月8日，中国文学艺术界联合会主席团和中国作家协会主席团先后召开了八次扩大联席会议，就反对《红楼梦》研究中的胡适派资产阶级唯心论的倾向、《文艺报》在关于《红楼梦》研究问题上的错误等问题展开了热烈的讨论，并检查了《文艺报》的整个工作。会议指出，俞平伯所著《红楼梦研究》和他近年来所发表的一些关于《红楼梦》的文章，是宣传胡适派资产阶级唯心论观点的错误著作。在批判《红楼梦》研究中的资产阶级唯心论的同时，必须进一步展开对胡适反动思想的全面批判。[②]

12月2日，中国科学院院务会议和中国作家协会主席团举行联席会议，决定由中国科学院和中国作家协会联合召开批判胡适思想的讨论会，以展开对胡适的资产阶级唯心论思想的全面批判，树立和巩固马克思主义在学术界的领导地位。联席会议决定讨论会的内容分为：胡适的哲学思想批判、胡适的政治思想批判、胡适的历史观点批判、胡适的文学思想批判、胡适的哲学史观点的批判、胡适的文学史观点的批判、考据在历史和古典文学研究工作中的地位和作用、《红楼梦》的人民性和艺术成就、对历来《红楼梦》研究的批判等9个方面。联席会议推定了艾思奇、

① 《建国以来毛泽东文稿》第4册，中央文献出版社1990年版，第587—588页。

② 《人民日报》1954年12月9日。

侯外庐、范文澜、黄药眠、冯友兰、何其芳、尹达、张天翼、聂绀弩等按上述各方面的内容，分别担任主要研究者的召集人，还推定郭沫若、茅盾、周扬、潘梓年、邓拓、胡绳、老舍、邵荃麟、尹达等9人组成委员会，郭沫若为主任，领导讨论会的工作。① 当天，中宣部副部长周扬就关于批判胡适问题的组织计划向毛泽东报告。3日，毛泽东批示："刘、周、朱、陈、邓、陈伯达、胡乔木、邓拓、周扬同志阅，照此办理。"②

12月8日，中国文学艺术界联合会主席团、中国作家协会主席团召开扩大联席会议，通过《关于"文艺报"的决议》。

郭沫若在会议上指出，中国近30年来，胡适是资产阶级唯心论的代表人物，被某些人称为"圣人""当今孔子"。胡适这个头等战争罪犯的政治生命是死亡了，但他的思想在学术界、文艺界、教育界还保持着根深蒂固的潜在势力。"对资产阶级错误思想的批判，是一项迫切的对敌战斗，我们的目的一定要尽可能迅速地把这种错误思想肃清，再不能允许它有存在的自由"。他还提出了开展建设性的批评的16字方针，即：明辨是非，分清敌友，与人为善，言之有物。③

周扬讲话时说，胡适是中国马克思主义和社会主义思想的最早的、最坚决的、不可调和的敌人，是中国资产阶级思想的最主要的、集中的代表者。他涉猎的方面包括文学、哲学、历史、语言各个方面。而他从美国资产阶级贩来的唯心论实用主义哲学则是他的思想的根本。资产阶级唯心论是有各式各样表现的，它在人民和知识分子的头脑中还占有很大的地盘。不能设想，不经过马克思主义在各个具体问题上的彻底批判，唯心论思想可以自然消灭。因此，全面地、彻底地揭露和批判胡适派资产阶级的唯心论，就是当前马克思主义者十分重要的战斗的任务。只有经过这种批判工作，才能使马克思列宁主义在中国学术界树立真正领导的地位。"不破不立，不塞不流，不止不行"。这个批判运动，同时也就是一个马克思主义思想建设的运动。④

---

① 《人民日报》1954年12月11日。

② 《建国以来毛泽东文稿》第4册，中央文献出版社1990年版，第620页。

③ 郭沫若：《三点建议》，《人民日报》1954年12月9日。

④ 周扬：《我们必须战斗》，《人民日报》1954年12月10日。

这次会议标志着胡适思想批判运动进入高潮，各层次、各领域、各报刊、各方面都展开了对胡适思想的批判。

1954 年 12 月 29 日，中国科学院、中国作家协会联合召开的胡适思想批判讨论会正式开始，分别举行关于“胡适的哲学思想批判”和“红楼梦的人民性和艺术成就”两个方面的第一次讨论会。

1955 年 1 月 14 日，胡适思想批判讨论会工作委员会召开讨论会，批判胡适派腐朽的资产阶级人生观。会议就胡绳的《论胡适派腐朽的资产阶级人生观》一文展开。20 日，又根据冯友兰的题为《哲学史和政治》一文举行了关于胡适的中国哲学史观点的第一次批判讨论会。

据统计，中国科学院和作家协会联合举办了 30 多次批判胡适思想的学术讨论会，既是批判资产阶级唯心主义思想的运动，也是马克思主义学习和教育的运动。

国家高层机构也大力支持胡适思想批判运动。在 1954 年 12 月召开的政协第二届全国委员会第一次会议上，罗隆基、许德珩、沈雁冰、郭沫若、顾颉刚、冯友兰、金岳霖等人纷纷发言。

中宣部为了对在北京各机关参加高级组学习的干部（包括中共中央直属机关、中央人民政府直属机关、驻京军事机关及北京市机关等）进行唯物主义宣传，决定举办“宣传唯物主义、批判唯心主义思想”的演讲会，聘请周扬、杨献珍、胡绳、艾思奇等分别主讲《为什么要批判唯心主义、宣传唯物主义》《什么是辩证唯物主义》《胡适思想批判》等。[①]

中国科学院、高等教育部和中共北京市高等学校委员会为了更广泛地满足在北京的自然科学家和高校教师学习马列主义哲学的要求，联合举办辩证唯物主义讲座，聘请陈伯达、周扬、胡绳、艾思奇、孙定国等主讲《为什么要宣传唯物主义、批判资产阶级唯心主义》《胡适哲学思想批判》《胡适实用主义方法论批判》，以及《什么是辩证唯物主义》《什么是唯物辩证法》等。[②]

许多高等学院、科研单位和文艺团体纷纷召开讨论会，集中火力批

---

① 《人民日报》1955 年 4 月 22 日。

② 《人民日报》1955 年 4 月 22 日。

判胡适思想，而批判俞平伯《红楼梦》研究成为配角。

许多知识分子纷纷在报纸、杂志上发表文章，从不同的学术研究领域批判胡适思想。后来胡适思想批判工作委员会把报纸、杂志上的文章汇编成《胡适思想批判》，共8辑，约有200多万字，由三联书店1955年出版。

为指导胡适思想批判运动有领导、有步骤、有目的地开展，1955年1月26日，中共中央发出《关于在干部和知识分子中组织宣传唯物主义思想批判资产阶级唯心主义思想的演讲工作的通知》。《通知》说：对俞平伯《红楼梦》研究错误思想的批判已告一段落，对胡适派思想的批判已经初步展开，对胡风及其一派的文艺思想的批判亦将展开。[①]

2月，中宣部召开全国宣传部长会议，准备用大约8年的时间，展开一个全国性的思想运动，批判资产阶级唯心主义思想，宣传辩证唯物主义和历史唯物主义思想，使全国500万知识分子绝大多数懂得什么是唯物主义，什么是唯心主义，并且经过这个思想运动，在广大人民中削弱以至粉碎资产阶级唯心主义思想的影响。

文化部还举行省市文化局长会议，根据国家的总任务和文化工作的情况，确定1955年全国文化工作的方针任务是：积极地开展文化战线上的反对资产阶级错误思想的斗争，有步骤地整顿文化工作者的队伍。要求各地和各个文化部门必须大力继续开展对胡适派、胡风派资产阶级唯心主义的批判，逐步深入地学习马克思列宁主义的理论基础——辩证唯物主义和历史唯物主义。[②]

3月1日，中央又发出《关于宣传唯物主义思想批判资产阶级唯心主义思想的指示》，系统阐述了宣传辩证唯物主义和历史唯物主义、批判资产阶级唯心主义思想的意义，指出了应该注意的若干重要问题，并对这场思想运动的开展作出部署和规定。[③]4月11日，《人民日报》发表社论《展开对资产阶级唯心主义思想的批判》，再次系统地重申了上述基本思

① 《中国共产党宣传工作文献选编（1949—1956）》，学习出版社1996年版，第901—904页。

② 《文化部举行省市文化局长会议 确定了一九五五年文化工作的计划》，《人民日报》1955年3月27日。

③ 《建国以来重要文献选编》第6册，中央文献出版社2011年版，第53—63页。

想，指导胡适思想批判运动的发展。

五、结局：从全面批判胡适思想运动转变为全面批判胡风思想运动

正当批判胡适思想如火如荼的时候，针对胡风于 1954 年 7 月提交的《关于几年来文艺实践的情况的报告》，中共中央发起一场批判胡风文艺思想的运动。

1954 年 12 月 8 日，周扬在中国文学艺术界联合会主席团和中国作家协会主席团扩大联席会议上批判了胡风的文艺观点。[①]1955 年 1 月 15 日，毛泽东在周扬关于同胡风谈话情况的报告上批示：应对胡风的资产阶级唯心论，反党反人民的文艺思想，进行彻底的批判，不要让他逃到“小资产阶级观点里躲藏起来”[②]。

1 月 20 日，中宣部向中央提交《关于开展批判胡风思想的报告》，指出要在批判胡适、俞平伯的资产阶级唯心论的同时，对胡风的资产阶级文艺思想进行彻底批判。1 月 26 日，中央批准了这个报告。之后，在许多重要的会议、讨论会、文章中，都把批判胡风同批判胡适联系在一起，但基本上是以批判胡适为主、批判胡风为次。

5 月 13 日，《人民日报》公布了《关于胡风反党集团的一些材料》，毛泽东特意加写了编者按。由此，专门批判胡风的文章、活动逐渐成为思想领域的主角。随着《关于胡风反党集团的第二批材料》[③]《关于胡风反革命集团的第三批材料》[④]的公布，声讨和清理胡风反党集团的活动占据了思想界的主流，而批判胡适思想运动逐渐淡出历史舞台。

5 月 11 日，中宣部在向中央提交的《关于胡适批判运动情况和今后工作的报告》中总结了胡适思想批判运动，认为这次批判在党中央的直接领导下，运动的发展一般是健康的，但也存在一些问题和缺点：第一，

① 周扬：《我们必须战斗》，《人民日报》1954 年 12 月 10 日。
② 《建国以来毛泽东文稿》第 5 册，中央文献出版社 1991 年版，第 9 页。
③ 《人民日报》1955 年 5 月 24 日。
④ 《人民日报》1955 年 6 月 10 日。

对广大干部和知识分子的影响还不够深广。第二，在各学术部门中发展还不平衡。第三，由于理论工作基础薄弱，虽然发表的文章很多，水平也逐渐提高，但好的文章太少，有的文章论证不多，说理不够，结论武断。

针对上列问题，报告提出 7 项工作，表示要注意针对旧学者在批判中暴露出来的错误观点，把胡适思想中欺骗性最大、迷惑人最深、影响最广的所谓治学方法等，进一步组织文章深入地进行分析和批判；还要准备几篇较有分量的总结性的论文，作为这一阶段集中批判的结果。这个报告也得到毛泽东的同意。① 此意味着批判胡适思想的运动趋于尾声。

10 月 5 日，中宣部向中央报告关于 1955 年 1 至 9 月份的主要工作，表示对俞平伯《红楼梦》研究的批判已经结束；对胡适思想的批判，在政治思想和哲学思想方面将告一段落；对胡风思想的批判，在《人民日报》发表胡风反革命集团的三批材料后，已转入揭露和肃清胡风反革命集团的斗争。②

之后，直到 1956 年，批判胡适的文章寥寥无几，说明 50 年代初期的胡适思想批判运动的结束。

六、尾声：毛泽东表示，将来要替胡适恢复名誉

1956 年 5 月 26 日，陆定一在题为《百花齐放，百家争鸣》的讲话中，运用两类不同性质的矛盾的理论，强调了政策界限，认为胡适不仅思想上是唯心主义者，而且政治上是反革命分子。因此，批判胡适的哲学观点、历史学观点、教育学观点和政治观点，是阶级斗争在社会科学领域里的反映。共产党人必须把人民内部的思想斗争同对反革命分子的斗争严格地区别开来。在人民内部，不但有宣传唯物主义的自由，也有宣传唯心主义的自由。只要不是反革命分子，不管是宣传唯物主义或者是宣传唯心主义，都是有自由的。两者之间的辩论，也是自由的。③

---

① 《建国以来毛泽东文稿》第 5 册，中央文献出版社 1991 年版，第 141—142 页。

② 《中国共产党宣传工作文献选编（1949—1956）》，学习出版社 1996 年版，第 1033 页。

③ 陆定一：《百花齐放，百家争鸣》，《人民日报》1956 年 6 月 13 日。

7月21日，《人民日报》发表评论员文章《略论“百家争鸣”》，指出批判胡适派资产阶级唯心主义，采用了猛烈的、揭露式的、运动的形式，那是因为胡适是思想敌人兼政治敌人。这只是思想批判的一种形式，很多人却把它误解为唯一的形式，同时也误解为一有唯心主义思想就是政治问题。另外，在权威崇拜和教条主义的影响下，近年来也滋长了一种简单化的、粗暴的批评。文章反映了党对胡适思想批判运动的基本总结和反思。

批判胡适思想的运动也存在许多缺憾，毛泽东对此也有察觉。据唐弢在《春天的怀念》中回忆，毛泽东曾说：“胡适这个人，也真顽固，我们托人带信给他，劝他回来，也不知他到底贪恋什么？批判嘛，总没有什么好话。说实话，新文化运动他是有功劳的，不能一笔抹煞，应当实事求是。到了二十一世纪，那时候，替他恢复名誉吧。”

［原载《党史博览》2009年第3期］

“没有毛主席就没有新中国”

邓小平指出：“如果没有毛泽东同志的卓越领导，中国革命有极大的可能到现在还没有胜利，那样，中国各族人民就还处在帝国主义、封建主义、官僚资本主义的反动统治之下，我们党就还在黑暗中苦斗。所以说没有毛主席就没有新中国，这丝毫不是什么夸张。”[①]

毛泽东作为毛泽东思想的主要创立者，中国共产党和中华人民共和国的主要缔造者，社会主义建设的探索者和社会主义事业的领导者和组织者，无产阶级政权和民族核心利益的捍卫者，将永远载入史册，受到人民的敬仰。

一

近代以来，帝国主义同中华民族的矛盾、封建主义同人民大众的矛盾是中国社会的主要矛盾。中国人民面临着争取民族独立和人民解放、实现国家繁荣富强和人民共同富裕两大历史任务。前一个任务为后一个任务创造前提、开辟道路。

为了探索救国救民的真理，中国人民进行了长期的、不屈不挠的、可歌可泣的斗争。由于没有先进阶级的领导、没有先进的理论为指南，无论是君主立宪方案，还是民主共和方案都告失败。从中国共产党成立

① 《邓小平文选》第2卷，人民出版社1994年版，第148页。

到遵义会议，中国革命两次胜利两次失败的经验表明：照搬照抄别国的模式、不以马克思主义的立场、观点和方法研究中国国情，中国革命还是不能成功。毛泽东最伟大的历史功绩，就是把马列主义基本原理与中国革命的实际、中国历史和中国文化结合起来，创立了中国化的马克思主义——毛泽东思想，制定了新民主主义革命的总路线和具体纲领、政策，找到了农村包围城市、武装夺取政权的中国特色革命道路，推翻了帝国主义、封建主义和官僚资本主义在中国的统治，建立了中华人民共和国。邓小平指出，毛主席多次“从危机中把党和国家挽救过来。没有毛主席，至少我们中国人民还要在黑暗中摸索更长的时间”①。

新中国成立不久，毛泽东主持制定《中华人民共和国宪法》，明确了过渡时期国家的基本政治、经济制度，指明了走向社会主义的轨道。《宪法》规定的国体是工人阶级领导的、以工农联盟为基础的人民民主国家，中华人民共和国的一切权力属于人民。政体是全国人民代表大会和地方各级人民代表大会。国家机构的组织原则一律实行民主集中制。中华人民共和国是统一的多民族的国家，各少数民族聚居的地方实行区域自治。中华人民共和国的生产资料所有制包括国家所有制、合作社所有制、个体劳动者所有制和资本家所有制。国营经济是国民经济中的领导力量和国家实现社会主义改造的物质基础。中华人民共和国依靠国家机关和社会力量，通过社会主义工业化和社会主义改造，保证逐步消灭剥削制度，建立社会主义社会。这为新中国朝什么方向发展、达到什么目标做好了基本的制度安排。

中华人民共和国的成立，标志着中华民族再也不是被人侮辱的民族了，中国人民已经站起来了。毛泽东是中国共产党和中华人民共和国的主要缔造者。“没有毛主席就没有新中国”，这是历史的结论，人民的共识。唯物史观承认人民群众是历史的创造者，但并不否认杰出人物在历史上的伟大作用。正像列宁所说：“在历史上，任何一个阶级，如果不推举出自己的善于组织运动和领导运动的政治领袖和先进代表，就不可能

---

① 《邓小平文选》第2卷，人民出版社1994年版，第345页。

取得统治地位。”[①]

二

争取民族独立和人民解放，表明中国人民的前一个历史任务基本完成。而要完成后一个历史任务，即实现国家富强和人民共同富裕，首先必须解决通过什么样的生产关系发展什么样的生产力，即中国应该选择什么样的现代化道路的问题。

对中国来说，要实现国家的现代化，首先必须实现国家的工业化，把中国从一个传统的农业国变成一个现代的工业国。从世界历史上看，无非有两条路：一条是资本主义工业化道路；一条是社会主义工业化道路。当时，中国已经丧失了走资本主义道路的历史机遇，独立后的中国如果选择资本主义的工业化道路，就不可能摆脱外国垄断资本的控制，不但经济上依附于外国，就连独立和主权也有可能再度丧失。走资本主义道路必然导致两极分化，这是人民民主政权所不允许的，共产党和劳动人民所不答应的。毛泽东指出：“资本主义道路，也可增产，但时间要长，而且是痛苦的道路。我们不搞资本主义，这是定了的，如果又不搞社会主义，那就要两头落空。”[②]

经济文化落后的中国如何搞社会主义，这是全新的课题。马克思恩格斯指出：“无产阶级将利用自己的政治统治，一步一步地夺取资产阶级的全部资本，把一切生产工具集中在国家即组织成为统治阶级的无产阶级手里，并且尽可能快地增加生产力的总量。”[③]毛泽东根据马列主义基本原理，总结了世界现代化进程的经验，指出：“一切革命的历史都证明，并不是先有充分发展的新生产力，然后才改造落后的生产关系，而是要首先造成舆论，进行革命，夺取政权，才有可能消灭旧的生产关系。消灭了旧的生产关系，确立了新的生产关系，这样就为新的生产力的发展

---

① 《列宁选集》第1卷，人民出版社2012年版，第286页。

② 《毛泽东文集》第6卷，人民出版社1999年版，第299页。

③ 《马克思恩格斯选集》第1卷，人民出版社2012年版，第421页。

开辟了道路。”[①] 新中国成立初期，政府实行全国财政经济的统一，国营经济日益强大，资本主义经济相对弱小且发展困难，苏联对中国政府大规模援助，说明具备了选择社会主义的条件。根据理论和实际相结合的原则，党和毛泽东提出并实施“一化三改”的总路线，建立了社会主义的经济制度，指明了实现工业化的社会主义道路。胡乔木曾说，中国经济在20世纪50年代“最重要的事件就是选择了社会主义”。“就五十年代中国经济和中国历史的全局而论，重要的是，无论早几年或迟几年，保留多少私有成分，经济管理上和计划方法上具备多大程度上应有的灵活性，总之，对社会主义的选择是不可避免的”。[②] 社会主义制度的全面建立，是我国历史上最深刻、最伟大的社会变革，为新中国一切进步和发展奠定了基础。

社会主义制度建立以后，什么是社会主义、经济文化落后的中国怎样建设社会主义，谁也没有成熟的认识和方案。党和毛泽东进行了艰辛的探索，并在理论上作出创造性的贡献。

第一，阐明了马列主义与中国实际进行“第二次”结合的基本原则。鉴于苏共二十大暴露了社会主义建设中的缺点和错误，毛泽东在1956年4月的中央书记处会议上说：“我认为最重要的教训是独立自主，调查研究，摸清本国国情，把马克思列宁主义的基本原理同我国革命和建设的具体实际结合起来，制定我们的路线、方针、政策。”民主革命时期，我们走过一段弯路，吃了大亏之后才成功实现这种结合，“现在是社会主义革命和建设时期，我们要进行第二次结合，找出在中国进行社会主义革命和建设的正确道路。”他反复强调“从中国的国情出发，强调开动脑筋，强调创造性，在结合上下功夫”[③]。

第二，提出建设社会主义的重大理论原则。在社会主义建设目标问题上，《共同纲领》提出要建立独立、民主、和平、统一和富强的新中国。1954年在全国人大开幕式上，毛泽东提出，要把一个经济上文化上落后的国家，建设成为一个工业化的具有高度现代文化程度的伟大的社会主

① 《毛泽东文集》第8卷，人民出版社1999年版，第132页。
② 《胡乔木文集》第2卷，人民出版社1993年版，第260页。
③ 吴冷西：《忆毛主席》，新华出版社1995年版，第9页。

义国家。1959 年底、1960 年初，他在读苏联《政治经济学教科书》谈话时指出："建设社会主义，原来要求是工业现代化，农业现代化，科学文化现代化，现在要加上国防现代化。"[①] 这样形成了关于"四个现代化"的比较完整、准确的表述。1963 年，经毛泽东修改的中共中央《关于工业发展问题》，又把其中的"科学文化现代化"改为"科学技术现代化"。据此，1964 年 12 月，周恩来在三届全国人大的政府工作报告中正式提出，"要在不太长的历史时期内，把我国建设成为一个具有现代农业、现代工业、现代国防和现代科学技术的社会主义强国，赶上和超过世界先进水平。"[②]

在社会主义发展步骤和时间安排问题上，毛泽东赞同"两步走"的战略设想：即"在三年过渡阶段之后，我们的工业发展可以按两步来考虑：第一步，搞十五年，建立一个独立的完整的工业体系，使我国工业大体赶上世界先进水平；第二步，再用十五年，使我国工业接近世界的先进水平"[③]。周恩来在三届人大上正式提出："从第三个五年计划开始，我国的国民经济发展，可以按两步来考虑：第一步，建立一个独立的比较完整的工业体系和国民经济体系；第二步，全面实现农业、工业、国防和科学技术的现代化，使我国经济走在世界的前列。"[④]1960 年，毛泽东就提出，建设强大的社会主义经济，在中国，50 年不行，会要 100 年，或者更多的时间。1962 年 1 月，他在七千人大会上又指出："中国的人口多、底子薄，经济落后，要使生产力很大地发展起来，要赶上和超过世界上最先进的资本主义国家，没有一百多年的时间，我看是不行的。"[⑤]

在社会主义发展阶段问题上，毛泽东把社会主义区分为"建立"和"建成"两个阶段。他指出："社会主义这个阶段，又可能分为两个阶段，第一个阶段是不发达的社会主义，第二个阶段是比较发达的社会主义。后一阶段可能比前一阶段需要更长的时间。经过后一阶段，到了物质产

---

① 《毛泽东文集》第 8 卷，人民出版社 1999 年版，第 116 页。
② 《建国以来重要文献选编》第 19 册，中央文献出版社 2011 年版，第 423 页。
③ 《建国以来毛泽东文稿》第 10 册，中央文献出版社 1996 年版，第 347 页。
④ 《建国以来重要文献选编》第 19 册，中央文献出版社 2011 年版，第 423—424 页。
⑤ 《毛泽东文集》第 8 卷，人民出版社 1999 年版，第 301、302 页。

品、精神财富都极为丰富和人们的共产主义觉悟极大提高的时候，就可以进入共产主义社会了。”①

在社会主义发展动力问题上，毛泽东指出，社会主义社会的基本矛盾仍然是生产力和生产关系、经济基础和上层建筑之间的矛盾。这种矛盾运动推动经济社会的不断发展。对立的双方既相互适应又相互矛盾，但这种矛盾不是对抗性质的，可以经过社会主义制度得到解决，这就需要改革不适应生产力发展的生产关系和不适应经济基础的上层建筑。他提出，政府各部门所制定的各种规章制度，有相当一部分已经成为发展生产力的障碍，必须加以修改，或者废除。资产阶级意识形态的存在，国家机构中某些官僚主义作风的存在，国家制度的某些环节的缺点的存在，又是和社会主义的经济基础相矛盾的，需要根据具体的情况加以解决。他强调，中国的改革和建设靠我们党来领导。共产党员要成为“诚心为人民服务、诚心为社会主义事业服务、立志改革的人”②。

在社会主义主要任务问题上，他强调，在社会主义改造完成以后，应该实现党的工作重点的转移。社会主义革命的目的是解放生产力，“我们的根本任务已经由解放生产力变为在新的生产关系下面保护和发展生产力”③。1957 年 3 月 19 日，他提出：“现在处在转变时期：由阶级斗争到向自然界斗争，由革命到建设，由过去的革命到技术革命和文化革命。”④

第三，制定社会主义经济、政治、文化建设的重要指导方针。在社会主义经济建设方面，毛泽东提出，我们是进入了这样的时期：钻社会主义工业化，钻社会主义改造，钻近代化的国防，并且开始要钻原子能的时代了。⑤他提出走“中国工业化的道路”这个命题，要以农、轻、重为序安排国民经济，坚持“以农业为基础，以工业为主导”的发展国民经济的总方针。他提出，要正确处理农业与工业、沿海工业与内地工业、

① 《毛泽东文集》第 8 卷，人民出版社 1999 年版，第 116 页。
② 《毛泽东文集》第 7 卷，人民出版社 1999 年版，第 275 页。
③ 《毛泽东文集》第 7 卷，人民出版社 1999 年版，第 218 页。
④ 《毛泽东文集》第 7 卷，人民出版社 1999 年版，第 289 页。
⑤ 《建国以来毛泽东文稿》第 5 册，中央文献出版社 1991 年版，第 71—72 页。

中央与地方、中国和外国的关系，统筹兼顾国家、生产单位和个人的利益，调动一切积极因素为社会主义事业服务的基本方针。他提出，社会主义国家的经济能够有计划按比例地发展，使不平衡得到调节。他提出，所有制的变革，在一定时期内总是不能没有限度的，集体所有制过渡到全民所有制之后，相当长的时期内，它的性质还是社会主义的。他提出，社会主义社会里的按劳分配、商品生产和价值规律等是符合生产力发展要求的，强调价值法则“是一个伟大的学校，只有利用它，才有可能教会我们的几千万干部和几万万人民，才有可能建设我们的社会主义和共产主义。否则一切都不可能”[①]。他还对经济体制改革作出初步的探索，主张“两参（工人参加管理，干部参加劳动）一改（改革不合理的规章制度）三结合（干部、工人、技术人员三结合）”作为企业管理和开展技术革新的方针；他赞同陈云提出的“三个主体、三个补充”的方针，提出“可以消灭了资本主义，又搞资本主义”的设想等。

在社会主义民主政治建设方面，他提出造成一个“又有集中又有民主，又有纪律又有自由，又有统一意志、又有个人心情舒畅、生动活泼，那样一种政治局面”的目标。他强调要实行民主集中制，充分发扬党内民主和人民民主，没有广泛的人民民主，无产阶级专政不能巩固，政权会不稳；没有民主，没有群众的监督，就不可能对反动分子和坏分子实行有效的专政，就还有复辟的可能。他提出大规模的急风暴雨式的群众阶级斗争基本结束，但是阶级斗争还没有完全结束，正确处理人民内部矛盾成为国家政治生活的主题。他强调要保障“劳动者管理国家、管理军队、管理各种企业、管理文化教育的权利。实际上，这是社会主义制度下劳动者最大的权利，最根本的权利。没有这种权利，劳动者的工作权、休息权、受教育权等等权利，就没有保证”[②]。他强调干部要以普通劳动者的姿态出现，而不能破坏劳动纪律，做群众的老爷。

在社会主义文化建设方面，他强调，领导我们事业的核心力量是中国共产党，指导我们思想的理论基础是马克思列宁主义。无产阶级和资

---

① 《毛泽东文集》第 8 卷，人民出版社 1999 年版，第 34 页。
② 《毛泽东文集》第 8 卷，人民出版社 1999 年版，第 129 页。

产阶级在意识形态方面的阶级斗争，还是长时期的，曲折的，有时甚至是很激烈的。他提出要把“一个经济上文化上落后的国家，建设成为一个工业化的具有高度现代文化程度的伟大的国家”的奋斗目标。他提出，百花齐放、百家争鸣的方针，是促进艺术发展和科学进步的方针，是促进我国的社会主义文化繁荣的方针。采取这样的方针，“文学艺术、科学技术会繁荣发达，党会经常保持活力，人民事业会欣欣向荣，中国会变成一个大强国而又使人可亲”[①]。他提出“古为今用”“洋为中用”“推陈出新”的方针，正确对待中国传统文化和外国文化，创造社会主义新文化。他提出，应该越搞越中国化，而不是越搞越洋化，反对教条主义和保守主义。他提出：“我们的方针是，一切民族、一切国家的长处都要学，政治、经济、科学、技术、文学、艺术的一切真正好的东西都要学。”[②]他提出坚持“自力更生为主，争取外援为辅，破除迷信，独立自主地干工业、干农业、干技术革命和文化革命，打倒奴隶思想，埋葬教条主义，认真学习外国的好经验，也一定研究外国的坏经验——引以为戒，这就是我们的路线。经济战线上如此，军事战线上也完全应当如此”[③]。他强调要加强艰苦奋斗和共产主义理想教育，个人利益服从集体利益，局部利益服从整体利益，眼前利益服从长远利益；兼顾国家、集体和个人，把国家利益、集体利益放在第一位，不能把个人利益放在第一位。[④]他强调要培养一支宏大的又红又专的工人阶级知识分子队伍，等等。

毛泽东提出的关于社会主义建设的理论原则和经验总结，为改革开放后中国特色社会主义建设开了先河，成为中国特色社会主义理论体系的理论基础和思想来源。邓小平指出：“三中全会以后，我们就是恢复毛泽东同志的那些正确的东西嘛，就是准确地、完整地学习和运用毛泽东思想嘛。基本点还是那些。从许多方面来说，现在我们还是把毛泽东同志已经提出、但是没有做的事情做起来，把他反对错了的改正过来，把他没有做好的事情做好。今后相当长的时期，还是做这件事。当然，我

---

① 《建国以来毛泽东文稿》第6册，中央文献出版社1992年版，第405页。

② 《毛泽东文集》第7卷，人民出版社1999年版，第41页。

③ 《毛泽东文集》第7卷，人民出版社1999年版，第380页。

④ 《毛泽东文集》第8卷，人民出版社1999年版，第136页。

们也有发展，而且还要继续发展。”[①]

三

毛泽东不仅是社会主义建设规律的探索者，而且在长达四分之一的世纪里，也是社会主义建设事业的领导者和组织者。

旧中国是落后的农业国，经济技术基础非常薄弱，部门行业残缺不全，到 1949 年，使用机器的工业只占 17%左右；主要工业产品最高年产量，钢只有 92 万吨，煤炭 6188 万吨，电 60 亿度。正像毛泽东所说：“现在我们能造什么？能造桌子椅子，能造茶碗茶壶，能种粮食，还能磨成面粉，还能造纸，但是，一辆汽车、一架飞机、一辆坦克、一辆拖拉机都不能造。”[②] 而毛泽东领导下的中国，为建设一个伟大的现代化的社会主义国家，在短短 20 多年，取得了旧中国所望尘莫及的成就。

第一，逐步建立起独立的比较完整的工业体系和国民经济体系。到 1978 年，我国已经形成农业、工业、交通运输、建筑、金融、贸易旅游和综合技术服务等七大行业。工业总产值从 1949 年的 140 亿元增加到 1978 年的 4237 亿元，增加 29.3 倍。从 1952 年到 1980 年，纱由 65.6 万吨增加到 292.6 万吨，布由 38.3 亿米增加到 134.7 亿米，原煤由 0.66 亿吨增加到 6.2 亿吨，发电量由 73 亿度增加到 3006 亿度，原油由 44 万吨增加到 1.0595 亿吨，钢由 135 万吨增加到 3712 万吨。粮食产量由 16390 万吨增加到 32055 万吨，棉花产量由 130.4 万吨增加到 270.7 万吨。[③] 从 1952 年到 1978 年，农业机械总动力由 18 万千瓦增加到 11750 万千瓦，灌溉面积由 19959 千公顷增加到 44965 千公顷，化肥施用量（折纯量）从 7.8 万吨增加到 884 万吨。[④] 美国学者梅斯纳指出，曾经被轻蔑为“东亚病夫”的中国，从 20 世纪 50 年代初期小于比利时工业的规模开始，在毛泽东领导时期结束，却以世界 6 个最大工业国之一的姿态出现了。

① 《邓小平文选》第 2 卷，人民出版社 1994 年版，第 300 页。

② 《毛泽东文集》第 6 卷，人民出版社 1999 年版，第 329 页。

③ 《关于建国以来若干历史问题的决议》（注释本），人民出版社 1983 年版，第 164、166 页。

④ 国家统计局编：《新中国五十年》，中国统计出版社 1999 年版，第 544 页。

这个中国现代工业革命时期为中国现代经济的发展奠定了根本的基础，使中国从一个完全的农业国变成一个以工业为主的国家。毛泽东的那个领导时期远非所谓的经济停滞时代，而是世界历史上最伟大的现代化时代之一。[①]

第二，经济的增长速度也是相当可观的。工农业总产值，1952 年为 810 亿元，1978 年为 5634 亿元，1952 年至 1980 年年均增长为 8.2%，其中农业年均增长为 3.4%，工业年均增长 11.1%。[②]1957 年和 1978 年，中国主要工农业产品产量居世界的位次，谷物 3 → 2；棉花 2 → 3；猪牛羊肉 2 → 3；化学纤维 26 → 7；布 3 → 1；煤 5 → 3；原油 23 → 8；发电量 13 → 7；钢 9 → 5；水泥 8 → 4；硫酸 14 → 3；化肥 33 → 3。[③]这是全世界所有国家中比较高的增长速度，不仅高于美国、英国、印度等国家，甚至与日本、德国、苏联等国家相比也毫不逊色。

第三，教育和科技事业取得巨大成就。从 1949 到 1976 年，普通高校学生从 11.7 万人增加到 56.5 万人，中等学校学生从 126.8 万人增加到 5905.5 万人，小学学生从 2439.1 万人增加到 15005.5 万人，全面所有制单位科技人员，1952 年为 42.5 万人，1978 年为 434.5 万人。[④]“毛泽东时代是中国教育资本积累最快的时代，是为今天一切改革开放奠定了坚实基础的时代。没有毛泽东时代这个结构性的转变，结构性的飞跃，中国就会永远在现代化之外徘徊，是毛泽东时代积累的教育资本使中国进入了现代化，开启了中国现代化的大门。”[⑤]

第四，国防工业从无到有逐步建立起来。人民军队改变了依靠缴获敌人的武器来装备自己的状况，逐步建立起门类比较齐全、具有一定规模的国防工业。不仅能够成批生产飞机、坦克、导弹、舰艇等常规武器，而且还掌握了国防尖端技术。1964 年 10 月 16 日第一颗原子弹爆炸成

① ［美］莫里斯·梅斯纳：《毛泽东的中国及其发展》，张瑛等译，社会科学文献出版社 1992 年版，第 488 页。

② 《关于建国以来若干历史问题的决议》（注释本），人民出版社 1983 年版，第 164 页。

③ 国家统计局：《奋进的四十年》，中国统计出版社 1989 年版，第 473 页。

④ 国家统计局：《奋进的四十年》，中国统计出版社 1989 年版，第 435—436、440 页。

⑤ 《永远的毛泽东——网上〈毛泽东纪念馆〉留言选萃》，中央文献出版社 2003 年版，第 48—49 页。

功，1966 年 10 月 27 日导弹核武器首次发射成功，1967 年 6 月 17 日第一颗氢弹爆炸成功，1970 年 4 月 24 日第一颗人造卫星发射成功。这对国防实力的增强和国家地位的提升具有战略意义。邓小平指出："如果六十年代以来中国没有原子弹、氢弹，没有发射卫星，中国就不能叫有重要影响的大国，就没有现在这样的国际地位。这些东西反映一个民族的能力，也是一个民族、一个国家兴旺发达的标志。"[①]

毛泽东领导下的中国不仅改变了旧中国积贫积弱的面貌，而且为中国的改革开放、开创中国特色社会主义事业新局面奠定了基础。诺贝尔经济学奖获得者、印度经济学家阿玛蒂亚·森指出："中国在改革前实行的社会主义政策为其市场经济发展奠定了扎实的基础，从某种程度来说，中国 1979 年前在扩大初等教育，提供基本的医疗保障和实行土地改革等方面的成就，使改革后的政策更加成为可能。中国的改革政策在某种程度上受惠于早些时候中国的改革前的政策。"[②] 这是具有历史眼光的真知灼见。

四

作为党的最高领导人，社会主义航船的领航员，毛泽东总是要从战略上、全局上思考如何维护国家和民族的核心利益。

作为一位世界性的伟人，毛泽东不仅属于中国，而且属于世界。中华人民共和国的成立，极大改变了国际格局。世界爱好和平与发展的阵营大大增强，帝国主义的战争政策和侵略政策受到打击。1954 年 9 月，毛泽东在一届全国人大开幕式上宣布："我们的总任务是：团结全国人民，争取一切国际朋友的支援，为了建设一个伟大的社会主义国家而奋斗，为了保卫国际和平和发展人类进步事业而奋斗。"[③] 毛泽东主张加强社会主义国家的团结，支持被压迫民族和被压迫人民的解放斗争，积极发展同第三世界国家的友好合作，主张建立国际反对霸权主义和帝国主义的统

① 《邓小平文选》第 3 卷，人民出版社 1993 年版，第 279 页。

② 转引自沙健孙：《毛泽东与 20 世纪的中国》，《党史文汇》2003 年第 12 期。

③ 《毛泽东文集》第 6 卷，人民出版社 1999 年版，第 350 页。

一战线，并且同发达资本主义国家发展经济、政治和文化交流。邓小平指出：“毛泽东思想过去是中国革命的旗帜，今后将永远是中国社会主义事业和反霸权主义事业的旗帜。”[①] 即使对美国，毛泽东一面反对其霸权主义和侵略政策，另一方面还主张发展两国合作关系。正是在毛泽东领导中国的时期，中国同当时世界上 130 个国家中的 110 个国家建立了外交关系，恢复了在联合国的合法席位，开始突破西方国家的封锁、禁运政策，开创了中日关系和中美关系的新阶段，大大改善了中国的周边环境和国际环境，提高了中国的国际威望。邓小平指出：“我们能在今天的国际环境中着手进行四个现代化建设，不能不铭记毛泽东同志的功绩。”[②]

中国革命的胜利瓦解了帝国主义殖民体系，他们不甘心在中国的失败，继续推行敌视中国的政策。1950 年美国入侵朝鲜，并派第七舰队侵占台湾海峡，严重侵犯了中国的国家主权和领土完整。毛泽东以大无畏的革命胆略作出抗美援朝、保家卫国的决策。抗美援朝的胜利为国家大规模的建设赢得巩固的和平环境。“它雄辩地证明：西方侵略者几百年来只要在东方一个海岸上架起几尊大炮就可霸占一个国家的时代是一去不复返了”。因而极大地增强了民族自尊心、自信心和自豪感。1969 年 3 月，为了保卫黑龙江上只有 0.74 平方公里的珍宝岛，毛泽东顶住苏联的核讹诈和战争威胁，毫不妥协地捍卫国家领土完整。共产党执政的中国绝不能丢失一寸土地。毛泽东是民族利益和国家主权的捍卫者，这是近代以来旧中国任何领导人都无法比拟的。

当帝国主义的军事包围、经济封锁和外交孤立等政策难以扼杀中国革命和消灭社会主义时，他们逐步提出和实施“和平演变”社会主义国家的战略。早在 1949 年 7 月，美国国务卿艾奇逊就提出受西方教育的“民主个人主义终将再起，中国终将推翻外来的羁绊”。毛泽东撰写《丢掉幻想，准备战斗》等评论文章予以坚决回击。

1956 年，赫鲁晓夫的秘密报告被披露后，美国国务卿杜勒斯认为“苏联和其他社会主义国家有可能实现和平演变”。1958 年 10 月，杜勒

---

① 《邓小平文选》第 2 卷，人民出版社 1994 年版，第 172 页。

② 《邓小平文选》第 2 卷，人民出版社 1994 年版，第 172 页。

斯明确表示，要用“和平方法”改变中国大陆的社会主义制度。1959 年 11 月，毛泽东指出，杜勒斯所谓的“放弃使用武力并不意味着维持现状，而是意味着和平的转变”。和平转变谁呢？就是转变我们这些国家，搞颠覆活动，内部转到合乎他的那个思想。美国那个秩序要维持，不要动，要动我们，用和平转变，腐蚀我们。杜勒斯搞“和平演变”，在社会主义国家内部是有一定的社会基础的。[①]1959 年 12 月，毛泽东指出：帝国主义的战略目的是保存资本主义、帝国主义制度，消灭社会主义制度，也要消灭民族独立运动。一套办法是用战争手段，另一套办法是用和平手段。机会主义、修正主义是帝国主义拉拢的对象，帝国主义尽力扩大机会主义、修正主义的影响，从内部通过“和平演变”来搞垮社会主义。[②]1964 年 6 月他又指出：帝国主义说，对于我们的第一代、第二代没有希望，第三代、第四代怎么样，有希望。帝国主义的话讲得灵不灵？我不希望它灵，但也可能灵。[③]

毛泽东强调，“和平演变”与反“和平演变”，是复辟与反复辟，是社会主义和资本主义两条道路的斗争。因此，他坚决反对苏联企图控制中国的图谋，反对“美苏合作、主宰世界”的路线，反对苏联在国际共产主义运动的一系列问题上离开马克思主义的言行，并与之进行了有利有理有节的论战。他认为在国内最重要的是防止修正主义。

如何才能防止资本主义复辟呢？在 1964 年 7 月九评苏共中央的公开信中，毛泽东根据马列主义的基本原理，总结了无产阶级专政的实践经验，研究了国际的，主要是苏联的，正反两面的经验，初步提出比较系统的理论和政策。尽管有些观点和意见带有“左”的痕迹，但这些基本原理仍然具有指导意义。

堡垒是最容易从内部攻破的。外因要通过内因才能起作用。防止“和平演变”的关键是加强党的建设，永远保持党的先进性。早在七届二中全会上，毛泽东就告诫全党保持理想信念，夺取全国的胜利，只是万

---

① 《中共党史研究优秀论文选》，中共党史出版社 1992 年版，第 12 页。

② 吴冷西：《十年论战——1956—1966 中苏关系回忆录》（上），中央文献出版社 1999 年版，第 231 页。

③ 《中共党史研究优秀论文选》，中共党史出版社 1992 年版，第 12 页。

里长征走完的第一步，务必继续地保持谦虚、谨慎、不骄、不躁的作风，务必继续地保持艰苦奋斗的作风，“决不当李自成”。他强调要保持党同群众的密切关系。“共产党就是要奋斗，就是要全心全意为人民服务，不要半心半意或者三分之二的心三分之二的意为人民服务。”[①]“如果不帮助人民，就是背叛马克思主义。……没有人民就会垮台。”[②]他强调要反对官僚主义，防止党的干部内部形成特权阶层，反对党员干部的腐败现象，严格要求干部子女，“如果我们不注意严格要求干部子女，他们也会变质，可能搞资产阶级复辟，无产阶级的财产和权力就会被资产阶级夺回去”[③]。他提出，为了保证党和国家不改变颜色，不仅需要正确的路线和政策，而且需要培养和造就千百万无产阶级革命事业的接班人。这是保证沿着马克思主义道路继续前进、防止“和平演变”的百年大计，千年大计，万年大计。而接班人必须具备五条标准：一是要搞马克思列宁主义，不搞修正主义。二是要为大多数人民谋利益，为中国人民大多数谋利益，为世界人民大多数谋利益，不是为少数人，不是为剥削阶级。三是要能够团结大多数人，包括从前反对自己反对错了的人。四是要讲民主，不要“一言堂”，要搞民主作风，不能搞家长作风。五是自己有了错误，要作自我批评。[④]毛泽东认为，只要无产阶级革命的接班人在大风大浪中成长，帝国主义把“和平演变”的希望寄托在中国第三代、第四代身上的图谋就会破产。毛泽东为捍卫党的先进性、党和人民根本利益可谓鞠躬尽瘁。

毛泽东关于反修防修、防止“和平演变”的战略思想至今仍然闪烁着真理的光芒。20 世纪八九十年代，苏联东欧社会主义国家发生剧变，重新走资本主义道路，反证了毛泽东的远见卓识。中国之所以顶住 80 年代末政治风波的影响，重要原因之一就是遵守毛泽东的教导，对“和平演变”政策保持了高度的警惕。1988 年 11 月 23 日，邓小平在会见坦桑尼亚革命党主席尼雷尔时指出：“可能是一个冷战结束了，另外两个冷战又已经开始。一个是针对整个南方、第三世界的，另一个是针对社会主

---

① 《毛泽东文集》第 7 卷，人民出版社 1999 年版，第 284 页。

② 《建国以来毛泽东文稿》第 13 册，中央文献出版社 1998 年版，第 380—381 页。

③ 《建国以来毛泽东文稿》第 12 册，中央文献出版社 1998 年版，第 311 页。

④ 《建国以来毛泽东文稿》第 11 册，中央文献出版社 1996 年版，第 85—87 页。

义的。西方国家正在打一场没有硝烟的第三次世界大战。所谓没有硝烟，就是要社会主义国家和平演变。”① 进入21世纪以来，西方国家在吉尔吉斯、乌克兰、格鲁吉亚等国搞颜色革命，建立亲西方政权，就是新形势下“和平演变”政策的继续。因此，许多有识之士警告“颜色革命”在中国悄悄进行，并不是杞人忧天。在我国，渗透与反渗透、颠覆与反颠覆、“和平演变”与反“和平演变”的斗争将长期存在，切莫掩耳盗铃，熟视无睹。

正像很多站在正面指导时代潮流的伟大人物一样，毛泽东也犯过错误，甚至犯过全局性的错误，但他所犯的错误怎么能和他的伟大功绩相比拟呢？“毛主席的功绩是第一位的，他的错误是第二位的。”“作为我们国家的象征，要把毛主席作为我们党和国家的缔造者来纪念，而且还要坚持毛泽东思想。”② 作为20世纪的世界伟人，中华民族的英雄，中国共产党的杰出代表和中国人民的忠实儿子，毛泽东和毛泽东思想始终鼓舞着我们继续奋斗。

［原载《中华魂》2009年第10期］

① 《邓小平文选》第3卷，人民出版社1993年版，第344页。
② 《邓小平文选》第2卷，人民出版社1993年版，第347页。

陈云如何科学评价毛泽东和毛泽东思想

在党的第二次历史转折时期，陈云协助邓小平科学评价毛泽东和毛泽东思想的历史地位，为《关于建国以来党的若干历史问题的决议》（以下简称《决议》）的起草和通过，作出独特贡献。陈云为什么会站在历史的高度和时代的前列，同邓小平等中央其他领导同志一起科学评价毛泽东，引领中国社会前进的方向？为什么科学评价毛泽东和毛泽东思想是历史转折时期事关全局的战略问题？成功解决这一战略问题，对中国社会发展有什么长远影响和现实意义？陈云是运用什么样的立场、观点和方法评价毛泽东和毛泽东思想的？笔者尝试从这些问题入手，对陈云科学评价毛泽东和毛泽东思想的历史及其经验进行再探讨。

一、历史追溯："毛主席是中国革命的旗帜"

列宁指出："判断历史的功绩，不是根据历史活动家没有提供现代所要求的东西，而是根据他们比他们的前辈提供了新的东西。"[1] 陈云在评价毛泽东时也坚持这个原则。

（一）毛泽东是中国共产党和人民军队的领袖

在中央苏区时期，陈云对毛泽东并不熟悉，"且听说是机会主义"；

① 《列宁全集》第2卷，人民出版社2013年版，第154页。

和毛泽东相识以后，感觉他“经验多”。在长征时期，通过比较土地革命战争的成败，陈云认为毛泽东是党和军队的领袖。1935 年，陈云在莫斯科撰写的《随军西行见闻录》中，以一个被俘军医的口吻描述了对毛泽东的认识。其一，从人格魅力上说，毛泽东是谦虚、聪敏的领袖人物。陈云说：“毛泽东似乎一介书生，常衣灰布学生装，暇时手执唐诗，极善词令。我为之诊病时，招待极谦。朱德……人亦和气，且言谈间毫无傲慢。这两个赤军领袖人物，实与我未见时之想象，完全不同。”[①] 其二，从精神、意志、品质上说，毛泽东是能与官兵同甘共苦的天才。陈云写道：“欲问赤军何以能克服困难？我以为赤军中确有一些领袖，这些领袖，非但聪敏，且有才能。譬如朱德、毛泽东为赤军之首创者，在各省军队及南京军之不断围攻与物质条件如此困难情形之下，对战七八年，竟以少数赤军而组成现在几十万赤军，这确非易事。我觉得朱毛非但是人才，而且为不可多得之天才。”[②] 其三，毛泽东是具有政治头脑的政治家。陈云提出，中国共产党在北伐战争中有“相当功绩”。而在民族存亡关头，共产党的领袖提出联合抗日的主张。如果国民党联共抗日，“则不仅日本不足惧，我中华民族亦将从此复兴矣！”“如果有人以为赤军甘心内战，不顾外患，这我觉不然。赤军领袖如朱毛、周恩来、林祖涵、徐特立等，均系极有政治头脑的政治家。”[③]

在这些判断基础上，1935 年 10 月 15 日，陈云在共产国际执委会书记处会议上作关于红军长征和遵义会议情况的报告时指出：“我们党能够而且善于灵活、正确地领导国内战争。像毛泽东、朱德等军事领导人已经成熟起来。我们拥有一支真正富有自我牺牲精神、英勇无畏、为实现共产国际总路线而斗争的干部队伍。”[④] 陈云对毛泽东的这些评价，为以后正确认识毛泽东在中国革命中的地位和作用奠定了基础。

（二）“毛主席是中国革命的旗帜”

延安时期，陈云曾三次向毛泽东请教：为什么像陈独秀、瞿秋白、

① 《陈云文选》第 1 卷，人民出版社 1995 年版，第 45 页。
② 《陈云文选》第 1 卷，人民出版社 1995 年版，第 88 页。
③ 《陈云文选》第 1 卷，人民出版社 1995 年版，第 91、90 页。
④ 《陈云文集》第 1 卷，中央文献出版社 2005 年版，第 34 页。

李立三这样有学问的人会犯错误？毛泽东回答说是“思想方法不对头”，并建议他学习哲学。于是，陈云在工作之余认真阅读马列著作和毛泽东著作。通过学习，陈云在“思想上的进步可以说发生了一个飞跃”。①

1943 年，陈云在养病期间，十分重视学习毛泽东的著作、电报、电文以及调查研究、群众路线等工作方法。他“感到里面贯穿着一个基本指导思想，就是实事求是”。那么，怎样才能做到实事求是呢？当时陈云的体会就是：“不唯上、不唯书、只唯实，交换、比较、反复。”“这十五个字，前九个字是唯物论，后六个字是辩证法，总起来就是唯物辩证法。”② 这是陈云著名的思想和工作方法。

经过革命实践的锻炼，陈云认为，毛泽东是中国革命的旗帜和中国共产党的领袖。1941 年 10 月 22 日，陈云在中央政治局会议上，强调毛泽东是“军事天才”，认为“毛主席是中国革命的旗帜”。③1942 年元旦，中共中央在延安杨家岭举行新年团拜会时，陈云指出：“中国共产党成立已二十多年，经历了各种严峻的考验，有成功，有失败。现在看来，最大的成绩，就是我们党培养出了一个领袖，我们选择了这个领袖，就是毛泽东同志。”④

（三）毛泽东思想是中国革命的正确的指导思想

陈云认为，毛泽东的一个伟大功绩，就是经过延安整风，统一了全党思想，在这个基础上写出《关于若干历史问题的决议》。中共七大把毛泽东思想作为党的指导思想，为中国革命的胜利奠定了基础。毛泽东代表中国革命的正确道路。

经过革命实践的锻炼，经过学习马列主义和毛泽东的著作，经过对中国革命发展道路的认识，陈云认定，毛泽东是党、军队和人民的领袖和中国革命的旗帜，这是历史的结论。这为他以后评价毛泽东和毛泽东思想的历史地位准备了资料。

---

① 《邓力群文集》第 2 卷，当代中国出版社 1998 年版，第 70 页。

② 《陈云文选》第 3 卷，人民出版社 1995 年版，第 371、372 页。

③ 《陈云传（1905—1995）》（上），中央文献出版社 2005 年版，第 330、331—332 页。

④ 邓力群：《回忆延安整风》，《延安整风以后》，当代中国出版社 1998 年版，代序第 4 页。

二、现实问题：对毛泽东的评价“不仅是中国的问题，也是世界的问题”

粉碎“四人帮”以后，党急需纠正“文化大革命”的错误，改变“以阶级斗争为纲”的路线，探索新的发展道路。要实现这一转变，就涉及如何评价发动和领导“文化大革命”的毛泽东，涉及如何评价毛泽东思想。这是中国举什么旗、走什么路的根本问题。

（一）是否坚持实事求是，是区别真假马克思主义、毛泽东思想的根本标志之一

当时，党内的主要领导人为了维护毛泽东的权威，要求遵循“两个凡是”的方针。这样将难以纠正“文化大革命”的错误，严重妨碍党的工作重点的转移和拨乱反正的进程。针对“左”的错误，1977 年 9 月 28 日，陈云在《人民日报》发表《坚持实事求是的革命作风》，指出：“实事求是，这不是一个普通的作风问题，这是马克思主义唯物主义的根本思想路线问题。我们要坚持马克思列宁主义，坚持毛泽东思想，就必须坚持实事求是。如果我们离开了实事求是的革命作风，那么，我们就离开了马列主义、毛泽东思想，而成为脱离实际的唯心主义者，那么，我们的革命工作就要陷于失败。所以，是否坚持实事求是的革命作风，实际上是区别真假马列主义、真假毛泽东思想的根本标志之一。”① 陈云倡导坚持实事求是的思想，为正确评价毛泽东和毛泽东思想的历史地位，都起到推动作用。

（二）充分肯定毛泽东在中国革命和建设中的历史功绩

1978 年中央工作会议期间，针对各种评价毛泽东的言论，陈云强调要客观认识毛泽东的功过是非，对于不同时期，要区别对待。12 月 13 日，邓小平在闭幕会上发表《解放思想，实事求是，团结一致向前看》

---

① 陈云：《坚持实事求是的革命作风》，《人民日报》1977 年 9 月 28 日。

的讲话，对毛泽东的历史功绩和毛泽东思想的历史地位作出了科学的正确的评价，对此陈云非常赞同。1979 年 1 月 4 日，陈云在中央纪委第一次全体会议上说:“我们党从一九二一年成立，到现在已经快五十八年了。中国共产党是胜利了的执政党，是毛泽东同志领导我们党取得了伟大胜利。邓小平同志对毛泽东同志的功绩概括得很清楚。他说：没有毛主席，就没有新中国；没有毛主席，我们党很可能还在黑暗中苦斗。民主革命胜利以后，恢复经济和社会主义改造，都很成功。”①

（三）对毛泽东的评价“不仅是中国的问题，也是世界的问题”

在反对“左”的错误的同时，有人借口毛泽东晚年的错误和“文化大革命”的错误，否定毛泽东的历史地位和社会主义方向，把新中国成立后的历史说得漆黑一团。国际上有的媒体攻击中国发生所谓“修正主义政变”“走资派已经篡夺了最高权力，并且正在使中国走上了资本主义道路”。这种情况表明，如何评价毛泽东和毛泽东思想，涉及国际共产主义运动的前途和命运，涉及中国的国家形象。1979 年 3 月 6 日，陈云在会见马来亚共产党总书记陈平时指出:“我们对毛主席的评价，不会像赫鲁晓夫对斯大林那样。我们说，没有毛主席就没有新中国。毛主席提出防修反修等问题对我们是有好处的。”“对毛主席的评价不仅是中国的问题，而且是世界的问题。就像对斯大林的评价一样，不仅是苏联的问题，而且是世界的问题。”②这和邓小平的观点是一致的。3 月 30 日，邓小平发表《坚持四项基本原则》的讲话，再次肯定了毛泽东的历史功绩。

作为中共第一代中央领导集体的重要成员，陈云站在历史高度和时代前列，从中国发展道路和中国国家形象的视野，充分肯定毛泽东的历史功绩，倡导坚持毛泽东思想的精髓，这为《决议》评价毛泽东和毛泽东思想定下基调。

---

① 《陈云文选》第 3 卷，人民出版社 1995 年版，第 242 页。

② 《陈云传（1905—1995）》（下），中央文献出版社 2005 年版，第 1541 页。

三、关键建议：“把毛泽东同志在六十年中间重要关头的作用写清楚”

起草《决议》是实现拨乱反正、完成伟大历史转折的客观要求，是科学评价毛泽东和毛泽东思想的客观要求，是统一全党思想，凝聚党的战斗力，团结一致向前看的客观要求。陈云为《决议》的起草和通过，作出独特的贡献。

（一）为《决议》解决最关键的问题提出关键建议

1980 年 3 月 19 日，邓小平同胡耀邦、胡乔木、邓力群谈话时，提出起草《决议》的三条“总的要求”“总的原则”“总的指导思想”：其中“确立毛泽东同志的历史地位，坚持和发展毛泽东思想”，这是最核心、最重要、最根本、最关键的一条。[①]

在《决议》的起草和讨论过程中，争论的焦点、重点和难点，仍然是对毛泽东和毛泽东思想的评价问题。对此，邓小平尖锐地指出：“对毛泽东同志的评价，对毛泽东思想的阐述，不是仅仅涉及毛泽东同志个人的问题，这同我们党、我们国家的整个历史是分不开的。要看到这个全局。……这不只是个理论问题，尤其是个政治问题，是国际国内的很大的政治问题。如果不写或写不好这个部分，整个决议都不如不做。”[②]

为解决这个最关键问题，陈云提出了关键建议。1981 年 3 月，陈云在同邓力群谈话时说：“《决议》要按照小平同志的意见，确立毛泽东同志的历史地位，坚持和发展毛泽东思想。要达到这个目的，使大家通过阅读《决议》很清楚地认识这个问题，就需要写上党成立以来六十年中间毛泽东同志的贡献，毛泽东思想的贡献。因此，建议增加回顾建国以前二十八年历史的段落。有了党的整个历史，解放前解放后的历史，把毛泽东同志在六十年中间重要关头的作用写清楚，那末，毛泽东同志的

① 《邓小平文选》第 2 卷，人民出版社 1994 年版，第 291、293 页。

② 《邓小平文选》第 2 卷，人民出版社 1994 年版，第 299 页。

功绩、贡献就会概括得更全面，确立毛泽东同志的历史地位，坚持和发展毛泽东思想，也就有了全面的根据；说毛泽东同志功绩是第一位的，错误是第二位的，说毛泽东思想指引我们取得了胜利，就更能说服人了。”[①]

3 月 24 日，邓小平去看望陈云，就《决议》起草问题交换意见。陈云向邓小平建议加写党的 60 年。当初邓小平曾有回顾新民主主义革命时期历史的设想[②]，陈云的意见与邓小平的认识不谋而合，立即得到邓小平的极力赞成。

陈云同邓小平谈的第二条建议，就是建议中央提倡学习，主要是学习马克思主义哲学，重点学习毛泽东的哲学著作，还有马恩列斯的著作和历史。26 日，邓小平将陈云的意见转达给《决议》起草小组负责人，指出：这些意见很好，请转告起草小组，并报告胡耀邦。《决议》中关于毛泽东对马克思主义哲学的贡献要写得更丰富、更充实，结束语中也要加上提倡学习的意见。[③]这个意见，不但对《决议》突出毛泽东和毛泽东思想的历史地位起了至关重要的作用，而且吹响了新时期全党学习运动的号角。

（二）为“确立毛泽东同志的历史地位，坚持和发展毛泽东思想”作出历史性论证

陈云提出增写新中国成立前 28 年的历史，以此来概括毛泽东的伟大功绩、历史地位和毛泽东思想的科学体系，具有深厚的历史基础。1981 年 3 月，陈云同邓力群的一次谈话内容[④]，集中反映了陈云关于这个问题的认识。

第一，“从遵义会议到抗日战争胜利，毛泽东同志的一个无可比拟的功绩，是培养了一代人，包括我们在内的以及‘三八式’的一大批干

① 《陈云文选》第 3 卷，人民出版社 1995 年版，第 283—284 页。

② 张金才:《邓小平首提〈历史决议〉要回顾建国前 28 年的历史》,《光明日报》2012 年 3 月 21 日。

③ 《陈云年谱（1905—1995）》下卷，中央文献出版社 2000 年版，第 270 页。

④ 《陈云文选》第 3 卷，人民出版社 1995 年版，第 284—285 页。

部。现在这些人在全国各个岗位上都担负着重大的责任。这是一件极大的事情。”第二，“毛泽东同志正确处理西安事变，并制定了抗日战争期间我们党的一系列方针政策，包括同国民党又联合、又斗争，坚持独立自主立场的抗日民族统一战线。这一时期毛泽东同志写了许多重要的著作，例如《中国革命战争的战略问题》、《实践论》、《矛盾论》、《抗日游击战争的战略问题》、《论持久战》、《中国共产党在民族战争中的地位》、《战争和战略问题》、《新民主主义论》等等。我们党里头没有第二个人写出这样好的著作。这是了不起的功绩。”第三，“延安整风时期，毛泽东同志提倡学马列著作，特别是学哲学，对于全党的思想提高、认识统一，起了很大的作用。”第四，“毛泽东同志的一整套理论和政策，是总结了陈独秀、王明的错误教训得出来的，对中国革命的胜利起了决定性的作用。”第五，“毛泽东同志在党内的威望，是通过长期的革命斗争实践建立起来的。即使毛泽东同志犯错误的时候，许多老干部被整得那么厉害，可是大家仍然相信他，忘不了他的功绩，原因就在这里。老一代人拥护毛泽东同志是真心诚意的。”

在民主革命时期，陈云曾经提出“毛主席是中国革命的旗帜”，是党、军队和人民的领袖。上述五个方面的内容，正是对这个历史结论的论证，也是“确立毛泽东同志的历史地位，坚持和发展毛泽东思想”的历史基础和理论基础。后来《决议》定稿对陈云提出的五个方面的内容，都有所论述，体现了陈云在评价毛泽东和毛泽东思想问题上的独到见解与独特贡献。

（三）对毛泽东的功过是非作出经得起实践和历史检验的结论

1979 年 3 月，陈云在会见陈平时指出：“实事求是地说，有些问题毛主席也有责任。对这个问题，要平心静气，不能像有的人在西单民主墙大字报上那样说法。有的青年人说得过分一点，我们中央就不能那样讲。总的来说，我们党中央是掌握分寸的。”[①] 陈云主张要准确、清楚、恰当地

---

① 《陈云传（1905—1995）》（下），中央文献出版社 2005 年版，第 1541 页。

敲定毛泽东的功过是非，作出经得起历史检验的结论，对党、人民和历史都有明确的交代。1981 年 3 月，陈云在同邓力群的一次谈话中再次强调：关于建国以来 32 年中党的工作的错误，一定要写得很准确，论断要合乎实际，要把它“敲定”下来。“敲定”是上海话，敲是推敲的意思，定是确定的意思，就是说，反复推敲，反复斟酌，使它能够站得住，经得起历史的检验。小平同志提出《决议》宜粗不宜细，我是同意的。要在这个原则下面，是成绩就写成绩，是错误就写错误；是大错误就写大错误，是小错误就写小错误。要分别不同情况，把它“敲定”下来。[①]

陈云的建议，基本上在《决议》定稿中都有所反映，对科学评价毛泽东和毛泽东思想的历史地位，作出独特的贡献。这为中国举什么旗、走什么路、朝着什么方向继续前进奠定了基础。以后党的历次代表大会，都充分肯定了毛泽东的历史功绩，高举毛泽东思想的伟大旗帜，在以毛泽东为核心的中共第一代领导集体开辟的革命和建设道路基础上继续前进。

四、经验总结：“我是共产党员，是实事求是的”

陈云之所以能够站在历史的高度和时代的前列，科学评价毛泽东和毛泽东思想的历史地位，根本原因在于他始终坚持马克思主义的立场、观点和方法，用毛泽东思想中的科学理论和方法来评价毛泽东。评价历史人物，首先要分清其功绩和错误，而如何看待领袖人物的错误，始终是社会主义运动中的敏感问题和焦点问题。陈云是如何看待毛泽东的错误的？

（一）站在党、国家和人民的立场上评价毛泽东和毛泽东思想

长期以来，毛泽东是中国共产党和中国人民的领袖，是党和国家的主要缔造者。毛泽东的历史反映了党的历史。对毛泽东的评价也关系到

① 《陈云文选》第 3 卷，人民出版社 1995 年版，第 283 页。

对党的评价。从党和国家发展的角度评价毛泽东和毛泽东思想，是陈云的根本立场。他指出：毛泽东发动“文化大革命”，主要是为了防止中国变修、出现像赫鲁晓夫那样的事件，最初也不是要搞那么大。[①] 这样就把毛泽东发动“文化大革命”同巩固无产阶级专政和探索社会主义建设的道路联系起来。陈云评价毛泽东的见解和做法，不仅捍卫了党和毛泽东的历史地位，也有利于总结经验教训，为社会主义建设服务。

从总结革命和建设经验的角度，来评价毛泽东和毛泽东思想，是陈云的基本观点。他指出：“在社会主义革命和社会主义建设中也有缺点和错误。为什么？因为没有自己的经验，光有别人的经验不行。要求革命领袖没有缺点、错误是不可能的，是空想。这不符合辩证唯物论，也不符合毛泽东同志本人的意见。”[②]

陈云评价毛泽东，不像赫鲁晓夫那样全盘否定斯大林，也不像搞个人崇拜的人那样全盘肯定毛泽东，更不像别有用心的人那样肆意侮蔑、抹黑、丑化毛泽东，而是站在党和国家的大局，站在历史和现实的高度，功即是功，过即是过，不美誉，不隐错。他不是从局部的角度、暂时的观点来评价毛泽东，而是从全局观点、以党的最高利益、长远利益为出发点来评价毛泽东。这是无产阶级政党评价领袖人物的基本立场和方法。

（二）立足于国际共产主义运动的发展进程评价毛泽东和毛泽东思想

站在人类社会发展规律的高度，联系国际共产主义运动和中国社会主义的前途和命运，是陈云评价毛泽东和毛泽东思想的根本视角。在陈云看来，民主集中制是共产主义运动发展的保证。民主集中制贯彻得好，社会主义事业就会前进，否则，就会遭受挫折。是否贯彻民主集中制是陈云评价毛泽东和毛泽东思想的一个切入点。

陈云认为，自马克思、恩格斯创立科学社会主义以来，列宁是贯彻

① 《陈云年谱（1905—1995）》下卷，中央文献出版社 2000 年版，第 237 页。

② 《陈云文选》第 3 卷，人民出版社 1995 年版，第 242 页。

民主集中制的，无产阶级政党和社会主义事业也是不断发展的。斯大林虽然在反法西斯战争等事件上作出重大贡献，但破坏了党的民主集中制，给苏联党带来严重后果。中国革命和建设的经验教训也是这样。从中共七大到新中国成立初期，民主集中制贯彻得很好。从 1958 年起，特别是 1959 年庐山会议，民主集中制传统被一点一点地破坏。在“文化大革命”中，林彪说什么“顶峰”“一句顶一万句”，民主集中制搞得很不好。[①]陈云指出：“党内民主集中制没有了，集体领导没有了，这是‘文化大革命’发生的一个根本原因。”[②]

十一届三中全会重新确立了马克思主义的思想路线、组织路线和政治路线。而实现这一伟大的历史转折，也是正确贯彻民主集中制的结晶。在闭幕会上，陈云对此给予高度评价，他说：大家在马列主义、毛泽东思想的基础上，解放思想，畅所欲言，充分恢复和发扬了党内民主和党的实事求是、群众路线、批评和自我批评的优良作风，真正实现了毛泽东所提倡的“又有集中又有民主，又有纪律又有自由，又有统一意志、又有个人心情舒畅、生动活泼，那样一种政治局面”。这件大事对于党的工作着重点的转移，对于党内安定团结，有重大的意义。[③]

1979 年 1 月，陈云在中央纪委第一次全体会议上，强调贯彻民主集中制，是党立于不败之地、党的事业兴旺发达的希望。他指出，中国共产党是一个拥有 9 亿人口的大国的执政党，在全世界具有举足轻重的地位，是中流砥柱，对国际共产主义运动负有很大的责任。只要中国共产党起到了这样的作用，那末，国际共产主义运动的胜利就有了保证。[④]

可见，陈云并不是单就评价毛泽东而评价毛泽东，而是把评价无产阶级领袖人物与共产主义运动联系起来，与党的建设联系起来，与社会主义事业联系起来，立意高远，思想深邃。这种境界和思想，没有深厚的马克思主义理论功底，没有丰富的中国革命和建设的实践经验，没有马克思主义者的宽广眼界和战略思维，是难以做到的。

---

① 《陈云年谱（1905—1995）》下卷，中央文献出版社 2000 年版，第 237 页。

② 《陈云文选》第 3 卷，人民出版社 1995 年版，第 274 页。

③ 参见《陈云文集》第 3 卷，中央文献出版社 2005 年版，第 453 页。

④ 《陈云文选》第 3 卷，人民出版社 1995 年版，第 242 页。

（三）坚持运用唯物史观来评价毛泽东

从唯物史观的角度讲，党的功绩不是毛泽东一个人的，当然党的过错也不是毛泽东一个人的。在分析毛泽东的错误的时候，也应该查找中央其他领导人和地方领导人的责任。1980 年 11 月上旬，陈云在同胡乔木谈话时指出：整个党中央是否可以说，毛主席的责任是主要的。党中央作为一个教训来说，有责任，没有坚决斗争。假如中央常委的人，除毛主席外都是彭德怀，那么局面会不会有所不同？应该作为一个党中央的集体，把自己的责任承担起来。在斗争时是非常困难的，也许不可能。毛主席的错误，地方有些人，有相当大的责任。①

陈云始终坚持用实事求是的原则来评价历史人物，反对掩盖其功绩，也反对搞个人崇拜。在确立毛泽东思想指导地位的中共七大上，陈云在发言中明确指出："我们相信毛主席，但绝不是盲从，盲从是没有用处的，只有对问题仔细地考查，翻来覆去地考查，这样不管毛主席在这里领导也好，离开毛主席也好，大体上不会犯大的错误，否则风潮一来，就又要犯错误。"② 陈云十分注重领袖人物和人民群众的关系，指出："现在除了极少数反动分子以外，不管是中国人，还是外国人，都讲我们的毛主席领导得好。但无论怎样，根本的东西是老百姓，是共产党。"如果个人在党领导下取得一点功劳，"这里有三个因素：头一个是人民的力量，第二是党的领导，第三才轮到个人"。③ 陈云评价毛泽东和领袖人物的观点，是马克思主义关于领袖、政党、阶级、群众关系理论的具体运用，显示了陈云的马克思主义理论勇气和实践勇气。

陈云还主张要坚持辩证的一分为二的观点，既要看到毛泽东的历史功绩，也要看到毛泽东的错误。把毛泽东放到当时的历史条件下，准确评述领袖人物的决策、结果及其是非。用历史的眼光，总结毛泽东为中国革命和建设留下的宝贵遗产，坚持和发展毛泽东思想。

他之所以能够科学评价毛泽东和毛泽东思想，根本原因在于坚持实

---

① 《陈云年谱（1905—1995）》下卷，中央文献出版社 2000 年版，第 260—261 页。

② 《陈云传（1905—1995）》（上），中央文献出版社 2005 年版，第 101—102 页。

③ 《陈云文选》第 1 卷，人民出版社 1995 年版，第 294、293 页。

事求是。实事求是是马列主义的精髓，也是毛泽东思想的精髓，是陈云学习毛泽东和毛泽东思想得出的科学方法。运用毛泽东思想的精神和方法评价毛泽东，是一种科学精神和人格境界。

陈云同邓小平一样，是站在党和国家的立场上，站在人类社会发展规律的高度，站在中国社会进步的前列，来科学评价毛泽东和毛泽东思想的。这些宝贵思想、理论和方法，有助于推进中国特色社会主义建设事业，是中国特色社会主义理论体系的有机组成部分，是中国共产党宝贵的精神财富。

［原载《党的文献》2013 年第 1 期］

邓小平对毛泽东和毛泽东思想科学评价及其当代价值

20世纪中国历史上出现三位站在时代前列的伟大人物：孙中山、毛泽东和邓小平。中国共产党对毛泽东的历史地位和毛泽东思想的指导地位，作出科学评价和政治结论，强调毛泽东思想是党的指导思想。

然而，在全面深化改革的关键阶段，在如何评价毛泽东和毛泽东思想这个根本问题上，依然是意识形态领域分歧的焦点和热点。有人在事关中国改革开放坚持什么样指导思想问题上，宣称“只有民主社会主义才能发展中国”，否定马列主义、毛泽东思想的指导地位。有人在事关中国民主政治道路问题上，宣称“宪政的最大难题是如何评价毛泽东”。有人割裂改革开放前后的关系，提出所谓“毛泽东发动‘文革’的目的就是为了防止邓小平的改革，邓小平的改革就是要改掉毛泽东的极左模式”的论断。有人丑化毛泽东的伟人形象，妄言“毛泽东是中华5000年来最大的秩序破坏者”。重温邓小平科学评价毛泽东和毛泽东思想的论断，对于回答这些错误思潮的挑战，澄清诸多认识问题，具有现实意义。

一、反对把毛泽东思想庸俗化，要求正确学习和宣传毛泽东思想

1945年，中共七大把毛泽东思想确立为党的指导思想。正确地学习和宣传毛泽东思想，遵循毛泽东思想进行工作，是邓小平作为共产党员

的神圣职责。

（一）反对把毛泽东思想庸俗化，倡导正确宣传毛泽东思想

20世纪五六十年代，在“大跃进”背景下，出现把毛泽东思想庸俗化的现象。主要表现是：其一，把什么东西都说成是毛泽东思想，如一个商店的营业额多一点就说是毛泽东思想发展了，打乒乓球也说是运用了毛泽东思想。其二，在宣传中只讲毛泽东思想，而不讲马列主义，好像二者没有承继关系。其三，只讲毛泽东的领导地位，而不讲中央集体领导。

1960年3月7日，邓小平在中央书记处会议上，针对“以毛泽东思想为纲学习政治经济学”的错误提法，指出资本主义、帝国主义阶段部分，还是以马、恩和列宁的观点为纲。强调宣传上要思前顾后，毛泽东思想同马列主义是不可分的，是它的发展。[①]3月25日，邓小平在中央天津会议上，发表题为《正确宣传毛泽东思想》的讲话，批评了把毛泽东思想庸俗化、割裂毛泽东思想和马列主义关系的错误，指出：“对待毛泽东思想是一个很严肃的原则性的问题，不要庸俗化，庸俗化对我们不利，对国际共产主义运动也不利。”同时，“切不可因此把毛泽东同志和党中央分开，应该把毛泽东同志看作是党的集体领导中的一个成员”[②]。在这种思想指引下，1961年3月15日，中共中央批转中宣部《关于毛泽东思想和领袖革命事迹宣传中一些问题的检查报告》，以中央批文的形式，批评了把毛泽东思想简单化、庸俗化的错误做法。邓小平这些观点，从毛泽东思想与马列主义的关系、党的集体领导与英雄人物的关系、中国社会主义与国际共运的关系等视角，科学评价了毛泽东的历史作用和毛泽东思想的科学体系，为以后解决这个关键问题奠定了前提基础。

（二）反对割裂毛泽东思想，要求把毛泽东思想作为科学体系

“文革”时期，林彪、“四人帮”推行个人崇拜，抓住毛泽东的若干

---

① 《邓小平年谱（1904—1974）》（下），中央文献出版社2009年版，第1531—1532页。

② 《邓小平文选》第1卷，人民出版社1994年版，第283—284页。

观点，上纲上线，歪曲和割裂毛泽东思想的基本观点。针对这种形而上学的宣传，邓小平等人同林彪、“四人帮”斗争的中心内容之一，“就是反对他们伪造、篡改、割裂马列主义、毛泽东思想”[①]。邓小平指出：“林彪和‘四人帮’把毛泽东思想同马列主义割裂开来，说只有毛泽东思想最好，马列主义不在话下。这表面上好像把毛泽东思想抬得很高，实际上是否定毛泽东思想。”[②]

1975 年 9 月 10 日，邓小平在讨论《毛泽东选集》第五卷篇目的会议上，强调“要全面宣传毛泽东思想”；批评了“对毛主席的思想各取所需，把毛泽东思想割裂了”的错误做法。他举例说，只有基本路线还不够，还要有各项具体的方针政策，现在只讲斗争，把团结—批评—团结的公式丢掉了。[③]9 月 27 日，邓小平在出席农村工作座谈会时说，林彪把毛泽东思想庸俗化的那套做法，罗荣桓首先表示不同意，说学习毛主席著作要学精神实质。林彪主张就学“老三篇”（后来加成“老五篇”），这是割裂毛泽东思想。邓小平以“双百”方针、三大基本社会实践的宣传为例，强调“恐怕在相当多的领域里，都存在怎样全面学习、宣传、贯彻毛泽东思想的问题。毛泽东思想紧密联系着各个领域的实践，紧密联系着各个方面工作的方针、政策和方法”[④]。

（三）反对碎片化毛泽东思想，全面理解毛泽东思想在若干领域的基本观点

1975 年，邓小平在领导各方面的整顿工作期间，针对“四人帮”的谬论，做了许多意识形态领域的正本清源的工作。其中最典型的，是比较系统地概括了毛泽东在科技领域的基本思想。指导科技整顿的纲领性文件之一，即《科学院工作汇报提纲》，把毛泽东科技路线的主要内容概括为 10 个方面。《提纲》指出，毛主席的无产阶级革命路线，包括作为它的组成部分的革命科技路线，是指引我们的科技工作朝着正确方向前

① 《邓小平文选》第 2 卷，人民出版社 1994 年版，第 171 页。

② 《邓小平年谱（1975—1997）》（上），中央文献出版社 2004 年版，第 222 页。

③ 《邓小平年谱（1975—1997）》（上），中央文献出版社 2004 年版，第 94—95 页。

④ 《邓小平文选》第 2 卷，人民出版社 1994 年版，第 36—37 页。

进的灯塔。[①] 这些概括对正确理解和宣传毛泽东思想，具有正本清源的作用，也为后来邓小平科技思想的发展奠定了基础。

二、反对教条主义地对待毛泽东思想，强调完整准确地理解毛泽东思想的科学体系

“文化大革命”结束之后，党在指导思想上的紧迫任务，是清算林彪、“四人帮”对毛泽东思想的歪曲，恢复毛泽东思想的本来面目；纠正“文化大革命”的错误理论，重新确立马克思主义思想路线。然而，当时主持中央工作的领导人推行“两个凡是”的方针，延缓了纠正“文化大革命”错误的步伐。

（一）旗帜鲜明地反对“两个凡是”，要求用毛泽东思想的科学体系指导工作

1977 年 4 月 10 日，邓小平致信华国锋、叶剑英和中共中央，针对“两个凡是”的错误观点，指出：“我们必须世世代代地用准确的完整的毛泽东思想来指导我们全党、全军和全国人民，把党和社会主义的事业，把国际共产主义运动的事业，胜利地推向前进。”[②]5 月 24 日，他在同王震、邓力群谈话时强调，“两个凡是”不行，这是个是否坚持历史唯物主义的问题。毛泽东思想是个体系。我们要高举旗帜，就是要学习和运用这个思想体系。[③]7 月 21 日，他在十届三中全会上指出：“我说要用准确的完整的毛泽东思想作指导的意思是，要对毛泽东思想有一个完整的准确的认识，要善于学习、掌握和运用毛泽东思想的体系来指导我们各项工作。只有这样，才不至于割裂、歪曲毛泽东思想，损害毛泽东思想。”[④]

---

① 参见《胡乔木传》编写组编：《邓小平的二十四次谈话》，人民出版社 2004 年版，第 171—173 页。

② 《邓小平年谱（1975—1997）》（上），中央文献出版社 2004 年版，第 157 页。

③ 《邓小平文选》第 2 卷，人民出版社 1994 年版，第 38—39 页。

④ 《邓小平文选》第 2 卷，人民出版社 1994 年版，第 42 页。

（二）支持真理标准问题的讨论，强调坚持马列主义、毛泽东思想的精髓

1978 年 5 月 10 日，中共中央党校《理论动态》刊登《实践是检验真理的唯一标准》的文章。11 日，《光明日报》以特约评论员的名义发表这篇文章。12 日，《人民日报》《解放军报》同时转载。由此引起关于真理标准问题大讨论。邓小平明确表示肯定和支持这场讨论，指出这篇文章是马克思主义的。引起争论的根源就是“两个凡是”，目的所指“是不要把马列主义、毛泽东思想当作教条”。[①]

针对这种争论，邓小平尖锐地指出：实事求是同各种机会主义思想都是完全对立的。实事求是是毛泽东思想的根本态度、根本观点、根本方法。归根到底，这是涉及什么是马克思列宁主义，什么是毛泽东思想的问题。[②]1978 年 6 月 2 日，邓小平在全军政治工作会议上发表讲话，批评了照搬照抄马克思主义经典作家原话的态度，比较完整地概括了实事求是的思想路线。[③]9 月 16 日，邓小平在听取吉林省委常委汇报工作时，批评“两个凡是”不是高举毛泽东思想的旗帜，指出实事求是是“毛泽东思想的精髓”。12 月 13 日，邓小平在中央工作会议闭幕会上，发表《解放思想，实事求是，团结一致向前看》的讲话，指出关于真理标准问题的讨论，“是个思想路线问题，是个政治问题，是个关系到党和国家的前途和命运的问题”。[④]这篇讲话被称为十一届三中全会的主题报告。十一届三中全会赞成邓小平的指导意见，高度评价了关于真理标准问题的讨论。这为《历史决议》科学评价毛泽东和毛泽东思想的历史地位奠定了思想基础和政治基础。

（三）揭批“四人帮”歪曲、割裂毛泽东思想的错误，强调恢复毛泽东思想的本来面目

1977 年 7 月，十届三中全会恢复邓小平在党政军方面的职务。这使

① 《邓小平年谱（1975—1997）》（上），中央文献出版社 2004 年版，第 345—346、605 页。

② 《邓小平年谱（1975—1997）》（上），中央文献出版社 2004 年版，第 319、320 页。

③ 《邓小平文选》第 2 卷，人民出版社 1994 年版，第 113—118 页。

④ 《邓小平文选》第 2 卷，人民出版社 1994 年版，第 143 页。

邓小平为继续批判“四人帮”的谬论，恢复毛泽东思想的本来面目提供了组织保障。当时，如何搞好党的建设和社会主义现代化建设，是两项根本工作。

就在十届三中全会上，邓小平批判了“四人帮”“歪曲、篡改毛泽东思想”，“片面引用毛泽东同志的某些片言只语来骗人、吓唬人”的错误，强调“就一个领域、一个方面的问题来说，也要准确地完整地理解毛泽东思想”[①]。针对“四人帮”歪曲毛泽东建党学说、给党带来严重损害的教训，邓小平强调要好好学习毛泽东党的建设思想。他指出，“把列宁的建党学说发展得最完备的是毛泽东同志。”“毛泽东同志对于建立一个什么样的党，党的指导思想是什么，党的作风是什么，都有完整的一套。”他还比较系统地概括了毛泽东关于党的建设的一些基本观点。[②]8 月 16 日，邓小平在中共十一大上，再次强调要恢复和发扬毛泽东倡导的党的优良传统和作风，增添了树立谦虚谨慎、戒骄戒躁、艰苦奋斗的作风和全心全意为人民服务的宗旨。[③]这为加强执政党的建设指明了方向。

关于党和国家的基本路线问题，邓小平指出，是否主张发展生产力，是同“四人帮”的重大争论之一。他在多次讲话中，提出发展生产力的作用及其与实现共产主义的关系；现代化建设与科技、教育的关系等观点。此外，邓小平还要求恢复和发扬毛泽东关于文艺工作的思想，领袖和群众关系的观点，等等。这些都为科学评价毛泽东的历史地位，坚持和发展毛泽东思想奠定了思想基础。

三、反对“反对四项基本原则的思潮”，指导起草《关于建国以来党的若干历史问题的决议》，科学评价毛泽东的历史地位和毛泽东思想的科学体系

在改革开放起步之际，国内外出现复杂思想动向。在国际，西方国家猜测中国搞“非毛化”，一些第三世界国家担心中国背离毛泽东这面革

① 《邓小平文选》第 2 卷，人民出版社 1994 年版，第 42、43 页。
② 《邓小平文选》第 2 卷，人民出版社 1994 年版，第 44—47 页。
③ 《邓小平年谱（1975—1997）》（上），中央文献出版社 2004 年版，第 182 页。

命旗帜。在国内，一方面，“文化大革命”时期遗留的歪曲、割裂毛泽东思想的偏向并未消除；同时有人怀疑十一届三中全会以后的路线、方针、政策，违背了毛泽东思想。另一方面，出现资产阶级自由化的倾向。如果任凭这些思潮发展泛滥下去，就会动摇党的领导地位、马克思主义的指导地位和社会主义道路。

针对思想战线上的这些问题，“如何评价毛泽东同志和毛泽东思想的历史地位，如何根据国际国内条件的变化和正反两方面的历史经验确立中国社会主义现代化建设的正确道路”，这是以邓小平为核心的第二代领导集体遇到的一个全局性的、紧迫的、至关重要的问题。①

从 20 世纪 70 年代末到十一届六中全会，邓小平作为中共第二代领导集体的核心，发表多次讲话、谈话，根据革命和建设的实践，指导《历史决议》的起草工作，科学解决了如何评价毛泽东和毛泽东思想的历史地位这一历史课题。

在《历史决议》起草之初，邓小平旗帜鲜明地指出：“确立毛泽东同志的历史地位，坚持和发展毛泽东思想”，这是最核心、最重要、最根本、最关键的一条。②

（一）高屋建瓴地指出正确评价毛泽东和毛泽东思想的历史地位的战略意义

其一，关系到如何看待党和国家的历史。邓小平指出：“对毛泽东同志的评价，对毛泽东思想的阐述，不是仅仅涉及毛泽东同志个人的问题，这同我们党、我们国家的整个历史是分不开的。”③ 其二，关系到中国社会主义的前途和命运。邓小平指出：“说明马列主义、毛泽东思想是我们前进的指南，正是因为这样，我们党就站住了，我们社会主义制度也站住了。”④ 其三，关系到党、国家和民族的形象。邓小平说：“对于毛泽东同志的错误，不能写过头。写过头，给毛泽东同志抹黑，也就是给我们党、

---

① 《江泽民文选》第 1 卷，人民出版社 2006 年版，第 347 页。

② 《邓小平文选》第 2 卷，人民出版社 1994 年版，第 291、293 页。

③ 《邓小平文选》第 2 卷，人民出版社 1994 年版，第 299 页。

④ 《邓小平年谱（1975—1997）》（上），中央文献出版社 2004 年版，第 552 页。

我们国家抹黑。这是违背历史事实的。”[①] 其四，不仅是国内的政治问题，而且是国际上的政治问题。邓小平指出：“毛主席的问题，还不只是中国的问题，在全世界都有影响，特别是第三世界，在毛主席的影响下进行革命，主要是进行民族革命，当然不是社会主义革命。”[②]

（二）全面客观地肯定了毛泽东的历史功绩和毛泽东思想的历史地位

关于如何评价毛泽东的历史功绩，邓小平着重强调以下几点：其一，没有毛主席就没有新中国。邓小平指出：“毛泽东同志在长期革命斗争中立下的伟大功勋是永远不可磨灭的。回想在一九二七年革命失败以后，如果没有毛泽东同志的卓越领导，中国革命有极大的可能到现在还没有胜利，那样，中国各族人民就还处在帝国主义、封建主义、官僚资本主义的反动统治之下，我们党就还在黑暗中苦斗。所以说没有毛主席就没有新中国，这丝毫不是什么夸张。”[③] 其二，肯定毛泽东在新中国成立后的历史功绩。邓小平指出，毛泽东在整个新民主主义革命、社会主义革命和建设初期，都是正确的，使我们顺利进入社会主义历史阶段。1957 年反右派斗争之后，错误就越来越多了；总的来看，新中国成立后 17 年，有曲折、有错误，基本方面还是对的。其三，总的来讲，毛泽东的功绩是第一位的，错误是第二位的。邓小平指出：“毛泽东同志在他的一生中，为我们的党、国家和人民建立了不朽的功勋。他的功绩是第一位的，他的错误是第二位的。”[④]

在这种思想指导下，《历史决议》指出：“毛泽东同志是伟大的马克思主义者，是伟大的无产阶级革命家、战略家和理论家”，“他为我们党和中国人民解放军的创立和发展，为中国各族人民解放事业的胜利，为中华人民共和国的缔造和我国社会主义事业的发展，建立了永远不可磨灭的功勋。他为世界被压迫民族的解放和人类进步事业作出了重大贡

① 《邓小平文选》第 2 卷，人民出版社 1994 年版，第 301—302 页。
② 《邓小平年谱（1975—1997）》（下），中央文献出版社 2004 年版，第 759 页。
③ 《邓小平文选》第 2 卷，人民出版社 1994 年版，第 148 页。
④ 《邓小平文选》第 2 卷，人民出版社 1994 年版，第 334 页。

献”。《历史决议》还对毛泽东在“文化大革命”时期的历史贡献作了比较详细的论述。[①]

关于坚持毛泽东思想，邓小平着重强调以下几点。其一，没有毛泽东思想，就没有中国共产党。邓小平指出，毛泽东思想培育了中国共产党整整一代人；没有毛泽东思想，就没有今天的中国共产党，这也丝毫不是什么夸张。毛泽东思想永远是我们全党、全军、全国各族人民的最宝贵的精神财富。[②]其二，毛泽东思想是中国人民革命斗争经验的结晶。他指出：“毛泽东同志的事业和思想，都不只是他个人的事业和思想，同时是他的战友、是党、是人民的事业和思想，是半个多世纪中国人民革命斗争经验的结晶。”[③]其三，毛泽东思想是党的行动指南，是科学的思想体系。邓小平指出：“我们坚持的和要当作行动指南的是马列主义、毛泽东思想的基本原理，或者说是由这些基本原理构成的科学体系。至于个别的论断，那末，无论马克思、列宁和毛泽东同志，都不免有这样那样的失误。但是这些都不属于马列主义、毛泽东思想的基本原理所构成的科学体系。”[④]其四，把毛泽东思想和毛泽东晚年的错误区分开来。

在这种思想指引下，《历史决议》指出：毛泽东思想是马克思列宁主义在中国的运用和发展，是被实践证明了的关于中国革命的正确的理论原则和经验总结，是中国共产党集体智慧的结晶。它以独创性的理论丰富和发展了马克思列宁主义。《历史决议》对毛泽东思想的六项内容及其活的灵魂等内容，作出比较系统的阐述；指出因为毛泽东晚年犯了错误就企图否定毛泽东思想对中国革命和建设的指导作用，是完全错误的。而对毛泽东的言论采取教条主义的态度，以为凡是毛泽东说过的话都是不可移易的真理，也是错误的。[⑤]

① 《三中全会以来重要文献选编》（下），中央文献出版社 2011 年版，第 155—156、147 页。
② 《邓小平文选》第 2 卷，人民出版社 1994 年版，第 148—149 页。
③ 《邓小平文选》第 2 卷，人民出版社 1994 年版，第 172 页。
④ 《邓小平文选》第 2 卷，人民出版社 1994 年版，第 171 页。
⑤ 《三中全会以来重要文献选编》（下），中央文献出版社 2011 年版，第 165 页。

（三）实事求是地分析毛泽东的错误，客观公正地评价毛泽东的功过是非

其一，客观分析毛泽东所犯错误的性质。邓小平指出，毛泽东发动“文化大革命”，主要是从反修防修的要求出发的；“文化大革命”的错误和失败，是因为它完全违反了毛泽东思想的科学原理。[①]“毛泽东同志犯了错误，这是一个伟大的革命家犯错误，是一个伟大的马克思主义者犯错误。”[②]其二，毛泽东所犯错误与林彪、“四人帮”所犯罪行的性质是不同的。毛泽东所犯的错误，是探索中国社会主义建设道路、为人民大众谋利益过程中的错误，这种错误被林彪、“四人帮”两个反革命集团所利用。后者的目的是阴谋夺权，是对党和人民的犯罪。其三，实事求是地评价毛泽东的功过是非。邓小平指出：“因为他的功绩而讳言他的错误，这不是唯物主义的态度。因为他的错误而否定他的功绩，同样不是唯物主义的态度。”[③]其四，总的来看，毛泽东为我们的党、国家和人民建立了不朽的功勋。邓小平说：“我们不但要把毛主席的像永远挂在天安门前，作为我们国家的象征，要把毛主席作为我们党和国家的缔造者来纪念，而且还要坚持毛泽东思想。我们不会像赫鲁晓夫对待斯大林那样对待毛主席。”[④]

（四）科学分析毛泽东所犯错误的社会根源、思想根源和历史根源

邓小平说：“在分析他的缺点和错误的时候，我们当然要承认个人的责任，但是更重要的是要分析历史的复杂的背景。只有这样，我们才是公正地、科学地、也就是马克思主义地对待历史，对待历史人物。”[⑤]单讲毛泽东的错误不能解决问题，最重要的是一个制度问题。邓小平在分

① 《邓小平文选》第2卷，人民出版社1994年版，第149、334页。
② 《邓小平文选》第2卷，人民出版社1994年版，第307页。
③ 《邓小平文选》第2卷，人民出版社1994年版，第334页。
④ 《邓小平文选》第2卷，人民出版社1994年版，第347页。
⑤ 《邓小平文选》第2卷，人民出版社1994年版，第172页。

析“文化大革命”发生的原因时指出：“不是说个人没有责任，而是说领导制度、组织制度问题更带有根本性、全局性、稳定性和长期性。这种制度问题，关系到党和国家是否改变颜色。”[①] 在这样的基础上得出的经验教训，更可靠。

基于这些基本原则，以邓小平为核心的中国共产党正确评价毛泽东的历史地位，科学概括了毛泽东思想的基本内涵和科学体系，强调马克思列宁主义、毛泽东思想是我们党的指导思想，要求坚持马列主义、毛泽东思想的旗帜，推进中国社会主义建设事业。

四、邓小平科学评价毛泽东和毛泽东思想具有重大现实意义

（一）在毛泽东思想的旗帜下开辟中国特色社会主义道路

如何评价无产阶级领袖人物，是事关社会主义事业全局的理论和政治问题。邓小平强调：“毛泽东思想这个旗帜丢不得。丢掉了这个旗帜，实际上就否定了我们党的光辉历史。”[②] 他指出：“毛泽东思想过去是中国革命的旗帜，今后将永远是中国社会主义事业和反霸权主义事业的旗帜，我们将永远高举毛泽东思想的旗帜前进。”[③] 在这种思想指引下，邓小平之后的历届中共中央领导集体，都坚持毛泽东的历史地位，把毛泽东思想作为行动指南，达到了邓小平当初设想的“我们党就站住了，我们社会主义制度也站住了”[④] 的战略目的。习近平指出：“如果当时全盘否定了毛泽东同志，那我们党还能站得住吗？我们国家的社会主义制度还能站得住吗？那就站不住了，站不住就会天下大乱。”[⑤]

真正的马克思主义者，必须研究社会主义现代化建设中的新情况、

---

① 《邓小平文选》第2卷，人民出版社1994年版，第333页。

② 《邓小平文选》第2卷，人民出版社1994年版，第298—299页。

③ 《邓小平文选》第2卷，人民出版社1994年版，第172页。

④ 《邓小平年谱（1975—1997）》（上），中央文献出版社2004年版，第552页。

⑤ 习近平：《关于坚持和发展中国特色社会主义的几个问题》，《十八大以来重要文献选编》（上），中央文献出版社2014年版，第113页。

新问题，作出有重大指导意义的答案，这才是“对马克思主义的重大贡献，对毛泽东思想旗帜的真正高举”。[①]《历史决议》把社会主义建设的基本经验概括为10条，为沿着社会主义道路继续前进提供了科学根据，构成了中国特色社会主义理论的雏形。围绕“什么是社会主义、怎样建设社会主义”这个根本问题，中共十三大把改革开放以来探索社会主义建设道路的科学观点概括为12个方面；中共十五大比较系统地阐述邓小平理论；中共十七大提出三个“永远铭记”，2013年1月，习近平从社会主义500年的历史发展进程中，阐述了马列主义、毛泽东思想和中国特色社会主义理论体系的一脉相承而又与时俱进的关系。所以正确认识改革开放前后两个历史时期的关系，不仅是历史问题，还是现实问题和政治问题。

改革开放以来，以邓小平为代表的中央第二代领导集体的两大历史性贡献，一是根本否定“文化大革命”的错误，科学评价毛泽东的历史地位和毛泽东思想的科学体系，二是成功开辟中国特色社会主义道路。前一个贡献在于解决了中国举什么旗、向着什么方向开拓前进的问题；后一个贡献在于初步开创了中国实现民族伟大复兴的道路问题。没有前一个贡献，后一个贡献也就失去了产生的可能。

（二）像邓小平那样科学评价毛泽东和毛泽东思想

毛泽东的历史贡献赢得了世界政要人物的高度评价。联合国前秘书长瓦尔德海姆评价说：“毛泽东主席把他的整个一生贡献于建立一个新中国。他实现自己理想的勇气和决心将继续激励今后的世世代代，并保证他在中国人民的历史中占有独一无二的地位。”[②]美国前总统福特说：“在任何时代成为历史伟人的人是很少的。毛主席是其中的一位。他的领导是几十年来改造中国的决定性因素，他的著作给人类文化留下了深刻的印记。他的确是我们时代的一位杰出人物。”“毛主席是中国现代史上的一位巨人。他是一位以他的行动深刻地影响到他的国家的发展的领导人。

① 《邓小平文选》第2卷，人民出版社1994年版，第179页。

② 《联合国秘书长瓦尔德海姆的唁电》，《人民日报》1976年9月16日。

他对历史的影响将远远超出中国的国界。”[①]从世界历史潮流来看，邓小平科学评价毛泽东和毛泽东思想，为世界人民评价领袖人物和英雄人物，为人类文明的进步，增添了宝贵的精神财富。

任何一个有希望的民族都非常珍爱自己的英雄和领袖人物。美国在白宫椭圆形大厅中，绘制有历届总统的画像；以把他们作为国家的领袖来纪念。美国的总统山，建有华盛顿、杰斐逊、林肯、罗斯福等总统的巨型雕像。苏联则相反，斯大林逝世以后，其继任者极力抹黑斯大林；戈尔巴乔夫上台后，连赫鲁晓夫、勃列日涅夫、安德罗波夫、契尔年科等也未能幸免。从意识形态领域毁掉社会主义的历史和现实的价值，致使许多党员干部丧失理想、信念、精神支柱，最终酿成苏联解体的悲剧。习近平指出：“苏联为什么解体？苏共为什么垮台？一个重要原因就是意识形态领域的斗争十分激烈，全面否定苏联历史、苏共历史，否定列宁，否定斯大林，搞历史虚无主义，思想搞乱了，各级党组织几乎没任何作用了，军队都不在党的领导之下了。最后，苏联共产党偌大一个党就作鸟兽散了，苏联偌大一个社会主义国家就分崩离析了。”[②]

与苏联解体不同，中国在科学评价毛泽东和毛泽东思想的基础上，走出一条中国特色的社会主义发展道路。维护毛泽东的历史地位和毛泽东思想的指导地位，就是维护党、国家、民族和人民的根本道路和利益。美国前总统尼克松曾说：“历史学家将会对他的事业和他对中国人民和世界的影响作出估价。”[③]任何一个有良知的中华民族子孙，都应该像邓小平那样，科学评价毛泽东和毛泽东思想的历史地位，把毛泽东作为中华人民共和国的缔造者来纪念，作为中国人民的大救星和中华民族的领袖来纪念，作为中国和世界的伟大人物来纪念。

［原载《中国井冈山干部学院学报》2015 年第 1 期］

---

① 《美国总统福特的唁电》，《人民日报》1976 年 9 月 14 日。《美国总统福特发表声明》，《人民日报》1976 年 9 月 15 日。

② 习近平：《关于坚持和发展中国特色社会主义的几个问题》，《十八大以来重要文献选编》（上），中央文献出版社 2014 年版，第 113 页。

③ 《美国前总统尼克松发表声明》，《人民日报》1976 年 9 月 14 日。

毛泽东研究中的历史虚无主义思潮评析

毛泽东是中国共产党、中国人民解放军、中华人民共和国的主要缔造者，是社会主义制度的主要创立者和精神支柱。国内外敌对势力妄图颠覆党和人民政权，毛泽东是他们绕不开的长城。抹黑毛泽东、推倒毛泽东，是敌对势力攻击党和国家的前哨战。历史虚无主义正是反映这种政治图谋的社会思潮。毛泽东研究中的历史虚无主义思潮，是通过丑化毛泽东的民族英雄形象和抛弃毛泽东思想的指导地位，来达到否定四项基本原则、走西方道路的政治目的。揭露和批判这种政治思潮，明确两种社会发展道路的根本分野，是意识形态领域的阶级斗争，是维护意识形态安全和国家安全的重要环节。

一、秉持什么样的历史观

否定毛泽东的思潮由来已久。“文化大革命”结束以后，某些人打着“解放思想”的幌子，从否定“文化大革命”到否定毛泽东的历史地位和功绩。邓小平发表《坚持四项基本原则》的讲话、领导起草《关于建国以来党的若干历史问题的决议》等，科学评价毛泽东和毛泽东思想的历史地位。20 世纪 90 年代，以“告别革命”为代表的历史虚无主义思潮，从否定中国革命和建设，到否定四项基本原则，丑化毛泽东的英雄形象。21 世纪以来，历史虚无主义思潮滋长蔓延，编造毛泽东“鲜为人知的故事”，妄议所谓“千秋功罪”和“红太阳的升起和陨落”，无视毛泽东的历史功绩，抹黑毛泽东的领袖地位、民族英雄和历史伟人形象，歪曲毛泽东思想，否认毛泽东思想的当代价值。

毛泽东研究中历史虚无主义思潮的基本论点，在于否定毛泽东对中国革命和建设的伟大功绩。他们宣称毛泽东“开国有功、建国有错、‘文革’有罪”，宣称毛泽东过大于功，是“伟大的革命家，失败的建设者”。他们否定毛泽东是中华人民共和国的缔造者，宣称毛泽东所建立的“新中国”，只是一个新的政权而已；否定毛泽东领导社会主义建设的成绩，宣称毛泽东时期是“荒唐、混乱和血腥的年代”。他们胡说解放给中国人带来“生灵涂炭的三十年”，把毛泽东领导建立的政治制度，歪曲为封建君主专制，宣称毛泽东是“马克思＋秦始皇”“不穿龙袍的皇帝”，放大毛泽东的错误，宣称新中国成立后的一连串重大事件，搅得国家天翻地覆！

稍微了解中国近代史的人都知道，帝国主义和封建主义的双重压迫，导致中国政治腐败、经济凋敝、党派林立、四分五裂、内战频仍，这是半殖民地半封建的中国落后的根源。实现民族独立和人民解放，实现国家富强和人民共同富裕，是中国人民的两大历史任务。无数仁人志士探索救国救民的出路，最终都抱憾而终。毛泽东最伟大的功绩，就是领导党和人民找到中国特色的革命道路，推翻三座大山，建立了新中国，实现了国家独立、民族解放和人民当家作主，消灭了几千年剥削阶级的反动统治。新中国成立后，毛泽东领导党和人民通过社会主义改造，建立社会主义制度，为当代中国的一切进步和发展奠定了根本政治前提和制度基础。在毛泽东领导下，中国彻底摆脱了落后挨打和任人宰割的国际境遇，外国侵略者想在东方海岸架起几尊大炮就逼迫中国签约、割地、赔款的时代一去不复返了。这为现代化建设、实现民族复兴创造了比较稳定的国际环境。

在长达四分之一世纪的时间里，毛泽东是中国社会主义建设的主要领导者和组织者。1949年，中国工业只占17%左右；主要工业产品最高年产量，钢只有92万吨，煤炭6188万吨，电60亿度；工业总产值还不如比利时，远落后于印度。毛泽东时代的中国，探索出一条比较适合中国情况的工业化道路，取得旧中国望尘莫及的伟大成就。中国逐步建立起独立的比较完整的工业体系和国民经济体系；1978年已经形成农业、工业、交通运输、建筑、金融、贸易旅游和综合技术服务等七大行业。工农业总产值，1952年至1980年年均增长8.2%，其中农业年均增长3.4%，工业年均增长11.1%。[①]这是世界上比较高的增长速度，不仅高于美国、英国、印度等国家，甚至与日本、德国、苏联等国相比也毫不逊色。美国学者莫里斯·梅斯纳指出，“毛泽东的经济记录无论在许多方面有多大的缺点，仍然是中国奠定现代工业化基础时代的记录。”没有毛泽东时代的工业革命，经济改革家恐怕没有多少改革对象。[②]习近平在纪念毛泽东诞辰120周年大会上指出：“毛泽东同志为中国新民主主义革命的胜利、社会主义革命的成功、社会主义建设的全面展开，为实现中华民族独立和振兴、中国人民解放和幸福，作出了彪炳史册的贡献。”[③]

美国前总统尼克松曾说：“历史学家将会对他的事业和他对中国人民和世界的影响作出估价。”[④]毛泽东作为历史伟人，在中华民族历史上留下永恒的光辉业绩；许多遗留的历史教训，也可以成为警示党和人民校正前进航向的灯塔。丑化和抹黑毛泽东的历史虚无主义，无视新、旧中国的综合实力和国际地位的巨大变化，以西方道路为标杆，运用所谓“现代化”史观解读党和国家历史，得出一系列错误的结论。他们只讲暴力革命带来的血迹，没有看到其催生的新生制度的先进性。他们受限于改良主义旗号，看不到中国社会发展的主题和主线、现象和本质、主流和支流。他们只愿效法西方的经济、政治模式，而没有看到中国道路的开创性意义。他们“乐见”党和国家在探索中的失误，而对其成就和经验却视而不见。他们编造系列假象以掩盖真相，提出伪命题、假命题、半真半假命题，以期以假乱真、偷梁换柱。毛泽东研究中的历史虚无主义，是颠倒是非的历史观，目的是否定党和国家的历史成就，以此否定中国

① 《关于建国以来党的若干历史问题的决议》(注释本)，人民出版社1983年版，第164页。

② ［美］莫里斯·梅斯纳：《毛泽东的中国及其发展》，张瑛等译，社会科学文献出版社1992年版，第486、488页。

③ 习近平：《在纪念毛泽东同志诞辰120周年座谈会上的讲话》，《人民日报》2013年12月27日。

④ 《美国前总统尼克松发表声明》，《人民日报》1976年9月14日。

道路，颠覆社会主义制度。

毋庸讳言，毛泽东等党和国家领导人也犯过错误，甚至犯过像“文化大革命”这样全局性的错误。应该看到，这种错误，是探索建设道路过程中所犯的错误，是为保持党和国家永不变色而犯的错误，是伟大的马克思主义者所犯的错误，并且都是由无产阶级政党自己纠正的。这种错误与剥削阶级为一党私利而倾轧百姓所犯的错误，性质是根本不同的。邓小平指出：“对于毛泽东同志的错误，不能写过头。写过头，给毛泽东同志抹黑，也就是给我们党、我们国家抹黑。这是违背历史事实的。”[①]

从历史发展来说，中国跨越资本主义制度的卡夫丁峡谷，必将需要经济、政治、文化建设对伟大革命进行消化。在攀登社会制度顶峰过程中，难免会误入歧途，有时还不得不走迂回的道路，但这不能作为全盘否定党和国家历史的理由。习近平指出：“不能因为他们伟大就把他们像神那样顶礼膜拜，不容许提出并纠正他们的失误和错误；也不能因为他们有失误和错误就全盘否定，抹杀他们的历史功绩，陷入虚无主义的泥潭。”[②]

二、依据什么样的世界观

毛泽东研究中历史虚无主义思潮的重要表现，是否定毛泽东思想的科学体系和历史地位。他们歪曲毛泽东思想，宣称“列宁、斯大林、毛泽东才是最大的修正主义者”；否定毛泽东思想的科学性，宣称“毛泽东思想分科学、空想、荒谬三阶段”。他们把毛泽东阐述的对立统一律，歪曲为斗争哲学；把无产阶级专政下继续革命的理论，抹黑成整人理论。他们丑化毛泽东的精神体系，宣称中共搞革命是“痞子运动”，新中国成立后，继承的是“痞子文化”；诬蔑中国弥漫“精神崩溃症，毛泽东是不能辞其咎的”；否定毛泽东思想的当代价值，割裂毛泽东思想与中国特色社会主义理论体系的关系。他们宣称毛泽东思想武装起来的一代人，只

---

① 《邓小平文选》第 2 卷，人民出版社 1994 年版，第 301—302 页。

② 习近平：《在纪念毛泽东同志诞辰 120 周年座谈会上的讲话》，《人民日报》2013 年 12 月 27 日。

有“以阶级斗争为纲”，不通人性！“我们的国家等于没有未来，只有混吃等死！”这些妄语或者判断，除了简单否定之外，就没有什么分析。

科学的观点，伟大的思想，在于从实践中来、又到实践中去，改造客观世界和改造主观世界。任何一种思想理论，如果不能解决中国社会的主要矛盾和问题，就不能上升为指导思想。毛泽东是马克思主义中国化的伟大开拓者。毛泽东思想是马克思主义基本原理同中国革命实践相结合的产物，是指导中国革命和建设取得胜利的思想武器。毛泽东思想之所以上升为党和国家的指导思想，就在于它科学解决了两大历史任务中的一系列问题。毛泽东思想是中国共产党集体智慧的结晶，也是中国共产党安身立命的精神支柱。

革命时期需要毛泽东思想，建设时期仍然需要毛泽东思想。在当代中国，毛泽东思想继承了马克思主义基本原理，奠定了中国社会主义制度，指明马克思主义中国化的根本方向和道路。围绕如何建设和发展社会主义的主题，毛泽东思想提供了比较系统的理论观点和经验总结。毛泽东思想是捍卫国家安全和领土主权完整、抵抗外来侵略、反抗霸权主义和强权政治的精神武器。毛泽东思想中的立场、观点和方法，是对辩证唯物主义和历史唯物主义的继承和发展，仍然是观察、提出、分析、解决问题的根本方法。这些思想都将具有长期的指导意义。围绕这些基本思想，构建起共产党人的理想、信念、纪律、道德等精神体系。邓小平指出：“毛泽东思想过去是中国革命的旗帜，今后将永远是中国社会主义事业和反霸权主义事业的旗帜，我们将永远高举毛泽东思想的旗帜前进。”①

就当今世界来说，毛泽东思想中若干著名论断仍具有现实意义。他提出中国划分为不发达和比较发达等阶段，阐述正确处理两类不同性质的矛盾学说，强调党和国家工作重点的转移，探索经济、政治、文化等各方面建设的规律，要求中国要为世界作出更大贡献，警告防止党和国家改变颜色，防止“和平演变”，警惕党内出现修正主义，等等，这些思想仍然没有过时。就阶级斗争思想来说，当今世界，由于两种社会制度

---

①《邓小平文选》第2卷，人民出版社1994年版，第172页。

在共处中竞争，国际垄断资本和国内不同阶层的存在，党内存在塌方式严重腐败现象，不同所有制形式的合作和摩擦，社会主义制度中还存在不成熟、不完善因素等原因，决定了阶级斗争还在一定范围内长期存在，在一定条件下还可能激化。1989年政治风波，“疆独”“藏独”分裂国家，美国对中国的围堵，都不同程度地反映了阶级斗争的客观存在。阶级斗争是工人阶级夺取政权的工具和方式，人民民主专政是阶级斗争的政治成果。党执掌全国政权之后，人民民主专政是无产阶级将革命进行到底的有力武器。没有阶级斗争，就没有人民民主专政，也就没有社会主义。二者的最终目的，都是为消灭阶级、消灭阶级差别，最终实现共产主义。有人借口否定“阶级斗争为纲”而否定阶级和阶级斗争，借口倡导民主而公开主张修改宪法第一条，实质上是妄图改变人民民主专政的国家性质，为倒退到资本主义制造舆论。牢记毛泽东思想中的这些振聋发聩的论断，是事关中国社会根本制度的理论问题。

反观毛泽东研究中的历史虚无主义思潮，他们肤浅地理解毛泽东思想中的若干概念，没有理解其代表的社会关系；仅抓住历史阶段中的挫折，而无视人类社会发展规律；孤立地解释毛泽东思想中的若干观点，而不深究其逻辑结构。他们把毛泽东思想庸俗化、简单化、零碎化，歪曲和抹黑毛泽东思想的科学体系；是一种错误的世界观。坚持用科学的世界观评价无产阶级领袖人物，是理论问题和政治问题。旗帜就是方向，旗帜就是形象。以什么样的理论武器作为执政党的指导思想，关系着党的性质和国家的方向。邓小平强调：“毛泽东思想这个旗帜丢不得。丢掉了这个旗帜，实际上就否定了我们党的光辉历史。”[①]

三、奉行什么样的英雄观

毛泽东研究中历史虚无主义思潮的核心表现，是丑化毛泽东的民族英雄形象。他们妖魔化毛泽东的伟人形象，称毛泽东为“独裁者”“暴君”“斗人为乐的变态狂”，把毛泽东比喻为希特勒；攻击毛泽东是“乱

---

① 《邓小平文选》第2卷，人民出版社1994年版，第298页。

世之奸雄”，却不是“治世之能臣”；抹黑毛泽东的民族英雄名誉，诬蔑毛泽东是“五千年文明的最大最凶恶最疯狂最卑鄙最龌龊的亵渎者、破坏者、毁灭者”。他们宣称“毛泽东统治帝国的方式比历史上任何一个帝王更加独裁和残暴”；“至少三千万农民被活活饿死、至少数百万知识分子死于毛泽东的屠刀之下”，诬蔑毛泽东“是中国最大的卖国贼”。他们歪曲毛泽东在中共领导集体中的领袖地位，离间毛泽东与中央其他领导人的关系，诬蔑毛泽东和周恩来是“传统的君臣关系”；侮辱毛泽东的人格，诬蔑他具有“阴狠、猜忌、残暴”特征，等等。

美国前总统福特评价说：“在任何时代成为历史伟人的人是很少的。毛主席是其中的一位。他的领导是几十年来改造中国的决定性因素，他的著作给人类文化留下了深刻的印记。他的确是我们时代的一位杰出人物。”“毛主席是中国现代史上的一位巨人。他是一位以他的行动深刻地影响到他的国家的发展的领导人。他对历史的影响将远远超出中国的国界”[①]。毛泽东作为历史人物，作为世界上的伟大的杰出人物，赢得世界的尊敬，却遭到历史虚无主义思潮的无理丑化。他们对国家领袖、民族英雄、世界伟人的诬蔑，达到了令世界人民难以容忍的程度。他们眼中的英雄是谁呢？是坚持“内战、独裁、卖国”的蒋介石，是投靠日帝、甘做傀儡的汪精卫，是维护旧制度、出卖国家和民族利益的李鸿章等。如果定要称他们为“英雄”的话，那也是起到阻碍社会进步作用的“英雄”。这与马克思主义英雄观是背道而驰的。

所谓英雄，是引领历史发展方向，推动社会前进，代表人民意愿，凝聚时代精神，并作出突出贡献的历史人物。近代以来，为中华民族独立和解放、为摆脱外来殖民统治和侵略、为开创国家发展新路的人，都称得上民族英雄。毛泽东是中华民族英雄中的杰出代表。以毛泽东为代表的中国共产党人，领导中国人民站立起来了，中华民族开启了新纪元。在党和毛泽东的领导下，中国从半殖民地半封建社会，进入到社会主义新时代；从受帝国主义奴役的国家，变成享有主权的独立

---

① 《美国总统福特的唁电》，《人民日报》1976 年 9 月 14 日。《美国总统福特发表声明》，《人民日报》1976 年 9 月 15 日。

国家；从四分五裂的国家，变成除台湾等岛屿外实现统一的国家；从人民备受欺凌压迫的国家，变成人民当家作主的国家；从经济技术文化落后的国家，变成初步实现繁荣进步的国家。胡锦涛指出："毛泽东同志是伟大的马克思主义者，伟大的无产阶级革命家、战略家和理论家，是近代以来中国伟大的爱国者和民族英雄，是领导中国人民彻底改变自己命运和国家面貌的一代伟人。"[①] 以毛泽东为代表的民族英雄，是真正的民族脊梁，是时代精神的坐标，是引领中华民族伟大复兴的先锋。

反观历史虚无主义，不是从中国历史发展长河中评价毛泽东，而是从维护旧制度的角度来诟病毛泽东；不是站在人民群众立场上珍爱毛泽东，而是站在剥削阶级立场上仇视毛泽东；不是运用科学的理论来评价毛泽东，而是用恶毒的词语诬陷毛泽东。这是评价历史人物问题上的唯心史观，反映了维护阶级私利或者个人私利的价值观。

民族英雄是社会发展道路的开拓者，是特定使命的承担者，是激励人民团结奋斗的先行者，是人民利益和意志的代表者。民族英雄代表着爱国、团结、进步的精神。历史虚无主义否定民族英雄，将会否定民族英雄所代表的时代潮流。特别是像毛泽东这样的领导人，事关中国社会发展道路。历史虚无主义搞所谓"解构英雄"浊流，其本质是通过否定民族英雄，来动摇党执政的根基，颠覆社会主义，复辟资本主义制度。习近平指出："如果当时全盘否定了毛泽东同志，那我们党还能站得住吗？我们国家的社会主义制度还能站得住吗？那就站不住了，站不住就会天下大乱。"[②] 他旗帜鲜明地号召"崇尚英雄，捍卫英雄，学习英雄，关爱英雄"，沿着英雄的足迹为实现中国梦而奋斗。[③]

毛泽东作为毛泽东思想的主要创立者，是党和人民的旗帜；他作为民族英雄，也集中体现了中华民族的时代精神和核心价值观。在他身上体现了独立、自由、民主、统一、富强的目标，体现着爱国主义、社会

---

① 胡锦涛：《在纪念毛泽东同志诞辰110周年座谈会上的讲话》，《人民日报》2003年12月27日。

② 《十八大以来重要文献选编》上，中央文献出版社2014年版，第113页。

③ 习近平：《在颁发"中国人民抗日战争胜利70周年"纪念章仪式上的讲话》，《人民日报》2015年9月4日。

主义、集体主义和国际主义的价值观念，体现着不断革命、为人民服务、着眼于人民解放的宗旨，体现着艰苦奋斗、反抗压迫、敢于斗争、敢于胜利的精神。归根到底，体现着运用马克思主义的立场、观点和方法，改造客观世界和改造主观世界的革命精神。历史虚无主义思潮丑化毛泽东，将会动摇中国共产党人的价值观，削弱共产党人的精神支柱。没有了精神信仰，将意味着成为西方文化帝国主义和霸权主义的奴隶。这也是西方国家搞“和平演变”的惯用手法。苏联某些人丑化女英雄卓娅，撬动了信念支柱的基石，形成破窗效应和蝴蝶效应，酿成淹没社会主义大厦的祸水。反对毛泽东研究中的历史虚无主义，捍卫毛泽东的民族英雄形象，就是捍卫我们的核心价值观。

四、运用什么样的方法论

毛泽东研究中历史虚无主义思潮的观点错误，在于他们运用的论证方法是经不起历史和实践检验的。

（一）断章取义

通过截取毛泽东言论中的片言只语，歪曲毛泽东的原意及其在整体语境中的含义。如有人借口毛泽东说过“感谢日本皇军”的话，以此冠以“汉奸的罪名”。1961 年 1 月 24 日，毛泽东在会见日本社会党国会议员黑田寿男时，说过“我宁愿感谢日本军阀”的话。但应该根据谈话内容，理解其完整意义。在这个谈话中，毛泽东讲美国对日本的军事占领，日本人民发动反抗美国统治和日本政府的运动。指出日本人民面临的选择，要么当美帝国主义、垄断资本的奴隶，要么起来争取独立和自由。他强调，任何一个国家的人民，没有外部压力是不会觉悟的。然后介绍中国人民觉悟的经验，说日本“皇军”占领了大半个中国，中国人民别无出路，才武装起来进行斗争，建立了许多抗日根据地，为解放战争的胜利创造了条件。“所以日本军阀、垄断资本干了件好事，如果要感谢的话，我宁愿感谢日本军阀。”[①]

（二）以偏概全

有人根据毛泽东发表“美帝国主义是纸老虎”的论断，歪曲他轻视美国，是孤陋寡闻。毛泽东向来主张战略上藐视敌人、战术上重视敌人；前者表示敌人貌似强大，但可以战胜；后者表示不打无把握之仗；不战则已，战则必胜。新中国成立后，毛泽东对这个观点又有发展。从战略上说，美帝国主义是纸老虎，所以可以藐视它、战胜它。从策略上说，美帝国主义又是真老虎，有爪有牙，会吃人，所以要重视它、作好充分斗争准备。“要解决它，就要一个一个地来。比如它有十个牙齿，第一次敲掉一个，它还有九个，再敲掉一个，它还有八个。牙齿敲完了，它还有爪子。一步一步地认真做，最后总能成功。”[②]

（三）张冠李戴

有一种流行说法：“错批一个人，多生三亿人”。说毛泽东批判马寅初的《新人口论》，导致人口高速增长，声称这是新中国成立以来“重大失策之一”。针对这种说法，著名党史专家金冲及表示，批判马寅初当然是错的，但批判他的是陈伯达和康生，不是毛泽东。“没有找到毛泽东批判马寅初的话”。即便是“多生三亿人”的说法，也站不住脚。1954 年人口普查将近 6 亿人，说超过 6 亿，是把台湾、港澳和华侨都算在内。1964 年，人口增加了 1 亿。“文化大革命”期间人口增加最快，1969 年人口突破 7 亿；1974 年人口突破 8 亿。错误批判马寅初前后，人口的出生率，1957 年是 34.02‰，1958 年是 29.22‰，1959 年是 24.78‰，出生率下降了。1960 年人口减少 1000 万，1961 年又减少 300 万，到 1962 年人口增加了 1700 万。[③]

---

① 《毛泽东文集》第 8 卷，人民出版社 1999 年版，第 245—246 页。

② 《毛泽东文集》第 7 卷，人民出版社 1999 年版，第 73 页。

③ 张弘：《金冲及纵论百年中国史》，《博览群书》2009 年第 12 期。

（四）虚构史料

如有人伪造所谓毛泽东“承认抗美援朝战争打错了”的判断，其依据是以下史料：

> 1956年9月18日，他同前来参加中共八大的朝鲜代表团会谈时就说：“朝鲜战争，开始就提醒过金日成不该打，后又警告他敌人可能从后方登陆。”9月23日，他对参加中共八大的米高扬说：“朝鲜战争根本错误，斯大林应该负责。”1957年7月5日，米高扬到杭州通报苏共打掉以马林科夫为首的“反党集团”问题时，毛泽东又抱怨说：“斯大林、金日成对中国刻意隐瞒发动战争的时机及作战计划，最后，中国却被牵连进战争，这是错了，绝对错了。”

从史料上说，这些谈话在《毛泽东年谱》等文献中，都没有记载。从背景来说，赫鲁晓夫秘密报告造成国际反苏反共浪潮，中共发表《论无产阶级专政的历史经验》《再论无产阶级专政的历史经验》，全面阐述斯大林的功过是非，不可能在同苏方人员谈话中断然否定斯大林。从语气上说，毛泽东在同苏联打交道时，不会用“根本错误”“绝对错误”这类断然语气。这些材料，都查无实据。

还有人诬称：“《毛泽东选集》1至4卷的160余篇文章中，由毛泽东执笔起草的只有12篇，经毛泽东修改的共有13篇，其余诸篇全是由中共中央其他领导成员，或中共中央办公厅以及毛泽东的秘书等人起草的。”这是肆意捏造的谣言。实际上，《毛泽东选集》收入毛泽东从1925年12月到1949年9月各个革命历史时期的最主要、最有代表性的著作159篇（其中有5篇是集纳而成）。这些理论著作，集中体现了毛泽东思想。[①]

任何伟大的思想体系，都不是闭门造车杜撰出来的。毛泽东的文章，

---

① 唐洲雁、曹前发、单劲松：《关于〈毛泽东选集〉四卷文稿的考辨》，《党的文献》2013年第5期。

更不是像某些所谓公知那样，是靠无理谩骂、胡编乱造出来的，而是在血的革命实践中总结出来的，是实践经验、理论升华、政策导向和价值归属的统一。1962 年 9 月，毛泽东在同外国友人谈到《毛泽东选集》的写作时说：我写的文章就是反映这几十年斗争的过程，是人民革命斗争的产物，不是凭自己的脑子空想出来的。既然有人民革命斗争，就产生要采取什么政策、策略、理论、战略战术的问题，栽了跟头，遭到失败，受过压迫，这才懂得并能够写出些东西来。[①] 试问，哪个知识分子有毛泽东那样的实践经验、问题意识、战略思维、逻辑结构和语言风格？

（五）史论存疑

这种方法，是对党关于历史的结论，作出否定性、疑虑性的解读；或者因为对某些历史问题的不同观点，来说明没有定论。由此来动摇党的思想观点和政治权威，削减人民对党的信任度。有人因为针对三大改造、“大跃进”、三年困难时期、庐山会议、“文化大革命”、毛泽东和邓小平的关系等有不同评价，由此表示不信任《历史决议》作出的相关结论。有人指责党没有反思这些错误，是搞所谓的“历史虚无主义”。

可见，历史虚无主义是运用孤立的、片面的、静止的观点，来评价毛泽东，由此得出的所谓“学术结论”和“客观结论”带有很大的主观臆断性。他们不是用联系的、发展的观点，完整准确地理解毛泽东思想的科学体系，而是用唯心论代替唯物论，用形而上学代替辩证法，用不可知论代替唯物主义可知论。这是反科学的历史观和方法论。

抹黑毛泽东的历史虚无主义，不掌握科学的世界观，否认正确的历史结论，不能运用科学方法评价历史人物，只是掩耳盗铃，欺世盗名，以博得资本的眷顾。这说明历史虚无主义在毛泽东研究中的倒行逆施，反映了毛泽东研究中历史虚无主义的破产。他们不过是蚍蜉撼大树，可笑不自量。社会历史的车轮必然沿着人民群众信奉的真理前进，而无暇顾忌绊脚石的羁绊。

---

① 《毛泽东年谱（1949—1976）》第 5 卷，中央文献出版社 2013 年版，第 161 页。

五、主要政治危害和实质

毛泽东研究中历史虚无主义思潮的实质，是通过抹黑党的领袖人物和共和国的历史，否定四项基本原则，走西方资本主义道路。

（一）旨在丑化共产党形象，否定党执政合法性

能否正确评价领袖人物，对一个党、一个国家、一个民族具有深远的影响。毛泽东是中国共产党的主要缔造者和领袖。丑化毛泽东，共产党的先进性、领导地位和执政地位，都会动摇。如何评价毛泽东问题，关系到党、国家的历史、现在和将来。邓小平指出："我们党总结历史经验不能丢掉毛泽东，否定毛泽东就是否定中国革命大部分的历史。"[①]

（二）旨在摧毁中国制度，改变中国道路

毛泽东是中华人民共和国的主要缔造者，是中国社会主义制度的主要创建者，曾长期是社会主义建设的主要领导者和组织者。否定毛泽东和党的执政地位，社会主义制度也就失去合理性和合法性。习近平指出："国内外敌对势力往往就是拿中国革命史、新中国历史来做文章，竭尽攻击、丑化、诬蔑之能事，根本目的就是要搞乱人心，煽动推翻中国共产党的领导和我国社会主义制度。"[②]科学评价毛泽东，关系到中国社会主义的前途和命运。邓小平在指导起草《决议》之时就指出，科学评价毛泽东，"说明马列主义、毛泽东思想是我们前进的指南，正是因为这样，我们党就站住了，我们社会主义制度也站住了"[③]。在当今两种社会制度的对比中，中国要么走社会主义道路，要么走资本主义道路，中间道路是没有的。否定毛泽东和四项基本原则的背后，必然包含崇尚西方制度、走西方道路的政治主张。

---

① 《邓小平文选》第 3 卷，人民出版社 1993 年版，第 271—272 页。

② 《十八大以来重要文献选编》（上），中央文献出版社 2014 年版，第 113 页。

③ 《邓小平年谱（1975—1997）》（上），中央文献出版社 2004 年版，第 552 页。

（三）旨在摧毁精神体系，改变马列信仰

马列主义、毛泽东思想是一脉相承而又与时俱进的科学体系，是全党的指导思想和国家意识形态的核心。毛泽东思想是中国共产党的精神营养和文化基因，是中国共产党的精神支柱和价值归宿，诠释着党的来源、性质、宗旨、使命，包含了理想、信念、纪律等意识形态体系。邓小平指出，毛泽东思想培育了中国共产党整整一代人；没有毛泽东思想，就没有今天的中国共产党，这也丝毫不是什么夸张。毛泽东思想永远是全党、全军、全国各族人民的最宝贵的精神财富。[①] 否定了毛泽东思想，也就摧毁了党的思想体系，也就撕裂了全国人民团结奋斗的思想基础。如果指导思想出现混乱，将造成人心四分五裂，不同利益集团各自为政；中国将再次陷入军阀割据、天下大乱的局面。没有安定团结的政治局面，就没有现代化，中华民族伟大复兴的中国梦也就无从谈起。因此，习近平警告说："马克思列宁主义、毛泽东思想一定不能丢，丢了就丧失根本。"[②]

（四）旨在资本剥削劳动，帝国奴役中华

内部争耗是国家和民族衰败的根本原因，团结奋斗是令外敌望而生畏的内生力量。毛泽东是反抗国内外剥削和压迫的象征。哪里有毛泽东，哪里就有反抗强权的精神意志。反之，丑化毛泽东的民族英雄形象，将为资本剥削劳动、国际垄断资本奴役中华民族，重新打开大门。那样，资产阶级同工人阶级、帝国主义同中华民族的矛盾，将再次成为中国社会的主要矛盾。这绝不是危言耸听。

每个国家和人民安身立命的精神体系不一样。毛泽东和毛泽东思想，是中国人民和平发展、振兴中华的精神支柱。没有思想理论上的独立自主，就没有经济、政治上的独立和主权。毁掉凝心聚力的旗帜，中华民族将陷入亨廷顿所说的无所适从的国家。丑化毛泽东，包藏着西方"和平演变"中国的战略图谋。从思想意识、价值观念、精神体系上控制中

---

① 《邓小平文选》第2卷，人民出版社1994年版，第148—149页。

② 《习近平谈治国理政》，外文出版社2014年版，第9页。

国，是西方敌对势力的既定战略。美国中情局制定的灭亡中国的“十条诫令”第五条，即“要不断制造消息，丑化他们的领导”，就是“和平演变”战略的具体方案。一旦社会主义意识形态分崩离析，那么整个时代将会覆灭。西方敌对势力将不动一刀一枪、一兵一卒，颠覆整个社会主义大厦，达到战争未能达到的险恶目的。苏联解体的思想根源，就是从瓦解“列宁综合体系”开始。西方针对中国，与对付苏联的战略策略，如出一辙。习近平指出：“苏联为什么解体？苏共为什么垮台？一个重要原因就是意识形态领域的斗争十分激烈，全面否定苏联历史、苏共历史，否定列宁，否定斯大林，搞历史虚无主义，思想搞乱了，各级党组织几乎没任何作用了，军队都不在党的领导之下了。最后，苏联共产党偌大一个党就作鸟兽散了，苏联偌大一个社会主义国家就分崩离析了。”①

毛泽东指出：“凡是要推翻一个政权，总要先造成舆论，总要先搞意识形态方面的工作。无论革命也好，反革命也好。”②清代著名思想家龚自珍说：“灭人之国，必先去其史；隳人之枋，败人之纲纪，必先去其史；绝人之材，湮塞人之教，必先去其史；夷人之祖宗，必先去其史。”③历史虚无主义思潮正在“夷人之祖宗”“湮塞人之教”“败人之纲纪”“灭人之国”，这是赤裸裸的思想侵略、精神侵略和文化侵略，难道不是没有硝烟的战争吗？

肯定还是否定毛泽东，事关中国的政治发展道路。对于评价毛泽东的分歧，正是自由化道路和中国特色社会主义道路之争的关键点。这是中国思想界对毛泽东持有不同评价的政治根源和社会根源。不是有人叫嚣“将毛泽东这个恶魔钉在历史的耻辱柱上，是中国思想启蒙运动的第一步”吗？不是有人点出“宪政最大的问题是评价毛泽东”吗？历史虚无主义与新自由主义是相互配合的。前者否定中国道路、中国制度和中国理论，后者就用西方经济政治和文化制度来代替。丑化和抹黑毛泽东的背后，正是通向西方资本主义道路的大门。从阶级本质上说，同毛泽东研究中历史虚无主义的斗争，是两个阶级、两条道路的斗争在意识形态领域的表现，是唯物史观同唯心史观、辩证法同形而上学的论争。反

① 《十八大以来重要文献选编》上，中央文献出版社2014年版，第113页。

② 《毛泽东年谱（1949—1976）》第5卷，中央文献出版社2013年版，第153页。

③ （清）龚自珍：《古史钩沉论》。

击抹黑毛泽东的历史虚无主义，是党的生命保卫战，马克思主义保卫战，国家安全保卫战，民族英雄保卫战，中华民族保卫战，民族精神和民族文化保卫战，人民根本利益保卫战。

六、若干对策、建议和措施

历史虚无主义思潮对党的领袖、民族英雄和中华人民共和国的攻击，将不会在短期内销声匿迹。反击毛泽东研究中的历史虚无主义思潮，毫不动摇地进行理论斗争、舆论斗争和宣传斗争，是须臾不可松懈的任务。对待意识形态领域的斗争，要正确处理两类不同性质矛盾，坚持有理、有力、有节的原则，区分政治斗争和意识形态斗争的不同特征，采取不同方式，治理意识形态领域的乱象。

第一，把维护毛泽东和毛泽东思想的历史地位纳入依法治国战略。依法治国，首先要依照宪法治国，包含对社会思想领域的治理。《中华人民共和国宪法》序言指出，以毛泽东为领袖的中国共产党领导中国各族人民，取得新民主主义革命的伟大胜利，建立了中华人民共和国。从此，中国人民掌握了国家的权力，成为国家的主人。明确规定了毛泽东的领袖地位和共产党的领导地位。《宪法》序言指出："国家的根本任务是，沿着中国特色社会主义道路，集中力量进行社会主义现代化建设。中国各族人民将继续在中国共产党领导下，在马克思列宁主义、毛泽东思想、邓小平理论和'三个代表'重要思想指引下，坚持人民民主专政，坚持社会主义道路，坚持改革开放，不断完善社会主义的各项制度，发展社会主义市场经济，发展社会主义民主，健全社会主义法制，自力更生，艰苦奋斗，逐步实现工业、农业、国防和科学技术的现代化，推动物质文明、政治文明和精神文明协调发展，把我国建设成为富强、民主、文明的社会主义国家。"[①] 诋毁和否定毛泽东和毛泽东思想，是违反《宪法》的行为。

《宪法》第 38 条规定："中华人民共和国公民的人格尊严不受侵犯。

① 《中华人民共和国宪法》，人民出版社 2004 年版，第 58 页。

禁止用任何方法对公民进行侮辱、诽谤和诬告陷害。”对于恶毒否定毛泽东历史功绩、诋毁毛泽东人格形象的侵权言行，造成严重思想混乱和社会震动的，必须依照《宪法》，以侮辱罪或诽谤罪等提起公诉，追究刑事责任和民事责任。

《宪法》第35条规定：“中华人民共和国公民有言论、出版、集会、结社、游行、示威的自由。”国家保障公民的言论自由，但是这不能作为诬陷毛泽东的法律依据。毛泽东的领袖地位和社会主义制度联系在一起。行使言论自由权利，不能侵犯毛泽东的名誉权、人身权和人格尊严，不得危害社会主义制度；否则，也应受到法律的约束和制裁。《宪法》序言指出：“中国人民对敌视和破坏我国社会主义制度的国内外的敌对势力和敌对分子，必须进行斗争。”与诬陷毛泽东领袖地位和危害社会主义制度的言行进行斗争，是《宪法》赋予的神圣权利。

《关于建国以来党的若干历史问题的决议》，习近平在纪念毛泽东诞辰120周年大会上的讲话，都对毛泽东和毛泽东思想作出科学评价，是经得起实践和历史检验的科学结论和政治结论。执政党把人民的意志上升为法律，是治国理政的基本方法。建议将毛泽东作为中国共产党、中国人民解放军和中华人民共和国的主要缔造者，明确载入《中华人民共和国宪法》，高悬法律正义之剑。绝不能让错误思潮写几篇文章、做几次演讲、散布一些谣言，就撼动《宪法》的权威。共产党员和全国人民，都应该具备守法尊法、守土有责的主动精神。

第二，对于党内诬蔑毛泽东者，根据《党章》规定，给予政治教育和纪律处分。中共十八大通过的《中国共产党章程》总纲规定：“中国共产党以马克思列宁主义、毛泽东思想、邓小平理论、‘三个代表’重要思想和科学发展观作为自己的行动指南。”[①]党员都有遵守和维护《党章》的义务；有自觉遵守党的纪律、模范遵守国家的法律法规的义务；有学习党的指导思想的义务。《党章》第二章“党的组织制度”第六条规定：“党禁止任何形式的个人崇拜。要保证党的领导人的活动处于党和人民的监督之下，同时维护一切代表党和人民利益的领导人的威

---

① 《中国共产党章程》,《人民日报》2012年11月19日。

信。”《党章》规定反对个人崇拜，其中包含对毛泽东的个人崇拜；但也不允许损害毛泽东的威信，决不允许党员践踏毛泽东的人格尊严，侮辱党的领袖，向民族英雄泼脏水。那些诬蔑毛泽东、背弃毛泽东思想的党员，严重违背了《党章》。《中国共产党纪律处分条例》规定：丑化党和国家形象，或者诋毁、诬蔑党和国家领导人，或者歪曲党史、军史的，应该根据情节轻重，给予警告、严重警告、撤销党内职务或者留党察看，甚至开除党籍处分。

第三，在学术研究领域，坚持学术批评、思想教育和行政审查相结合。对于境外诋毁毛泽东的学者，除学术上给予批驳之外，还应该对其在大陆的学术活动进行掌握审查。对于国内学者，应从学术上给予批判；并通过党组织或者所在单位，给予批评教育；严重不改者，建议调动其职位。有关部门应组织力量，选取诬蔑、歪曲毛泽东的代表性书籍，用真实可靠的档案史料、缜密细致的学术研究进行批驳，以正视听。

第四，加强对高校思想政治教育和意识形态工作的领导。加强马克思主义基本原理教育，引导学生树立科学的世界观和方法论；加强毛泽东思想和中国特色社会主义理论体系教育，引导学生树立正确的社会主义观；加强中国近现代史教育，引导学生树立科学的历史观；加强思想品德修养和法律基础教育，引导学生树立正确的人生观和价值观；加强形势政策教育，引导学生了解中国社会的主要问题及其解决方案，理解继承毛泽东未竟事业的意义。

第五，团结和教育知识分子。警惕西方国家在中国制造思想分裂的阴谋。思想的分裂将导致组织的分裂和社会的分裂。通过深入细致的工作，扩大教育面，缩小打击面，巩固和扩大社会主义意识形态的阵地。严控不能将意识形态领域的斗争，上升为政治运动。解决思想问题的关键，在于中国的全面发展，做到情为民所系、权为民所用、利为民所谋，历史虚无主义将无从生芽。

第六，加强对意识形态工作的领导、管理和引导。对于恶意散布、传播侮辱毛泽东历史伟人形象，歪曲毛泽东思想的媒体平台，应对其进行政检查和处罚。建立微信等网络舆情队伍，及时发现违反党规、国法的有害信息，根据性质不同给予不同的处理。推送宣传毛泽东历史功绩和毛泽东思想历史地位的信息。整合有关毛泽东生平和思想的研究机构和队伍，为反击历史虚无主义和捍卫毛泽东的历史地位作学术准备、组织准备。重视在重大历史事件前后的理论斗争。在学术界，坚持“研究无禁区、宣传有纪律”的原则，建设学术道德和学术规范，不得散布丑化领袖人物、危害社会主义制度的谣言。学术界应树立责任意识、大局意识、历史意识，针对社会存在的问题，贡献嘉策嘉猷，创造新文化、传播正能量。一条良策比一百句谩骂更具有进步意义。“卑鄙是卑鄙者的通行证，高尚是高尚者的墓志铭。”恶毒的咒骂是卑鄙者的愚昧，科学的评价是高尚者的智慧。

［原载《马克思主义研究》2016 年第 5 期］

毛泽东对马克思主义意识形态理论的继承和发展

一、继承和发展唯物史观关于社会结构的基本原理

（一）一定社会的经济和政治决定一定社会的思想文化

一定社会的生产力和生产关系、经济基础和上层建筑构成一定社会的整体结构。一定社会的思想文化是由一定社会的经济基础和政治上层建筑决定的观念形态的上层建筑。马克思指出："生产关系的总和构成社会的经济结构，即有法律的和政治的上层建筑竖立其上并有一定的社会意识形式与之相适应的现实基础。物质生活的生产方式制约着整个社会生活、政治生活和精神生活的过程。不是人们的意识决定人们的存在，相反，是人们的社会存在决定人们的意识。"[①] 马克思主义这个基本原理为意识形态理论奠定了基础。

毛泽东继承和发展了这个基本原理，认为一定社会的政治、经济和文化构成整个结构，强调思想文化是整个社会结构中的有机组成部分。他在《新民主主义论》中指出："一定的文化（当作观念形态的文化）是一定社会的政治和经济的反映，又给予伟大影响和作用于一定社会的政

① 《马克思恩格斯文集》第2卷，人民出版社2009年版，第591页。

治和经济”，这是中国共产党关于文化和政治、经济的关系的基本观点。[①]这个观点划清了唯物主义文化观与唯心主义文化观的区别。在此基础上，毛泽东进一步指出思想文化是全部社会关系的一部分。他说：“所谓一切社会关系，应该包括生产关系和上层建筑，包括经济、政治、思想、文化各方面的关系。”[②]生产关系是整个社会关系的核心，包含生产资料归谁所有，产品如何分配，人们在生产中的地位和作用等关系。除此之外，社会关系还包括人们在政治生活、文化生活中的地位。毛泽东这个论断表明，应从整个社会的全面和发展的角度来看待思想文化关系，从大社会建设的总体布局中看待思想文化建设问题。

唯物史观关于社会结构的基本原理，为毛泽东审视中国社会提供了思想武器。在民主革命时期，毛泽东主张新民主主义的政治、经济和文化，构成新民主主义的国家和社会，这既是局部执政时期的建设形态，又是取得民主革命胜利后全国执政的奋斗目标。而在从民主革命向社会主义革命的转变时期，在建立社会主义经济基础和民主政治制度的同时，也逐渐建立以马克思主义为指导的社会主义思想文化。社会主义基本制度建立之后，党和国家的工作布局，基本上是围绕着经济、政治和文化展开的。这一思路为现代化建设的总体布局开辟了道路。

实践的观点是唯物史观的基本观点，社会思想意识来源于人们的社会实践。马克思指出：“全部社会生活在本质上是实践的。凡是把理论引向神秘主义的神秘东西，都能在人的实践中以及对这种实践的理解中得到合理的解决。”[③]这是社会存在决定社会意识原理的延伸，反映了意识形态的本源问题。毛泽东坚持这个基本观点，强调：“劳动生产的实践，阶级斗争的实践，科学实验的实践，使人类逐渐从迷信与妄想（唯心论）脱离，逐渐认识世界之本质，而到达于唯物论。”[④]人们对客观世界和主观世界的正确认识也来源于社会实践。毛泽东指出：“人的正确思想，只能从社会实践中来，只能从社会的生产斗争、阶级斗争和科学实验这三项

---

① 《毛泽东选集》第2卷，人民出版社1991年版，第663—664页。

② 《毛泽东年谱（1949—1976）》第4卷，中央文献出版社2013年版，第249页。

③ 《马克思恩格斯文集》第1卷，人民出版社2009年版，第501页。

④ 中共中央文献研究室：《毛泽东著作专题摘编》（上），中央文献出版社2003年版，第7页。

实践中来。人们的社会存在，决定人们的思想。”[①] 这种观点对探讨意识形态的本源及其变动具有指导意义。

（二）社会结构的变动决定思想文化的变动

一定社会的经济和政治的变动，必然带来一定社会的思想文化的变动。精神生产随着物质生产的改造而改造，思想文化随着社会制度的变革而改变。马克思、恩格斯指出：“人们的意识，随着人们的生活条件、人们的社会关系、人们的社会存在的改变而改变，这难道需要经过深思才能了解吗？”“当人们谈到使整个社会革命化的思想时，他们只是表明了一个事实：在旧社会内部已经形成了新社会的因素，旧思想的瓦解是同旧生活条件的瓦解步调一致的。”[②] 在资本主义社会，人们之所以谈论共产主义思想，是表明资本主义生产关系在推动经济社会前进的同时，也无力解决它在内的基本矛盾，由此孕育了新的社会因素。共产主义思想的出现是资本主义社会内部产生了革命化因素的反映。毛泽东指出：“在资本主义社会这个母胎中，没有产生社会主义的生产方式，但是已经孕育了无产阶级，作为这个阶级意识形态的马克思主义已经产生了，也就是说社会主义的意识形态已经产生了。”[③]

经过社会主义改造进入社会主义社会，是中国革命的特殊规律。在中国社会主义改造过程中，使农民个体所有制转变成集体所有制，使资产阶级私有制转变为社会主义公有制，实现社会制度的巨大变革，必然在人们的思想中有所反映。“一种新的社会制度，一种新的思想，要慢慢地才能在人们的头脑里占领阵地，才能使旧的东西的影响逐步缩小。”[④] 社会制度的变革决定人们思想意识的变动，这个观点对于认识中国改革发展中的思想动态具有现实意义。

人类社会从低级阶段向高级阶段演变是社会发展的基本趋势。一种

---

① 《毛泽东文集》第 8 卷，人民出版社 1999 年版，第 320 页。

② 《马克思恩格斯选集》第 1 卷，人民出版社 1995 年版，第 291—292 页。

③ 《毛泽东读社会主义政治经济学批注和谈话》（上），中华人民共和国国史学会清样本，第 50—51 页。

④ 《毛泽东文集》第 6 卷，人民出版社 1999 年版，第 489 页。

高级的社会制度取代一种较低级的社会制度，必定会引起思想文化上的变革。而一种社会制度如果永恒，那么反映它的思想意识也会僵化。毛泽东指出："一定的社会制度，在一定的时期内需要巩固它，但是这种巩固必须有一定的限度，不能永远地巩固下去。认识不到这一点，反映这种制度的意识形态就僵化起来，人们的思想就不能适应新的变化。"[①] 这就需要坚持解放思想、实事求是的思想路线，不断根据新的实践创造新的理论，才能发挥思想文化对社会发展的指导意义。

毛泽东根据唯物史观关于社会存在与社会意识的原理，阐述了观念形态的思想文化在整个社会结构中的地位和作用，指出社会结构的变动与思想文化变动的基本关系，为理解意识形态的工作的战略意义奠定了理论基础。

二、阐述意识形态对于经济和政治的反作用

毛泽东根据社会意识反作用于社会存在的辩证关系，阐述思想文化对经济基础和政治方面的上层建筑的反作用，论述了思想文化的相对性。

（一）一定社会的思想文化对于经济和政治具有反作用

辩证唯物论承认经济基础对上层建筑的决定性作用，也承认意识形态对经济和政治的反作用。恩格斯指出："意识形态观点的那种东西——又对经济基础发生反作用，并且能在某种限度内改变经济基础。"[②] 毛泽东继承了这种观点，他说："一定形态的政治和经济是首先决定那一定形态的文化的；然后，那一定形态的文化又才给予影响和作用于一定形态的政治和经济。"[③]

一定社会的思想文化如何影响和作用于一定社会的经济和政治呢？一般来说，由于观念形态的思想文化是对经济和政治的反映，因此，一

① 《毛泽东读社会主义政治经济学批注和谈话》（下），中华人民共和国国史学会清样本，第815页。

② 《马克思恩格斯文集》第10卷，人民出版社2009年版，第598页。

③ 《毛泽东选集》第2卷，人民出版社1991年版，第664页。

定社会的思想文化解释和论证一定社会经济和政治的过去、现在和未来的发展道路。马克思指出："哲学家们只是用不同的方式解释世界，问题在于改变世界。"[①] 哲学是无产阶级改造世界的精神武器，而无产阶级是哲学改变世界的物质力量。一定的思想文化也是人们有意识有目的地认识和改造世界的工具。毛泽东在《新民主主义论》中阐述经济、政治和文化的关系时，引用这个论断以说明意识形态对经济和政治的反作用。

人类社会是螺旋式上升、曲折式发展的。保守的落后的思想文化阻碍社会的发展进程，先进的科学的思想文化引领社会发展的方向；在整个社会发展中，思想文化也为自己开辟发展道路。在承认经济和政治是最终的决定性因素的同时，也承认文化在一定时期一定程度上的决定性作用，这才是辩证唯物主义的观点。这是毛泽东对马克思主义意识形态理论的重大发展。他说："当着政治文化等等上层建筑阻碍着经济基础的发展的时候，对于政治上和文化上的革新就成为主要的决定的东西了。我们这样说，是否违反了唯物论呢？没有。因为我们承认总的历史发展中是物质的东西决定精神的东西，是社会的存在决定社会的意识；但是同时又承认而且必须承认精神的东西的反作用，社会意识对于社会存在的反作用，上层建筑对于经济基础的反作用。这不是违反唯物论，正是避免了机械唯物论，坚持了辩证唯物论。"[②]

根据社会意识反作用于社会存在、上层建筑反作用于经济基础的原理，毛泽东特别强调政治思想工作的特殊作用，认为思想政治工作是经济工作和其他一切工作的政治条件、指导方针、方向道路和灵魂。他指出："思想工作和政治工作，是完成经济工作和技术工作的保证，它们是为经济基础服务的。"[③] 经济工作的发展方向、道路、性质、结构、程度、途径、政策、措施、判断标准等一切制度和思想因素，需要通过政治思想来表现。没有了与经济相适应的政治和思想话语体系，经济工作也将失去发展方向。政治思想工作解决人们的立场、观点、方法等问题，涉及世界观、人生观和价值观，以及精神支柱和精神面貌等问题。毛泽东

① 《马克思恩格斯文集》第 1 卷，人民出版社 2009 年版，第 506 页。

② 《毛泽东选集》第 1 卷，人民出版社 1991 年版，第 326 页。

③ 《毛泽东文集》第 7 卷，人民出版社 1999 年版，第 351 页。

指出："思想和政治又是统帅，是灵魂。只要我们的思想工作和政治工作稍为一放松，经济工作和技术工作就一定会走到邪路上去。"[①]

（二）社会思想文化具有相对独立性

一定社会的思想文化并不总是与一定社会的经济和政治发展进程相一致。毛泽东在论述中国社会制度的变革时，强调旧的思想意识不容易消失，而新的思想意识也不容易确立；它们有时落后、有时超前于一定的经济和政治的发展进程。比如，1952 年 9 月，在过渡时期总路线还未正式公布时，毛泽东在致黄炎培的信中提出：要求资产阶级接受工人阶级的基本思想，例如消灭剥削，消灭阶级，消灭个人主义，接受马克思主义的宇宙观，或者如先生所说"没有劳动，没有生活，不从劳动以外求生活，不从自力以外求生活"，这就是要求资产阶级接受社会主义。这些对于少数进步分子说来是可能的，当作一个阶级，则不宜这样要求，至少在第一个五年计划时期不宜如此宣传。这段话说明少数进步分子的思想意识可能超越社会主义改造阶段而接受社会主义思想，而大多数资产阶级分子则难以达到这样的要求。

毛泽东在这封信中还说：在现阶段，允许资产阶级存在，但须经营有益于国家人民的事业，不犯"五毒"，这就是工人阶级对于资产阶级的领导，也就是《共同纲领》所规定的。超过这个限度，而要求资产阶级接受工人阶级的思想，或者说，不许资产阶级想剥削赚钱的事情，只许他们和工人一样想"没有劳动，没有生活"的事情，只想社会主义，不想资本主义，那是不可能的，也是不应该的。[②]这段话说明社会思想意识归根到底还是受一定的经济关系的影响。

社会存在决定社会意识，并不是说社会存在是社会意识的唯一的生产来源。一定的社会思想意识还继承历史长河中积淀下来的思想遗产和精神成果。毛泽东思想是马克思主义与中国革命和建设的实践相结合的产物，也继承和发展了中国历史传统文化的优秀成果，继承和发展了中

① 《毛泽东文集》第 7 卷，人民出版社 1999 年版，第 351 页。

② 《毛泽东文集》第 6 卷，人民出版社 1999 年版，第 236—237 页。

国民主革命派的思想遗产。毛泽东在《新民主主义论》《同音乐工作者的谈话》、同古巴妇女代表团和厄瓜多尔文化代表团谈话等论著和谈话中，多次强调要继承中国历史文化和民主革命时期的思想遗产，阐述了思想文化具有相对独立性的特点。

在同一社会时代的不同社会意识之间也相互作用，能够创造出新的思想成果。毛泽东认为，真善美、假恶丑，香花和毒草是相比较而存在，相斗争而发展的。只允许种植香花，不允许放毒草是不可能的。马克思主义也是这样。要学习马克思主义，也要学习康德、黑格尔的著作；这样才能深刻了解历史唯物论。他还提到要有种牛痘的观点，提高马克思主义分析判断能力和鉴别能力。

社会思想文化的发展水平同经济发展水平之间具有不平衡性。经济、政治文明发展程度较低的国家，其某些方面的思想文化可能超越经济发展水平较高的国家。经济落后的国家也可能在思想文化方面拉第一小提琴。毛泽东指出："从历史上看，许多先进的东西，往往不是出在先进的国家，而是出在比较落后的国家。例如马克思主义，就不出在当时资本主义比较发展的英国，而出在资本主义只有中等发展水平的德国。"①

三、坚持和发展马克思主义认识论

在承认社会存在与社会意识同一性原理的基础上，毛泽东阐述和发展了马克思主义认识论，为探讨思想文化的发展规律提供了理论基础。

（一）人的社会意识能够认识和反映社会存在

社会思想意识能够反映社会实践，并且能够指导社会实践的发展。毛泽东指出："思维是一种特殊物质的运动形态，它能够反映客观的性质，能够反映客观的运动，并且由此产生科学的预见，而这种预见经过实践又能够转化成为事物。"② 这个观点坚持了社会存在与社会意识的辩证关

① 《毛泽东读社会主义政治经济学批注和谈话》（上），中华人民共和国国史学会清样本，第427—428页。

② 《毛泽东文集》第8卷，人民出版社1999年版，第103页。

系，强调客观世界是可以认识的，人们能够利用客观规律认识和改造客观世界。

毛泽东认为："主观运动的规律和外界的客观运动的规律是同一的，辩证法的规律，是客观所固有的，是客观运动的规律，这种客观运动的规律，反映在人们的头脑中，就成为主观辩证法。这个客观辩证法和主观辩证法是同一的。"[①] 这表明，社会存在和社会意识是统一的，但并不是说二者可以画等号。这与思维和存在分离的二元论划清了界限。

从实践中发现规律，上升为人的主观认识，并且用这种认识指导新的实践，才能将真理变成现实。毛泽东指出："人们必须在自己的实践中，精心地去寻找客观事物的固有的而不是自己主观地臆造出来的规律，并利用这种由客观反映到主观的规律，亦即客观真理转化为主观真理，就可以改造客观世界，实现人们的理想。否则是不可能的。"[②]

他还以建造北京人民大会堂为例，说明主观认识能够反映客观规律。他说，人民大会堂在没有开始建造之前，先要设计蓝图，而蓝图则是思维；这种思维经过设计师们集中过去建筑物的经验制定出来。然后根据蓝图——思维付诸施工，经过建设，转化为事物——人民大会堂。"这就说明蓝图能够反映客观世界，又能够转化为客观世界；说明客观世界可以被认识，人们的主观世界可以同客观世界相符合，预见可以变为事实。"[③] 这个论断强调了思维与存在的统一性，坚持了唯物主义可知论。

（二）社会实践是一个过程，决定人的认识是一个过程

毛泽东还阐述了人的认识在社会实践中的发展过程。他说，无数客观外界的现象通过人的感觉器官反映到头脑中来，形成感性认识；感性认识积累多了，就产生一个质的飞跃，变成理性认识。这是认识的第一个阶段：即由客观物质到主观精神的阶段，由存在到思想的阶段。这一阶段的认识还没有得到证明。然后认识进入第二阶段，由精神到物质的阶段，由思想到存在的阶段，即把第一个阶段得到的认识放到社会实践

① 《毛泽东文集》第 8 卷，人民出版社 1999 年版，第 103 页。

② 《建国以来毛泽东文稿》第 9 册，中央文献出版社 1996 年版，第 210 页。

③ 《毛泽东文集》第 8 卷，人民出版社 1999 年版，第 103—104 页。

中去，看这些理论、政策、计划、办法等是否能得到预期的成功。这个阶段又会产生一个飞跃，比第一次认识阶段更进步、更完善。“一个正确的认识，往往需要经过由物质到精神，由精神到物质，即由实践到认识，由认识到实践这样多次的反复，才能够完成。这就是马克思主义的认识论，就是辩证唯物论的认识论。”[①] 这也诠释了“人对客观世界的认识，由必然王国到自由王国的飞跃，要有一个过程”的道理。毛泽东概括了马克思主义认识论，说明从感性认识到理性认识的过程，实践是检验真理的标准，真理是主观认识和客观实践的统一，主观运动规律与客观运动规律相统一等观点。这与主观真理论和客观真理论划清了界限。

毛泽东关于实践—认识—再实践—再认识的观点，发展了马克思主义的认识论。1964 年 8 月 24 日，他在同周培源、于光远谈话时说：“要积累大量的感性材料，才会引起感性认识到理性认识的飞跃。关于从实践到感性认识，再从感性认识到理性认识的飞跃的道理，马克思和恩格斯都没有讲清楚，列宁也没有讲清楚。列宁写的《唯物主义和经验批判主义》，只讲清楚了唯物论，没有完全讲清楚认识论。”[②]

社会实践是不断前进的，对客观世界的认识有一个过程。先从不认识或不完全认识，经过反复实践，有了成功和失败的比较，才能逐步发展成为完全或者比较完全的认识。毛泽东指出：“自由是对必然的认识和对客观世界的改造。只有在认识必然的基础上，人们才有自由的活动。这是自由和必然的辩证规律。所谓必然，就是客观存在的规律性，在没有认识它以前，我们的行动总是不自觉的，带着盲目性的。”[③] 这表明，真理不是一朝一夕所能认识和掌握的。在没有完全掌握真理之前，人的认识具有一定的盲目性，主观认识和客观实践之间会存在差距，难免会犯主观主义、经验主义的错误。

这个基本观点可以解释中国共产党对社会主义建设道路的探索。1960 年 6 月 18 日，毛泽东在《十年总结》中指出：“由必然王国到自由王国的飞跃，是在一个长期认识过程中逐步地完成的。对于我国的社会

① 《毛泽东文集》第 8 卷，人民出版社 1999 年版，第 320—321 页。

② 《毛泽东年谱（1949—1976）》第 5 卷，中央文献出版社 2013 年版，第 396 页。

③ 《毛泽东文集》第 8 卷，人民出版社 1999 年版，第 306 页。

主义革命和建设，我们已经有了十年的经验了，已经懂得了不少的东西了。但是我们对于社会主义时期的革命和建设，还有一个很大的盲目性，还有一个很大的未被认识的必然王国，我们还不深刻地认识它。”应该去调查它、研究它，找出其固有规律，为社会主义革命和建设服务。[①]

人的认识是相对真理和绝对真理的统一。人的认识是一步一步地接近绝对真理而不能穷尽真理。如果穷尽了真理，实践和认识也就完结了。一个真理在一定的条件下是绝对真理，超越了这些条件，就变成相对真理，甚至是错误的。只要再往前一小步，真理也会变成谬误。毛泽东也指出：“绝对真理包括在相对真理里面。相对真理的积累，就使人们逐步地接近于绝对真理。不能认为相对真理只是相对真理，不包含任何绝对真理的成分，而到了一天人们忽然找到了绝对真理。”[②]社会实践的无限性，与认识和改造客观世界的无限性是统一的。这个观点强调客观世界的可知性，与不可知论划清了界限；又强调了人的主观能动性，与宿命论划清了界限。这种认识对于树立和坚定远大的理想具有指导意义。

（三）透过现象看本质、从偶然性中发现必然性

坚持真理、修正错误是马克思主义认识论的基本过程。真理并不是浮在事物的表面，而是隐藏于事物的内部联系，即规律。毛泽东强调，“本质总是藏在现象的后面，只有通过现象才能揭露本质。”[③]人对客观世界的认识是这样，共产党对客观世界的认识也是这样。世界上没有先知先觉。同时，规律也不是偶然一次出现就被发现的，只有反复不断重复，才能通过偶然出现的现象，找出其内在的必然性。因此，“一种意识形态成为系统，总是在事物运动的后面。因为思想、认识是物质运动的反映。规律是在事物的运动中反复出现的东西，不是偶然出现的东西”[④]。他还以从资本主义周期性经济危机发现资本主义基本矛盾运动规律，从长期革命实践中制定正确的土地革命纲领为例，说明需要经常反复的长时期的

---

① 《毛泽东文集》第 8 卷，人民出版社 1999 年版，第 198 页。

② 《毛泽东文集》第 8 卷，人民出版社 1999 年版，第 106 页。

③ 《毛泽东文集》第 8 卷，人民出版社 1999 年版，第 105 页。

④ 《毛泽东文集》第 8 卷，人民出版社 1999 年版，第 105 页。

实践活动，需要透过现象看本质、通过偶然性发现必然性，才能探求事物的规律。这为坚持实践为先、探索规律、总结经验、开拓道路、凝练理论奠定了认识论基础。

四、重视意识形态领域的阶级斗争

根据意识形态具有阶级性的原理，毛泽东强调一定的思想文化反映一定的阶级利益和意志，思想文化领域的阶级斗争反映不同阶级的生产方式，应该重视意识形态领域的斗争。

（一）一定社会的思想意识反映一定阶级的利益和意志

自从有阶级社会以来，由于思想意识是由一定社会的经济和政治决定的上层建筑，不同的经济关系和政治力量，具有本质上不同的思想意识。马克思指出：“在不同的财产形式上，在社会生存条件上，耸立着由各种不同的，表现独特的情感、幻想、思想方式和人生观构成的整个上层建筑。整个阶级在其物质条件和相应的社会关系的基础上创造和构成这一切。”[①]

一定的思想意识是与一定的阶级相联系的。毛泽东在读艾思奇编的《哲学选辑》中写道：“哲学是一定阶级的意识形态的集中表现”。[②]他在读李达《社会学大纲》时批注道：“代表古代反动贵族的意识形态是古代观念论哲学……”。“社会意识形态是理论上再造出现实社会”[③]。在阶级社会中，经济、政治上占统治地位的阶级，在思想观念上也占据统治地位。

在资本主义社会中，资产阶级有资产阶级的意识形态，无产阶级有无产阶级的意识形态。前者是为了维护和巩固资本主义生产方式、经济制度和政治制度的工具；后者是为了反抗资本主义和争取自身解放的思想武装。在社会主义思想文化是为社会主义和人民群众服务的。毛泽东

① 《马克思恩格斯文集》第2卷，人民出版社2009年版，第498页。

② 《毛泽东哲学批注集》，中央文献出版社1988年版，第310页。

③ 《毛泽东哲学批注集》，中央文献出版社1988年版，第225、210页。

指出："作为意识形态、作为社会的上层建筑之一的哲学社会科学，在我国，同自然科学一道，是为社会主义的经济基础服务的，是为革命的政治斗争服务的。"①

（二）一定阶级的思想理论著作代表一定阶级的意志和利益

不同阶级的思想文化离不开思想家的概括和著述。判断一个人及其理论著作是为哪个阶级服务的，主要是根据这个人物的思想受哪个阶级的影响和制约，为哪个阶级辩护，反映哪个阶级的利益和意志。马克思在揭示小资产阶级代表人物时说："他们的思想不能越出小资产者的生活所越不出的界限，因此他们在理论上得出的任务和解决办法，也就是小资产阶级的物质利益和社会地位在实际生活上引导他们得出的任务和解决办法。一般说来，一个阶级的政治代表和著作界代表同他们所代表的阶级之间的关系，都是这样。"②

在毛泽东看来，一定的阶级总是按照自己的思想意识和价值标准对经济和政治进行改造和建设，"无产阶级要按照自己的世界观改造世界，资产阶级也要按照自己的世界观改造世界。"③一定阶级的哲学（理论）为一定阶级的经济和政治服务。"无产阶级哲学的发展是这样，资产阶级哲学的发展也是这样。资产阶级哲学家都是为他们当前的政治服务的，而且每个国家，每个时期，都有新的理论家，提出新的理论。英国曾经出现了培根和霍布斯这样的资产阶级唯物论者；法国曾经出现了百科全书派这样的唯物论者；德国和俄国的资产阶级也有他们的唯物论者。他们都是资产阶级唯物论者，各有特点，但都是为当时的资产阶级政治服务的。"④代表先进阶级的正确思想文化被人民群众所掌握，就会变成物质力量。毛泽东说："代表先进阶级的正确思想，一旦被群众掌握，就会变成改造社会、改造世界的物质力量。"⑤

---

① 《建国以来毛泽东文稿》第10册，中央文献出版社1996年版，第400页。

② 《马克思恩格斯文集》第2卷，人民出版社2009年版，第501页。

③ 《毛泽东文集》第7卷，人民出版社1999年版，第230页。

④ 《毛泽东文集》第8卷，人民出版社1999年版，第109—110页。

⑤ 《毛泽东文集》第8卷，人民出版社1999年版，第320页。

（三）思想文化领域的阶级斗争反映了不同阶级的生产方式

在阶级对立的社会中，不同阶级的意识形态具有对抗的性质。一定社会中占统治地位的意识形态，是在经济上、政治上占统治地位的那个阶级的意识形态。马克思指出："统治阶级的思想在每一时代都是占统治地位的思想。这就是说，一个阶级是社会上占统治地位的物质力量，同时也是社会上占统治地位的精神力量。"[①]统治阶级的意识形态本质上是为了巩固和维护其阶级统治和社会制度。而处于被统治地位的阶级的意识形态，一方面不可避免地受到统治阶级的意识形态的影响，另一方面，也具有反对统治阶级的思想观念。落后阶级的意识形态阻碍社会的前进，而先进阶级的意识形态会推动社会的前进。

社会历史上的阶级斗争包括经济、政治和思想理论斗争。思想文化领域的斗争不同程度地反映了阶级斗争及其经济根源。马克思指出："一切历史上的斗争，无论是在政治、宗教、哲学的领域中进行的，还是在其他意识形态领域中进行的，实际上只是或多或少明显地表现了各社会阶级的斗争，而这些阶级的存在以及它们之间的冲突，又为它们的经济状况的发展程度、它们的生产的性质和方式以及由生产所决定的交换的性质和方式所制约。这个规律对于历史，同能量转化定律对于自然科学具有同样的意义。"[②]这是自从有阶级社会以来的人类社会运动的基本规律。毛泽东也指出："马克思主义的一个基本观点，就是存在决定意识，就是阶级斗争和民族斗争的客观现实决定我们的思想感情。"[③]

社会革命运动是包括经济、政治和思想文化等全方面的革命。政治、法律、军队、警察机构等上层建筑的变革方式，同思想意识领域的变革方式是有区别的。毛泽东指出："上层建筑主要指政权和军队、警察、法院等国家机器，也包括意识形态方面的东西。上层建筑是保护经济基础的。所以首先要用暴力把国家机器这些主要的上层建筑夺取过来，加以粉碎。至于意识形态方面的上层建筑，不能用武力解决，而是要经过长

---

① 《马克思恩格斯选集》第1卷，人民出版社2012年版，第178页。

② 《马克思恩格斯文集》第2卷，人民出版社2009年版，第469页。

③ 《毛泽东选集》第3卷，人民出版社1991年版，第852页。

期的改造。”[①] 这个论断为正确处理敌我矛盾和人民内部矛盾奠定了理论基础。毛泽东强调意识形态斗争对于阶级斗争的意义，指出：“这是搞上层建筑。凡是要推翻一个政权，总要先造成舆论，总要先搞意识形态方面的工作。无论革命也好，反革命也好。”[②] 意识形态领域的斗争表现为争夺舆论和民心、摧毁敌对阶级的合法性、合理性。其内容，在于说明为什么坚持或者推翻什么样的经济结构、政治制度、思想理论和价值体系。尤其是在民主政治条件下，意识形态领域的宣传、引导，将在政党选举中起到争取群众选票的作用。在争夺政权的斗争中，对立阶级在意识形态领域的斗争没有调和的余地。意识形态安全是维护整个国家政权安全战略的阵地。

五、毛泽东社会主义意识形态思想的现实意义

毛泽东关于意识形态的基本原理，为坚持马克思主义在思想文化领域的指导地位，正确处理意识形态领域的阶级斗争，探索社会主义文化建设规律，提供了理论基础和科学指南。

（一）意识形态工作是党和国家整体工作的有机组成部分

毛泽东关于意识形态在整个社会结构中的地位的思想，为审视当代中国意识形态工作的战略地位提供了启示。在当代中国，社会主义的公有制和人民当家作主的政治制度，客观上要求建立以马克思主义为指导的社会主义意识形态。2013 年 8 月，习近平在全国宣传思想工作会议上指出，“意识形态工作是党的一项极端重要的工作”，能否做好意识形态工作，“事关党的前途命运，事关国家长治久安，事关民族凝聚力和向心力”[③]。

社会主义意识形态的本质要求，是建立社会主义核心价值体系，这也是社会主义制度在思想和精神层面的质的规定性。马克思主义是立党

① 《毛泽东文集》第 8 卷，人民出版社 1999 年版，第 97 页。

② 《毛泽东年谱（1949—1976）》第 5 卷，中央文献出版社 2013 年版，第 153 页。

③ 《十八大以来重要文献选编》（上），中央文献出版社 2014 年版，第 464 页。

立国的根本，是社会主义核心价值体系的旗帜和灵魂。中国特色社会主义理想和共产主义信念是社会主义核心价值体系的主题，代表着社会主义的方向和道路。以爱国主义为核心的民族精神和以改革创新为核心的时代精神，是社会主义核心价值体系的精髓，是推动社会主义前进发展的精神支柱。社会主义荣辱观是社会主义核心价值体系的基础，代表着社会的基本价值判断。社会主义核心价值体系是反映社会主义性质的主流意识形态，而不是可有可无的社会思潮。

社会主义核心价值观是在核心价值体系的基础上更加突出核心要素和高度凝练。富强、民主、文明、和谐，是国家层面的价值观念，是近代以来中国人民的奋斗目标和价值取向，是正确处理国家和个人利益关系的标准。自由、平等、公正、法治，是社会层面的价值观，是正确处理个人与社会关系的准绳。爱国、敬业、诚信、友善，是个人层面的价值观，体现了个人的社会责任和个人修养的统一。核心价值观回答了建设什么样的国家，建设什么样的社会，培育什么样的公民这样的根本性问题。如果一个国家、一个政党把利己主义、享乐主义、拜金主义作为追求，那么无论怎么标榜人民的国家、人民的社会，都无法改变资本主义的道路取向，也就谈不上社会主义公有制和共同富裕。习近平指出："人类社会发展的历史表明，对一个民族、一个国家来说，最持久、最深层的力量是全社会共同认可的核心价值观。核心价值观，承载着一个民族、一个国家的精神追求，体现着一个社会评判是非曲直的价值标准。"①巩固和发展社会主义，需要培育社会主义核心价值体系和核心价值观，构建强有力的意识形态体系，这是马克思主义意识形态理论的运用和发展。

（二）意识形态安全是制约国家安全的重要因素

马克思主义关于社会结构的思想表明，一定的社会建立什么样的经济基础，建构什么样的政治制度，最终朝什么方向发展，是由一定的意识形态来解释和说明的。意识形态也是国家性质的有机组成部分。特别

---

① 习近平：《青年要自觉践行社会主义核心价值观》，《人民日报》2014年5月5日。

是在社会中占主导地位的指导思想、价值观念、思想体系，反映经济基础和上层建筑的性质；它们发生质的变化，也会影响政权性质、社会性质发生变化。从这个意义上说，维护国家安全，不能漠视意识形态安全。这个原则对于社会主义同样适用。社会主义的公有制，人民当家作主的政治制度，共产党的领导地位，人民代表大会制度，民主集中制等内容，也都需要意识形态来阐述。这种政治文化承载国家制度的本质规定性。

一定社会的意识形态反映执政党的性质。一定社会的经济结构和政治制度，都反映一定阶级的利益和意志；占统治地位的意识形态，是在经济上和政治上占统治地位的那个阶级的意识形态。意识形态承载着执政党的本质、宗旨、使命，是政党的思想武器；执政党是意识形态所指引的道路、社会、制度的主体；是本阶级运动的领导者、组织者和实践者。对于执政党来说，其意识形态的指导原则是反映国家制度的思想标准。因此，维护意识形态安全、巩固政党的执政地位和国家的阶级属性，是根本一致的。如果动摇了社会主义意识形态，那么也就动摇了党的领导和社会主义道路，也就否定了四项基本原则。马克思指出："如果从观念上来考察，那么一定的意识形式的解体足以使整个时代覆灭。"[①] 维护意识形态安全，事关国家、民族的前途和命运，不能不有效应对。

维护意识形态安全，要坚持和发展中国特色社会主义道路，坚持道路自信，划清中国社会主义与资本主义的界限。只有社会主义才能救中国和发展中国，是近代以来中国历史发展的结论，而不是"只有民主社会主义才能救中国"。维护意识形态安全，要坚持马克思主义及其中国化的理论成果的指导地位，坚守理论自信，划清马克思主义与反马克思主义的界限。坚持马克思主义、毛泽东思想、中国特色社会主义理论体系的指导地位，才能坚持中国共产党的领导地位，也才能坚持中国社会主义道路和无产阶级专政的国体。这四项基本原则从经济基础、国家制度、思想文化、社会主体等社会结构各方面，规定了中国举什么旗、走什么路、建设什么样的社会、沿着什么样的方向前进、达到什么样的目标等最根本的问题。四项基本原则是配套工程，不可分裂，放弃任何一

---

① 《马克思恩格斯文集》第8卷，人民出版社2009年版，第170页。

个方面，整个社会主义大厦都将倾覆。维护意识形态安全，最基本的是维护四项基本原则的安全。因此应该反对任何形式的马克思主义“过时论”“学派论”等错误观念。维护意识形态安全，要坚持和完善中国特色社会主义制度，坚守制度自信，划清社会主义制度同资本主义制度的界限。中国特色社会主义制度，坚持把根本政治制度、基本政治制度同基本经济制度以及各方面的体制机制等具体制度有机结合起来，体现了中国特色社会主义的特点和优点，是当代中国发展进步的根本制度保障。中国特色社会主义制度是中国特色社会主义道路的制度依托，承载着科学社会主义理论的具体化和制度化的内容。

中国特色社会主义道路、理论和制度，在其实现途径、行动指南、根本保障上统一于中国特色社会主义建设的实践。如果动摇了这些最基本的成果，那么中国也就不成为社会主义了。国内外敌对势力在意识形态领域的发难，诸如“国家资本主义”“官僚资本主义”“中国特色资本主义”等观点，归根到底集中在所谓“中国选择的道路错了”“中国社会主义制度带来灾难”“坚持马克思主义是搞文化专制”“共产党是一党专政”等论断。增强中国道路、中国制度、中国理论、中国文化的国内感召力、凝聚力、向心力和国际影响力、示范力、吸引力，是维护意识形态安全的根本之路。

（三）正确开展意识形态领域的斗争

在承认社会主义社会存在两类不同性质的矛盾的基础上，承认阶级斗争还在一定范围内长期存在，是毛泽东留下的政治告诫。这对于维护意识形态安全具有重要意义。在当代中国，社会主义意识形态面临诸多挑战。社会主义制度还不成熟、不完善，为反动的、腐朽的意识形态的存在提供了空间。改革开放进程中的负面影响，致使“一手硬、一手软”的被动局面没有根本改观。像历史虚无主义、新自由主义、民主社会主义、公共知识分子等诸多社会思潮，丑化党的领袖人物和革命、建设的历史，否定党的领导和社会主义，鼓噪走西方资本主义道路，严重威胁社会主义意识形态安全。马克思主义、反马克思主义之间的斗争从来没有停止，马克思主义者从总体上还处于守势，没有改变被动挨打的局面，甚至在重大是非问题上失去话语权。

西方敌对势力针对中国的“和平演变”战略，其主要战场也是在意识形态领域；主要形式是向中国传播和渗透资本主义的思想、理论、价值观念，妄图使中国走上资本主义的道路。美国兰德公司1999年制定的对华战略，第一步就是在意识形态领域西化中国；2001年香港《广角镜》披露的《美国中情局对付中国的十条诫令》，其中7条都涉及颠覆中国社会主义的思想理论、价值观念、道德规范、精神支柱。美国战略家也懂得“攻城为下，攻心为上”的策略。一旦中国社会主义意识形态解体，那么四项基本原则也会随着瓦解。苏联解体的思想根源之一，就是戈尔巴乔夫等人用“民主的人道的社会主义”来代替马克思主义的指导地位，导致人们对社会主义失去信心。习近平指出：一个政权的瓦解往往是从思想领域开始的，政治动荡、政权更迭可能在一夜之间发生，但思想演化是个长期过程，思想防线被攻破了其他防线就很难守住。[①]殷鉴不远，应当警醒。

2014年9月，《红旗文稿》发表题为《坚持人民民主专政 并不输理》的文章。文章根据马克思主义关于无产阶级专政的基本原理，阐述了人民民主专政的内涵、职能和现实意义，强调要正确处理民主和专政、民主与法治的关系。这篇符合《中国共产党章程》和《中华人民共和国宪法》精神的文章却招致围攻。有人宣称以经济建设为中心，就不能强调阶级斗争；有人把人民民主专政、四项基本原则、阶级分析法都歪曲为“以阶级斗争为纲”；有人质疑坚持人民民主专政是否要中断改革开放的进程；有人指责这篇文章是干扰中共十八届四中全会的工作大局和方向；有人借口依法治国就不能坚持阶级斗争和人民民主专政。否定人民民主专政的论调，难道不是违背了宪法精神和党的基本路线吗？这场论争成为检验马克思主义与非马克思主义观点的试金石。列宁指出：“只有承认阶级斗争、同时也承认无产阶级专政的人，才是马克思主义者。”[②]

巩固社会主义意识形态安全，需要进行必要的有理、有力、有节的

---

① 《十八大以来重要文献选编》(上)，中央文献出版社2014年版，第465页。

② 《列宁专题文集·论马克思主义》，人民出版社2009年版，第206页。

斗争。意识形态领域的斗争与政治斗争、经济斗争相比，其地位毫不逊色。意识形态领域的阵地，无产阶级不去占领，资产阶级就会占领。需要坚持实事求是的原则，分清敌我矛盾和人民内部矛盾，采取不同的斗争方式。对于恶意攻击中国道路、中国制度、中国经验、中国领袖人物形象的言论，违反宪法和法律的，应该依法给予惩罚。像依法处理某些网络大 V 的案例，就赢得百姓的支持。对于违反党的组织纪律和政治纪律的言论，应该给予必要的党内组织处理。对于大量的思想认识、学术讨论方面的问题，坚持“百花齐放、百家争鸣”的方针，开展批评和自我批评。对于以学术讨论的名义推销西方民主模式等反马克思主义的观点，要敢于亮剑，敢于进行有理、有力、有节的批判；被动挨打或者“退避三舍”只会丧失社会主义意识形态的宣传阵地。对于“恨铁不成钢”的气话，则需要耐心的说服教育工作。善于科学运用对比研究的方式，指明人民应该选择什么样的生产方式、政治制度和思想文化。相信群众具有正确的是非善恶曲直的判断标准。

（四）加强政治思想教育是维护意识形态安全的基本途径

政治思想工作是中国共产党的优良传统和作风，也是毛泽东意识形态思想的基本内容。毛泽东指出：“掌握思想教育，是团结全党进行伟大政治斗争的中心环节。如果这个任务不解决，党的一切政治任务是不能完成的。”① 思想政治工作是中国共产党统一全党和全国人民的思想、将党的路线、方针、政策转化为人民群众创造历史的活动的基本途径。

2013 年 8 月，习近平在全国宣传工作会议上指出，宣传思想工作的根本任务，“是要巩固马克思主义在意识形态领域的指导地位，巩固全党全国人民团结奋斗的共同思想基础”②。加强社会主义核心价值体系建设，积极培育和践行社会主义核心价值观，提高全国人民的思想道德素质和科学文化素质，塑造有理想、有文化、有道德、有纪律的公民，培育知荣辱、讲正气、作奉献、促和谐的良好风尚。坚持正面教育为主，弘扬

---

① 《毛泽东选集》第 3 卷，人民出版社 1991 年版，第 1094 页。

② 《人民日报》2013 年 8 月 21 日，第 1 版。

主旋律，传播正能量，巩固和扩大主流意识形态。加强网络舆情工作的领导和管理，扩大这个舆论主战场的主动权和话语权，增强党和政府意识形态工作的权威性、科学性，维护意识形态安全和政权安全。政治思想工作离不开经济和政治工作的紧密结合。最终能够说服和教育群众的，是要人民群众共享改革发展的成果。执政党应该将人民群众的长远利益和当前利益，个人利益、集体利益和国家利益结合起来，维护群众的利益而不是损害弱者的权益，倾听群众的呼声而不是漠视群众的冷暖，做群众的公仆而不是骑在人民头上作威作福，带领群众共同致富而不是搞两极分化、个人致富，引领群众提升思想文化素质而不是愚弄百姓，这样，人民群众自然认同执政党的意识形态。创新政治思想工作的方法，采取人民群众喜闻乐见的形式，而不是刻板地说教。政治思想工作的主要目的是争取群众，说服群众，教育群众，应该本着与人为善的态度，同人民群众站在一起，而不是站在群众的对立面。

教育者首先要受教育。只有全体党员干部先受教育，才能有资格说服教育群众。只有执政党的党员信守社会主义意识形态，意识形态安全才可确保无虞。当然，思想观念的变化受经济、政治、社会、文化、家庭等各种因素的影响，世界观的改造是须臾不可松懈的权利和义务。加强党的建设，建设一支维护国家安全的领导核心和骨干力量，培养党性强、作风硬、理论深、纪律明、本领高、文化好、敢担当、负责任的德才兼备的干部队伍，是维护和巩固意识形态安全的组织保证。党员干部坚持不懈地加强马克思主义、中共党史、共和国史及其他文化知识、业务知识的学习，筑牢思想上的防火墙。自毁理想信念支柱、自毁精神家园、自毁精神力量、自毁意识形态的长城，而去追求什么拜金主义、享乐主义、利己主义，不但将会给党、国家、民族、人民带来无法挽回的损失，也会给自己带来追悔莫及的毁灭。

［原载《毛泽东研究》2014 年第 3 期］

意识形态安全战略的地位、实质及主要对策

2013 年 8 月，习近平在全国宣传思想工作会议上指出，“意识形态工作是党的一项极端重要的工作”，能否做好意识形态工作，“事关党的前途命运，事关国家长治久安，事关民族凝聚力和向心力”[①]。意识形态安全是国家整体安全战略不可分割的有机组成部分，为政者不可不察。

一、意识形态安全与国家安全的有机统一

（一）意识形态是整个社会结构的有机组成部分

一定社会的生产力和生产关系、经济基础和上层建筑构成一定社会的整体结构。上层建筑分为政治、法律等方面的上层建筑和意识形态方面的上层建筑。“物质生活的生产方式制约着整个社会生活、政治生活和精神生活的过程。”[②]一定社会的经济和政治决定一定社会的意识形态；有什么性质的经济和政治，一般会产生与之相适应的意识形态。而一定社会的意识形态又反作用于一定社会的经济和政治，并且在一定条件下起决定性作用。当一定社会的意识形态适应社会发展趋势时，对经济和政治起促进作用；而当它违背社会发展方向时，对经济和政治起阻碍作用。马克思主义关于意识形态在整个社会结构中的地位和作用的思想，为讨

---

① 《十八大以来重要文献选编》（上），中央文献出版社 2014 年版，第 464 页。

② 《马克思恩格斯文集》第 2 卷，人民出版社 2009 年版，第 591 页。

论意识形态安全在国家安全中的地位和作用奠定了基础。

一定社会的经济和政治的变动，必然带来一定社会的思想文化的变动。精神生产随着物质生产的改造而改造，思想文化随着社会生产方式的变革而改变；即“人们的意识，随着人们的生活条件、人们的社会关系、人们的社会存在的改变而改变”①。在资本主义社会中，产生共产主义思想，表明资本主义生产关系在推动经济社会前进的同时，也无力解决它内在的基本矛盾，由此孕育了新社会的因素。马克思主义作为社会主义意识形态的核心，就是在资本主义矛盾运动中应运而生的。

在当代中国，以公有制为主体的经济制度和人民当家作主的政治制度，客观上要求建立以马克思主义为指导的社会主义意识形态。马克思主义是社会主义意识形态的理论支柱，代表着社会主义的发展方向；建设富强、民主、文明、和谐的新社会，倡导爱国主义、社会主义、集体主义道德观念，是社会主义意识形态的价值取向；提倡艰苦创业等中华民族精神，保持和发扬革命传统，是社会主义意识形态的精神力量。如果一个国家、一个政党把利己主义、享乐主义、拜金主义作为追求，那么无论怎么标榜人民的国家、人民的社会，都无法改变资本主义的道路取向，也就谈不上社会主义公有制和共同富裕。巩固和发展社会主义，需要构建自身强有力的意识形态体系。

（二）意识形态承载国家制度的本质

一定社会建立什么样的经济基础，建构什么样的政治制度，最终朝什么方向发展，是由一定的意识形态来解释和说明的。由于经济基础和上层建筑构成社会的基本结构，决定和反映着该社会的国家性质，因此，意识形态也是国家性质的有机组成部分。特别是在社会中占主导地位的指导思想、价值观念、思想体系，反映经济基础和上层建筑的性质；它们发生质的变化，也会影响政权性质、社会性质发生变化。从这个意义上说，维护国家安全，不能漠视意识形态安全。

一般来说，资本主义私有制经济及其三权分立的民主制度，客观上

---

①《马克思恩格斯选集》第1卷，人民出版社2012年版，第419—420页。

要求建立资产阶级的自由、平等、民主、人权等观念，并围绕这些核心观念建构为资产阶级服务的意识形态。社会主义的公有制，人民当家作主的政治制度，共产党的领导地位，人民代表大会制度，民主集中制等内容，也都需要意识形态来阐述。

当然，意识形态具有相对独立性。从经济、政治和意识形态的辩证关系来看，意识形态可分为反映社会性质的意识形态和不反映社会性质的意识形态。比如，反映资本主义性质的意识形态，是以自由、平等、博爱为核心的价值观念；在有的资本主义国家，既存在封建主义思想残余，也有社会主义的思想理论，但这些意识形态并不反映资本主义的经济制度和政治制度，不能决定资本主义国家的社会性质。在社会主义国家，除了占统治地位的马克思主义意识形态之外，也还存在从旧社会传承下来的旧思想、旧观念、旧习惯、旧势力，但它们也不能反映社会主义的本质。所以，并不是所有的意识形态的变化，都会引起社会性质的变化。只有反映社会性质的核心价值观念和指导思想发生根本的改变，才会危及国家安全。

（三）意识形态反映政党的性质

一定社会的经济结构和政治制度，都反映一定阶级的利益和意志；占统治地位的意识形态，是在经济上和政治上占统治地位的那个阶级的意识形态。马克思指出："统治阶级的思想在每一时代都是占统治地位的思想。这就是说，一个阶级是社会上占统治地位的物质力量，同时也是社会上占统治地位的精神力量。"[①] 统治阶级的意识形态，从本质上说是为了巩固和维护其统治地位和社会制度。当剥削阶级处于上升时期时，其意识形态对社会的经济、政治和文化发展起推动作用；而当剥削阶级处于没落时期时，其意识形态对社会经济、政治和文化发展起阻碍作用。

政党是阶级运动发展到一定阶段的产物，而其基本条件，是该阶级能形成共同的利益诉求、价值观念、思想理论和政治目标。政党通过建构本阶级的意识形态，凝聚、团结、扩大本阶级的力量。意识形态承载

---

① 《马克思恩格斯选集》第1卷，人民出版社2012年版，第178页。

着政党的本质、宗旨、使命，是政党的思想武器；政党是意识形态所指引的道路、社会、制度的主体；是本阶级运动的领导者、组织者和实践者。一定的阶级和政党总是按照自己的思想理论和价值标准进行实践活动，“无产阶级要按照自己的世界观改造世界，资产阶级也要按照自己的世界观改造世界”①。一个政党采用什么样的指导思想来认识和改造世界，是反映其阶级性质的根本表现。对于执政党来说，其意识形态的指导原则是反映国家制度的思想标准。因此，维护意识形态安全、巩固政党的执政地位和国家的阶级属性，是根本一致的。

马克思主义的指导地位，是无产阶级政党在精神上的一面旗帜，体现共产党的性质、宗旨和形象。中国共产党创造性地提出建设先进文化的目标任务，强调始终代表中国先进文化的前进方向，是共产党的立党之本、执政之基、力量之源的重要方面，反映了意识形态与无产阶级政党的关系。如果丢掉以马克思主义为指导的意识形态，而用什么别的思想理论为指导，那么将背离社会主义的道路和方向，也就无法谈到国家的社会主义性质。

（四）意识形态领域的斗争是阶级斗争的有机组成部分

历史上的阶级斗争，包括经济、政治和思想意识领域的斗争。意识形态领域的阶级斗争，不同程度地反映了阶级斗争及其根源。马克思指出：“一切历史上的斗争，无论是在政治、宗教、哲学的领域中进行的，还是在其他意识形态领域中进行的，实际上只是或多或少明显地表现了各社会阶级的斗争，而这些阶级的存在以及它们之间的冲突，又为它们的经济状况的发展程度、它们的生产的性质和方式以及由生产所决定的交换的性质和方式所制约。这个规律对于历史，同能量转化定律对于自然科学具有同样的意义。”②

阶级斗争的根本问题是政权问题。统治阶级利用其意识形态维护本阶级的统治和利益，被统治阶级利用其意识形态反对和颠覆统治阶级。

---

① 《毛泽东文集》第7卷，人民出版社1999年版，第230页。

② 《马克思恩格斯文集》第2卷，人民出版社2009年版，第469页。

一般来说，阶级斗争的前哨战是在意识形态领域打响的。毛泽东指出："这是搞上层建筑。凡是要推翻一个政权，总要先造成舆论，总要先搞意识形态方面的工作。无论革命也好，反革命也好。"①意识形态领域的斗争则表现为争夺舆论和民心、摧毁敌对阶级的合法性、合理性。其内容，在于说明为什么坚持或者推翻什么样的经济结构、政治制度、思想理论和价值体系。尤其是在民主政治条件下，意识形态领域的宣传、引导，将在政党选举中起到争取群众选票的作用。在争夺政权的斗争中，对立阶级在意识形态领域的斗争没有调和的余地。意识形态安全是维护整个国家政权安全战略的阵地。

二、当代中国社会主义意识形态安全面临的挑战及其实质

意识形态安全与国家安全的辩证关系同样适用于当代中国。以社会主义公有制为主体、多种所有制形式并存的基本经济制度，以人民民主专政为国体、以人民代表大会制度为政权组织形式、以民主集中制为根本组织原则的政治制度，客观上要求建立与之相适应的意识形态。马克思主义是社会主义意识形态的指导思想；社会主义核心价值体系和价值观，是社会主义意识形态的核心和集中体现；中华民族精神和革命传统，是社会主义意识形态的精神支柱；以马克思主义为指导建立的哲学社会科学体系，是社会主义意识形态的组成部分。维护、巩固、建设和发展社会主义意识形态体系，是巩固国家安全的有机组成部分。

当今世界，社会主义运动处于低潮，中国又处于改革开放的关键阶段，意识形态领域呈现多样化的格局；既有健康进步的社会思潮，也有消极腐朽的观念意识，还有敌对的思想理论。从总体上说，社会主义意识形态安全主要面临以下挑战。

第一，社会主义制度还不成熟、不完善，为反动的、腐朽的意识形态的存在提供了空间。建立社会主义的经济、政治制度，并不意味着建立完整的社会主义意识形态。新中国是从旧社会脱胎而来的，"它在各

① 《毛泽东年谱（1949—1976）》第5卷，中央文献出版社2013年版，第153页。

方面，在经济、道德和精神方面都还带着它脱胎出来的那个旧社会的痕迹”[①]。封建主义、资产阶级思想意识的长期存在，国家机构中官僚主义作风的存在，国家制度中的某些环节、某些方面的缺陷，都会影响人们对政党、国家、社会性质的认同感。新社会的创建和发展，是在同旧制度、旧思想、旧习惯、旧势力的斗争中开辟道路的。

第二，改革开放进程中的负面影响，造成精神文明建设的软弱状态。随着所有制结构、分配结构的变化和社会生活的多样化，人们的利益追求、价值取向、思想意识出现多样化的趋势，导致人们在国家安全、社会发展、生活幸福等根本利益一致的情况下，出现各种各样的利益矛盾和观念冲突，构成对共同的价值观念和思想基础的冲击。特别是诸多党员干部丧失理想，泯灭信念，忘记宗旨，败坏道德，违法乱纪，以权谋私，假公济私等行为，严重侵蚀的党的性质宗旨、价值体系和革命精神。许多腐败案件表明，领导干部首先在理想信念、价值观念、道德取向上出现缺口，继而把权力作为牟取私利的工具，把公有财产作为中饱私囊的来源。社会主义意识形态一旦动摇，什么都会随之动摇。“千里之堤，溃于蚁穴”“打铁需要自身硬”。构建意识形态自身的安全仍然任重道远。

第三，阶级斗争的客观存在，致使意识形态领域谁战胜谁的问题依然没有解决。改革开放是一场试验，依然存在失败的危险。所谓失败，就是退回到资本主义道路上去。一些妄图走资本主义道路的利益集团，也妄图扭转中国改革的社会主义方向。阶级斗争仍然在一定范围内长期存在，在一定条件下还可能激化。社会主义和资本主义在意识形态领域谁战胜谁的问题，还需要相当长的时间才能解决。列宁指出：“问题只能是这样：或者是资产阶级的意识形态，或者是社会主义的意识形态。这里中间的东西是没有的……因此，对于社会主义意识形态的任何轻视和任何脱离，都意味着资产阶级意识形态的加强。”[②]

第四，西方敌对势力的“和平演变”战略威胁意识形态安全和国家安全。西化、分化、弱化中国，是西方敌对势力的长期战略。“和平演

---

① 《马克思恩格斯选集》第 3 卷，人民出版社 2012 年版，第 363 页。

② 《列宁选集》第 1 卷，人民出版社 2012 年版，第 326—327 页。

变”的主要战场在意识形态领域；主要形式是向中国传播和渗透资本主义的思想、理论、价值观念，妄图使中国走上资本主义的道路。美国兰德公司 1999 年制定的对华战略，第一步就是在意识形态领域西化中国；2001 年香港《广角镜》披露的《美国中情局对付中国的十条诫令》，其中 7 条都涉及颠覆中国社会主义的思想理论、价值观念、道德规范、精神支柱。美国战略家也懂得“攻城为下，攻心为上”的策略。一旦中国社会主义意识形态解体，那么四项基本原则也会随着瓦解。苏联解体的思想根源之一，就是戈尔巴乔夫等人用“民主的人道的社会主义”来代替马克思主义的指导地位，导致人们对社会主义失去信心。习近平指出：一个政权的瓦解往往是从思想领域开始的，政治动荡、政权更迭可能在一夜之间发生，但思想演化是个长期过程，思想防线被攻破了，其他防线就很难守住。[①] 殷鉴不远，应当警醒。

第五，诸多社会思潮的滋长威胁社会主义意识形态安全。当前对马克思主义构成挑战的主要有历史虚无主义、新自由主义、民主社会主义、公共知识分子等思潮。历史虚无主义根本否定党和人民的革命历史，否定共和国建设的成就；其目的是为中国转向资本主义轨道制造舆论根据。新自由主义从经济结构、民主政治制度和思想文化等方面，都标榜和仿效西方资本主义。民主社会主义宣称，只有它才是救中国和发展中国的唯一思想理论，其实质还是走西方资本主义道路。公共知识分子标榜由不受党派制约的人员，建立价值判断中立的政权机构，目的是偷梁换柱地取消党的领导地位和四项基本原则。

无论哪种对意识形态安全构成挑战的因素，都是与四项基本原则背道而驰的，都是与社会主义意识形态体系根本对立的。马克思指出：“如果从观念上来考察，那么一定的意识形式的解体足以使整个时代覆灭。”[②] 维护意识形态安全，事关国家、民族的前途和命运，不能不有效应对。

维护意识形态安全，就要坚持和发展中国特色社会主义道路，坚守

① 《十八大以来重要文献选编》（上），中央文献出版社 2014 年版，第 465 页。

② 《马克思恩格斯文集》第 8 卷，人民出版社 2009 年版，第 170 页。

道路自信，划清中国社会主义与资本主义的界限。道路是具有决定意义的因素，讲清楚中国选择社会主义道路的历史必然性、科学性、合理性，讲清楚为什么选择这种道路而不选择别的道路，以及这条道路承载的历史使命，并最大范围地形成共识，是回答各种意识形态挑战的最有力的思想武器。近代以来，中国深受帝国主义、封建主义和官僚资本主义的多重压迫，国家领土和主权遭到侵犯，政府受外国势力的制约，无法构建完整的经济体系，人民的基本生存权、生活权得不到保障。“百年魔怪舞蹁跹”是旧中国的真实写照。新中国的成立，才真正实现了国家独立、民族解放、人民自由。只有社会主义才能救中国，才能发展中国，是历史证明的结论，是中国人民最可珍惜的基本经验和社会成果，岂是资产阶级政客及其思想家所能动摇？

维护意识形态安全，就要坚持马克思主义及其中国化的理论成果的指导地位，坚守理论自信，划清马克思主义与反马克思主义的界限。马克思主义是无产阶级及其政党的科学武器，是唯一能够指导中国革命、建设和改革取得胜利的行动指南。四项基本原则从经济基础、国家制度、思想文化、社会主体等社会结构各方面，规定了中国举什么旗、走什么路、建设什么样的社会、沿着什么样的方向前进、达到什么样的目标等最根本的问题。四项基本原则是配套工程，不可分裂，放弃任何一个方面，整个社会主义大厦都将倾覆。维护意识形态安全，最基本的是维护四项基本原则的安全。因此应该反对任何形式的马克思主义“过时论”“学派论”等错误观念。

维护意识形态安全，就要坚持和完善中国特色社会主义制度，坚守制度自信，划清社会主义制度同资本主义制度的界限。中国特色社会主义制度，坚持把根本政治制度、基本政治制度同基本经济制度以及各方面的体制机制等具体制度有机结合起来，是当代中国发展进步的根本制度保障，承载着科学社会主义理论的具体化和制度化的内容。

中国特色社会主义道路、理论和制度，在其实现途径、行动指南、根本保障上统一于中国特色社会主义建设的实践。国内外敌对势力在意识形态领域的发难，诸如“国家资本主义”“官僚资本主义”“中国特色资本主义”等观点，归根到底集中在所谓“中国选择的道路错了”“中国社会主义制度带来灾难”“坚持马克思主义是搞文化专制”“共产党是一党专政”等论断。增强中国道路、中国制度、中国经验的国内感召力、凝聚力、向心力和国际影响力、示范力、吸引力，是维护意识形态安全的根本之路。

三、巩固社会主义意识形态安全的若干途径

在宪法和法律范围内，人们有言论自由和思想自由的权利。意识形态领域的交锋是客观存在的现实。既不必惊慌失措，也不能视而不见；既要在战略上藐视错误思潮，也要在战术上稳扎稳打，建设固有的精神家园，扩展思想疆域。

（一）巩固马克思主义在意识形态领域的指导地位，打牢意识形态安全的定海神针

马克思主义是无产阶级的世界观和方法论，而不是可有可无的思想流派；是人民群众认识世界和改造世界、争取自身解放的行动指南，而不是一成不变的教条。巩固马克思主义的指导地位是意识形态安全工程的基本建设。巩固和扩大公有制的主导地位和力量，坚持和完善中国特色社会主义政治制度，是巩固马克思主义指导地位的经济和政治基础；否则社会主义意识形态将成为无源之水、无本之木。巩固和发展四项基本原则，不能将马克思主义独立于四项基本原则之外；否则社会主义意识形态将失去基本架构。把坚持和发展马克思主义结合起来，提高马克思主义的科学性、实效性，推动马克思主义理论成果的中国化、时代化、大众化，扩大马克思主义的群众基础；否则社会主义意识形态将失去生命力。

应该继续推动马克思主义理论和建设工程，构建马克思主义学科体系。倡导用马克思主义立场、观点和方法分析问题、解决问题。以宽广的胸怀对待其他哲学社会科学，坚持指导思想的一元化和思想文化多样化，制造良性互动的学术环境。反对教条主义、经验主义、实用主义、虚无主义地对待马克思主义，围绕革命、建设和改革的实践，自觉把思

想认识从那些不合时宜的观念、做法和体制的束缚中解放出来，从主观主义和形而上学的桎梏中解放出来，抵制放弃马克思主义的错误言行，与时俱进，赋予马克思主义的生命力。

（二）加强意识形态工作的领导权、管理权、话语权，是巩固意识形态安全的保障

加强对意识形态工作的领导权，要求党制定关于思想文化建设的路线、方针和政策；并使之上升为国家战略，扎扎实实地推进精神文明建设；推进马克思主义中国化的伟大工程，为社会主义思想文化创造丰富的物质基础和政治条件；坚持主旋律，发展先进文化，抵制和批判腐朽文化。加强对意识形态工作的管理权，要求利用国家政权的力量加强对电视、网络、报刊等媒体的管理，占领意识形态传播的渠道；要求对舆论媒体信息内容的监管，把严格执法和行政监督结合起来；要求公共媒体建立行业职业规范，共同营造传播正能量的舆论环境。

加强意识形态的话语权，要求建立中国特色的言语表达、传播体系，推进社会主义意识形态的时代化、中国化、大众化。转变攻防态势，主动宣传中国道路、中国精神、中国经验，把话语权和解释权通过中国声音表达出来。有针对性地揭露和批判西方鼓噪“中国威胁论”“唱衰中国论”“大国责任论”等陷阱，维护中国人民的核心利益和思想安全。如果自身没有理论自信和辨别能力，而随着西方政客和学者的论调左右摇摆，那么意识形态体系的崩溃，也会导致丧失独立自主权利。思想文化的独立是国家独立的组成部分和体现。

代表和维护人民群众合情合理合法的利益和意志，增强全国人民的凝聚力和向心力，是巩固意识形态安全的群众基础。中国共产党是无产阶级功利主义者，根本目的是维护人民群众的根本利益。如果执政党侵害百姓的合法权益，却又要求被侵害者赞同执政党的说教，那将是妄想。马克思、恩格斯指出：“思想”一旦离开“利益”，就一定会使自己出丑。[①] 执政党应该将人民群众的长远利益和当前利益，个人

---

① 《马克思恩格斯文集》第 1 卷，人民出版社 2009 年版，第 286 页。

利益、集体利益和国家利益结合起来，维护群众的利益而不是损害弱者的权益，倾听群众的呼声而不是漠视群众的冷暖，做群众的公仆而不是骑在人民头上作威作福，带领群众共同致富而不是搞两极分化，引领群众提升思想文化素质而不是愚弄百姓，与人民群众共享发展的成果而不是独享其成，这样，人民群众自然把执政党作为自己的贴心人。执政者指的路、讲的话、做的事才能有说服力，维护意识形态安全才拥有广泛的群众基础。

（三）巩固社会主义意识形态安全，其基本途径是使核心价值观成为全体人民的自觉准则

核心价值观是一个国家、民族和社会团结奋进的思想基础。近代中国之所以一盘散沙，重要原因在于缺乏共同的经济基础和价值取向，武人争雄、军阀混战、百姓无权。中国共产党成立后，之所以能够众志成城、改天换地，在于高举马克思主义旗帜、共赴国难，为救国救民团结奋斗。富强、民主、文明、和谐，是国家层面的价值观念，是近代以来中国人民的奋斗目标，是代表最广大人民群众根本利益的价值取向，是正确处理国家和个人利益关系的选择标准。自由、平等、公正、法治，是社会层面的价值观，是整个社会良性运转的精气神，是正确处理个人与社会关系的准绳。爱国、敬业、诚信、友善，是个人层面的价值观，体现了个人的社会责任和个人修养的统一。如果人人都把践行核心价值观化为内在的责任、权利和追求，那么就能构建“又有集中又有民主，又有纪律又有自由，又统一意志又个人心情舒畅”那样一种生动活泼的政治局面和社会秩序，任何歪门邪道、歪理邪说都会无所遁形。将社会主义核心价值观融入人民群众的日常生活，并不是一朝一夕所能实现的。这是涉及经济、政治、法制、思想文化各方面建设的系统工程。

（四）巩固社会主义意识形态安全，需要进行必要的有理、有力的斗争

理论斗争与政治斗争、经济斗争相比，其地位毫不逊色。意识形态领域的阵地，无产阶级不去占领，资产阶级就会占领。在涉及大是大非

的原则问题、政治问题上，要敢于斗争。需要分清两类不同性质的矛盾，对于恶意攻击中国道路、中国制度、中国经验、中国领袖人物形象的言论，违反宪法和法律的，应该依法给予惩罚；像处理一些网络大V的案例，就赢得百姓的支持。对于大量的思想认识、学术讨论方面的问题，坚持“百花齐放、百家争鸣”的方针，进行批评和自我批评。对于以学术讨论的名义推销西方民主模式等反马克思主义的观点，要敢于亮剑，敢于进行有理、有力、有节地批判；被动挨打或者“退避三舍”只会丧失社会主义意识形态的宣传阵地。对于“恨铁不成钢”的气话，则需要耐心的说服教育工作。善于科学运用对比研究的方式，指明人民应该选择什么样的生产方式、政治制度和思想文化。相信群众具有正确的是非善恶曲直的判断标准。

（五）办好中国的事情，关键在党；巩固社会主义意识形态安全也是这样

中国共产党是以马克思主义为指导的政党，党员干部不仅要在组织上入党，而且要在思想上入党，这是申请加入党的队伍的题中应有之义。只要全体党员信守社会主义意识形态，意识形态安全将保无虞。当然，思想观念的变化受经济、政治、社会、文化、家庭等各种因素的影响，世界观的改造是须臾不可松懈的权利和义务。加强党的建设，建设一支维护国家安全的领导核心和骨干力量，培养党性强、作风硬、理论深、纪律明、本领高、文化好、敢担当、负责任的德才兼备的干部队伍，是维护和巩固意识形态安全的组织保证。党员干部坚持不懈地加强马克思主义、中共党史、共和国史及其他文化知识、业务知识的学习，筑牢思想上的防火墙。自毁理想信念、自毁精神家园、自毁价值观念、自毁意识形态的长城，而去追求什么拜金主义、享乐主义、利己主义，不但将会给党、国家、民族、人民带来的无法挽回的损失，也对自己带来追悔莫及的毁灭。

要做到上述这些要求，党员干部应该多些学习的机会，减少应酬的时间；培养慎独的精神，锤炼为政的品质；思考奉公的道义，清扫贪婪的私欲；增强世界观的改造，树立优良的道德风尚。严明党的纪律，提

高“研究无禁区、宣传有纪律”的自觉性，不得随意散布有害于国家和社会的言论。中国解决所有问题的重中之重，是组建知识结构、年龄结构、本领结构都比较合理的中共中央政治局，特别是中央政治局常委会。如果中共中央最高领导层对意识形态安全的利害关系保持清醒的态度，那么意识形态安全将不会出现大的问题。

［原载《徐州工程学院学报》2015 年第 2 期］

习近平总书记关于社会主义文化建设的重要论述专题研究

习近平论中华优秀传统文化的当代价值

中共十七大提出“弘扬中华文化，建设中华民族共有精神家园”的战略任务。中共十八大以来，习近平总书记在系列重要讲话①中，把弘扬中华优秀传统文化的当代价值，提升到国家战略高度。习近平是一位“中华文化的热烈拥护者、忠实学习者”。从其著作来看，《之江新语》共

① 2013年3月1日，习近平在中央党校建校80周年庆祝大会暨2013年春季学期开学典礼上发表讲话，指出学习和掌握传统文化的思想精华，对于树立正确的世界观、人生观、价值观很有益处。8月19日，习近平在全国宣传思想工作会议上发表讲话，指出“独特的文化传统，独特的历史命运，独特的基本国情，注定了我们必然要走适合自己特点的发展道路”，要求做到“四个讲清楚”。11月，习近平视察曲阜并参观孔府和孔子研究院，指出“中华民族伟大复兴需要以中华文化发展繁荣为条件”。12月30日，习近平在中央政治局第十二次集体学习时提出：“提高国家文化软实力，要努力展示中华文化独特魅力。”2014年2月17日，习近平在省部级主要领导干部学习贯彻十八届三中全会精神全面深化改革专题研讨班开班式上发表讲话，强调“要加强对中华优秀传统文化的挖掘和阐发”。2月24日，习近平在中央政治局第十三次集体学习时提出：“培育和弘扬社会主义核心价值观必须立足中华优秀传统文化”。3月至4月，习近平访问荷兰、法国、德国、比利时等欧洲四国，比较集中地阐释中国传统文化。5月4日，习近平视察北京大学，与北大师生座谈关于核心价值观与传统文化问题，并看望中华孔子学会会长汤一介。5月15日，习近平在中国国际友好大会暨中国人民对外友好协会成立60周年纪念活动上发表讲话，强调中华文化崇尚和谐宇宙观、国际观、社会观、道德观。9月24日，习近平出席纪念孔子诞辰2565周年国际学术研讨会暨国际儒学联合会第五届会员大会开幕会并发表讲话，阐释中国儒学等传统文化的当代价值。10月13日，习近平在中央政治局第十八次集体学习时，就继承古代治国理政的经验教训问题发表讲话。10月15日，习近平在文艺工作座谈会上，强调“传承和弘扬中华优秀传统文化，传承和弘扬中华美学精神”。12月20日，习近平视察澳门大学时指出，对中华传统美德，“关键是我们怎么样去把握它，赋予新的时代内涵和精神，去很好地理解和运用。我们叫格物致知诚意正心修身齐家治国平天下”。

232篇短文，其中约61篇论及古代典籍，超过总篇幅的25%。《习近平谈治国理政》第一卷中，收录79篇文稿，其中43篇谈及传统文化，约占总篇幅的54%，内容涉及政治、经济、文化、社会、生态等诸方面。全面建成小康社会、实现社会主义现代化、实现中华民族伟大复兴的历史使命，充分体现了中华优秀传统文化的当代价值。

一、中华优秀传统文化成为中华民族的基因

伟大的时代，需要灿烂的文化。文化作为血脉和营养，渗透于经济、政治、社会等方方面面。一个国家和民族的强盛，以文化的兴盛为支撑。中华优秀传统文化已经成为中华民族的基因。基因意味着包含民族成长的基本要素，体现了传统文化在国家发展战略中的地位。

一个民族从哪里来，到哪里去，离不开对根脉的追溯。如何处理历史与现实、传统与当代的关系，是实现民族振兴必须解决的问题。中华民族在形成和发展过程中创造的各种思想文化，是“根本”和“灵魂”，其中“最核心的内容已经成为中华民族最基本的文化基因”[①]。丢掉根本、抛弃传统，等于割断文化血脉，民族振兴也如空中楼阁。不忘本来才能开辟未来，善于继承才能推陈出新。

中华优秀传统文化承载着对中国梦的追求。民族振兴是近代以来中国人民的夙愿；中国梦的本质，是国家富强、民族振兴和人民幸福。实现中国梦，构建富强、民主、文明、和谐的社会，源于《礼记·礼运》提出的“小康”社会理想。全面建成小康社会，是实现中国梦的阶段性目标。其基本要求，诸如生产发展、生活富裕、管理民主、生态美好、资源节约等内涵，都可以从中华优秀传统文化中找到来源。习近平指出：“没有文明的继承和发展，没有文化的弘扬和繁荣，就没有中国梦的实现。”[②]

在什么道路上实现民族复兴，是涉及国家战略的根本问题。一个国

① 习近平：《牢记历史经验历史教训历史警示 为国家治理能力现代化提供有益借鉴》，《人民日报》2014年10月14日。

② 习近平：《在联合国教科文组织总部的演讲》，《人民日报》2014年3月28日。

家选择什么发展道路，是由这个国家的历史传承和文化传统决定的。“独特的文化传统，独特的历史命运，独特的国情，注定了中国必然走适合自己特点的发展道路。”[①] 中华传统文化是中国道路、当代中国先进文化的血脉；中国道路是独特的文化传统的逻辑延伸，超越传统文化的时代局限，并赋予其社会主义含义。习近平指出，中国道路，是在改革开放30多年的伟大实践中，在新中国成立60多年的持续探索中，对近代以来170多年发展历程的总结中走出来的，是从中华民族5000多年文明的传承中走出来的。[②] 中国道路是中华文明的历史延续和传承发展。

中华优秀传统文化是塑造中国精神的历史源泉。实现中国梦，走中国道路，必须打造中国精神。在中华民族发展过程中，逐渐成为以爱国主义为核心的团结统一、热爱和平、勤劳勇敢、自强不息的民族精神。民族精神是兴国之魂、强国之魂。要讲清楚中华优秀传统文化的历史渊源、发展脉络、基本走向，讲清楚其独特创造、价值理念、鲜明特色，增强文化自信、民族自信。中华民族的精神品格，培育了中国人民的崇高价值追求。其中自强不息、厚德载物等思想，依然是推进“四个全面”战略布局，促进现代化建设的强大精神力量。[③]

中华优秀传统文化是凝心聚力的思想旗帜。实现中国梦，必须具有中国力量。中国梦是民族的梦，也是每个中国人的梦。中华优秀传统文化，根源在社会生活本身，是人们思想观念、风俗习惯、生活方式、情感样式的集中表达，是团结各族人民共同奋斗的旗帜。共同的意志、共同的利益、共同的思想，将凝聚无坚不摧的共同力量。有梦想、有道路、有方案、有办法、有毅力，就有梦想成真的力量。文化是综合国力的重要标志；强盛的国家需要强健的文化作为精神支撑。一个民族的凝聚力、向心力、意志力，反映民族的力量。弘扬中华优秀传统文化，是建设文化强国的客观要求。而文化强国是国家富强的基本条件和标志。

中华优秀传统文化是实现祖国统一的精神纽带。实现中华民族伟大

① 习近平：《在布鲁日欧洲学院的演讲》，《人民日报》2014年4月2日。

② 习近平：《在第十二届全国人民代表大会第一次会议上的讲话》，《人民日报》2013年3月18日。

③ 《习近平谈治国理政》，外文出版社2014年版，第158页。

复兴，是海内外华夏子孙的共同梦想。实现祖国统一是民族复兴的重要标志和基本内容。大陆与港、澳、台在共同地域、共同经济、共同语言和共同文化方面，具有不可分割的联系。在“一国两制”框架内，中华优秀传统文化在促进和维护祖国统一方面，具有精神纽带作用。习近平在会见朱立伦时指出：“中华文化是两岸同胞共同的精神财富，也是两岸同胞血脉相连的精神纽带。”①

中华优秀传统文化是中华民族的基因和血脉，其精髓已经渗透到民族的肌体，指引着中华民族的成长和前进方向。思考这个问题，不是复古思古，而是要想明白自己是什么样的，要打造什么样的自我。这是民族自信和文化自信的表现。

二、中华优秀传统文化积淀着中华民族最深层的精神追求

中国优秀传统文化博大精深，当代中国社会的理想追求、人文精神、道德规范、治国理政、生态理念、哲学思维等精华，都可以从中找到根源。习近平在论述治国理政时，几乎都论及中华优秀传统文化的当代价值。他指出：“中华文化源远流长，积淀着中华民族最深层的精神追求，代表着中华民族独特的精神标识，为中华民族生生不息、发展壮大提供了丰厚滋养。”②

研究中国道路和中国经验，离不开系统梳理历史上的执政理念、国家定位、为政之本、公民关系、社会变迁等要素。中国优秀传统文化中关于为政以德、政者正也的思想，关于仁者爱人、以德立人的思想，关于清廉从政、勤勉奉公的思想，关于俭约自守、力戒奢华的思想，都对于理解中国政治制度具有借鉴意义。习近平说，中国优秀传统文化中“民惟邦本、政得其民，礼法合治、德主刑辅，为政之要莫先于得人、治国先治吏，为政以德、正己修身，居安思危、改易更化”等思想，都为

---

① 孙立极：《习近平总书记会见中国国民党主席朱立伦》，《人民日报》2015 年 5 月 5 日。

② 习近平：《把培育和弘扬社会主义核心价值观作为凝魂聚气强基固本的基础工程》，《人民日报》2014 年 2 月 26 日。

治国理政提供丰富的经验。[①]

构建什么样的社会，治理什么样的国家，需要选择合乎国情、民情的国家治理体系。当代中国的国家治理体系，“是在我国历史传承、文化传统、经济社会发展的基础上长期发展、渐进改进、内生性演化的结果”[②]。推进国家治理体系和治理能力现代化，需要借鉴历史上治乱兴衰的经验。

治理国家，要明确谁执政、为谁执政、怎样执政的问题，需要明确核心价值观。一个国家最持久、最深层的力量，是全社会共同认同的核心价值观。核心价值观，承载着一个民族、一个国家的精神追求，体现着社会判断是非曲直的价值标准。倡导富强、民主、文明、和谐，倡导自由、平等、公正、法治，倡导爱国、敬业、诚信、友善，回答了建设什么样的国家和社会、培育什么样的公民这样的根本问题。习近平说：“中国古代历来讲格物致知、诚意正心、修身齐家、治国平天下。从某种角度看，格物致知、诚意正心、修身是个人层面的要求，齐家是社会层面的要求，治国平天下是国家层面的要求。我们提出的社会主义核心价值观，把涉及国家、社会、公民的价值要求融为一体，既体现了社会主义本质要求，继承了中华优秀传统文化，也吸收了世界文明有益成果，体现了时代精神。”[③] 核心价值观是中华优秀传统文化和现代化建设与时代特征相结合的结晶。

中华文明绵延数千年，具有独特的价值体系，植根于中国人民的骨髓和灵魂，潜移默化地影响着人们的思维方式和行为方式。国家、民族的核心价值观，应该与其历史文化相契合。中华优秀传统文化强调“民惟邦本”“天人合一”“和而不同”；强调“天行健，君子以自强不息”“大道之行也，天下为公”；强调“天下兴亡，匹夫有责”，主张以德治国、以文化人；强调“德不孤，必有邻”“仁者爱人”“与人为善”“己

---

① 习近平：《牢记历史经验历史教训历史警示 为国家治理能力现代化提供有益借鉴》，《人民日报》2014 年 10 月 14 日。

② 习近平：《完善和发展中国特色社会主义制度 推进国家治理体系和治理能力现代化》，《人民日报》2014 年 2 月 18 日。

③ 习近平：《青年要自觉践行社会主义核心价值观》，《人民日报》2015 年 5 月 5 日。

所不欲，勿施于人”“老吾老以及人之老，幼吾幼以及人之幼”等，都有其鲜明的民族特色和永不褪色的时代价值。[①]核心价值观，体现了对中华优秀传统文化的传承和升华。实现中国梦，需要增强道路自信、理论自信、制度自信、文化自信，也需要核心价值观的精神支撑。

国无德不兴，人无德不立。一个国家、一个社会，以一定的价值观为核心构建道德规范。中华传统美德是中华优秀传统文化精髓，蕴含着丰富的思想道德资源。深入挖掘和阐发“讲仁爱、重民本、守诚信、崇正义、尚和合、求大同的时代价值，使中华优秀传统文化成为涵养社会主义核心价值观的重要源泉”[②]。

培养具有高尚思想道德素质的人，既是文化建设的根本任务，又是建设文化强国、实现中国梦的力量保证。习近平就领导干部的素质指出，学习和掌握中华优秀传统文化中的精华，对树立正确的世界观、人生观、价值观很有益处。学史可以看成败、鉴得失、知兴替；学诗可以情飞扬、志高昂、人灵秀；学伦理可以知廉耻、懂荣辱、辨是非。中国历史上所倡导的“先天下之忧而忧，后天下之乐而乐”的政治抱负，“位卑未敢忘忧国”“苟利国家生死以，岂因祸福避趋之”的报国情怀，“富贵不能淫，贫贱不能移，威武不能屈”的浩然正气，“人生自古谁无死，留取丹心照汗青”“鞠躬尽瘁，死而后已”的献身精神等，都是应该学习的。通过学习和弘扬中华优秀传统文化，可以塑造有理想、有道德、有文化、守纪律的领导者和建设者，为建设社会主义提供雄厚的人力资源。

中华传统文化的时代价值，也诠释了“中国共产党既是中华优秀文化的忠实传承者和弘扬者，又是社会主义先进文化的积极倡导者和发展者”的论断。

三、实现中华优秀传统文化的创造性转化和创新性发展

如何弘扬中华优秀传统文化，关系着中国从哪里来，到哪里去，坚

---

① 习近平：《青年要自觉践行社会主义核心价值观》，《人民日报》2015 年 5 月 5 日。

② 习近平：《把培育和弘扬社会主义核心价值观作为凝魂聚气强基固本的基础工程》，《人民日报》2014 年 2 月 26 日。

守什么样的文化自信，走什么样的文化道路的问题。习近平倡导弘扬中华优秀传统文化，根本目的在于发展先进文化，创造中华文化新的辉煌，为“两个一百年”奋斗目标服务。

运用马克思主义的立场、观点和方法批判地继承中华传统文化。马克思主义是科学的世界观和方法论，也是批判地继承传统文化的根本方法。首先，运用历史的、辩证的观点看待中华传统文化，不能全盘肯定，也不能全盘否定。习近平在纪念孔子诞辰2565周年国际学术研讨会上，科学阐述了儒家思想的历史意义和当代价值。儒家思想对中华文明延续、国家统一、民族融合、凝聚精神、维护独立、推动发展、促进和谐，发挥了重要作用。这种科学评价与历史虚无主义、文化虚无主义划清了界限。

据此，有人认为，习近平尊儒，是要走儒家改良道路，复归中华道统；未来的中国，将是儒家文化的复兴。有人还认为习近平是“红色新儒家”，将开启尊儒新时代。这种“复归中华道统论”显然是误解。儒家政治思想，反映等级对立的社会结构，君王居于统治地位、主导地位，民众处于被统治地位、从属地位。“三纲五常”是等级思想的集中表现。儒学的主要功能，是维护封建专制制度。这种政治思想与构建自由、平等、公正、法治的社会是背道而驰的。所谓全面“复兴儒学”“重建儒教”实行儒教政治的主张，与习近平倡导传统文化的目的是南辕北辙的。

其次，坚持古为今用、以古鉴今，去粗取精、去伪存真的方针。对中华传统文化进行科学分析，继承和发扬有益的东西，抵制和抛弃负面的东西，“取其精华、去其糟粕，而不能采取全盘接受或者全盘抛弃的绝对主义态度”。①

再次，将中华优秀传统文化与先进文化建设相结合，实现创造性转化、创新性发展。习近平指出：“要坚持古为今用、以古鉴今，坚持有鉴别的对待、有扬弃的继承，而不能搞厚古薄今、以古非今，努力实现传

① 习近平：《牢记历史经验历史教训历史警示 为国家治理能力现代化提供有益借鉴》，《人民日报》2014年10月14日。

统文化的创造性转化、创新性发展，使之与现实文化相融相通，共同服务以文化人的时代任务。”[①] 倡导弘扬中华优秀传统文化，应紧紧围绕建设中国特色社会主义和先进文化，而不能离开这条道路。

在马克思主义中国化进程中，马克思主义离开中华优秀传统文化，会成为无源之水、无本之木；而弘扬中华优秀传统文化，离开马克思主义的指导，将会迷失方向、失去生命。只有运用马克思主义立场、观点和方法审视中华优秀传统文化，并与现代文化相结合，实现传统文化的创造性转化和创新性发展，建设社会主义先进文化，才能占领道义的制高点、文明的制高点、文化知识的制高点；不能将对中华优秀传统文化的解释权、传播权拱手相让于人。这样马克思主义才能掌握文化领导权。

习近平强调，中国共产党人是坚定的马克思主义者，党的指导思想是马克思列宁主义、毛泽东思想和中国特色社会主义理论体系。他在全国宣传思想工作会议上，要求“巩固马克思主义在意识形态领域的指导地位，巩固全党全国人民团结奋斗的共同思想基础”。在这个原则下，他集中阐述核心价值观、倡导弘扬中华优秀传统文化、提倡中华传统美德等内容。中华优秀传统文化是建构以马克思主义为指导的意识形态的内容，而不是取代马克思主义。比如他在谈到弘扬传统美德时，强调“坚持马克思主义道德观、坚持社会主义道德观，在去粗取精、去伪存真的基础上，坚持古为今用、推陈出新，努力实现中华传统美德的创造性转化、创新性发展，引导人们向往和追求讲道德、尊道德、守道德的生活”，让13亿中国人都成为“传播中华美德、中华文化的主体”。正因如此，方克立先生将“马魂”“中体”“西用”，称为习近平文化思想的总纲，是党的文化旗帜。[②]

① 习近平：《在纪念孔子诞辰2565周年国际学术研讨会暨国际儒学联合会第五届会员大会开幕会上的讲话》，《人民日报》2014年9月25日。

② 方克立：《“马魂、中体、西用”是习近平文化思想的总纲》，《思想理论教育导刊》2015年第5期。

四、推动中华优秀传统文化“走出去”战略

在世界多极化发展趋势下，怎样坚持中国道路、构建什么样的中华文明、如何谋划中华民族在世界中的定位，是党必须考虑的长远战略。如何看待中华文明与世界文明、中华民族与世界各民族的关系，成为不能回避的课题。

（一）为何向世界展示中华优秀传统文化的独特魅力

中华优秀传统文化是中华民族的突出优势，是我们最深厚的文化软实力。对外传播中华传统文化是提升国家文化软实力的客观需要。文化实力和竞争力是国家富强、民族振兴的重要标志。提高国家文化软实力，关系“两个一百年”奋斗目标和中国梦的实现。在金融危机背景下，新自由主义的国际话语权日渐式微，民主社会主义在希腊等国家遭到严重困难。在中国打造改革开放升级版的转型发展阶段，宣传中国道路，介绍中国经验，展示中国力量，分享中国智慧，是风生水起正当时。而要研究和体认中国模式，需要借助中华优秀传统文化的独特魅力。中共十八届三中全会提出：“扩大对外文化交流，加强国际传播能力和对外话语体系建设，推动中华文化走向世界。”[①] 对外传播中华优秀传统文化，是提升国家文化软实力和国际竞争力的战略选择。

对外传播中华优秀传统文化是中国文明走向世界的客观需要。在全球化日趋加速的背景下，中华文明在世界文明中居于什么地位、扮演什么角色、发挥什么作用，是必须谋划的战略问题。增强中国文化的世界影响力和话语权，展示中华文明的独特魅力，是中国提升文化软实力，推动中国文化走向世界的需要。习近平多次强调世界文明的多样性，表明中国文明在世界文明中占有一席之地。他强调要尊重各国各民族的文明，表明中华民族尊重其他民族的文明，反之亦然；强调各民族文明之间相互借鉴，表明文明因互相交流而丰富多彩；强调科学对待文化传统，

① 《中共中央关于全面深化改革若干重大问题的决定》，《人民日报》2013 年 11 月 16 日。

表明不能搞民族虚无主义，而是在继承中发展，在发展中继承。这种文明观，体现了与西方文化帝国主义、文化霸权主义、文化扩张主义的区别。

中华优秀传统文化为解决全球性问题提供有益思路。中国走出一条不同于西方社会制度的道路，为世界文明增添独特的价值，也为解决世界性难题提供选择方案。在纪念孔子诞辰2565周年国际学术研讨会上，习近平针对当代人类面临的诸如贫富差距持续扩大、物欲追求奢华无度、个人与自然关系日趋紧张等突出问题，提出中华优秀传统文化中蕴藏着解决这些难题的启示。比如，关于道法自然、天人合一的思想，关于天下为公、大同世界的思想，关于以民为本、安民富民乐民的思想，关于为政以德、政者正也的思想，关于集思广益、群策群力的思想，关于仁者爱人、以德立人的思想，关于中和、泰和、求同存异、和而不同、和谐相处的思想。[①] 中华优秀传统文化同世界各国优秀文化一道造福人类，这与“华夏中心主义”和“中国文明威胁论”划清了界限。

弘扬中华优秀传统文化事关塑造新的国家形象。国家形象关系国家和民族在世界上的知名度、美誉度、认可度和影响力。目前的国家形象与中国梦的理想具有一定的差距。比如，中国是经济、体育大国，却不是经济、体育强国；国防军事实力增强，却被别有用心的人炒作为“中国威胁论”；中国人均碳排放量不及美国的一半，却被诬蔑为环境污染的罪魁祸首。习近平提出：要注重塑造我国的国家形象，重点展示中国历史底蕴深厚、各民族多元一体、文化多样和谐的文明大国形象，政治清明、经济发展、文化繁荣、社会稳定、人民团结、山河秀美的东方大国形象，坚持和平发展、促进共同发展、维护国际公平正义、为人类作出贡献的负责任大国形象，对外更加开放、更加具有亲和力、充满希望、充满活力的社会主义大国形象。[②] 打造富强、民主、文明、和谐、美丽的中国，需要宣传中华优秀传统文化和当代中国价值观念。

---

① 习近平：《在纪念孔子诞辰2565周年国际学术研讨会暨国际儒学联合会第五届会员大会开幕会上的讲话》，《人民日报》2014年9月25日。

② 习近平：《习近平在中共中央政治局第十二次集体学习时强调 建设社会主义文化强国 着力提高国家文化软实力》，《人民日报》2014年1月1日。

（二）对外传播中华优秀传统文化的基本内容

中华优秀传统文化的基本内容，作为世界性文明成果，可以为世界各民族所共享。习近平指出，提高国家文化软实力，要“把跨越时空、超越国度、富有永恒魅力、具有当代价值的文化精神弘扬起来，把继承传统优秀文化又弘扬时代精神、立足本国又面向世界的当代中国文化创新成果传播出去”①。根据国际关系特点，可以包括以下方面。

传播中华优秀传统文化中的价值观。习近平强调：中国优秀传统思想文化体现着中华民族世世代代在生产生活中形成和传承的世界观、人生观、价值观、审美观等，其中最核心的内容已经成为中华民族最基本的文化基因，是中华民族和中国人民在修齐治平、尊时守位、知常达变、开物成务、建功立业过程中逐渐形成的有别于其他民族的独特标识。②中华优秀传统文化中的孝悌忠信、礼义廉耻、仁者爱人、与人为善等观念，对于解决家庭观念淡薄、道德行为堕落、个人至上、损人利己等弊俗也具有吸引力和感染力。

传播中国和平共处、合作共赢的外交理念。针对当今世界面临的和平与发展难题，挖掘和传播中国传统文化中和平、合作的理念，是可供选择的思路。习近平指出，中华文化崇尚和谐，“蕴涵着天人合一的宇宙观、协和万邦的国际观、和而不同的社会观、人心和善的道德观”。③中华优秀传统文化中的“亲仁善邻，国之宝也”“四海之内皆兄弟也”“国虽大，好战必亡”等和平思想，与西方霸权主义奉行的丛林法则、弱肉强食、见利忘义、损人利己等观念，形成鲜明的对照；也可批驳“中国威胁论”“黄祸论”等妖魔化中国的论调。

传播中华民族特有的精神力量。在中华民族历史上，逐渐形成了以

---

① 习近平：《习近平在中共中央政治局第十二次集体学习时强调 建设社会主义文化强国 着力提高国家文化软实力》，《人民日报》2014 年 1 月 1 日。

② 习近平：《在纪念孔子诞辰 2565 周年国际学术研讨会暨国际儒学联合会第五届会员大会开幕会上的讲话》，《人民日报》2014 年 9 月 25 日。

③ 习近平：《在中国国际友好大会暨中国人民对外友好协会成立 60 周年纪念活动上的讲话》，《人民日报》2014 年 5 月 16 日。

爱国主义为核心的民族精神；“夙夜在公”的大公无私精神；“天下兴亡，匹夫有责”的责任意识；“天行健，君子以自强不息”的刚健精神；“苟日新，日日新，又日新”的改革创新精神；“地势坤，君子以厚德载物”的包容精神；“克勤于邦，克俭于家”的艰苦奋斗精神，等等，都可以为追求进取的人民提供精神力量。这与西方存在的享乐主义、消费主义等观念形成鲜明对比。

（三）如何传播中华优秀传统文化

民族文化是一个民族区别于其他民族的独特标识。提高国家文化软实力，应加强对外宣传，展示中华优秀文化独特魅力。习近平在全国宣传思想工作会议上指出：“宣传阐释中国特色，要讲清楚每个国家和民族的历史传统、文化积淀、基本国情不同，其发展道路必然有着自己的特色；讲清楚中华文化积淀着中华民族最深沉的精神追求，是中华民族生生不息、发展壮大的丰厚滋养；讲清楚中华优秀传统文化是中华民族的突出优势，是我们最深厚的文化软实力；讲清楚中国特色社会主义植根于中华文化沃土、反映中国人民意愿、适应中国和时代发展进步要求，有着深厚历史渊源和广泛现实基础。”[①] 这是对外宣传中国理念的基本内容，旨在加强国际传播能力建设，创新对外文化交流的体制机制，精心构建对外话语体系，通过各种途径加强对外宣传工作。

将传播当代中国价值观念与传播中华优秀传统文化结合起来。传播当代中国的价值观念，宣传和介绍中国道路、中国理论体系、中国制度的成就和自信，离不开对历史的追溯和对中华文化的自信。从历史发展脉络中阐述中国模式的独特魅力，从当代中国经验中展示中华优秀传统文化的博大精深。独特的历史文化、独特的当代价值、独特的实践经验、独特的发展模式，具有独特的中国力量，这是处于困局中的世界各国所难以漠视的。

---

① 习近平：《习近平在全国宣传思想工作会议上强调 胸怀大局把握大势着眼大事 努力把宣传思想工作做得更好》，《人民日报》2013 年 8 月 21 日。

将对外经济交流合作与传播中华优秀传统文化结合起来。文明交流互鉴，是推动人类文明进步和世界和平与发展的重要动力。通过推动跨国界、跨时空、跨文明的交流互鉴活动，在世界人民心中坚定和平和发展理念。[①]在经济、信息全球化背景下，中国应注重打造自身的科技含量和人文精神，提高竞争意识、效率意识、质量意识、环保意识、责任意识，塑造中国制造、中国创造的形象。当代中国正在构建陆路丝绸之路经济带和21世纪海上丝绸之路，彰显了中华优秀传统文化与对外关系的共生共长。假冒伪劣、坑蒙拐骗、拖拉散漫、铺张浪费等习俗，会败坏中国尊严和中华文明形象。

将对外文化交流与传播中华优秀传统文化结合起来。截至2011年底，中国与埃及、法国、韩国、德国、日本、英国、俄罗斯等21个国家的政府签署设立文化中心的政府文件。截至2012年5月，中国同145个国家签订了政府间文化合作协定和近800项年度文化交流执行计划。截至2012年12月，中国在世界108个国家建立了400所孔子学院和500多个孔子课堂，汉语学员总数达到65.5万人。汉语是中华文化的独特名片和载体。外国人学习汉语和了解中国文化具有统一性。

把提高国家综合国力与提高中华优秀传统文化的国际话语权结合起来。国际社会在什么时间、地点、场合、范围、程度、维度上，倾听中国声音、理解中国文化、体验中国智慧，是反映中国文化话语和文化软实力的尺度。国家话语权是国家文化软实力的重要组成部分。当今世界，西方国家在科技、经济、信息领域仍将长期处于领先地位，国际舆论格局西强我弱的总体态势短期内不会改变。只有逐步地增强中国的综合国力，推进国家传播能力建设，才能逐步构建中国对外话语体系，才能阐释中国特色，讲好中国故事，传播中国声音，增强中国模式、中国理念、中国精神的感染力。

1990年，著名社会学家费孝通提出“各美其美，美人之美，美美与共，天下大同”的世界文明理想。习近平提出中华文明与世界文明交流

---

① 习近平：《在中国国际友好大会暨中国人民对外友好协会成立60周年纪念活动上的讲话》，《人民日报》2014年5月16日。

互鉴、共同发展的理念，则具有理论方向、全球视野、经济基础、政治保障和力量支撑。

了解一个国家和民族的文化，是了解这个国家和民族的钥匙。中国走向世界，中华民族也必屹立于世界民族之林。欲实现中华民族伟大复兴的中国梦，也必走中国道路；欲坚定中国道路，也必强健中华文明；欲强健中华文明，也必增强国家综合国力；欲增强综合国力，也必提升文化软实力；欲提升文化软实力，也必弘扬和挖掘中华优秀传统文化的当代价值，以文化自信支持道路自信、理论自信、制度自信。“中华民族伟大复兴需要以中华文化发展繁荣为条件”。[①]

［原载《高校马克思主义理论研究》2015 年第 1 期创刊号］

① 《习近平在山东考察时强调 认真贯彻党的十八届三中全会精神 汇聚起全面深化改革的强大正能量》，《人民日报》2013 年 11 月 29 日。

文化自觉与中华文明新形态

一、文化自觉内涵的阐释

1990年，费孝通在其80华诞寿宴上，以“人的研究在中国——个人的经历”为主题进行演讲时，提出“各美其美，美人之美，美美与共，天下大同”的“16字箴言”。1997年，他用“文化自觉”概括16字箴言的内涵，作为通向这种世界文明理想的内生路径。

费孝通对16字箴言有明确的阐释。他认为，起初，各民族处于封闭状态，自给自足，自我发展，遵守自己传统价值标准，排斥其他群体的价值标准；这是“各美其美”的经济社会基础。“各美其美”是各群体社会行为准则的基础，是社会生活赖以维持的价值体系。

费孝通认为，随着经济扩展和交通延伸，各个族群的隔绝状态被打破；不同价值观念和利益的冲突，推动各群体间的矛盾不断激化。意识形态和利益上的冲突，会导致兵戎相见。资本主义全球扩展，两次世界大战，都是这种冲突的独特标志。21世纪，人类如何走上和平共存的新路呢？显然，“各美其美”的标准不再适应各族群之间的矛盾状态，需要欣赏其他族群的优势，于是发展到“美人之美”的境界。

费孝通认为，当前世界已经进入“美人之美”阶段。科学技术的发展，为人类提供丰衣足食的物质条件。所缺乏的是普遍接受的道义感，共同遵守的价值标准，和平共处的协作态度。这些是“美人之美”的心态基础。在此基础上，经济上竞争不贪图你死我活，不容许有霸权主义横行，不干涉别国内政，通过平等协商来处理国与国、地区与地区之间的矛盾，需要欣赏和领悟不同族群的价值体系。这要求放弃本位中心主义，承认多元并存，求同存异，和平共处。这是和多元社会相适应的心态。

在“美人之美”基础上，各群体间从实践中筛选出都能接受的共同价值标准，实现“美美与共”。各族群心甘情愿根据这些标准行事，实现所谓“天下大同”的美好世界。①

要做到文化自觉，首先要做到对本民族文化有“自知之明”，还要用“和而不同”的观念，处理与其他民族、其他文明的关系。在费孝通看来，“和而不同”是中华传统文化中人文价值的基本态度，也可以用来展望 21 世纪的世界人文理想。

所谓“和而不同”的文化观②，就是容纳多元文化并存，提倡不同文化交流互鉴，求同存异，取长补短，融合发展，共同繁荣。“和而不同”，就是“多元互补”。③

“和而不同”是多元一体的中华文化形成的基本经验。费孝通指出，在中华文化的发展过程中，多元的文化形态在相互接触中相互影响、相互吸收、相互融合，共同形成中华民族“和而不同”的传统文化。④中华文化的包容性和古代先哲倡导的“和而不同”观念相通。

将中华文化经验推而广之，创造“和而不同”的世界文明格局。在费孝通看来，“和而不同”是世界上成功的文明体系的主要特征；从而提出创建“和而不同”的全球社会的目标。

关于文化自觉与“和而不同”的关系，费孝通说，全球化进程中的文化自觉，“指的就是世界范围内文化关系的多元一体格局的建立，指的

---

① 费孝通：《中国文化的重建》，华东师范大学出版社 2014 年版，第 259—260 页。

② 参见方克立：《费孝通与“和而不同”文化观》，《中国社会科学院研究生院学报》2006 年第 6 期。

③《费孝通文集》第 14 卷，群言出版社 1999 年版，第 407 页。

④《费孝通文集》第 14 卷，群言出版社 1999 年版，第 407—408 页。

就是在全球范围内实行和确立‘和而不同’的文化关系”[①]。也就是希望通过不同文化的对话、沟通，取长补短，达到“和而不同”的世界文化一体格局。

从这个意义上，方克立将费孝通的16字箴言表述为“各美其美，美人之美，美美与共，和而不同”。[②]这样，从对弱小民族文化生存发展问题的思考，提升为对未来世界文明格局的思考。

在费孝通看来，文化自觉的哲学基础，在于中华传统文化中“和实生物”“同则不继”的命题。“和而不同”是世界的自然状态，引申为处理人与人之间的关系，不同国家、民族、社会之间的关系，延伸至处理世界不同文明之间的关系。中华民族“分久必合，合久必分”的趋势，以及“你中有我，我中有你”的多元统一体，都为世界文明提供启示。文化自觉的心理基础，是各民族具备互相欣赏的品格，各自保持平和、谦虚的心态；不仅欣赏本民族文化，还欣赏异民族文化；不以本民族的文化为标准，判断异民族的优劣，断定什么是“糟粕”和“精华”。文化自觉的实践基础，在于田野调查，搞清楚各民族的社会生活，真正理解“他人”的文化、语言、传统，构建人类跨文明的共同理念。

费孝通文化自觉理论，针对民族文化保护和文明冲突的问题，从人类社会学角度提出民族文化和世界文化的未来关系，并从学理上提出若干的方法，具有学术价值和现实意义。但是，如何处理世界主导民族与边缘民族、强势民族与弱势民族之间的关系，费孝通没有过多论述；对于如何分析当今世界两种社会制度之间的矛盾、发达国家和发展中国家之间的矛盾、发达国家之间的矛盾、不同文明之间的矛盾等问题，也缺乏科学的思想武器。

二、文化自觉理论的现实价值及缺憾

费孝通文化自觉理论，对于打破民族孤芳自赏、推动各民族文明自

① 《费孝通文集》第14卷，群言出版社1999年版，第287—288页。

② 方克立：《“和而不同”：作为一种文化观的意义和价值》，《中国社会科学院研究生院学报》2003年第1期。

立自强具有借鉴意义。20世纪80年代，费孝通考察内蒙古鄂伦春族时，发现传统狩猎文化面临灭绝危险。90年代，他在考察赫哲族时也发现了类似问题，萌发保护弱小民族文化的观念。由此联想到，在全球化进程中，如何保持中华民族文化的独立性和自主性问题。

为达此目的，费孝通提出“文化自觉”理论，要求对本民族文化，要有自知之明，明白其来历、进程、特色和发展趋向；不回归传统，不全盘西化或者全盘他化；独立自主地增强文化转型能力，决定适应新环境，解决新问题，做出新选择。费孝通强调，文化自觉的基本理念，是“和其他文化一起，取长补短，共同建立一个有共同认可的基本秩序和一套各种文化都能和平共处、各抒所长、联手发展的共处原则”。[①]

费孝通从文明史的角度，提出各民族文化之间关系的原则，具有参考价值。但是，在资本扩张和技术延伸的背景下，强势文化流向弱势文化是基本规律。西方某些国家奉行弱肉强食，丛林法则，弱势民族如何能够取得与霸权民族相对等的地位？即使没有你死我活的生存危机，弱小民族如何同霸权民族进行经济、政治、文化方面的平等交流和互利？资本扩张的嗜血本性，决定了追求超额垄断利润。一旦弱小国家阻挡了霸权主义的利益，道义的说教就会被战争所代替。中东诸多国家政权的倒台，反映了帝国主义同发展中国家之间的矛盾，依然是世界主要矛盾之一。帝国主义仍然是世界战争的根源。解决这个矛盾，改变霸权民族的思维定式，难以寄希望于霸权民族的自觉反省。与霸权主义对话，需要科学的思想武器和拥有一定的实力。只有弱势民族自身发展壮大，增强民族自强和文化自强，才有可能建立与霸权民族之间的对话机制。这需要弱势民族具有捍卫自身安全的综合国力，内在成长的创新能力，融合不同文明的整合能力。

费孝通文化自觉理论，对于消解“文明冲突论”和“自我中心主义”、促进各民族文明之间的和平共处具有参考价值。1993年，亨廷顿在美国《外交事务》季刊发表《文明的冲突？》，提出文明冲突论。他将世界文

---

① 费孝通：《反思·对话·文化自觉》，《费孝通论文化与文化自觉》，群言出版社2005年版，第233页。

明划分为西方、儒家（中国）、日本、伊斯兰、印度、斯拉夫—东正教、拉丁美洲，也许还加上非洲，共七八种文明。他认为：“文化的共性和差异影响了国家的利益、对抗和联合”“最可能逐步升级为更大规模的战争的地区冲突是那些来自不同文明的集团和国家之间的冲突。”[①]儒家文明和伊斯兰文明的崛起，必然对以美国为首的西方文明带来挑战，由此引发不同文明之间的冲突。战争或是和平、对抗或是和解、侵食或是合作、单一或是多元，这是人类必须面对的问题。

亨廷顿夸大“文明的冲突”的作用，无视多元并存的现实，是只见对立不见统一的非此即彼的思维方式，不理解中华文化“和而不同”“同而不和”的理念。费孝通把“文明冲突论”归结为“自我中心主义”，认为西方文化一直处于强势地位，由此产生殖民主义、种族主义、极端民族主义、文化沙文主义以及西方至上论。这些思潮是导致两次世界大战的催化剂。所谓“恐怖主义”和“反恐战争”，是“文明冲突论”带来的恶果。费孝通对“以暴制暴、冤冤相报”“以恐反恐、越反越恐”的国际政治表示担忧。针对这些问题，他提出“和而不同”的文化观，强调在人类拥有武器力量可以瞬间毁灭整个文明的背景下，只能平等相待、和平共处。为实现这样的局面，必须超越东、西方中心论和自我中心主义，建构自我民族文明和其他文明之间的关系，形成共识，来回应全球化进程中的挑战。

但是，若要构建“和而不同”的世界文明，须要成为世界文明中的独立力量。如果民族自身没有力量，难以捍卫自身主权、独立，何谈和平共处，遑论交流互鉴。各民族文明的自立，需要以民族自强为支撑；而民族自强需要经济、政治、军事等综合实力的支撑。当然，费孝通也看到综合国力的对比，但更希望霸权民族改变“惟我独美”的优越感，奉行中华文化中“己所不欲，勿施于人”的理念。这在很大程度上恐怕流于一厢情愿、与虎谋皮。

然而，当今世界竞逐于智力、文明、道义，都离不开实力做后盾。

---

① ［美］塞缪尔·亨廷顿：《文明的冲突与世界秩序的重建》（修订版），周琪译，新华出版社2010年版，第7页。

近年来的阿富汗战争、利比亚战争、叙利亚战争，格鲁吉亚、乌克兰、吉尔吉斯斯坦等国的颜色革命，突尼斯昙花一现的茉莉花革命，南亚国家的街头政治，无不隐藏着霸权主义的图谋。费孝通深知："历史上群体间所有意识形态之争，不论是宗教战争、民族冲突以至结束不久的'冷战'，实质上都是群体间物质利益的争夺，意识形态的水火不相容原是物质利益争夺的借口和掩饰。"[①] 作为文化人类学家，他对构建"和而不同"世界文明格局的方案，没来得及展开论述。

费孝通文化自觉理论，对于冲破民族隔阂、推动各民族文明之间的交流互鉴具有启示意义。他认为，强势民族容易自高自大，唯我独尊，由此可能导致闭关自守；弱小民族容易妄自菲薄，背离本源，由此可能导致全盘西化或者他化。这两种态度都不可取。中国古代有融合不同文明的经验；唐朝时期发扬佛教文化，推动中华文明昌盛；日本学习中国经验，实现双赢。在西方历史上，像奥斯曼帝国、俄罗斯帝国、奥匈帝国，阿拉伯文明、南美文明、非洲文明等，都在解决不同文化之间的交流、沟通、融合方面积累了丰富的经验。从总体上说，人类文明多元并存。"只有民族的，才是世界的"，反之亦然。"文化上的唯我独尊、固步自封，对其他文明视而不见，都不是文明的生存之道。只有交流、理解、共享、融合才是世界文明共存共荣的根本出路。不论是'强势文明'，还是'弱势文明'，这是唯一的出路。"[②]

针对"文明冲突论"，费孝通指出人类文明发展创新的规律，也是各民族文明发展一般规律。他强调，不能把国家利益之争，混淆为不同文明之争，把维护国家利益装扮成捍卫"文明"的"义举"。把文化价值包含在国家利益之中，是不成熟、不理智、不负责任的表现，犹如不能把美国利益等同于基督教文明的利益，也不能把中国的利益说成儒家文明的利益。

在这个问题上，费孝通注重文明和国家利益的区别，却轻视二者的联系。国家利益在任何国家都是至上的，不能捍卫国家利益也难以捍卫

① 费孝通：《中国文化的重建》，华东师范大学出版社 2014 年版，第 264 页。

② 费孝通：《中国文化的重建》，华东师范大学出版社 2014 年版，第 295—296 页。

民族的文明。历史上的若干侵略战争，在侵害别国根本利益的同时，也破坏该国的文明，一如纳粹屠杀犹太民族，日军奴化中国东北。文明的延伸，或多或少代表国家利益的扩展。不同国家之间利益的冲突，不同文明之间价值观、风俗、理念的差异，都会带来对抗和冲突。这不是掩耳盗铃所能避免的。亨廷顿从维护垄断资本利益出发，强调冲突、对抗，轻视交流、融合；费孝通从中国“和合”理念出发，注重融合、和谐，轻视矛盾、冲突；前者重视对立轻视统一，后者重视统一轻视对立，都没能完全贯彻对立统一律。不同文明在矛盾中交流，在斗争中融合，才是常态。显然，费孝通对通向世界文明的理想，缺乏现实路径的思考。

三、在民族复兴征程上构建新型中华文明

费孝通文化自觉理论，提出了在全球化时代，如何发展本民族文明，如何处理与其他文明的关系，如何构建未来世界文明的全球问题。这是具有前瞻性、战略性的世界文明构想。联想到中国，就是如何构建中华文明，如何处理与其他文明的关系，如何勾画未来世界文明格局，中华文明在世界文明中的地位等思考。这也是谋划当代中国发展道路的战略问题。遵循费孝通世界文明理想，发扬费孝通文化自觉理论之精髓，弥补其缺憾，提出可行的方案和路径，是当代中国共产党人的使命和责任。

中国共产党吸纳了费孝通文化自觉理论。2010 年，《红旗文稿》连载署名云杉的文章，从探索中国特色文化发展道路的高度，比较系统地论述了文化自觉、文化自信和文化自强，强调以什么样的视角认识文化、以什么样的态度对待文化、以什么样的思路推动文化繁荣发展，是中国文化建设必须解决的重大课题。[①]中共十七届六中全会提出要“培养高度的文化自觉和文化自信”，“建设社会主义文化强国”的战略目标；中共十八届五中全会重申，“推动物质文明和精神文明协调发展”，强调“坚定文化自信，增强文化自觉，加快文化改革发展，加强社会主义精神文

① 云杉：《文化自觉文化自信文化自强——对繁荣发展中国特色社会主义文化的思考》，《红旗文稿》2010 年第 15、16、17 期。

明建设，建设社会主义文化强国”[①]。党的十八大以来，以习近平同志为核心的党中央，着眼于文化建设的现实问题和战略问题，着眼于提高国家文化软实力，在中国梦的征程中打造新型中华文明，使中华文明屹立于世界文明之林。

保卫、建设和发展中华文明，是费孝通文化自觉理论的基本出发点。沿着这个思路前进，要构建新型中华文明，不仅要有文化自觉，而且要有文化自信、文化自强。这是社会主义和帝国主义矛盾仍然存在阶段的必然选择。首先有捍卫主权、自主发展的力量，才谈得上开创新型文明。实现中国梦，必须具有中国力量。中华民族伟大复兴包含中华文化的复兴，文化复兴离不开文化自觉、自信和自强。中华文化，根源在社会生活本身，是人们思想观念、风俗习惯、生活方式、情感样式的集中表达，是团结各族人民共同奋斗的旗帜。共同的意志、共同的利益、共同的思想，将凝聚无坚不摧的共同力量。有梦想、有道路、有方案、有办法、有毅力，就有梦想成真的希望。一个民族的凝聚力、向心力、意志力，反映民族的力量。文化是综合国力的重要标志；强盛的国家需要强健的文化作为精神支撑。习近平指出：“中华民族伟大复兴需要以中华文化发展繁荣为条件。”[②]构建新型中华文明，是实现民族复兴的客观要求，反映了从文化自觉到文化自信的升华。

从人类文明史的全球视野发展中华文明，是费孝通文化自觉理论的背景。根据这个思路，也应该从中华文明历史长河中，探讨中国道路和新型中华文明。中华民族具有五千年文明史，创造了灿烂的古代文化，曾经是世界经济、政治、文化中心；儒家文明辐射东亚和东南亚。近代以来，中华民族在强敌的坚船利炮裹挟下，卷入世界现代化进程。经过近一百多年的奋斗和探索，才走上民族复兴之路。当代中国，经历农业文明、工业文明和信息文明。文明形态的跨越，历史地位的跨越，综合国力的跨越，推动民族复兴的跨越。中华民族从来没有像今天这样，接近于中华民族伟大复兴的目标。

---

① 《中共中央关于制定国民经济和社会发展第十三个五年规划的建议》，《人民日报》2015年11月4日。

② 《习近平在山东考察时强调 认真贯彻党的十八届三中全会精神 汇聚起全面深化改革的强大正能量》，《人民日报》2013年11月29日。

习近平指出，中国道路，是在改革开放30多年的伟大实践中，在新中国成立60多年的持续探索中，对近代以来170多年发展历程的总结中走出来的，是从中华民族5000多年文明的传承中走出来的。[①]中国道路具有科学、完整、独特的内涵，是中华文明的历史延续、传承和发展；中华文明也将在中国道路延伸进程中创造新形态。

构建新型中华文明，是费孝通文化自觉理论的基本命题，也反映了有识之士的普遍思考。张岱年曾提出，21世纪，中国文化将以中国特色社会主义新型文明为主题，作出具有历史意义的十大创新，创造大器晚成、现代复兴的中华文明新形态，以熔铸21世纪的新型世界文明。[②]这十大创新包括：（1）创建富强、民主、文明的现代化国家。（2）创造两个文明高度统一的社会主义新型文明。（3）开创社会主义新型体制：新型市场经济—新型民主政治—新型科学文化。（4）开创“体制改革—经济起飞—国家统一—文化复兴”四大潮流统一的跨世纪主潮。（5）开创现代化新道路和新模式。（6）创造现代革新的中华民族精神。（7）创造有中国特色社会主义新型价值观。（8）创造富有时代精神和东方神韵的新方法论体系——大乘智慧学。（9）创造大器晚成、现代复兴的中华文明新形态。（10）创造新型主体性，以熔铸21世纪新型世界文明。这“十大创新”，提供了有益的思考。当然，还可以从整个社会结构的全局高度作出概括。

从文明源流上说，新型中华文明，是马、中、西三者融合创新的文明。马克思主义是指导中国革命、建设和改革的思想武器，是人民共和国的立国之本，是捍卫国家主权独立的精神之盾，是国家强盛的科学理论，是文化复兴和民族复兴的精神支柱，也是科学分析当代复杂世界的锐利武器。离开马克思主义，所谓创建新型中华文明将失去灵魂。中华优秀传统文化是新型中华文明的基因和源泉，蕴含着中华民族的精神追求、丰富营养、价值观念、为政之资和精神家园。离开中华优秀传统文化，新型中华文明将失去历史动力和文化自信。西方社会经过几百年的

---

① 习近平：《在第十二届全国人民代表大会第一次会议上的讲话》，《人民日报》2013年3月18日。

② 张岱年、王东：《中华文明的现代复兴和综合创新》，《教学与研究》1997年第5期。

发展，积累了丰富的优秀文化成果，可以批判地吸收，“洋为中用”。马、中、西三种文化，相互融合、制约、发展，创造出新型中华文明，从中体现马克思主义精神、传统文化本色、西方文明优点。这是“马学为魂，中学为体，西学为用，三流合一，综合创新”[①]的文化发展之路。

从社会结构上说，新型中华文明，是经济、政治、文化、社会、生态、人的发展“六位一体”的文明。物质生产丰富充裕，民主政治昌明高效，科学文化先进高尚，社会秩序和谐统一，自然环境美丽持续，人的素质自由而全面，是全面建成小康社会的目标。若这些目标如期实现，将丰富中国道路的内涵，完善中国制度的优点，丰富中国理论的体系，创新中华文化的形态。这需要根据新的实践，解决新的问题，开创新的局面，创造新的思想、理念和文化，需要创造与新阶段新特征相适应的新文明。因此，新型中华文明也将是整个社会全面发展、全面进步的文明成果的结晶。

新型中华文明，是与国家形象定位相统一的文明。建设什么样的国家引导文明建设的布局。习近平提出：要注重塑造我国的国家形象，重点展示中国历史底蕴深厚、各民族多元一体、文化多样和谐的文明大国形象，政治清明、经济发展、文化繁荣、社会稳定、人民团结、山河秀美的东方大国形象，坚持和平发展、促进共同发展、维护国际公平正义、为人类作出贡献的负责任大国形象，对外更加开放、更加具有亲和力、充满希望、充满活力的社会主义大国形象。[②]这个国家形象定位，包含了弘扬优秀传统文化，推进社会全面发展，承担相应全球责任，融合世界文化的中华文明发展新理念。

新型中华文明，是与世界各族文明互鉴融合的文明。中华文明与世界文明一起，形成你中有我，我中有你，共存共荣，融合创新的格局，构建“和而不同”“天下大同”的文明。中华文明在世界文明中占有一席之地，在解决全球问题中承担责任和义务，在消解文明冲突中贡献自己的智慧，在推动和平与发展中展示自身的能力，在为民谋福祉中凝聚自

① 方克立：《探索中、西、马三“学”的综合创新之道》，《马克思主义研究》2010 年第 12 期。

② 习近平：《建设社会主义文化强国着力提高国家文化软实力》，《人民日报》2014 年 1 月 1 日。

己的价值，在创造和谐世界中扮演自己的角色，以和谐、进步的新型中华文明为构建新型世界文明格局作出贡献。

新型中华文明，是包含创新、协调、绿色、开放、共享理念的文明。解决中国所有问题的关键，在于坚持科学的发展。科学发展在于找准制约发展的矛盾，以正确的理念引领发展。“发展理念是战略性、纲领性、引领性的东西，是发展思路、发展方向、发展着力点的集中体现。发展理念搞对了，目标任务就好定了，政策举措跟着也就好定了。”[①] 中共十八届五中全会提出五大发展理念，强调以新的发展理念引领新的发展。创新发展着重解决发展动力问题，协调发展注重解决发展不平衡问题；绿色发展注重解决人与自然和谐、可持续问题；开放发展注重解决国内外联动问题；共享发展注重解决社会公平正义问题。[②] 新的发展理念本身是中华新型文明的内容和精神。

新型中华文明不同于农耕文明和西方资本主义工业文明，也不同于传统计划经济体制下的社会主义文明，是在社会全面发展、全面进步进程中，吸收世界文明优秀成果，植根于中国建设和改革实践，综合创新的文明形态。这种文明形态既有中国特色又有世界色彩，既继承历史传统又有当代价值，既具有社会发展的阶段性特征又不失长远理想，既体现社会主义本质内容又有形式上的灵活。

实现中国梦，构建新型中华文明，必须走中国道路，完善中国制度，丰富中国理论体系，创新中国文化。中共十八大以来，中共中央从全局出发，逐渐形成全面建成小康社会、全面深化改革、全面依法治国、全面从严治党的战略布局，这是“新形势下党和国家各项工作的战略目标和战略举措，为实现‘两个一百年’奋斗目标、实现中华民族伟大复兴的中国梦提供了理论指导和实践指南”[③]。中国道路、中国制度、中国理论，为中华文明奠定基础、积聚内涵、开辟道路；反过来，也应以文化自信、文明自信支撑道路自信、制度自信，推动整个社会的协调发展。

---

① 习近平:《在党的十八届五中全会第二次全体会议上的讲话》,《求是》2016 年第 1 期。

② 习近平:《在党的十八届五中全会第二次全体会议上的讲话》,《求是》2016 年第 1 期。

③ 习近平:《在庆祝“五一”国际劳动节暨表彰全国劳动模范和先进工作者大会上的讲话》,《人民日报》2015 年 4 月 29 日。

四、推动中华文明走向世界

中华文明走向世界，是费孝通文化自觉理论关心的问题。费孝通从“和合”精神和历史经验出发，提出文化多元统一，交流互鉴，融合创新，是文明发展的基本规律；在此基础上，构建“和而不同”“天下大同”的世界文明。根据这种思路，各民族文明走向世界，与其他民族文明交流合作，是必然选择。这也是全球化进程、民族自强所决定的。构建新型中华文明是构建新型世界文明的前提、基础和环节；世界文明不可避免打上中国印记。

当今世界，面临前所未有的机遇和挑战。从历史维度看，人类社会处在大发展大变革大调整时代。世界多极化、经济全球化、社会信息化、文化多样化深入发展，和平发展大势所趋，变革创新大潮涌动持续向前。从现实维度看，当代世界处于挑战频发时期。世界经济增长乏力，南北发展差距持续拉大，贫富差距鸿沟有待弥合。地区热点持续动荡，恐怖主义蔓延肆虐。和平赤字、发展赤字、治理赤字，是摆在全人类面前的严峻挑战。任何一个国家都不可能依靠自身力量解决这些全球性挑战。中国的发展离不开世界，世界的发展也离不开中国。中国文明走向世界，既有历史契机，也有责任担当。

在全球化日趋加速的背景下，中华文明在世界文明中居于什么地位、扮演什么角色、发挥什么作用，是必须谋划的战略问题。党的十八大以来，习近平提出崭新的世界文明观。他强调，世界文明是多样的，表明中国文明在世界文明中占有一席之地。他强调，世界各国文明是平等的，表明各民族不论大小强弱，都有存在的地位和价值，都包含着其独特的世界观、人生观、价值观。他强调，世界各文明之间应该互相尊重，表明应该秉持平等、包容、谦逊的态度。他强调，文明交流互鉴成为增进各国人民友谊的桥梁、推动人类社会进步的动力、维护世界和平的纽带。表明世界上没有一种文明能够具有普世价值，也没有一种文明能够代替其他文明。只有秉持包容精神，才能通向人类文明和谐的康庄大道。习近平在论述“一带一路”倡议时强调，“要以文明交流超越文明隔阂、文明互鉴超越文明冲突、文明共存超越文明优越，推动各国相互理解、相互尊重、相互信任”[①]。这种共存共融共建共享的世界文明观，是总结人类文明发展规律的结晶，反映了与文化帝国主义、文化霸权主义、文明冲突论的本质区别。

秉持这种世界文明理念，需要从全球视野来看国家治理，也需要从国家治理来看全球治理。全面建成小康社会，建设中国特色社会主义，需要统筹国内和国际两个大局，统筹发展和安全两件大事，走和平发展道路，打造人类命运共同体，为全球治理的探索提供中国方案。

当代中国，构建陆上丝绸之路经济带和 21 世纪海上丝绸之路的国际合作布局，正是这种世界文明观的实践形态。“一带一路”国际合作是中华文明的创新性发展，以“和平合作、开放包容、互学互鉴、互利共赢为核心的丝路精神”，[②]是中国贡献给世界的精神财富，体现了中国“和实生物”“同则不继”的文明理念。“一带一路”，贯穿亚欧非大陆，一头是活跃的东亚经济圈，一头是发达的欧洲经济圈，中间广大腹地国家经济发展潜力巨大。“一带一路”以政策沟通、设施联通、贸易畅通、资金融通、民心相通为主要内容。

“一带一路”国际合作为世界文明带来实效。2017 年 5 月，中国主办“一带一路”国际合作高峰论坛，重点围绕基础设施、产业投资、经贸合作、能源资源、金融合作、人文交流、生态环境和海上合作等 8 方面共商合作大计。论坛发表《“一带一路”国际合作高峰论坛圆桌峰会联合公报》及《“一带一路”国际合作高峰论坛成果清单》。论坛期间共形成 76 大项、270 多项有代表性成果，同中国签署“一带一路”相关协议的国家及国际组织总数达到 68 个。[③]反映了中国方案、中国智慧、中国文明对世界的贡献。

中国成为世界第二大经济体，人民币成为国际性货币，中国国际影响力的扩大，都会对以美国主导全球化和美元霸权产生冲击。美国国际金融垄断集团必定会围堵中国，在中国周边制造动荡，诱使中国资本外

① 习近平：《携手推进“一带一路”建设》，《人民日报》2017 年 5 月 15 日。

② 习近平：《携手推进“一带一路”建设》，《人民日报》2017 年 5 月 15 日。

③ 《“一带一路”国际合作高峰论坛成果清单》，《人民日报》2017 年 5 月 16 日。

流，维护其美元霸权、军事霸权和全球霸权。亨廷顿认为，“文明间全球军事的变化可能导致核心国家的战争。”他根据西方经验断定，西方文明的兴衰，就是不同国家之间的“霸权战争”史。在他看来，中共与美国之间的基本冲突，不在于台湾、西藏或是人权问题，而是在霸权地位的矛盾。中共不愿看到美国在全球高居领导地位，美国也不喜欢中共在东亚的地区霸权。“中国的崛起则是核心国家大规模文明间战争的潜在根源。”[①] 亨廷顿回避帝国主义是战争的根源，是典型的霸权主义逻辑。

新兴强国和传统强国能否和平共处，避免直接正面军事对抗和冲突，克服所谓“修昔底德陷阱”，是中美共同面临的历史性挑战。在当今世界，尤其是核大国之间，对抗将两败俱伤，战争更非正路。只有在存异中求同，在协商中合作，在共赢中互利，在共生中图久。中国秉持“国虽大，好战必亡”的理念，不赞成强国必霸的逻辑，主张中美建立“不冲突不对抗，相互尊重、合作共赢”的“新型大国关系”。尊重彼此在历史文化、社会制度、发展道路和发展阶段上的差异，共同应对地区性和全球性问题。2017 年 4 月，习近平同特朗普在海湖庄园会晤时提出，合作是中美两国唯一正确的选择。要充分用好新建立的外交安全对话、全面经济对话、执法及网络安全对话、社会和人文对话 4 个高级别对话合作机制。双方要加强在重大国际和地区问题上的沟通和协调，共同推动有关地区热点问题妥善处理和解决，拓展在防扩散、打击跨国犯罪等全球性挑战上的合作，加强在联合国、二十国集团、亚太经合组织等多边机制内的沟通和协调，共同维护世界和平、稳定、繁荣。[②] 这种理念，为“多元并存”“和而不同”的世界文明格局提供了路径选择。

当今世界，奴役其他民族的民族，也是不自由的。一国的安全，不能以他国的混乱为代价。2016 年 9 月，习近平强调，抛弃过时的冷战思维，树立共同、综合、合作、可持续的新安全观是当务之急。2017 年 1 月，习近平在联合国日内瓦总部发表题为《共同构建人类命运共同体》的主旨演讲，主张树立共同、综合、合作、可持续的安全观，使可持续

① ［美］塞缪尔·亨廷顿：《文明的冲突与世界秩序的重建》（修订版），周琪译，新华出版社 2010 年版，第 185—186 页。

② 《习近平同特朗普开始举行中美元首会晤》，《人民日报》2017 年 4 月 8 日。

安全观成为共建人类命运共同体的有机组成部分。这种新安全观，为全球治理提供可行方案。

世界各国存在共同利益和安全，要求打造人类命运共同体。打造命运共同体，始于周边外交；随后向区域间和全方位辐射，倡导亚太、中非、中阿命运共同体。2015 年 9 月，习近平在联合国成立 70 周年系列峰会上，阐述打造人类命运共同体的基本内涵，即倡导建立平等相待、互商互谅的伙伴关系；营造公道正义、共建共享的安全格局；谋求开放创新、包容互惠的发展前景；促进和而不同、兼收并蓄的文明交流；构筑尊崇自然、绿色发展的生态体系。[①]2017 年 1 月 17 日，在世界经济论坛 2017 年年会上，针对全球增长动能不足、全球经济治理滞后、全球发展失衡等三大突出矛盾，习近平提出，打造富有活力的增长模式、开放共赢的合作模式、公正合理的治理模式、平衡普惠的发展模式，强调树立人类命运共同体意识。[②] 2017 年 3 月 17 日，联合国安理会通过关于阿富汗问题第 2344 号决议指出，应本着合作共赢精神推进地区合作，以有效促进阿富汗及地区安全、稳定和发展，构建人类命运共同体。[③] 安理会这个决议，首次载入“构建人类命运共同体”理念，彰显中国理念和中国方案对全球治理的贡献。

人类社会学家费孝通提出“16 字箴言”，倡导文化自觉，为构建新型中华文明和新型世界文明指出方向。沿着智者的思路前进，作为政治家和战略家的习近平，提出崭新的世界文明观，为中华文明与世界文明的共存、共建、共融和共享，提供了坚实的经济基础、政治保障、力量支撑和战略方向。

［原载《高校马克思主义理论研究》2017 年第 2 期］

---

① 《让人类命运共同体理念照亮未来——写在习近平主席二〇一七年首次出访之际》，《人民日报》2017 年 1 月 15 日。

② 《习近平出席世界经济论坛 2017 年年会开幕式并发表主旨演讲》，《人民日报》2017 年 1 月 18 日。

③ 《安理会决议呼吁构建人类命运共同体》，《人民日报》2017 年 3 月 19 日。

培养中国特色社会主义的建设者和接班人
——学习习近平总书记在全国高校思想政治工作会议上的讲话

习近平在全国高校思想政治工作会议上指出，加强和改进高校思想政治工作，是关系办什么样的大学、怎样办大学的根本问题，关系高校培养什么样的人、如何培养人以及为谁培养人的根本问题。高校思想政治工作，是一项重大的政治任务和战略工程。据此，中共中央、国务院印发《关于加强和改进新形势下高校思想政治工作的意见》（以下简称《意见》）。《意见》和习近平的讲话，是指导做好新形势下高校思想政治工作的纲领性文献，对于办好中国特色大学，培养中国特色社会主义合格建设者和接班人，推进党和国家事业发展具有重要意义。

一、培养德智体美全面发展的中国特色社会主义建设者和接班人

教育强则国家强。高等教育是大学生成长的主要路径。古人云："育才造士，为国之本"。[①] 只有培养出一流人才，才能创建一流世界大学，为国家长治久安提供保障。当今世界进入知识爆炸时期。高校肩负着人才培养、科学研究、社会服务、文化传承创新、国际交流合作等方面的职

① 权德舆：《权文公集》卷四十《进士策问·五道》。

责。高校思想政治工作，担负着为中国特色社会主义培养建设者和接班人的使命。习近平指出：我们的高校是党领导下的高校，是中国特色社会主义高校。办好高校，必须坚持马克思主义为指导，全面贯彻党的教育方针。我国高等教育肩负着培养德智体美全面发展的社会主义事业建设者和接班人的重大任务，必须坚持正确政治方向。[①]

培养德才兼备的有社会主义觉悟的建设者，一直是党的基本教育方针。毛泽东指出："我们的教育方针，应该使受教育者在德育、智育、体育几方面都得到发展，成为有社会主义觉悟的有文化的劳动者。"[②]邓小平强调：要教育人民成为"四有"人才，教育干部成为"四有"干部。"四有"，就是有理想、有道德、有文化、有纪律。[③]党的十八大以来，以习近平同志为核心的党中央，继承毛泽东、邓小平的人才观，要求学生的政治理论、思想境界、道德品质、文化素养都得到发展，成为德才兼备、以德为先、又红又专、全面发展的人才。

德智体美全面发展，是社会主义建设者和接班人的综合素质要求。德指思想道德品质，智指科学文化知识，体指健康体质、勤奋图强，美指审美情操、文明修养。德智体美，相互联系、相互制约、相互结合、相互统一，共同构成大学生的素质结构。

人的素质，也可以划分为思想道德素质和教育科学文化素质等方面。其中，思想道德素质决定人生发展的根本方向，引领科学文化素质的提升，决定增长什么技能、如何运用技能和为谁施展才华等根本问题。正如司马光指出："夫聪察强毅之谓才，正直中和之为德。才者，德之资也；德者，才之帅也。"[④]毛泽东也说："经济与政治、技术与政治的统一，年年如此。思想、政治是统帅，是君，技术是士兵，是臣，思想政治又是技术的保证。"[⑤]科学的思想理论和高尚的道德观念，在大学生综合素质中

① 习近平：《把思想政治工作贯穿教育教学全过程，开创我国高等教育事业发展新局面》，《人民日报》2016年12月9日。

② 《毛泽东文集》第7卷，人民出版社1999年版，第226页。

③ 《邓小平文选》第3卷，人民出版社1993年版，第205页。

④ 司马光：《资治通鉴·第一卷》。

⑤ 《建国以来毛泽东文稿》第7册，中央文献出版社1992年版，第25页。

起基础性、方向性、指导性作用。

习近平提出，大学生应该掌握人类社会发展规律，树立科学的世界观和历史观，坚定远大的理想信念；应该认识中国和外部世界，树立正确的祖国观和国际观，清楚中国在世界中的方位；认识自己的历史使命和职业道路，树立正确的事业观和工作观，确定自己的人生航向；认识自己的人生价值和意义，树立正确的人生观和价值观。具备这些素质，才能增强道路自信、理论自信、制度自信、文化自信的理论支撑；增强建设中国特色社会主义的使命感、责任感和荣誉感，才能成长为社会主义事业的建设者和接班人。习近平的讲话，为培养大学生的政治素质、人文素质、道德品质和工作本领指明了方向。

理想信念是大学生的人生指路明灯。高擎理想信念之光，就能照亮前进的道路。习近平指出：理想信念就是共产党人精神上的“钙”，没有理想信念，理想信念不坚定，精神上就会“缺钙”，就会得“软骨病”。[①]理想信念一旦动摇，有可能导致政治上变质、道德上堕落、物质上贪婪、生活上腐化、志趣上庸俗。“革命理想高于天”，这也完全适用于大学生的成长。志存高远的人，再艰难的障碍也能跨越，再严峻的困境也能战胜，再迷人的诱惑也能抵制，再遥远的地方也能达到。古人说：“志之所趋，无远弗届，穷山距海，不能限也。志之所向，无坚不入，锐兵精甲，不能御也。”[②]著名科学家钱学森也说：一个有智慧的人，是懂得大道理的人，是有社会主义和共产主义理想的人，因而也是一个有道德的人。也因为他懂得大道理，“事理看破胆气壮”，他也一定勇于改革创新，不怕艰难挫折。他不会贪图安逸，更不会去同流合污，他懂得：“平楚日和憎健翮，小山香满蔽高岑。”[③]

古人云：“大学之道，在明明德，在亲民，在止于至善。”[④]核心价值观，既是个人之德，也是国家、社会之德。国无德不兴，人无德不立。核心价值观，回答了建设什么国家、构建什么社会、培育什么公民这样的根本问题。核心价值观，传承着中华优秀传统文化的基因，寄托着中国人民的理想和

---

① 《习近平谈治国理政》，外文出版社 2014 年版，第 15 页。

② （清）金缨：《格言联璧·学问》。

③ 钱学森：《智慧与马克思主义哲学》，《哲学研究》1987 年第 2 期。

④ 《礼记·大学》。

信念，承载着个人的美好愿景。青年的价值取向决定未来整个社会的价值取向。习近平指出："要坚持不懈培育和弘扬社会主义核心价值观，引导广大师生做社会主义核心价值观的坚定信仰者、积极传播者、模范践行者。"

社会主义高校，培养的是社会主义事业的建设者和接班人，而不是培养社会主义的破坏者或掘墓人。像某些崇洋媚外，挖共产党和中华民族祖坟的人，充当"和平演变的第五纵队"，其结果走向叛党叛国末路。像某些"吃饭砸锅党"，不是俯身解决社会矛盾，反而制造社会矛盾，其结果是沦为害群之马。像某些人生观扭曲，张口闭口"我爸是李刚"的坑爹族，只能成为无德无才的社会蛀虫。像某些有才无德、利用专长搞坑蒙拐骗的人，其结果是成为人民的罪人。像某些散布淫秽色情、实施校园暴力、制造网络病毒等等的青年，其结果是自绝前途。这些实为社会悲哀，反证了思想政治道德的决定航向的作用。

追求真善美，摒弃假恶丑，是大学生的价值取向，也是基本选择的依据。真善美不是中立价值，没有超越社会制度和意识形态，而是包含在具体的道路选择和价值判断中。钱学森说：马克思恩格斯提出的人类共产主义文明更高阶段的理想，是真善美的统一，它确实是人类社会文明的理想境界。不管今天现实社会主义国家中还有多少不尽如人意、不文明的现象存在，它仍不能掩盖共产主义文明的光辉。这种共产主义的最高文明形态仍是任何一个真正追求人类解放，特别是任何一个真正的共产党人所应该追求的崇高理想。[①] 当代大学生，应当是有理想有信念的大学生，是胸怀祖国、引领时代的大学生，是懂科学遵理论的大学生，是践行核心价值观的大学生，是知礼明德勇于担当的大学生。

二、以立德树人为根本，把思想政治工作贯穿教育教学全过程

培养社会主义事业的建设者和接班人，这是社会主义办学方向的根

---

① 钱学森、孙凯飞、于景元：《社会主义文明的协调发展需要社会主义政治文明建设》，《政治学研究》1989 年第 5 期。

本。教育要不忘初心、追逐梦想，归根结底，要把立德树人作为根本任务。习近平强调："坚持把立德树人作为中心环节，把思想政治工作贯穿教育教学全过程，实现全程育人、全方位育人，努力开创我国高等教育事业发展新局面。"

大学时期，是学生的世界观、人生观、事业观逐渐形成时期。思想政治工作，是高校立德树人的基本途径和方法。高校思想政治工作搞得如何，对青年学子的思想观念、价值取向、精神风貌，具有重要影响。毛泽东指出："思想和政治又是统帅，是灵魂。只要我们的思想工作和政治工作稍为一放松，经济工作和技术工作就一定会走到邪路上去。"①

学生的教育，一般来自家庭教育、学校教育、社会教育和自我教育。高校思想政治工作，承担整合各种教育途径的责任，又是各种教育的中心环节，需要全社会齐心协力、"共同筑堤"的系统工程。所谓全程育人，是在学生成长的每一时期，都能有安身立命、为人铺路的引导。所谓全方位育人，要打通家庭、学校、社会和网络的整体空间，形成立德树人的有效合力，开创育人铸魂的新局面。《意见》强调："把思想价值引领贯穿教育教学全过程和各环节，形成教书育人、科研育人、实践育人、管理育人、服务育人、文化育人、组织育人长效机制。"②

培养什么素质的人，就需要搞什么样的素质教育。《意见》指出，要强化思想理论教育和价值引领。把理想信念教育放在首位，抓好马克思主义和中国化马克思主义的学习，学习习近平总书记系列重要讲话精神，引导师生坚定道路自信、理论自信、制度自信、文化自信。要培育和践行社会主义核心价值观，引导师生树立正确的世界观、人生观、价值观。要弘扬中华优秀传统文化和革命文化、社会主义先进文化，弘扬以爱国主义为核心的民族精神和以改革创新为核心的时代精神。③要构建和谐稳定的校园环境，培育理性平和的健康心态，加强人文关怀和心理疏导，

---

① 《毛泽东文集》第7卷，人民出版社1999年版，第351页。

② 《中共中央国务院印发〈关于加强和改进新形势下高校思想政治工作的意见〉》，《人民日报》2017年2月28日。

③ 《中共中央国务院印发〈关于加强和改进新形势下高校思想政治工作的意见〉》，《人民日报》2017年2月28日。

引导学生树立健康乐观、与人为善的人际观，把高校建设成为安定团结的模范之地。要培育优良校风和学风，使高校发展做到治理有方、管理到位、风清气正。这些都是高校思想政治工作的主要内容。

立德树人，学生是主体。习近平指出，思想政治工作从根本上说是做人的工作，必须围绕学生、关照学生、服务学生，不断提高学生思想水平、政治觉悟、道德品质、文化素养，让学生成为德才兼备、全面发展的人才。当代大学生呈现诸多新的特点。他们有多重人生目标，有多元价值取向，有多面知识来源，有多彩生活方式。同时，他们知识体系搭建尚未完成，价值观塑造尚未成形，情感心理尚未成熟，理性分析能力尚未健全，需要加以正确引导。因此，应该重视因材施教，突出学生主体地位，改进教育教学方法，激发学生的优势和潜能。当今社会的竞争，是人的综合素质的竞争，有智慧、知识、技能、创新、情商等方面的竞争，但归根到底，是人品的竞争。蔡元培讲："若无德，则虽体魄智力发达，适足助其为恶。"[①] 培养一代又一代德才兼备、以德为先的又红又专的人才，才能为社会输送取之不尽、用之不竭的正能量。

立德树人，教师是关键。师者，传道、授业、解惑也。传道者自己首先要明道、信道、遵道、守道、行道。"以其昏昏，使人昭昭"，是不行的。大道之行，天下为公，教师应秉持核心价值观，服务新社会，创建新文明。《意见》指出：做好高校思想政治工作，必须加强教师队伍和专门力量建设。要提升教师思想政治素质，培养造就有理想信念、有道德情操、有扎实学识、有仁爱之心的好老师。教师是人类灵魂的工程师，应该成为先进文化的创造者和传播者、党执政为民的支持者、高尚社会风范的引领者、学生品行学研的示范者；应该担当起学生健康成长的指导者和引路人的责任。教师和学生本是对立统一体，教学相长，良性互动，是教育的基本规律。习近平指出："要加强师德师风建设，坚持教书和育人相统一，坚持言传和身教相统一，坚持潜心问道和关注社会相统一，坚持学术自由和学术规范相统一，引导广大教师以德立身、以德立学、以德施教。"教师在教书育人中提升境界；学生在教师的谆谆教诲中

① 《蔡元培全集》第 3 卷，中华书局 1984 年版，第 8 页。

长大成才。

思想政治课教学是高校思想政治工作的主阵地。思想政治课教师的首要任务，是固本培元，做到“守土有责、守土负责、守土尽责”。习近平指出，要用好课堂教学这个主渠道，思想政治理论课要坚持在改进中加强，提升思想政治教育亲和力和针对性，满足学生成长发展需求和期待。坚持问题导向，加强思想政治工作的针对性和时效性。当今时代，高校思想政治工作，既延续优良传统，又展现时代气息，也面临严峻挑战。贫富差距，违法乱纪，道德滑坡，环境污染，家庭分散，有毒食品，网络犯罪，校园暴力，房价超高，就业创业紧张等社会问题，都会影响大学生对是非善恶美丑的判断。应坚持问题导向，客观分析其来源、表现、实质、方法，加强高校思想政治工作的科学性、说服力、感召力和凝聚力。

高校思想政治教育，要探索出一系列新方法、新路径。努力创新教学内容、教育教学话语体系和方式方法，贴近实际、贴近生活、贴近学生，反对假、大、空和老、旧、滥，既旗帜鲜明，又润物无声。《意见》指出：坚持遵循教育规律、思想政治工作规律、学生成长规律。把握师生思想特点和发展需求，注重理论教育和实践活动相结合、普遍要求和分类指导相结合，提高工作科学化精细化水平。《意见》强调，要贴近师生思想实际开展工作；加强互联网思想政治工作载体建设；强化社会实践育人；在服务引导中加强思想教育；发挥共青团、学生会组织和学生社团作用；健全高校思想政治工作评价体系。其他各门课都要守好一段渠、种好责任田，使各类课程与思想政治理论课同向同行，形成协同效应。

构建完备的学科体系，为高校思想政治工作奠定理论基础。“坚持以马克思主义为指导，是当代中国哲学社会科学区别于其他哲学社会科学的根本标志。”① 在高校课程体系中，马克思主义学科出现“被边缘化”“空泛化”“标签化”“妖魔化”现象，导致马克思主义在一些学科中“失语”、教材中“失踪”、论坛上“失声”。要解决这些问题，改变这些

① 习近平：《在哲学社会科学工作座谈会上的讲话》，《人民日报》2016年5月19日。

现象，实现思想政治工作全方位、全过程的育人功能，必须大力实施马克思主义理论和建设工程，构建以马克思主义为指导的哲学社会科学体系。习近平指出：要加快构建中国特色哲学社会科学学科体系和教材体系，推出更多高水平教材，创新学术话语体系，建立科学权威、公开透明的哲学社会科学成果评价体系，努力构建全方位、全领域、全要素的哲学社会科学体系。

加强党对高校教育工作的领导。高校中存在着重理轻文、重技轻德、重分轻能等现象，所谓思政课“无用论”“非科学论”“取消论”等错误言论不绝于耳。高校思政课被妖魔化、去意识形态化、空心化，都与学校领导对思想政治工作的缺位有关。习近平指出：“办好我国高等教育，必须坚持党的领导，牢牢掌握党对高校工作的领导权，使高校成为坚持党的领导的坚强阵地。党委要保证高校正确办学方向，掌握高校思想政治工作主导权，保证高校始终成为培养社会主义事业建设者和接班人的坚强阵地。各级党委要把高校思想政治工作摆在重要位置，加强领导和指导，形成党委统一领导、各部门各方面齐抓共管的工作格局。”《意见》强调：要完善高校党的领导体制，坚持和完善普通高校党委领导下的校长负责制，高校党委对本校工作实行全面领导，履行管党治党、办学治校的主体责任，切实发挥领导核心作用。

三、高等教育要以“四个服务”为发展方向

社会选择什么道路，就需要什么教育，培养什么人才。贾谊说：“教者，政之本也。道者，教之本也。有道，然后教也。有教，然后政治也。政治，然后民劝也。民劝之，然后国丰富也。”[①] 教育和人才对政治昌明、国强民富的基础作用。习近平指出：“我国高等教育发展方向要同我国发展的现实目标和未来方向紧密联系在一起，为人民服务，为中国共产党治国理政服务，为巩固和发展中国特色社会主义制度服务，为改革开放

---

① （汉）贾谊：《新书·大政下》。

和社会主义现代化建设服务。”[①]立党为公、执政为民，是党执政兴国的根本理念。共产党治国理政的根本目的，是为人民服务；当代中国主题，是深化改革开放和建设中国特色社会主义现代化；制度依托，是中国特色社会主义制度。这“四个服务”是统一的，指明了大学生施展才华、实现自身价值的方向。这是回答了为谁培养人才的基本问题。

盖国家、民族之命运，是个人命运之舟。国破族衰，英雄担纲救世，奸佞奴颜卖国，平民命运多舛。国强族兴，领袖励精图治，精英人尽其才，人民也扬眉吐气。古今中外，概莫能外。近代以来中国的衰兴历程，历史人物的成败荣辱，草根百姓的生死转折，都能说明人生选择与国家道路息息相关。先进政党的领导，科学理论的指导，人民的创造性选择，共同构建当代中国的航船。在长期的艰辛探索中，党形成党的基本路线，开辟中国道路，坚持中国理论，创建中国制度，发扬中国文化，建设中国特色社会主义，推进马克思主义中国化的伟大事业。这是当代大学生成长的根本的政治前提和制度保障。“盖有非常之功，必待非常之人”，千秋基业，人才为先。[②]人民创造了伟大的事业，伟大事业为青年人才提供广阔舞台，人才成长为事业进步提供人力支撑。大学生的人生规划，应当与祖国发展道路紧密相连，自觉为马克思主义中国化伟大事业服务。

建设富强民主文明和谐的社会主义现代化国家，实现中华民族伟大复兴，是鸦片战争以来中国人民的伟大梦想，是中华民族的最高利益和根本利益。大学生作为国家的建设者、时代的引领者、事业的接班人，有责任担当起这个伟大使命，不辜负需要英雄，而且能创造英雄的时代。“中国梦”指引“个人梦”的方向;“个人梦”是构筑“中国梦”的基石。“中国梦”的理想目标，为个人梦想提供舞台和土壤。只有把“个人梦”和“中国梦”融合起来，梦想才有生命，才会有根基和力量。习近平指出：“正确认识时代责任和历史使命，用中国梦激扬青春梦，为学生点亮理想的灯、照亮前行的路，激励学生自觉把个人的理想追求融入国家和民族

---

① 习近平:《把思想政治工作贯穿教育教学全过程 开创我国高等教育事业发展新局面》,《人民日报》2016 年 12 月 9 日。

② 习近平:《在中国科学院第十七次院士大会、中国工程院第十二次院士大会上的讲话》,《人民日报》2014 年 6 月 10 日。

的事业中，勇做走在时代前列的奋进者、开拓者；正确认识远大抱负和脚踏实地，珍惜韶华、脚踏实地，把远大抱负落实到实际行动中，让勤奋学习成为青春飞扬的动力，让增长本领成为青春搏击的能量。”

实现中国梦，必须走中国道路，凝聚中国力量，振奋中国精神。高扬爱国主义，为社会主义服务，是大学生的人生方向。有人说，爱国不等于爱社会主义。难道国家是抽象的吗？一个国家选择哪种模式，是历史形成的，不是以个人意志为转移的。历史证明，只有社会主义才能救中国，只有中国特色社会主义才能发展中国。不爱共产党领导的社会主义中国，那么，爱国主义就失去了时代意义。

党的十八大以来，党中央为实现中国梦，紧紧围绕建设中国特色社会主义这个主题，形成治国理政新理念新思想新战略，统筹推进“五位一体”总体布局，协调推进“四个全面”战略布局，推进“一带一路”国际合作，统筹改革发展稳定，治党治国治军，内政外交国防等等战略部署，亟需懂得各方面知识的人才。国家战略是教学导向，也是人才培养的方向。高等学校应对接国家战略、规划、部署，根据社会需求，结合学校实际，谋划学校的定位，培育相应人才。适应社会需求，服务国家战略，高校才有目标和动力，大学生才有报国的舞台。习近平指出，做好高校思想政治工作，要因事而化、因时而进、因势而新。应该按照这个总体原则和要求，培养相应的人才。

培养德智体美全面发展的建设者和接班人，归根到底，是为人民服务。《论语》记载：子路问君子。子曰：“修己以敬”。曰：“如斯而已乎？”曰：“修己以安人。”曰：“如斯而已乎？”曰：“修己以安百姓。修己以安百姓，尧舜其犹病诸！”[①]人民群众是力量源泉。中国古代就有爱民、亲民、为民、教民的传统。为人民服务，是共产党的宗旨。人民对美好生活的向往，就是我们的奋斗目标。一个人只有养成毫无自私自利精神，才是“一个高尚的人，一个纯粹的人，一个有道德的人，一个脱离了低级趣味的人，一个有益于人民的人”[②]。

① 《论语·宪问》。

② 《毛泽东选集》第2卷，人民出版社1991年版，第660页。

坚持“四个服务”，是高等教育发展的方向，也是当代大学生成才的方向。不是说不张扬个性、不要个人追求、不要个人梦想，而是应自觉与党、国家和人民的命运联系起来，才能创造辉煌。当代大学生将全程参与“两个一百年”的实现历程。“有信念、有梦想、有奋斗、有奉献的人生，才是有意义的人生。”[①]

当今世界，经济全球化、信息社会化，带来商品流、信息流、技术流、人才流、文化流，如滔滔江水，不可阻挡。闭关锁国，孤芳自赏，都违背潮流。利益多元化，思想多元化，反映意识形态的激荡和博弈。在全面深化改革阶段，高校作为人力资源的摇篮，肩负为中国特色社会主义事业培养接班人的重任。高校的思想政治工作，要为学生点亮生命之灯，使他们把人生选择融入国家和民族的事业，成为时代前进的弄潮儿。习近平在全国高校思想政治工作会议上的讲话，吹响高校立德树人、育人铸魂的总动员的号角。

［原载《中华魂》2017 年第 6 期］

① 《习近平谈治国理政》，外文出版社 2014 年版，第 175 页。

论马克思主义与中华传统文化的辩证统一

当下中国，民族振兴和文化复兴新实践，开创了中国思想碰撞和创新的新阶段。党的十八大以来，党中央把弘扬中华优秀传统文化提升到国家战略高度，推动了传统文化热。学术界在宣传习近平关于传统文化思想的同时，也出现各种各样的误读。其中影响较大的，是复归中华道统论、儒学复兴论、儒家社会主义论、儒家文化领导权论等观点。这些论断集中到一点，就是谁是国家的指导思想的问题，是坚持马克思主义指导地位，实现二者的结合，还是“以儒代马”“以儒化马”“儒马并治”？在新时代，根据历史和现实、理论和实践、传统与现代、过去和未来相结合的关系，要求辩证看待马克思主义与中华优秀传统文化的关系，不断推进二者的创造性结合，才能指明中华民族伟大复兴和中华文化复兴的光明之路。

一、马克思主义与中华文化相结合的社会背景和实践路径

探讨马克思主义与中华传统文化的关系，不能脱离当代中国社会形态，也离不开对二者关系的历史追溯。鸦片战争以来，中国逐渐沦为半殖民地半封建社会。反对帝国主义和封建主义，争取民族解放、国家独立，实现国家富强和人民共同富裕，是中国社会的两大历史任务。哪种思想体系能够解决这个时代课题，哪种思想体系就可能上升为国家的指导思想。奉行这种思想体系的阶级及其政党，就可能居于国家的领导地

位。马克思主义、中国共产党与中华传统文化的关系，就是在这样序幕中登上历史舞台的。

思想文化的选择，同社会道路的选择结合在一起。封建地主阶级曾经倡导“师夷长技以制夷”，推行“中体西用”，试行君主立宪制度，都解决不了两大课题。封建专制制度成为中国社会发展的障碍。传统思想文化是维护封建专制的意识形态。不革除腐朽的制度文化的核心病灶，优秀传统文化成分也难以重获新生。

在先进分子看来，清王朝专制腐朽，袁世凯尊孔复辟帝制，康有为鼓吹将孔教写入宪法，陈焕章定孔教为国教，其根源都在于封建思想文化。陈独秀、李大钊等先进分子发动新文化运动，提出“人权”和“科学”两大口号，呼吁抛弃“官僚的专制的个人政治”，实行“自由的自治的国民政治”。[①]在这样的政治制度选择下，抨击孔子是“数千年之残骸枯骨”，是“历代帝王专制之护符”，是“历代君主所雕塑之偶像权威……专制政治之灵魂”。[②]要破除封建专制，解放思想，必须彻底根除孔子学说的国家意识地位，扫除孔子之偶像权威。

打倒孔家店，向西方寻求救国方案，也并没有给中国带来出路。资产阶级的救国方案也几度试验，要么被复辟帝制所埋葬，要么成为封建军阀的空架子。第一次世界大战和巴黎和会教训了国人，没有一个西方列强，会帮助中国成长为资本主义强国，结果总是先生欺负学生。西学的道路也走不通。在十月革命的对比之下，中国先进分子在比较各种主义和思潮之后，最终选择了马克思主义。马克思主义作为封建意识形态的对立思想，成为批判传统文化的理论武器。正如瞿秋白指出：“只有世界革命，东方民族方能免殖民地之苦，方能正当的为大多数劳动平民应用科学，以破宗法社会封建制度的遗迹，方能得真正文化的发展。”[③]

中国共产党成立后，继承新文化运动的思路，把文化革命同反帝反封建的政治革命相结合，把批判的武器和武器的批判相结合，在打击封建势力的同时，扫荡封建思想和宗法制度，在一定程度上、一定范围内

① 陈独秀：《吾人最后之觉悟》，《新青年》第1卷第6号。

② 《李大钊全集》第2卷，河北教育出版社1999年版，第454页。

③ 《瞿秋白文集》第2卷（政治理论编），人民出版社2013年版，第24页。

推进了文化革命。中国共产党人以马克思主义为指导思想，批判东方文化派，批判尊孔读经，批判新生活运动，批判《中国之命运》，都是政治革命和文化革命的内容。

处理马克思主义与中国传统文化的关系，成为影响革命进程的重要问题。只懂得马克思主义，而不懂中国实际、历史和文化，易犯教条主义错误；只懂中国历史和文化，而不懂马克思主义，易犯保守主义错误；即便懂得马克思主义和传统文化，却不知将二者结合，也易犯政策和策略上的错误。中国本位文化派攻击共产党，恰恰指责马克思主义是舶来品，声称共产主义不适合中国。中华民族振兴和文化复兴，需要马克思主义科学理论；而马克思主义指导中国革命实践，也需要与中国实际相结合。

实际上，先进分子选择马克思主义，没有抛弃中华文化的优秀传统。他们心怀“修齐治平”的情怀，具有“内圣外王”的远大抱负。他们爱国爱民，具有家国同构的责任担当。他们放眼世界，誓言改造中国与世界。他们“知行合一”，具有“经世致用”的品格。他们秉持“苟日新，日日新，又日新”的信念，具有“自强不息，厚德载物”的精神。马克思主义和中华优秀文化在历史使命和时代主题上，既对立又统一，既斗争又契合，在矛盾中碰撞，在碰撞中交融，在交融中前进，在探索民族复兴之路中结合。

在总结革命成败经验基础上，1938 年 10 月，毛泽东在中共六届六中全会上，提出“使马克思主义在中国具体化”的命题和任务，强调要“用马克思主义的方法”，学习、批判和总结历史遗产。[①] 以毛泽东为代表的中国共产党人，把马克思主义同中国革命实际、中国历史和中国文化相结合，撰写了《论持久战》《中国革命和中国共产党》《新民主主义论》《论人民民主专政》等著作，创造了毛泽东思想，科学回答了中国革命的基本问题，揭示了中国社会发展的基本规律，指引中国赢得民族解放和国家独立。

以革命实践为支撑，中国共产党运用马克思主义的立场、观点和方

---

① 《毛泽东选集》第 2 卷，人民出版社 1991 年版，第 533、534 页。

法，提出了比较系统的传统文化观。在构建什么文化问题上，把文化革命和文化建设统一起来，建设民族的科学的大众的新民主主义文化。在文化发展道路和方向问题上，强调把共产主义思想和制度的宣传，同国民文化的新民主主义方针区别开来。在对待传统文化的科学方法问题上，强调批判地继承传统文化，吸取其民主性的精华，剔除其封建性糟粕；反对盲目照搬和全盘排斥。

毛泽东根据时代主题对传统文化作出新的阐释，是马克思主义与中国传统文化相结合的典范。如用“愚公移山”表示革命的任务；用“正名”思想阐述革命道理；用实事求是解释党的思想路线；用“过犹不及”考量统一战线政策；用“智仁勇”三达德表示共产党人的品格；用“礼义廉耻”警示党员干部的道德，等等：这些都是科学继承优秀传统文化的经典案例。在实践方面，《甲申三百年祭》作为延安整风的文件，《逼上梁山》也是运用马克思主义重审历史、创造新文化的新成果。

马克思主义与中国革命、中国历史、中国文化相结合，是涉及社会形态整体的综合工程。结合中国革命实际，继承民本传统，建立人民民主专政的国体和人民代表大会制度的政体。遵照中国历史传统，在单一制国家中，创设民族区域自治制度。尊重农民的土地要求，推进土地改革和合作化运动，实现耕者有其田。延续中华文化血脉，强调中国新文化是民族的科学的大众的文化。承续敦亲睦邻的传统，构建平等、团结、友善的社会关系。围绕建立独立、自由、民主、统一、富强的国家，新文化建设承载的文明程度，跨越了传统文化的历史局限。

从中国道路的历史选择来看，中国传统文化，作为封建制度的意识形态，已经失去指导社会道路前进的能力。中国传统文化与哪种政治力量、哪种主义相结合，决定中国传统文化的发展前途。中国传统文化与袁世凯、张勋相结合，沦为复辟帝制的工具，表现为文化保守主义和复古主义。中国传统文化与蒋介石法西斯主义相结合，走的是独裁卖国的道路，表现为封建法西斯主义。中国传统文化与胡适奉行的西方自由主义民主政治相结合，结果被贬斥为“五鬼”（贫穷、疾病、愚昧、贪污、扰乱）闹中华，表现为历史文化虚无主义和全盘西化。中国传统文化与中国共产党选择的马克思主义相结合，走上人民民主共和国的道路。

在社会主义方向和道路上推进民族复兴和文化复兴，是中国近代以来未有之变局。毛泽东指出，自从学会了马列主义之后，“中国人在精神上就由被动转入主动”。伟大的人民革命“已经复兴了并正在复兴着伟大的中国人民的文化。这种中国人民的文化，就其精神方面来说，已经超过了整个资本主义的世界”[①]。中国文化的复兴，是在中国共产党领导的革命和建设道路上的复兴，是马克思主义指导的中华民族新文化的复兴，而不是复古主义的“文化复兴”。马克思主义与中华传统文化，相互制约、相互促进，不可分割，统一于中国革命和建设的实践。以马克思主义为指导，批判地继承中国传统文化，取其精华、去其糟粕，指明新方向，开辟新道路，创设新制度，创造新思想新文化。这是历史的逻辑、社会发展的结论、党和人民的选择。

二、马克思主义与中华文化相结合的时代价值和理论取向

当今时代，仍然是国际金融垄断资本主义占主导地位的时代。当今世界仍处于两种社会制度并存和竞争的时期。和平和发展仍然是当今时代的主要问题。马克思主义是批判资本主义生产方式的产物。唯物史观和剩余价值学说，揭示了资本主义的内在规律和人类社会发展的一般规律，是无产阶级的世界观和方法论。作为唯一科学的历史观，马克思主义没有过时，仍然是建设中国特色社会主义的指导思想。坚持马克思主义指导地位，才能建构起当代中国社会形态发展的骨架。分析社会结构，驾驭市场经济，推进民主政治，创造思想文化，构建和谐社会，都必须站在人类社会发展规律的高度，把马克思主义的基本原则同中国实际相结合，走中国特色社会主义发展道路。离开马克思主义，重走西方道路，或者走复古倒退的旧路，都不是当代中国应该选择的人间正道。

“物质生活的生产方式制约着整个社会生活、政治生活和精神生活的过程。”[②] 这是构建中国社会主义建设总体框架的理论基础。社会主义生产

① 《毛泽东选集》第 4 卷，人民出版社 1991 年版，第 1516 页。
② 《马克思恩格斯选集》第 2 卷，人民出版社 2012 年版，第 2 页。

方式，要求精神生产具有社会主义性质。马克思主义指导下，形成中国特色社会主义道路、理论、制度文化，是当代中国一切进步和发展的前提和基础。经济基础和政治上层建筑的硬实力，决定思想文化层面上层建筑的软实力。以经济、科技、军事实力为支撑的综合国力，是民族复兴的根本力量。实现中华民族伟大复兴，是中华文化复兴的前提和基础。中华文化复兴是中华民族伟大复兴的主题、内容和条件。中国梦，以中国道路、中国理论、中国制度、中国文化为支撑。实现中国梦的征程，也是中华文化复兴的道路。离开中国特色社会主义道路，离开马克思主义指导思想，离开中国特色社会主义制度，离开中国特色社会主义先进文化，就没有中华民族伟大复兴的前途，也就没有中华文化复兴的可能。在此基础上，文化复兴与民族振兴互相促进，统一于中国特色社会主义道路，而不是什么走资本主义邪路和封建复古的旧路。以马克思主义及其中国化的成果为指导，而不是搞新自由主义和儒家社会主义，更不用说儒家占据文化领导地位。这要求吸收传统文化与中国道路相适应的因素，而不是与之相悖的因素。著名科学家钱学森曾指出："一切科学理论研究的价值不在于短期的实用，而在于文化建设。科学理论是社会主义文化！没有科学理论就谈不上21世纪的社会主义文明。"①

坚持马克思主义的指导地位，并不否定中华优秀传统文化的当代价值。中华优秀传统文化是中国特色社会主义的历史根脉和文明源泉。如何处理历史与现实、传统与当代的关系，是实现民族振兴必须解决的问题。5000多年的中华文明，是中华民族屹立于世界民族之林的基础，为世界文明作出不可磨灭的贡献。中华民族在形成和发展过程中创造的各种思想文化，是"根本"和"灵魂"。当代中国的社会理想、道路选择、制度设计、文化建构、内在动力等，都不能割断与中华优秀传统文化的血脉。中国特色社会主义是从中国共产党90年奋斗历程中走出来的，是从近代以来探索两大历史任务中走出来的，也是从五千年中华文明中走出来的。正如钱学森所说，祖国历史文化传统，马克思主义哲学，应该

① 中共中央文献研究室《文献与研究》编辑部：《钱学森同志言论选编》，《光明日报》2009年12月1日。

成为国家的“立国之本”。[①]

马克思主义没有给中国社会主义建设提供现实答案。治理什么国家、构建什么社会、培养什么公民、秉持什么理念、推崇什么价值，都需要从传统文化中汲取经验和智慧。当代中国社会的理想追求、人文精神、道德规范、治国理政、生态理念、哲学思维等精华，都可以从传统文化中找到根源和支撑。比如，中和位育，自强不息，厚德载物，知行合一，伦理和谐，天人合一等，都反映当代社会的需要和追求。习近平指出：“中华文化源远流长，积淀着中华民族最深层的精神追求，代表着中华民族独特的精神标识，为中华民族生生不息、发展壮大提供了丰厚滋养。”[②]

在世界多极化发展趋势下，坚持中国道路、构建中华文明、谋划中华民族在世界中的定位，是党必须考虑的长远战略。如何看待中国文明与世界文明、中华民族与世界各民族的关系，就成为不能回避的课题。中国走出一条不同于西方社会制度的道路，中华文明为世界文明增添独特的价值，为追求和平与发展的国家和民族提供异于西方道路的参照，为解决世界性难题提供中国方案，为世界外交关系提供中国理念。这些思想与西方霸权主义、帝国主义、新殖民主义、丛林法则、零和游戏等不同。中国文明将与世界文明一道，为建构公正合理的国际政治新秩序而增光添彩。

当然，儒家政治思想作为传统文化的核心，是中国封建社会的意识形态，反映等级对立的社会结构。儒家思想宣扬君权神授、君主臣从，奉行三纲五常、等级人学，根本目的是维护君主制度、宗法制度、等级制度。这种政治思想与社会主义方向和核心价值观是背道而驰的。当代中国，等级主义、官僚主义、命令主义、家族主义、拉帮结派、以权谋私等腐朽因素仍然顽强表现。即使是传统文化中的优秀因素，也要与具体的问题、事件、人物、言行相结合，不能全盘照搬照抄照转照做。不讲条件，生搬硬套，寻章摘句，不学精髓，甚至买卖学问，自欺欺人，

---

① 中共中央文献研究室《文献与研究》编辑部：《钱学森同志言论选编》，《光明日报》2009年12月1日。

② 习近平：《把培育和弘扬社会主义核心价值观作为凝魂聚气强基固本的基础工程》，《人民日报》2014年2月26日。

既没有出息，也没有前途。这就需要运用马克思主义的立场、观点和方法做出批判，古为今用，为当代中国社会健康发展服务。

马克思主义与传统文化是对立统一的。二者产生的社会历史条件不同，批判和服务的对象不同，建构的社会形态不同，终极目标不同，阶级基础、经济基础不同，教化方式和核心价值观不同，分属反映不同社会形态的思想体系。但是，二者在价值理念、社会目标、社会生活、为政品德、民族精神、思维方式等方面，又存在契合点。这决定二者在开辟中国道路中，既有碰撞，又须有机结合。马克思主义与中华优秀传统文化，具有各自的当代价值，二者不是互相排斥、水火不容，也不是简单类比、生搬硬套，而是取长补短、有机统一，共同植根于中国特色社会主义建设实践。

马克思主义与中华优秀传统文化，都具有开放包容的特质。马克思主义没有离开世界文明发展的道路，而是继承了人类文明的优秀成果的结晶。中华文化曾出现百家争鸣的局面，后来形成儒家、佛教、道教、伊斯兰教等各种文化共处与融合。中华文明是世界上唯一没有中断的文明。马克思主义和中华传统文化这两条人类文明的长河，在建设中国特色社会主义的实践中交汇。“和实生物，同则不继”。植根于建设中国特色社会主义实践，坚持指导思想一元化，提倡思想文化多元化，综合创新，才能创造中华现代文明。中华现代文明占据人类文明发展的制高点。在中国建设社会主义现代化，是马克思主义、中华优秀传统文化和西方优秀文化的综合创新。

弘扬中华优秀传统文化，关系着中国举什么旗，走什么路，以什么样的文化自信，创造什么文明的根本问题。实现中华优秀传统文化的创造性转化和创新性发展，必须与时代主题相结合，服务于中华民族伟大复兴的中国梦。

习近平指出，中国共产党人是坚定的马克思主义者，党的指导思想是马克思列宁主义、毛泽东思想和中国特色社会主义理论体系。巩固马克思主义在意识形态领域的指导地位，巩固全党全国人民团结奋斗的共同思想基础，是党和国家在意识形态领域的根本任务。中国共产党是当代中国先进文化的创造者和倡导者，也是中华优秀传统文化的继承者和弘扬者。在这个指导原则下，弘扬传统文化、倡导中华传统美德。中华优秀传统文化是建构以马克思主义为指导的先进文化的内容之一，而不是取代马克思主义。如果借弘扬中华传统文化之机，却宣扬“以儒化马”“以儒代马”，或者儒化共产党、儒化中国，定儒教为国教，妄图恢复儒家道统和王官学的地位，那是没有摆正二者的关系，其结果也必将导致混乱和失败。

历史证明，在马克思主义中国化进程中，马克思主义离开中国传统文化，会成为无源之水、无本之木；而弘扬中华优秀传统文化，离开马克思主义的指导，将会迷失方向、失去生命。站在历史和时代的高度，必须以马克思主义为指导，以中国特色社会主义建设实践为支撑，以中国道路、中国理论和中国制度为框架，批判继承中华传统文化，取其精华，弃其糟粕，坚持古为今用，推陈出新，实现传统文化的创造性转化和创新性发展，推进二者的融合创新，才能建设社会主义先进文化，才能占领社会历史规律的制高点、文明的制高点、道义的制高点、文化知识的制高点。

三、习近平新时代中国特色社会主义思想是二者结合的最新成果

2018 年 5 月 4 日，习近平在纪念马克思诞辰 200 周年大会上指出，新时代，中国共产党把马克思主义基本原理和中国具体实际相结合，在推进“四个伟大”进程中，“推动党和国家事业取得全方位、开创性历史成就，发生深层次、根本性历史变革，中华民族迎来了从富起来到强起来的伟大飞跃。这一伟大飞跃以铁一般的事实证明，只有坚持和发展中国特色社会主义才能实现中华民族伟大复兴！”① 党的十八大以来，以习近平同志为核心的党中央，运用马克思主义立场、观点和方法，实现科学社会主义与中华优秀传统文化的结合，推进中国特色社会主义理论体系创新发展，形成了新时代中国特色社会主义思想。

---

① 习近平：《在纪念马克思诞辰 200 周年大会上的讲话》，《人民日报》2018 年 5 月 5 日。

习近平新时代中国特色社会主义思想，是以中国梦和全面建成小康社会为目标，以中国道路为路径、以中国制度为支撑、中国力量为保证，以核心价值观为引领，以"四个全面"战略布局为战略举措，以中华文明与世界文明交流共融共建为视野，以弘扬中华优秀传统文化为动力源泉，以全面从严治党为保障的理论体系。中华优秀传统文化"最核心的内容已经成为中华民族最基本的文化基因",[①] 渗透到中国特色社会主义理论体系和新时代中国特色社会主义思想之中，成为其取之不尽、用之不竭的血脉和营养。习近平指出："坚定中国特色社会主义道路自信、理论自信、制度自信，说到底是要坚定文化自信。"[②]

中华优秀传统文化是规划"两个一百年"的奋斗目标的思想渊源。理想目标定位国家和民族的发展方向。全面建成小康社会目标，吸收和改造中国古代关于小康社会的构想，剔除其在小农经济基础之上的空想成分，把它建立在先进的经济基础、人间正道、依靠力量等科学支撑之上。中国圣贤心怀内圣外王的追求，培育中华民族伟大复兴的中国梦的志向。中国古代对大同社会、大同世界的向往，与共产主义理想相契合。中国共产党继承和发扬中国古代圣人职志，把马克思主义与中华优秀传统文化相结合，绘制了中国梦的宏伟蓝图。

独特的中华优秀传统文化是决定中国道路的文化基因。在什么道路上实现民族复兴，是事关国家战略全局的根本问题。一个国家选择什么发展道路，是由这个国家的历史传承和文化传统决定的。习近平指出："独特的文化传统，独特的历史命运，独特的国情，注定了中国必然走适合自己特点的发展道路。"[③] 中华优秀传统文化是指引中国道路、发展先进文化的根脉；中国道路是独特的历史文化传统的逻辑延伸，超越传统文化的时代局限，并赋予其中国特色社会主义的含义。中国古代天人合一的宇宙观，是整个社会全面发展、全面进步的思想资源。体现民本观念的优秀价值观，是引导中国道路的标杆和尺度。通变传统、革故鼎新精

① 习近平：《牢记历史经验历史教训历史警示 为国家治理能力现代化提供有益借鉴》,《人民日报》2014 年 10 月 14 日。

② 习近平：《在哲学社会科学工作座谈会上的讲话》,《人民日报》2016 年 5 月 19 日。

③ 习近平：《在布鲁日欧洲学院的演讲》,《人民日报》2014 年 4 月 2 日。

神、社会改良与革命变革传统，都是不断选择人间正道的文化动因。习近平指出，中国道路，是在改革开放30多年的伟大实践中，在新中国成立60多年的持续探索中，对近代以来170多年发展历程的总结中走出来的，是从中华民族5000多年文明的传承中走出来的。[①]中国道路是中华文明的历史延续和传承发展。

中华优秀传统文化是习近平新时代中国特色社会主义思想的历史资源。建设什么国家、构建什么社会、培养什么样的公民，离不开系统梳理中国历史上的执政理念、国家定位、为政之本、公民关系、社会变迁等要素，都离不开传统文化中治国理政大智慧。

创新、协调、绿色、开放、共享的发展理念，与中华优秀传统文化相契合。《诗经·大雅·文王》讲的“周虽旧邦，其命维新”的精神，是创新理念的思想资源。“和实生物、同则不继”的和而不同思想，“海纳百川，有容乃大”的多元一体精神，蕴含协调发展的意义。“人法地，地法天，天法道，道法自然”[②]的“天人合一”精神，强调人与自然的和谐共处。“天地与我并生，而万物与我为一”[③]的思想，包含人与自然协调发展的观念。“兼相爱，交相利”“仁者爱人”“博施众济”等富民教民思想，与共享理念相传承。

构建什么样的社会，治理什么样的国家，需要选择合乎国情、民情的国家治理体系。当代中国的国家治理体系，“是在我国历史传承、文化传统、经济社会发展的基础上长期发展、渐进改进、内生性演化的结果。”[④]推进国家治理体系和治理能力现代化，需要借鉴治乱兴衰的历史经验。“民惟邦本”“政得其民”“礼法合治”“德主刑辅”“为政之要莫先于得人”“治国先治吏”“为政以德”“正己修身”“居安思危”“改易更化”等思想，为治国理政提供丰富的经验。“天下为公”“修齐治平”“尊五

---

① 习近平：《在第十二届全国人民代表大会第一次会议上的讲话》，《人民日报》2013年3月18日。

② 《老子》第二十五章。

③ 《庄子·齐物论》。

④ 习近平：《完善和发展中国特色社会主义制度，推进国家治理体系和治理能力现代化》，《人民日报》2014年2月18日。

美，屏四恶”[①]等治国安邦的思想，为推进国家治理体系和治理能力现代化提供深厚经验。德治、法治、教化综合兼备的传统，为全面依法治国方略提供启示。大一统传统和中华优秀传统文化血脉，是祖国统一大业的精神纽带。

中华优秀传统文化是提升国家文化软实力的独特优势。治理国家，要明确谁执政、为谁执政、怎样执政的问题，这需要正确的核心价值观。核心价值观是中华优秀传统文化和现代化建设与时代特征相结合的结晶。“格物致知、诚意正心、修身齐家、治国平天下”的圣人情怀，体现了社会主义核心价值观的三个层次。挖掘“讲仁爱、重民本、守诚信、崇正义、尚和合、求大同的时代价值，使中华优秀传统文化成为涵养社会主义核心价值观的重要源泉”[②]。中华传统美德是中华优秀传统文化的精髓，是社会主义道德建设的丰富的思想资源。关于人生价值的思想，为树立正确的世界观、人生观、价值观提供参考。“先天下之忧而忧，后天下之乐而乐”的政治抱负，“苟利国家生死以，岂因祸福避趋之”的报国情怀，对塑造有理想、有道德、有文化、有纪律的建设者和领导者具有启示意义。

中华优秀传统文化为全面从严治党提供丰富的思想滋养。政治路线确定之后，干部就是决定性因素。培养具有理想信念坚定、政治品德高尚、能力本领较强的领导干部，是党的建设的根本任务，也是实现中国梦的组织保证。中华优秀传统文化中关于廉政、勤政、为民的思想，为全面从严治党提供借鉴。习近平在谈到领导干部的素质时指出：学习和掌握中华优秀传统文化的思想精华，对于领导干部树立正确的世界观、人生观、价值观很有益处。学史可以看成败、鉴得失、知兴替；学诗可

---

① 语出《论语·尧曰》：子张问于孔子曰：“何如斯可以从政矣？”子曰：“尊五美，屏四恶，斯可以从政矣。”子张曰：“何谓五美？”子曰：“君子惠而不费，劳而不怨，欲而不贪，泰而不骄，威而不猛。”子张曰：“何谓惠而不费？”子曰：“因民之所利而利之，斯不亦惠而不费乎？择可劳而劳之，又准怨？欲仁而得仁，又焉贪？君子无众寡，无小大，无敢慢，斯不亦泰而不骄乎？君子正其衣冠，尊其瞻视，俨然人望而畏之，斯不亦威而不猛乎？”子张曰：“何谓四恶？”子曰：“不教而杀谓之虐；不戒视成谓之暴；慢令致期谓之贼；犹之与人也，出纳之吝谓之有司。”

② 习近平：《把培育和弘扬社会主义核心价值观作为凝魂聚气强基固本的基础工程》，《人民日报》2014 年 2 月 26 日。

以情飞扬、志高昂、人灵秀；学伦理可以知廉耻、懂荣辱、辨是非。中国古代倡导的“先天下之忧而忧，后天下之乐而乐”的奉献精神，“位卑未敢忘忧国”“苟利国家生死以，岂因祸福避趋之”的爱国情怀，“富贵不能淫，贫贱不能移，威武不能屈”的浩然正气，“人生自古谁无死，留取丹心照汗青”“鞠躬尽瘁，死而后已”的舍生取义精神等，都是值得发扬的。通过学习和弘扬优秀传统文化，可以塑造有理想、有道德、有文化、有纪律的领导者和建设者，为建设社会主义提供雄厚的人力资源。

中华优秀传统文化为构建新型外交关系提供思想资源。中华优秀传统文化是中国实施“走出去”战略的独特品牌。宣传中国道路，研究中国模式，展示中国力量，介绍中国经验，分享中国智慧，离不开研究中华优秀传统文化的独特魅力。中华优秀传统文化是打造中国国家形象的身份证明。关于道法自然、大同世界、仁者爱人、中和泰和、和谐相处等思想，为解决世界人口老龄化、恐怖主义、环境污染等全球问题提供中国立场、中国方案、中国思路。“天人合一的宇宙观、协和万邦的国际观、和而不同的社会观、人心和善的道德观”“亲仁善邻，国之宝也”“国虽大，好战必亡”等和平思想，为处理新型大国关系，树立公正合理、合作共赢的外交理念提供支撑。自强不息、厚德载物，克勤于邦，克俭于家等民族精神，为提升人类思想道德和精神品质提供智慧。丝绸之路历史文化与构建“一带一路”的国际合作，彰显中华文明与世界文明共生共长的历史源流。

著名社会学家费孝通提出“各美其美，美人之美，美美与共，天下大同”的世界文明理想。以习近平同志为核心的党中央，提出中华文明与世界文明交流互鉴、共同发展的理念，并为此提供理论方向、全球视野、经济基础、政治保障和力量支撑，都包含弘扬中华优秀传统文化的内容。

中国传统哲学为新时代中国特色社会主义思想提供有益的思维方法。自然、社会与人相统一的传统宇宙观，与唯物主义历史观相契合，为“五位一体”总体布局战略提供启示。和实生物、和而不同、治大国如烹小鲜，安危与治乱、全局与一域等传统辩证法思想，为治国理政提供有益的理念。“人间正道是沧桑”的历史观，为思考中国社会道路提供借鉴。

“政之兴废在民心”“得道多助、失道寡助”等民本思想，为牢固树立群众史观提供滋养。中华优秀传统文化中对“人的价值”的思考，为树立正确的价值观提供营养。学以致用、知行合一等观念，为调查研究工作提供指导。“长风破浪会有时”的历史思维，“明者因时而变，知者随事而制”的创新思维，“锲而不舍，金石可镂”的执着思维，“跬步千里”的量变质变思维，“击鼓催征稳驭舟”的底线思维等，都对制定路线方针政策提供科学的思想方式。

习近平新时代中国特色社会主义思想，是马克思主义与中国实际、中华优秀传统文化相结合的最新理论成果，是中国历史发展道路在新的历史条件下的延续，是与中国特色社会主义理论一脉相承又与时俱进的理论体系。它回答举什么旗，走什么路，治理什么国家，构建什么社会，培养什么公民，创建什么文明，为世界文明作出什么贡献等一系列涉及国家和民族发展未来的根本问题、紧迫问题、大局问题、长远问题。习近平新时代中国特色社会主义思想，是在新阶段、新问题、新使命下，对中华优秀传统文化进行创造性转化和创新性发展的产物。二者统一于中华民族伟大复兴进程，体现于中国道路、中国制度、中国理论、中国文化、中国精神的方方面面。

［原载《红色文化学刊》2018 年第 3 期］

论习近平文化自信的多维理路

习近平在十九大报告中指出："文化自信是一个国家、一个民族发展中更基本、更深沉、更持久的力量。""没有高度的文化自信，没有文化的繁荣兴盛，就没有中华民族伟大复兴。"① 文化自信是一个民族、国家和政党对自身文化历史、价值、实践、前途的高度认同。文化自信命题的提出，回答了举什么旗、走什么路，以什么样的精气神，向什么样的目标走向新时代的问题。

一、文化自信命题的提出过程和深厚根基

文化自信命题和思想，有一个提出、阐释的过程。党的十八大指出，坚持先进文化前进方向，树立高度文化自觉和文化自信，向着建设社会主义文化强国前进。2014 年 2 月 24 日，习近平在中央政治局第 13 次集体学习时强调，讲清楚中华文化的独特创造、价值理念、鲜明特色，增强文化自信和价值观自信。②3 月 7 日，习近平在全国"两会"期间，参加贵州代表团审议政府工作报告时提出："要坚定理论自信、道路自信、制

---

① 习近平：《决胜全面建成小康社会 夺取新时代中国特色社会主义伟大胜利》，《人民日报》2017 年 10 月 28 日。

② 习近平：《把培育和弘扬社会主义核心价值观作为凝魂聚气强基固本的基础工程》，《人民日报》2014 年 2 月 26 日。

度自信，最根本的还有一个文化自信。”[①]把“四个自信”联系起来，强调文化自信的根本性地位和作用。10月15日，习近平在文艺工作座谈会上提出：“增强文化自觉和文化自信，是坚定道路自信、理论自信、制度自信的题中应有之义。”[②]强调“四个自信”的内在逻辑。12月20日，习近平在和澳门大学学生座谈时强调：“五千多年文明史，源远流长。而且我们是没有断流的文化。建立制度自信、理论自信、道路自信，还有文化自信。文化自信是基础。”[③]2015年11月3日，习近平在会见第二届“读懂中国”国际会议外方代表时强调：“中国有坚定的道路自信、理论自信、制度自信，其本质是建立在5000多年文明传承基础上的文化自信。”[④]从整个社会结构和中华文明传承中，阐述“四个自信”的关系和文化自信的地位。

2016年5月17日，习近平在哲学社会科学工作座谈会上指出：“要坚定中国特色社会主义道路自信、理论自信、制度自信，说到底是要坚定文化自信。”[⑤]强调文化自信的基础性、根本性作用。6月28日，习近平在主持中央政治局第33次集体学习时强调，把加强思想政治建设摆在首位，坚定中国特色社会主义道路自信、理论自信、制度自信、文化自信。[⑥]7月1日，习近平在庆祝中国共产党成立95周年大会上指出：“坚持不忘初心、继续前进，就要坚持中国特色社会主义道路自信、理论自信、制度自信、文化自信，坚持党的基本路线不动摇，不断把中国特色社会主义伟大事业推向前进。”[⑦]

习近平在十九大报告中宣告：“全党要更加自觉地增强道路自信、理

---

① 李斌、霍小光：《“改革的集结号已经吹响”——习近平总书记同人大代表、政协委员共商国是纪实》，《人民日报》2014年3月13日。

② 《十八大以来重要文献选编》（中），中央文献出版社2016年版，第135页。

③ 《习主席的一堂文化“公开课”》，《镜鉴》，人民网2014年12月21日。

④ 杜尚泽：《阔步走在中华民族伟大复兴的历史征程上（治国理政新实践）——记以习近平同志为总书记的党中央推进全方位外交的成功实践》，《人民日报》2016年1月5日。

⑤ 习近平：《在哲学社会科学工作座谈会上的讲话》，《人民日报》2016年5月19日。

⑥ 习近平：《严肃党内政治生活净化党内政治生态为全面从严治党打下重要政治基础》，《人民日报》2016年6月30日。

⑦ 习近平：《在庆祝中国共产党成立95周年大会上的讲话》，《人民日报》2016年7月2日。

论自信、制度自信、文化自信，既不走封闭僵化的老路，也不走改旗易帜的邪路，保持政治定力，坚持实干兴邦，始终坚持和发展中国特色社会主义。”[①] 文化自信命题的提出，深刻阐述了其在国家战略和民族发展中的灵魂作用，反映了党对文化建设规律和社会发展规律认识的深化，对执政规律和执政理念认识的深化。

文化自信，是党从历史和现实、理论和实践、文化与社会、中国和外国多维度相结合提出的精神旗帜，具有悠久的文明根基、自强的民族骨气、科学的理论勇气、进步的历史底气和引领世界的时代志气。

文化自信是中华民族生存和自立的标志。构成民族的基本要素，包含共同的地域、共同的经济、共同的心理、共同的生活等条件，其中共同的文化是民族生存和自立、自主、自觉、自信、自强的精神纽带。习近平指出：“文明特别是思想文化是一个国家、一个民族的灵魂。无论哪一个国家、哪一个民族，如果不珍惜自己的思想文化，丢掉了思想文化这个灵魂，这个国家、这个民族是立不起来的。”[②]5000 多年中华文明形成发展壮大的历史，是文化自信的深厚根基。

文化自信是中华民族凝神聚力、自强不息的灵魂。中华文化宝库中，蕴含着丰富的思想精华，包含着精粹的理想信念、价值观念、道德规范、精神力量和意志品质，体现了中华民族的生命力和战斗力。中华文化是维护国家统一、主权安全、民族和谐、社会前进、经济繁荣的精神力量，是维护民族团结、国家稳定、人民安康的纽带。中华民族历经磨难而不衰、战胜困苦而自强，一个根本原因在于独具特色、博大精深的中华文化始终是中华民族的成长壮大的强大精神支撑。中华民族的骨气和硬气，是文化自信的主体品质。

文化自信是基于人类社会发展规律的科学结论。五种社会形态渐次演变，是唯物史观关于人类社会发展的基本规律。从人类历史来说，中国特色社会主义进入新时代，从社会形态上引领世界前进方向和发展道

---

① 习近平：《决胜全面建成小康社会 夺取新时代中国特色社会主义伟大胜利》，《人民日报》2017 年 10 月 28 日。

② 习近平：《在纪念孔子诞辰 2565 周年国际学术研讨会暨国际儒学联合会第五届会员大会开幕会上的讲话》，《人民日报》2014 年 9 月 25 日。

路。中国特色社会主义文化，是社会主义本质的有机组成部分，是推动社会全面发展进步的精神力量；代表着人类文化的前进方向，占据人类文明制高点。

文化自信是对当代中国历史成就的总结回答。中国共产党领导中国人民取得的伟大胜利，使具有5000多年文明历史的中华民族全面迈向现代化；使具有500多年历史的社会主义在中国成功开辟出可行性的正确道路；使具有60多年历史的新中国创造了人类社会发展史上惊天动地的发展奇迹，彻底摆脱被开除球籍的危险，使中华民族焕发出新的生机。中华民族实现了从站起来到富起来、强起来的伟大飞跃。中国特色社会主义，是改革开放以来党领导现代化建设的全部理论和实践，是党领导人民90多年奋斗的根本成就。改革开放以来取得一切成绩和进步的根本原因，归结起来就是：开辟了中国特色社会主义道路，形成了中国特色社会主义理论体系，确立了中国特色社会主义制度，发展了中国特色社会主义文化。[①] 高举中国特色社会主义伟大旗帜，就必须坚定道路自信、理论自信、制度自信、文化自信。文化自信，就是对民族、政党和人民创造的当代中国历史成就自信的观念表达。

文化自信是把握世界格局发展大势的时代结晶。在国际金融危机背景下，新自由主义日趋式微，南欧国家民主社会主义陷入困境，发展中国家民主浪潮消退。中国走出一条不同于西方社会制度的道路，为世界文明增添独特的价值。中国特色社会主义的成功实践，拓展了发展中国家走向现代化的途径和参照。国际上关注中国道路、研究中国模式、探讨中国智慧、学习中国经验，正是风生水起。坚守中华文化立场，坚定文化自信，是中华民族屹立于世界民族之林，中华文明走向世界的时代要求。

站在广袤中华大地，吮吸深厚文化营养，开拓人间沧桑正道，掌握人类科学真理，构建先进社会制度，创造世界瞩目成就，中国人民应该自觉自信自强。习近平指出："全党要坚定道路自信、理论自信、制度自信、文化自信。当今世界，要说哪个政党、哪个国家、哪个民族能够

---

① 《中国共产党章程》，人民出版社2017年版，第6页。

自信的话，那中国共产党、中华人民共和国、中华民族是最有理由自信的。”[①]文化自信是中国历史发展的必然结果。

二、文化自信的基本内涵和时代价值

文化自信，是以习近平同志为核心的党中央，根据人类社会形态演变和中国社会发展新要求提出的文化旗帜，是对整个社会建设和文化建设历史经验的总结。应该从整个社会全面发展全面进步的宏观视野，理解文化自信的基本内涵。

文化自信，既包含对民族、国家、政党、人民的历史、现实和未来的自信，也包含对经济、政治、文化、社会、生态、军事、外交等方面建设的自信；既包含对治党治国治军能力和成效的自信，也包含对改革发展稳定的自信；既包含对实现现代化强国和中国梦的自信，也包含中国走向世界舞台中央、融合世界文明的自信。

文化自信是对中国社会发展道路选择的自信。中国特色社会主义，道路是实践载体，理论是行动指南，制度是政治保障，文化是精神支柱。道路自信、理论自信、制度自信，是文化自信的物质载体、理论指南和制度保障，文化自信是道路自信、理论自信、制度自信的历史来源、思想基础和灵魂。增强文化自觉和文化自信，是坚定道路自信、理论自信、制度自信的题中应有之义。文化自信是对道路自信、理论自信、制度自信的逻辑延伸。“四个自信”相互联系、相互制约，相互依存、相互促进，相互印证、相得益彰，共同体现中国社会形态的性质，统一于中国特色社会主义建设的伟大实践。文化自信的提出，形成了中国社会形态自信的基本格局，包含对整个社会大厦的蓝图构想、建筑工程、物质材料、设计理念等方面的自信。伴随“两个一百年”奋斗目标进程，中华民族将增强经济、政治、文化、社会、生态、军事等各方面的自信，集中于对伟大政党、伟大民族和伟大人民的自信。

文化自信是对中国特色社会主义文化的自信。中国特色社会主义文

① 习近平：《在庆祝中国共产党成立 95 周年大会上的讲话》，《人民日报》2016 年 7 月 2 日。

化，源于中华优秀传统文化，熔铸于革命文化和社会主义先进文化，植根于中国特色社会主义伟大实践，是当代中国安身立命的精神根脉，是中华民族共有的精神家园，是中华民族在世界文化激荡中站稳脚跟的坚实基础。文化自信，就是对中华优秀传统文化、革命文化和先进文化的自信。

对中华优秀传统文化的自信，是坚定文化自信的依据和表现。中华优秀传统文化具有超越时代的永恒价值。中华民族在形成和发展过程中创造的各种思想文化，是“根本”和“灵魂”，其中“最核心的内容已经成为中华民族最基本的文化基因”。① 中华优秀传统文化博大精深，当代中国社会的理想追求、人文精神、道德规范、治国理政、生态理念、哲学思维等精华，都可以从传统文化中找到根源。中华优秀传统文化承载着对中国梦的目标追求，是中国道路、当代中国先进文化的血脉，是塑造中国精神的历史源泉，是凝心聚力的心理基础，是实现祖国统一的精神纽带。中华优秀传统文化蕴含丰富的治国理政经验，是涵养核心价值观的思想资源，是弘扬中华美德的历史借鉴，是培养担当中华民族伟大复兴使命时代新人的教科书和丰富营养。习近平指出：“中华文化源远流长，积淀着中华民族最深层的精神追求，代表着中华民族独特的精神标识，为中华民族生生不息、发展壮大提供了丰厚滋养。”②

对革命文化的自信，是文化自信的重要表现。革命文化是党领导人民在进行革命、建设和改革实践中创造的文化，是马克思主义与中华优秀文化相结合的结晶，反映党的性质使命、社会形态进步和人民素质提升。

从文化结构来说，革命文化包含若干层次。一是党的指导思想，即马列主义和中国化马克思主义理论成果；处于指导地位和核心地位，决定革命文化的理想、信念和前进方向。二是以井冈山精神、苏区精神、长征精神、延安精神、抗战精神、西柏坡精神、大庆精神、“两弹一星”

---

① 习近平：《在纪念孔子诞辰 2565 周年国际学术研讨会暨国际儒学联合会第五届会员大会开幕会上的讲话》，《人民日报》2014 年 9 月 25 日。

② 习近平：《把培育和弘扬社会主义核心价值观作为凝魂聚气强基固本的基础工程》，《人民日报》2014 年 2 月 26 日。

精神、载人航天精神、抗震救灾精神等为主要内容的精神谱系，处于中轴地位，反映革命文化的品质性格。三是党领导人民创造优良传统和作风，反映革命文化的实践主体。革命文化包含党领导人民创造的科学、文艺、美术等各种具体文化形态，是革命文化的物质载体。革命文化中的理想信念、价值观念、精神品质、政治本色、文化形式等，熔铸于党和人民的精神和灵魂，成为先进文化和中国特色社会主义文化源泉和组成部分。

对社会主义先进文化的自信，是文化自信的题中应有之义。先进文化是中国特色社会主义文化的主导，代表文化建设的前进方向和目标指向。发展先进文化，以马克思主义为指导，坚持中国特色社会主义文化发展道路，坚持“二为”方向和“双百”方针，坚持贴近实际、贴近生活、贴近群众的原则，建设面向现代化、面向世界、面向未来的，民族的科学的大众的社会主义文化，推动精神文明和物质文明协调发展。

文化自信是对中华文明将会为人类作出新的更大贡献的自信。正确处理中华民族和世界民族、中华文明和世界文明的关系，是执政党必须考虑的根本问题。推动中华文化走向世界有双重使命：一是保持民族文化的主体性和独立性，确立在世界文明中的中华文明身份。二是推进不同文明之间的交流互鉴，取长补短，吸收其他文明的优秀成果，综合创造新文明和新文化，为世界文明作出贡献。

中华文明屹立于世界文明之林，是把握世界文明发展规律的结果。在古代史上，有埃及文明、巴比伦文明、印度文明、罗马文明等，都在历史沉浮中衰落了。只有中华民族文明历久弥新，焕发出文明复兴的活力。世界各国文明是平等的，有发展程度和水平的差别，却没有高低贵贱之分。不同文明，都包含着其人民的世界观、人生观、价值观。世界文明是多样的，中国文明应在世界文明中占有一席之地。不同民族、不同文明之间应该互相尊重。文化自信是包容、吸收、借鉴世界优秀成果的自信。各民族文明之间相互借鉴，世界文明因互相交流而丰富多彩。世界各民族不同文明之间共存共融，是人类文明发展的基本规律。

当今世界仍处于挑战频发时期，和平与发展问题，一个也没有解决。世界经济增长乏力，南北发展差距持续拉大，贫富差距鸿沟有待弥合，地区热点冲突持续不断，恐怖主义蔓延肆虐。和平合作赤字、安全发展赤字、全球治理赤字，是摆在全人类面前的严峻挑战。任何一个国家依靠自身力量，都不可能解决这些全球性挑战。中国的发展离不开世界，世界的发展也离不开中国。中华文化富有引领世界方向的基因，蕴含解决世界问题的密码，包含解决人类问题的智慧。中国特色社会主义新时代，是中国日益走近世界舞台中央、不断为人类作出更大贡献的时代。

文化自信，是党站在历史和时代高度，把握中国和世界历史大势、对比综合国力消长、基于社会文化成就提出的时代命题和科学结论，是决胜全面建设小康社会阶段的精神引领，是开拓新时代中国特色社会主义的文化旗帜，具有重大的理论意义、实践意义和时代意义。

文化自信是实现中华民族伟大复兴的精神力量。中国特色社会主义，是物质文明和精神文明全面发展的伟大事业。一个国家、一个民族、一个政党，没有先进文化的引领，没有精神世界的极大丰富，没有精神力量的不断增强，不可能屹立于世界民族之林。如果抛弃或者背叛自己历史文化，还可能上演一幕幕历史悲剧。习近平指出："实现中华民族伟大复兴，必须坚定中国特色社会主义道路自信、理论自信、制度自信、文化自信。"①

文化自信是中华文化创造新辉煌的精神引领。文化自信反映政党和人民的价值取向，折射对一定社会历史的判断标准，反映对社会实践、道路、制度、理论、文化的价值取舍，包含对物质文明、制度文明、精神文明的设计、选择和建筑。思想文化反映政党的性质和灵魂。举什么旗、走什么路、以什么样的精神状态，创造什么样的文化，是考验政党执政能力的基本问题。坚定文化自信，以马克思主义为指导，推动物质文明和精神文明协调发展，不断铸就中华文化新辉煌。

文化自信是一个民族、国家和政党独立自主的精神支柱。民族自主、国家独立、政党自立自强，其中基本要素，是在思想理论、价值观念、精神意志、性格品质上，坚持独立自主的地位。如果照搬照抄别国的道

① 习近平：《在中国文联十大、中国作协九大开幕式上的讲话》，《人民日报》2016 年 12 月 1 日。

路模式，或者执政党缺乏自己独立而科学的执政理念，那么，经济、政治、思想、文化方面的独立性就会被釜底抽薪，国家就会迷失方向而彷徨不定，也就难以维护国家主权安全和文化安全。习近平指出：“坚定文化自信，是事关国运兴衰、事关文化安全、事关民族精神独立性的大问题。”①

文化自信是在两种社会制度较量中立于不败之地的定海神针。从人类社会发展规律来看，两种社会制度的竞争和共存，将是长期的历史过程。西方敌对势力分化西化丑化弱化中国的战略图谋不会改变。分裂与反分裂、颠覆与反颠覆、控制与反控制、妖魔化与捍卫形象、“和平演变”与反“和平演变”的斗争，将长期存在，其本质是社会主义实力相对增强、资本主义势力相对削弱的进程。任何畏战、避战、免战、厌战都是掩耳盗铃。要把中国道路优势、理论优势、制度优势、文化优势转化为综合国力优势、文化软实力优势、国家话语权优势，必须进行具有许多新的历史特点的伟大斗争。这既包括硬实力的斗争，也包括软实力的较量。硬实力需要软实力来驾驭，软实力需要硬实力来砥砺。从长远来看，制度文化、思想理论、价值观等软实力，是政党和国家行稳致远的精神源泉。正如习近平所说：“世界上各种文化之争，本质上是价值观念之争，也是人心之争、意识形态之争”。②坚定文化自信，坚守中华文化立场，才能在筑牢“四个自信”的思想长城，抵御敌对意识形态的侵略，在两种社会制度和意识形态的较量中赢得主动。

文化自信是各种思想激荡和交锋中稳坐钓鱼台的内在定力。当今社会，社会结构多元化，经济利益多元化，生活方式多元化，带来思想理论、价值观念、性格旨趣多样化，对马克思主义指导地位、核心价值体系、社会道德规范等带来挑战和消解。甚至一些政治思潮，诸如新自由主义、历史虚无主义、民主社会主义、普世价值等，还对中国道路、理论、制度、文化构成干扰和威胁。增强文化自信，坚定“四个自信”的辩证统一，保持政治定力和文化定力，牢牢掌握意识形态工作领导权管

① 习近平：《在中国文联十大、中国作协九大开幕式上的讲话》，《人民日报》2016 年 12 月 1 日。

② 《习近平关于社会主义文化建设论述摘编》，中央文献出版社 2017 年版，第 105 页。

理权话语权，建设具有强大凝聚力和引领力的社会主义意识形态，才能澄清迷乱，辩证错乱，明辨是非，廓清方向，指明道路；才能发展先进文化，支持有益文化，改造落后文化，抵制腐朽文化，整合社会文化生态，最大限度地凝聚人心，群策群力，为“两个一百年”奋斗目标提供精神支撑。

文化自信命题，回答了以什么样的精神状态，推进新时代新征程、完成新任务新使命的精神支撑问题，指明了中华文化发展前途，回应了中华文明与世界文明的和而不同、共存互鉴、综合创新等问题，是建设中国特色社会主义文化强国的精神引领。

三、文化自信与文化建设方略的辩证统一

文化自信既是一面文化旗帜，也是奋斗目标；既是阶段性成就的总结，也是历史进程。使文化自信成为一种思想习惯、行为方式、品质性格和传承基因，还需要扎扎实实的文化建设实践。国家文化软实力是文化自信的根基。文化建设基本方略是提升国家文化软实力的战略规划，是增强文化自信的实施路径。文化自信是文化建设基本方略的目标指向。以文化自信引领国家文化建设基本方略，提高国家文化软实力，“形于中”而“发于外”，坚持中国特色社会主义文化发展道路，培育和践行社会主义核心价值体系，建设社会主义文化强国，促进中华文化繁荣兴盛。

以文化自信走进新时代，以国家富强提振文化自信。习近平指出：“古往今来，任何一个大国的发展进程，既是经济总量、军事力量等硬实力提高的进程，也是价值观念、思想文化等软实力提高的进程。”[①] 文化软实力体现一个国家的凝聚力和生命力。从物质支撑上说，文化自信是综合国力在思想文化上的表现和反映。文化自信是涉及整个社会建设的系统工程。需要以文化复兴推动民族复兴，以民族复兴支撑文化复兴。要使文化自信从命题转变为习惯，需要实现伟大梦想，进行伟大斗争，推进伟大事业，建设伟大工程。推进“四个伟大”，是增强文化自信的物质

① 《习近平关于社会主义文化建设论述摘编》，中央文献出版社 2017 年版，第 198 页。

基础、政治保证和实现路径，文化自信是推进“四个伟大”的精神动力和智力支持。

以执政党自信推进文化自信。当代中国的文化自信，最根本的是共产党对自身及其文化的自信。铸牢执政党精神支柱，是坚定文化自信的最根本的任务。政党自信是文化自信的实践主体，文化自信是政党自信的目标任务。理论自信是文化自信的核心要义。推进马克思主义中国化时代化大众化，用马克思主义理论创新的最新成果武装全党。在当下，最紧要的是学习贯彻习近平新时代中国特色社会主义思想，把文化自信建立马克思主义中国化的历史进程之中。

占领意识形态制高点，增强文化自信的内生动力。文化自信承载意识形态，意识形态决定文化的前进方向和发展道路。加强意识形态建设的科学性、实效性，在全国人民中形成共同的理想信念、价值观念和道德观念，巩固全党全国人民共同奋斗的思想基础、价值基础和道德基础。

占领理想信念制高点，是文化自信的目标导向。“人民有信仰，国家有力量，民族有希望。”共产主义远大理想，马克思主义坚定信念，中国特色社会主义共同理想，是全国人民团结奋斗的旗帜和目标。“人心齐、泰山移”，什么目标都能达到，什么困难都能克服。古人说：“志之所趋，无远弗届，穷山距海，不能限也。志之所向，无坚不入，锐兵精甲，不能御也。”[①] 高擎理想信念之光，就能照亮前进的道路。习近平指出：理想信念就是共产党人精神上的“钙”，没有理想信念，理想信念不坚定，精神上就会“缺钙”，就会得“软骨病”。[②] 理想信念一旦动摇，有可能导致政治上变质、道德上堕落、物质上贪婪、生活上腐化、志趣上庸俗。如果失去了骨气、勇气、志气等精气神，就失去了自强的内在精神，就会萎靡不振，自撤防御的盾牌和战斗武器，那样将不战自败。同理，丢掉理想信念，就会失去理论自信、道路自信、制度自信，那么文化自信也就无从谈起，因此“革命理想高于天”。

占领核心价值体系制高点，是文化自信的最深层力量。习近平指出：

---

① （清）金缨：《格言联璧·学问》。

② 《习近平谈治国理政》，外文出版社 2014 年版，第 15 页。

"核心价值观是文化软实力的灵魂、文化软实力建设的重点。这是决定文化性质和方向的最深层次要素。"[①] 培育和践行核心价值观，是坚定文化自信的基础性工程。核心价值观承载着国家和民族的精神追求，是当代中国精神的集中体现，是判断是非曲直的标准，是文化建设的中轴、国家治理体系的稳定器，是维护民族精神独立的重要支撑。加快构建反映中国特色、民族特性、时代特征的核心价值体系，凝聚全国人民同心同德共同奋斗的最大公约数。以培养担当民族复兴大任的时代新人为着眼点，发挥社会主义核心价值观对国民教育、精神文明创建、精神文化产品创作生产传播的引领作用，把社会主义核心价值观化为人们的自觉认知和行为习惯。

占领思想道德制高点。深化中国特色社会主义和中国梦的宣传教育，弘扬民族精神和时代精神，加强爱国主义、集体主义、社会主义教育，引导人们树立正确的历史观、民族观、国家观、文化观，提高人民思想觉悟、道德水准、文明素养，提高全社会文明程度。增强社会认同感、归属感、使命感、责任感，形成强大凝聚力、感召力、引领力、创造力。

坚定文化自信，实现中华优秀传统文化的创造性转化和创新性发展，充分展示中华文化的当代价值。中华优秀传统文化是中华民族的突出优势，是我们最深厚的文化软实力。挖掘中华优秀传统文化蕴含的思想观念、人文精神、中华美德，结合时代要求继承创新，使其展现出永久魅力和时代风采。比如，关于道法自然、天人合一的思想，关于天下为公、大同世界的思想，关于自强不息、厚德载物的思想，关于以民为本、安民富民乐民的思想，关于为政以德、政者正也的思想，关于革故鼎新、与时俱进的思想，关于集思广益、博施众利、群策群力的思想，关于仁者爱人、以德立人的思想，关于俭约自守、力戒奢华的思想，关于中和、泰和、求同存异、和而不同、和谐相处的思想。[②] 通过学校教育、理论研究、历史研究、影视作品、文学作品等多种方式，展示中华文化的当代

① 习近平：《把培育和弘扬社会主义核心价值观作为凝魂聚气强基固本的基础工程》，《人民日报》2014 年 2 月 26 日。

② 习近平：《在纪念孔子诞辰 2565 周年国际学术研讨会暨国际儒学联合会第五届会员大会开幕会上的讲话》，《人民日报》2014 年 9 月 25 日。

价值和独特魅力。增强文化自信，要在传承中华优秀传统文化基础上，继承革命文化，发展先进文化，不忘本来、吸收外来、面向未来，构筑中国精神、中国价值、中国力量，为人民提供精神指引。

坚定文化自信，推动中华文化走向世界。中华文化的基本内容，作为世界性文明成果，可以为世界各民族所共享。习近平指出，要“把跨越时空、超越国度、富有永恒魅力、具有当代价值的文化精神弘扬起来，把继承传统优秀文化又弘扬时代精神、立足本国又面向世界的当代中国文化创新成果传播出去”①。

传播当代中国的价值理念，是增强文化自信的表现。当代中国价值观念，就是中国特色社会主义价值观念，代表中国先进文化的前进方向。中国逐渐走向世界舞台中央，中国梦、中国道路、中国模式、中国价值、外交理念等思想理念的世界影响力逐步扩大。

推动中华文化走向世界，为解决全球性问题贡献中国智慧和中国方案，是文化自信的内容。围绕人类面临的共同挑战和世界性问题，根据中国全球治理理念，绘制中国特色蓝图，提出中国主张方案，展示中国责任贡献。十八大以来，党中央提出构建人类命运共同体，倡导“对话而不对抗、结伴而不结盟”的国家关系，提出树立共同、综合、合作、可持续的安全观，统筹应对传统和非传统安全威胁、反对一切形式的恐怖主义，提出共建“一带一路”倡议，提出构建创新、活力、联动、包容的世界经济，等等，都彰显中国理念和中国方案对全球治理的贡献，显示中国文化、中国价值观走向世界的自信。

塑造中国国家形象，是文化自信的重要目标。宣传当代中国价值理念，推动中华文化走向世界的过程，也是塑造中国国家形象的过程。习近平指出：“要注重塑造我国的国家形象，重点展示中国历史底蕴深厚、各民族多元一体、文化多样和谐的文明大国形象，政治清明、经济发展、文化繁荣、社会稳定、人民团结、山河秀美的东方大国形象，坚持和平发展、促进共同发展、维护国际公平正义、为人类作出贡献的负责任大国形象，对外更加开放、更加具有亲和力、充满希望、充满活力的社会

---

① 习近平:《建设社会主义文化强国着力提高国家文化软实力》,《人民日报》2014 年 1 月 1 日。

主义大国形象。”[①] 不仅要让世界知道“舌尖上的中国”，还要让世界知道“学术中的中国”“理论中的中国”“哲学社会科学中的中国”，让世界知道“发展中的中国”“开放中的中国”“为人类文明作贡献的中国”。

争夺国际话语权，是坚定文化自信的重要途径。国际话语权是国家软实力的组成部分。中国综合国力提升，中华文明的世界影响力增强，国际对中国形象的评价稳步提高，世界文化版图正向有利于中国方向发展。但是，国际舆论西强我弱的格局没有改变，西方敌对势力推行文化霸权主义的战略没有改变，西方妖魔化中国的成见和偏见没有改变。当代中国国际传播能力不强，传播力度不够，传播广度有限，传播程度不深，还存在有理没处说，说了传不开，传了没人信的被动态势。构建国际话语权，就是要解决挨骂的问题。中国道路、中国文明，必须要有中国表达。习近平指出：“加强对外话语体系建设，用中国理论阐释中国实践，用中国实践升华中国理论，更加鲜明地展现中国思想，更加响亮地提出中国主张。”[②]

坚定文化自信，增强中国话语的创造力、感召力、公信力，塑造中国国家形象，讲好中国故事，传播好中国声音，阐释好中国特色。创新对外话语表达方式，研究国外不同受众的心理和文化特点，融通中外概念、范畴、表述，把“陈情”和“说理”结合起来，把“自己讲”和“别人讲”结合起来，扩大中国话语的认知度和认可度。

坚定文化自信，讲好中国故事。讲故事，是传播中国价值的重要方式。讲好中国故事，是通过讲事实、讲形象、讲情感、讲道理，以事说理，以理动情，以情动人；让人爱听愿听想听，听有所思，思有所知，知有所用，用有所成，成有所教，以此扩大中国文化影响力。讲好中国故事，就要讲中国历史和现实、人物和事件、实践和思想、目标和道路。十八大以来重大战略目标、理念、价值、部署，都可成为中国故事的源头、读懂中国的标识。讲故事，可以把中国道路、中国理论、中国制度、中国文化、中国精神、中国力量寄寓其中，以他山之石，传播中国声音，

---

① 习近平：《建设社会主义文化强国着力提高国家文化软实力》，《人民日报》2014 年 1 月 1 日。

② 《习近平关于社会主义文化建设论述摘编》，中央文献出版社 2017 年版，第 213 页。

阐释中国特色，展示中国价值，为提升文化自信注入动力。

增强文化自信与中华文明走向世界是统一的过程。习近平指出："要尊重世界文明多样性，以文明交流超越文明隔阂、文明互鉴超越文明冲突、文明共存超越文明优越。"[①] 中华文明走向世界，世界文明不可避免增添中华文明色彩。中华民族将为人类进步作出新的更大贡献；中华文化将在世界文明进程中创造新的辉煌。

文化自信命题，不单是文化发展理念问题，而且是社会发展的精神引领问题，反映了对历史成就的总结，对当代道路的定力，对未来前途的信心。文化自信命题，是思想文化领域党执政理念的重大创新，是中国文化建设进入新时代的里程碑式的标志，为当代中国文化建设指出光明的前景。

［原载《山东社会科学》2017 年第 11 期］

① 习近平：《决胜全面建成小康社会 夺取新时代中国特色社会主义伟大胜利》，《人民日报》2017 年 10 月 28 日。

论“四个自信”的内在逻辑

习近平在党的十九大报告中指出：“全党要更加自觉地增强道路自信、理论自信、制度自信、文化自信，既不走封闭僵化的老路，也不走改旗易帜的邪路，保持政治定力，坚持实干兴邦，始终坚持和发展中国特色社会主义。”[①] 当代中国道路、理论、制度、文化构成中国特色社会主义基本内容和根本成就。道路自信、理论自信、制度自信、文化自信（以下简称“四个自信”），是指对道路、理论、制度、文化的坚守、肯定和未来的信心。“四个自信”关系，以“道路、理论、制度、文化”的关系为本体，是中国社会历史发展的可然、应然、必然的辩证统一，是对中国社会性质及其发展前途的精神旗帜。

一、道路自信是“四个自信”的主体

党的十八大明确阐述中国道路的基本内涵。中国特色社会主义道路，既坚持党的领导，又发挥人民群众创造历史的主体性地位；既坚持以经济建设为中心，又全面推进经济、政治、文化、社会、生态文明建设以及其他各方面的建设；既坚持四项基本原则，又坚持改革开放；既不断解放和发展生产力，又不断促进生产关系的变革；既要建设富强民主文

① 习近平：《决胜全面建成小康社会 夺取新时代中国特色社会主义伟大胜利》，《人民日报》2017年10月28日。

明和谐美丽的现代化强国，又逐步实现全体人民共同富裕和人的全面发展。中国道路既不是“传统”的社会主义模式，也不是照搬西方发展模式，而是中国人民独创的人间正道，拥有完整自主知识产权。

从社会结构来说，中国道路涵盖生产力和生产关系、经济基础和上层建筑，是由经济、政治、文化、社会、生态等发展道路组成，规定中国特色社会主义社会性质。中国道路，源于中国革命和建设道路，是马克思主义与改革开放和时代特征相结合的产物，符合人类发展规律和中国社会发展规律，体现共产党执政理念和人民群众利益诉求，反映中华文化底蕴和社会主义本质。中国特色社会主义道路作为社会形态整体概念，包含中国特色社会主义理论、中国特色社会主义制度和中国特色社会主义文化。坚持道路自信，包含制度自信、理论自信和文化自信。

从历史进程来说，中国道路连接历史、现在和未来。方向决定道路，道路决定命运。走什么路，是考验中国在重大历史节点的关键问题。当代中国道路，是从5000多年文明历史、500多年的社会主义史、170多年的中国近代史、90多年的中国共产党历史、60多年的新中国革命、建设和改革的历史中走出来的。中国特色社会主义道路形成、发展过程，也是马克思主义与时俱进的过程，是中国特色社会主义制度逐渐形成和完善过程，是中国特色社会主义文化的发展和繁荣过程。中国道路、理论、制度、文化是统一于建设中国特色社会主义的历史进程。

建设中国特色社会主义，是改革开放以来党的全部理论和实践。中国特色社会主义的伟大胜利和历史成就，使具有5000多年文明历史的中华民族全面迈向现代化；使具有500多年历史的社会主义在中国成功开辟出可行性的正确道路；使具有60多年历史的新中国，创造了人类社会发展史上惊天动地的发展奇迹，彻底摆脱被开除球籍的危险，使中华民族焕发出新的生机。坚定对中国道路的自信，源于它是坚持科学社会主义基本原理，又根据中国国情和时代特征开拓的前所未有之新路；是中国人民独立自主探索和选择的沧桑正道；是建设社会主义现代化强国、实现中华民族伟大复兴和创造人民美好生活的必由之路。

坚定道路自信，是坚持独立自主、回应各种错误干扰的客观要求。长期以来，在两种社会制度竞争共存的背景下，西强我弱的总体格局没有改变。西方敌对势力利用经济、科技、军事、信息等优势，西化分化中国，搞“和平演变”，妄图颠覆社会主义，搞资本主义复辟。有些人鼓吹在经济上搞私有化、市场化、自由化；在政治上搞宪政民主、儒家宪政或者儒家社会主义宪政；在思想文化上宣扬普世价值，自由、平等、博爱、人权等。这些论调的实质或者后果，是改变党的领导和四项基本原则，改变中国特色社会主义道路，改变国家性质和社会制度性质，倒退到资本主义，使中国沦为西方发达国家的附庸。坚定道路自信，就是要独立自主地走自己的路，建设中国特色社会主义，既不走封闭僵化的旧路，也不走改旗易帜的邪路，更不走停滞不前的死路。

在国际金融危机背景下，欧美国家复苏乏力，拉美国家仿效新自由主义教训惨痛，南欧国家民主社会主义陷入困境，发展中国家民主浪潮消退。新中国成立以来、特别是改革开放以来，中国经济实力、科技实力、国防实力、综合国力进入世界前列，中华民族正以崭新姿态屹立于世界的东方。事实证明，中国特色社会主义道路走得通、走得对、走得好。中国走出一条不同于西方社会制度的道路，为世界文明增添独特的价值，说明西方政治经济模式并非人类唯一归宿。中国特色社会主义的成功实践，拓展了发展中国家走向现代化的途径和参照。国际上关注中国道路、研究中国模式、探讨中国智慧、学习中国经验，正是风生水起。坚定道路自信，而不是左顾右盼、逡巡不前，才能行稳致远。

执政党的思想理论，引导中国道路的选择。中国道路的选择和开创，在于以执政党的理论指导社会实践。有什么样的执政党理论，就会选择什么样的道路。在马列主义、毛泽东思想和中国特色社会主义理论体系指导下，形成中国特色社会主义道路和中国特色社会主义制度。中国理论是中国道路的行动指南和思想基础，中国道路是中国理论的实践路径和社会载体。对中国道路的自信必然包含对中国理论的自信。道路自信和理论自信相互联系，相互制约，不可分割，辩证统一。

中国道路的选择，也是中国社会制度的选择。社会形态以社会制度维持基本结构。道路的选择和发展，以一定制度的设计、安排和发展为依托。中国特色社会主义制度，是在中国革命、建设和改革的历史进程中形成和发展的，是对中国革命和建设经验的总结。人民民主专政的国体，是党领导民主革命胜利的政治成果，是人民共和国性质的政治规定。公有制的主体地位，是社会主义改造的制度成果。中国特色社会主义制度的形成和发展，是改革开放以来“五位一体”总体布局发展的结果。中国制度是中国道路延伸的政治保障；中国道路是中国制度发展完善的社会载体。中国道路与中国制度、道路自信和制度自信，是一个问题的两个方面。

一个国家选择什么发展道路，是由这个国家的历史传承和文化传统决定的。习近平指出:“独特的文化传统，独特的历史命运，独特的国情，注定了中国必然走适合自己特点的发展道路。”① 中华文化是中国道路的历史渊源和文化基础，中国道路是中华文化的传承延续和发展成果，并赋予其中国特色社会主义的含义。道路自信，包含对中国特色社会主义文化的自信。文化自信，是道路自信的精神支柱。

中国道路的选择，有理论引导，有制度制约，有文化传承。中国道路、中国理论、中国制度、中国文化，相互联系、相互制约、相辅相成、辩证统一，统一于中国特色社会主义实践，推动整个社会全面发展全面进步。中国道路包含中国理论、中国制度和中国文化的基本内容。道路自信是“四个自信”的主体。

二、理论自信是“四个自信”的核心

中国特色社会主义理论体系，包含邓小平理论、“三个代表”重要思想、科学发展观、习近平新时代中国特色社会主义思想，是马列主义、毛泽东思想的继承和发展，是当代中国的马克思主义。理论自信，指对中国特色社会主义理论体系的自信，逻辑地包含对于马列主义、毛泽东思想的自信。

马克思主义的生命力，在于随着实践的发展不断创新。中国特色社会主义理论体系是执政党的指导思想，是在国家和民族中占统治地位的思想，是确立社会发展方向、规划社会形态性质、构建社会结构、引领

---

① 习近平:《在布鲁日欧洲学院的演讲》,《人民日报》2014年4月2日。

社会发展道路的行动指南，也是解决社会主要矛盾、回答主要问题、完成主要任务的思想武器。对中国特色社会主义理论体系的自信，内在包含对中国特色社会主义道路、中国特色社会主义制度和中国特色社会主义文化的自信。

理论自信，来源于马克思主义的科学性、革命性、正确性。所谓科学性，在于马克思主义揭示了人类社会发展基本规律，指出资本主义必然灭亡、社会主义必然胜利的历史大趋势。所谓革命性，在于马克思主义是科学的世界观和方法论，是工人阶级和劳动人民争取解放的学说。所谓正确性，它能够解决近代中华民族面临的两大历史任务，能够解决什么社会主义、怎样建设社会主义，能够解决坚持和发展什么样中国特色社会主义、怎样坚持和发展中国特色社会主义这些根本问题；能够根据世界大势和中国发展方向，引领中国道路，推动社会进步，维护和实现人民利益，引领中华民族伟大复兴历史进程。

坚定理论自信，是对历史经验的总结和对各种挑战的回答。在马克思主义中国化历史进程中，否定马克思主义指导地位的声音不绝于耳。在苏联解体、东欧剧变背景下，唱衰中国的论调从未中断，各种“中国崩溃论”层出不穷。国内有人也宣扬马克思主义“过时论”“失败论”“无用论”。有人认为，中国的成功不是社会主义成功，而是资本主义的成功。中国道路不是社会主义，是“资本社会主义”“国家资本主义”“新官僚主义”；宣称不是社会主义才能救中国，而是资本主义拯救中国。还有人主张“只有民主社会主义才能救中国”，有人主张打出“社会主义旗帜”，去掉“中国特色”。这些论调的政治结果，会改变中国特色社会主义伟大旗帜。旗帜和理论改变了，那道路、制度、文化也会改变。坚定理论自信，就是要坚信“只有社会主义才能救中国，只有中国特色社会主义才能发展中国”的真理，保持政治定力和理论定力，任凭风浪起，稳坐钓鱼船。

中国理论是执政党创建和发展中国制度的思想依据。马克思主义是中国革命的思想武器，也是中国社会主义制度的基本依据。中国特色社会主义制度，是根据马克思主义基本原理，结合中国国情和历史文化传统创建和发展的。根据无产阶级专政的理论，建立人民民主专政国体；

根据工人代表大会制度，建立人民代表大会制度；根据消灭资本主义私有制的原理，经过社会主义改造建立公有制的主体地位，等等，这些都是中国特色社会主义制度的基本骨架，反映中国社会的社会主义性质。改革开放以来，中国特色社会主义道路、中国特色社会主义制度，都得到丰富和发展，但其基本内容"都是在新的历史条件下体现科学社会主义基本原则的内容，如果丢掉了这些，那就不成其为社会主义了。"[①] 中国理论是中国制度的指导思想，中国制度是中国理论的制度化、规范化、法制化。坚定理论自信和坚定制度自信，是相互联系不可分割的有机体。

中国理论是中国特色社会主义文化的核心，决定中国文化的性质和发展方向。近代以来，哪种思想、主义能够解决两大历史主题，这种思想、主义就可能上升为国家的指导思想；奉行这种思想、主义的阶级及其政党，就可能居于国家的领导地位。马克思主义之所以在中国开花结果，根本原因在于它能够解决中国社会问题。而解决中国问题，需要把马克思主义同中国历史、中国文化、中国实践相结合，创造适合中国国情的新方案、新理论、新文化。中国理论是中国道路、中国制度和中国文化的核心和灵魂。中华文化是中国理论的思想土壤，中国理论是中国文化的科学武器。对中国理论的自信，包含对中华的自信。文化自信是理论自信的逻辑延伸，理论自信反映文化自信的品质性格。

马克思主义没有偏离人类文明发展的道路，而是吸收了世界先进文明成果的结晶。马克思主义代表人类先进文化前进方向。占领理论制高点，才能占领文明制高点。文化自信的理论勇气，在于马克思主义的科学性和先进性。马克思主义与中华优秀传统文化，在理想目标、社会生活、天人关系、人文追求、价值取向、唯物论和辩证法等方面，都具有相契合、共通性，二者结合具有和实生物的创新性力量。在马克思主义中国化进程中，批判地继承中国传统文化，取其精华、去其糟粕，指明新方向，开辟新道路，创设新制度，创造新思想新文化。中国特色社会主义理论体系和中国特色社会主义文化，是马克思主义中国化进程的理

① 《十八大以来重要文献选编》（上），中央文献出版社 2014 年版，第 110 页。

论创新成果和文化创新成果，前者是后者的核心内容，后者是前者的目标导向。没有理论自信，文化自信如空中楼阁；没有文化自信，理论自信也难以生根发芽。

三、制度自信是“四个自信”的骨架

中国特色社会主义制度，是由中国特色社会主义根本政治制度和基本政治制度、基本经济制度、社会主义法律体系以及经济、政治、文化、社会、生态等一系列体制机制组成。中国制度是中国社会发展道路的结构框架，是中国社会主义性质的反映。中国制度符合中国社会发展规律，代表人类社会政治文明的前进方向，占据制度文明制高点。

对中国制度的自信来源于它是先进阶级创造的、以先进科学理论指导的、反映先进社会形态的制度体系，是中国进步和发展的政治保障。制度自信，还来源于它相较于其他阶级社会制度的比较优势。中国制度既能体现党的领导的政治优势，又能发挥同心同德、群策群力的组织优势；既能发挥国家集中力量办大事的举国优势，又能发挥地方积极性、主动性和创造性优势；既能发挥社会主义和市场经济相结合的经济优势，又包含实现人民共同富裕的价值观优势；既能发挥中国梦、核心价值观等凝神聚力的优势，又能发挥自由发展、追逐个人梦想的优势。

制度自信是对质疑中国特色社会主义制度的回应。改革开放以来，国内外存在否定中国社会主义制度的声音。有人认为社会主义不如资本主义，“外国的月亮比中国的圆”。有人攻击改革开放是改变为资本主义制度。有人用改革开放前的制度否定改革开放后的制度；或者用改革开放后的制度否定改革开放前的制度。还有人攻击中国是带有封建专制色彩的共产党集权制度。这些论调的根本错误，在于没有认识中国经济、政治、思想文化的社会主义本质特征。当代中国社会制度还存在不完善、不健全的地方，还存有旧社会中遗传来的腐朽因素，这并不是反映社会主义制度本质的东西。中国特色社会主义制度尚未尽善尽美、成熟定型。党的十九大强调，坚持和完善中国特色社会主义制度，不断推进国家治理体系和治理能力现代化，坚决破除一切不合时宜的思想观念和体制机制弊端，构建系统完备、科学规范、运行有效的制度体系，充分发挥我国社会主义制度优越性。坚定制度自信，才能“千磨万击还坚劲，任尔东南西北风”。

探索和开创中国道路，与创设和完善中国制度是统一的过程。任何政治制度的创设，都反映一定阶级的利益、意志、价值观念和政治理念。中国社会制度安排和发展完善，是代表人民群众以及其他劳动者、爱国者的利益和意志，具有广泛的群众基础和政治基础。社会制度是为实现某种理想和目标的强制性、规范性安排。中国特色社会主义经济制度和政治制度，规定国家和社会的性质，体现人民当家作主的根本目的和要求。党的领导是中国特色社会主义的最本质特征，中国特色社会主义制度的最大优势，是发挥党的领导。中国特色社会主义制度的价值基础，是全国人民有相同的根本利益，是建设现代化强国、实现中华民族伟大复兴和共同富裕。执政党把共同理想信念、根本利益、精神旗帜、经济基础和政治基础、群众基础、组织基础等，通过一定的程序，上升为国家法律，作为全社会的强制性规范。对中国制度的自信，反映执政党对自身执政理念和对人民团结奋斗的信心。

中国特色社会主义制度是提升文化自信的制度依托。制度的生命力和公信力，在于推动经济社会发展，实现人民的利益追求和价值追求。制度的感召力和凝聚力，在于人民群众的认同感和归属感。制度的执行力和影响力，在于人民群众的尊重和实践。中国特色社会主义制度，体现人民当家作主的民主要求，也反映核心价值体系的目标导向，展现战胜一切艰难险阻的强大能量。对中国制度的自信，包含对中国政治文化的自信。

社会制度的设计和形成，都体现一定的历史文化传统和价值追求。设计和发展国家政治制度，必须注重历史和现实、理论和实践、形式和内容有机统一。中国制度，是中国革命和建设历史经验的总结，是马克思主义与中国历史、中国文化相结合的产物，并借鉴西方国家的政治、经济、思想文化中的优秀成果，创造出适合中国特色、代表社会发展趋势、体现人民当家作主、蕴含先进文化的制度安排。中国制度寄寓了中国文化的价值观念、社会理念、目标要求、思想心理、精神品质等因素。

比如，人民代表大会制度，是人民民主专政国体的组织形式，是中国人民在人类政治制度史上的伟大创造，是总结近代以后中国政治教训得出的基本结论，包含对古代民本思想的传承。实践证明，人民代表大会制度是符合中国国情和实际、体现社会主义国家性质、保证人民当家作主、保障实现中华民族伟大复兴的好制度。习近平指出，每个国家的政治制度，“都是在这个国家历史传承、文化传统、经济社会发展的基础上长期发展、渐进改进、内生性演化的结果”。[①]

中国特色社会主义制度，根源于中华文化沃土、反映人民利益意愿、汲取世界文明精华、植根中国革命和建设实践，代表时代发展要求，具有深厚的历史基础、社会基础、思想基础和实践基础。中国特色社会主义制度不同于西方三权分立和自由经济模式，反映出中国理论、中国方案、中国模式、中国道路的独特贡献，体现了中国人民的道路创新、制度创新和文化创新。坚持对中国特色社会主义制度的自信，包含对中国特色社会主义文化的自信。制度自信，包含理论自信的精神颜色、道路自信的实践本色、文化自信的价值底色。

四、文化自信是“四个自信”的根基

中国特色社会主义文化，源于中华优秀传统文化，熔铸于革命文化和社会主义先进文化，植根于中国特色社会主义伟大实践，是当代中国安身立命的精神根脉，是中华民族共有的精神家园，是中华民族在世界文化激荡中站稳脚跟的坚实基础。文化自信，就是对中华优秀传统文化、革命文化和先进文化的自信。

文化自信是一个民族、国家和政党对自身文化历史、价值、实践、前途的高度认同。文化自信，是党从历史和现实、理论和实践、文化与社会、中国和外国多维度相结合提出的精神旗帜，具有悠久的文明根基、自强的民族骨气、科学的理论勇气、进步的历史底气和引领世界的时代

① 习近平：《在庆祝全国人民代表大会成立60周年大会上的讲话》，《人民日报》2014年9月6日。

志气。文化自信是对当代中国历史成就的总结回答。

中华文化是中华民族发展壮大的根基。中华民族在形成和发展过程中创造的各种思想文化，是“根本”和“灵魂”，其中“最核心的内容已经成为中华民族最基本的文化基因”。[①]中华优秀文化博大精深，当代中国社会的理想追求、人文精神、道德规范、治国理政、生态理念、哲学思维等精华，都可以从传统文化中找到根源。中华优秀文化承载着对中国梦的目标追求，是中国道路、当代中国先进文化的血脉。中华优秀文化蕴含丰富的治国理政经验，是涵养核心价值观的思想资源，是弘扬中华美德的历史借鉴，是培养担当中华民族伟大复兴使命时代新人的教科书和丰富营养。习近平指出：“中华文化源远流长，积淀着中华民族最深层的精神追求，代表着中华民族独特的精神标识，为中华民族生生不息、发展壮大提供了丰厚滋养。”[②]

思想文化作为观念形态的上层建筑，是对经济基础和政治上层建筑的反映，是中国道路、理论、制度等对象的话语表达。中国特色社会主义道路、中国特色社会主义理论、中国特色社会主义制度，是中国特色社会主义文化的物质载体、理论指南和制度保障，中国特色社会主义文化是中国特色社会主义道路、中国特色社会主义理论、中国特色社会主义制度的历史来源、思想根源和价值导向。“增强文化自觉和文化自信，是坚定道路自信、理论自信、制度自信的题中应有之义。”[③]文化自信是对道路自信、理论自信、制度自信的逻辑结果和话语延伸。

文化自信是各种思想激荡和交锋中稳坐钓鱼台的内在定力。当今社会，社会结构多元化，经济利益多元化，生活方式多元化，带来思想理论、价值观念、性格旨趣多样化，对马克思主义指导地位、核心价值体系、社会道德规范等带来挑战和消解。有人宣扬中华文化复归儒家文化，主张定儒教为国教。有人质疑核心价值观与资本主义自由、平等、公正、

---

① 习近平：《在纪念孔子诞辰2565周年国际学术研讨会暨国际儒学联合会第五届会员大会开幕会上的讲话》，《人民日报》2014年9月25日。

② 习近平：《把培育和弘扬社会主义核心价值观作为凝魂聚气强基固本的基础工程》，《人民日报》2014年2月26日。

③ 习近平：《在文艺工作座谈会上的讲话》，《人民日报》2015年10月15日。

法治的区别。有人借口封建遗风存在，就全盘否定中华优秀传统文化的当代价值。这些论断，忽视文化性质和中国社会形态的关系，客观上会否定中国道路选择的历史延续，消解中国制度的价值取向，干扰中国文化的前进方向。中国共产党既是中华优秀传统文化的积极传承者和弘扬者，也是先进文化的积极倡导者和发展者。增强文化自信，坚定“四个自信”的辩证统一，保持政治定力和文化定力，建设具有强大凝聚力和引领力的社会主义意识形态，才能澄清迷乱，辩证错乱，治理混乱，明辨是非，廓清方向，指明道路；才能发展先进文化，支持有益文化，改造落后文化，抵制腐朽文化，整合社会文化生态，为“两个一百年”奋斗目标提供精神支撑。

中国特色社会主义文化，为中国特色社会主义提供思想基础、精神动力和智力支持。习近平指出：“文化自信是一个国家、一个民族发展中更基本、更深沉、更持久的力量。”“没有高度的文化自信，没有文化的繁荣兴盛，就没有中华民族伟大复兴。”①

说文化自信是更基本的力量，在于中华文化是中华民族生存和自立的基础和标志。共同的文化是民族生存和自立、自主、自觉、自信、自强的思想基础和精神纽带。习近平指出：“文明特别是思想文化是一个国家、一个民族的灵魂。无论哪一个国家、哪一个民族，如果不珍惜自己的思想文化，丢掉了思想文化这个灵魂，这个国家、这个民族是立不起来的。”② 五千多年中华文明形成发展壮大历史，是文化自信的深厚根基，文化自信是中华民族凝神聚力、自强不息的灵魂。

说文化自信是更深沉的力量，在于中国特色社会主义文化是党、国家和民族独立自主的精神支柱。民族自主、国家独立、政党自立自强，其中基本要素，是在思想理论、价值观念、精神意志、性格品质上，坚持独立自主的地位。如果照搬照抄别国的道路模式，那么，经济、政治、思想、文化方面的独立性就会被釜底抽薪，国家就会迷失方向，也就难

① 习近平：《决胜全面建成小康社会 夺取新时代中国特色社会主义伟大胜利》，《人民日报》2017年10月28日。

② 习近平：《在纪念孔子诞辰2565周年国际学术研讨会暨国际儒学联合会第五届会员大会开幕会上的讲话》，《人民日报》2014年9月25日。

以维护国家主权安全和文化安全。习近平指出：“坚定文化自信，是事关国运兴衰、事关文化安全、事关民族精神独立性的大问题。”① 中国特色社会主义，是物质文明和精神全面发展的伟大事业。中国特色社会主义文化是实现中华民族伟大复兴的精神力量。没有中华文化的繁荣兴盛，就没有中华民族的伟大复兴。习近平指出：“实现中华民族伟大复兴，必须坚定中国特色社会主义道路自信、理论自信、制度自信、文化自信。”②

说文化自信是更持久的力量，在于中国特色社会主义文化是中华文明新辉煌的精神引领。文化自信反映政党和人民的价值取向，折射对一定社会历史的判断标准，反映对社会实践、道路、制度、理论、文化的价值取舍，包含对物质文明、制度文明、精神文明的设计、选择和建筑。正如习近平所说：“中国有坚定的道路自信、理论自信、制度自信，其本质是建立在5000多年文明传承基础上的文化自信。”③ 中华民族创造了源远流长的中华文化，也能够创造出中华文化新的辉煌。从整个社会结构和中华文明传承来看，文化自信是更持久的力量。

五、“四个自信”是辩证统一的整体

《中国共产党章程》指出：改革开放以来取得一切成绩和进步的根本原因，归结起来就是：开辟了中国特色社会主义道路，形成了中国特色社会主义理论体系，确立了中国特色社会主义制度，发展了中国特色社会主义文化。④ 中国特色社会主义道路，是实现社会主义现代化、创造人民美好生活的必由之路；中国特色社会主义理论体系，是指导党和人民实现中华民族伟大复兴的正确理论；中国特色社会主义制度，是当代中

① 习近平：《在中国文联十大、中国作协九大开幕式上的讲话》，《人民日报》2016年12月1日。

② 习近平：《在中国文联十大、中国作协九大开幕式上的讲话》，《人民日报》2016年12月1日。

③ 杜尚泽：《阔步走在中华民族伟大复兴的历史征程上（治国理政新实践）——记以习近平同志为总书记的党中央推进全方位外交的成功实践》，《人民日报》2016年1月5日。

④ 《中国共产党章程》，人民出版社2017年版，第6页。

国发展进步的根本制度保障；中国特色社会主义文化，是激励全党全国各族人民奋勇前进的强大精神力量。

中国特色社会主义，道路是实践载体和社会形态，理论是核心要义和行动指南，制度是政治保障和建筑框架，文化是思想基础和精神支柱。把成功的实践经验提升为理论，以正确的理论指导实践；把实践中行之有效的方针政策规范为党和国家制度；把完善道路、理论和制度过程中的价值理念凝结为文化；以核心价值观和发展理念引领道路、理论和制度。中国特色社会主义，特色在于在实现途径、行动指南、根本保障、价值理念上的内在关系，四者相互联系、相互制约，相互依存、相互促进，相互印证、相得益彰，共同体现中国社会形态的性质，统一于中国特色社会主义建设的伟大实践。如果把“四个自信”比喻为机体，那么，道路自信是躯体，理论自信是大脑和神经系统，制度自信是骨骼，文化自信是血脉。

“四个自信”是对中国历史成就的科学总结，是对中国道路、中国理论、中国制度、中国文化的高度肯定，是不忘初心、继续前行的郑重宣言。高举中国特色社会主义伟大旗帜，就必须坚定道路自信、理论自信、制度自信、文化自信。“四个自信”的完整提出，形成了中国社会形态自信的基本格局，包含对整个社会大厦的蓝图构想、建筑工程、物质材料、设计理念等方面的自信。伴随“两个一百年”奋斗目标进程，中华民族将增强经济、政治、文化、社会、生态、军事等各方面的自信，集中于对伟大政党、伟大民族、伟大国家和伟大人民的自信。

站在广袤中华大地，吮吸深厚文化营养，开拓人间沧桑正道，掌握人类科学真理，构建先进社会制度，创造世界瞩目成就，中国人民应该自觉自立自主自信自强。习近平指出：“全党要坚定道路自信、理论自信、制度自信、文化自信。当今世界，要说哪个政党、哪个国家、哪个民族能够自信的话，那中国共产党、中华人民共和国、中华民族是最有理由自信的。”① “四个自信”是中国历史发展的必然结果，时代发展的要求，实现中国梦的精神引领。“四个自信”的提出，回答了举什么

① 习近平：《在庆祝中国共产党成立 95 周年大会上的讲话》，《人民日报》2016 年 7 月 2 日。

旗，走什么路，以什么样的精神状态，朝什么样的方向继续前进的时代问题。

［原载《兰州学刊》2018年第5期］

2016—2018年文化自信的研究述评与展望

2016年以来，习近平总书记在建党95周年大会上正式提出“四个自信”后，学术界对文化自信的研究和阐释，出现井喷式增长。主要代表性著作有以下类别：一类是从文化建设史阐述文化自信，如《筑牢文化自信之基——中国文化体制改革40年》（蔡武主编）、《中华人民共和国文化史》（欧阳雪梅主编）；一类是从文化理论阐释文化自信，如《文化自信中的传统与当代》（陈先达著）、《中国特色社会主义文化自信论》（耿超著）、《中华文化的底气》（张岂之主编）、《王蒙谈文化自信》（王蒙著）等；一类是从文化传播和影响力来阐述文化自信，如《中国道路的文化自信》（李建德、杨永利著）、论文集《文化自信与中国外国文学话语建设》（王春雨主编）等。就期刊网来说，据不完全统计，以“文化自信”检索，2016年约有1469篇，2017年约有3503篇，2018年约有4141篇；以“文化自信”和“习近平”检索，2016年约有263篇，2017年约有495篇，2018年约有428篇。研究综述有向玉珍、殷文贵的《近年来习近平文化自信思想研究述评》等。学术界围绕文化自信提出的背景和依据，文化自信的内涵和结构，文化自信的价值和意义，文化自信面临的问题和提升路径等展开研究。

一、文化自信提出的背景和依据

（一）文化自信提出的社会背景

党的十八大以来，中国特色社会主义进入新时代。当代中国正处于

“两个一百年”的历史交汇期。中国日益接近中华民族伟大复兴的奋斗目标，日益走向世界舞台的中央。在这样背景下，习近平在党的十九大报告中指出：“文化自信是一个国家、一个民族发展中更基本、更深沉、更持久的力量。”“没有高度的文化自信，没有文化的繁荣兴盛，就没有中华民族伟大复兴。”[①]文化自信命题的提出，回答了举什么旗、走什么路，以什么样的精气神、向什么样的目标走向新时代的问题。

世情国情党情的演变是文化自信提出的社会背景。曲青山认为，世界多极化、经济全球化、文化多样化、社会信息化发展大势，是文化自信的国际背景；战略机遇期、改革攻坚期、发展黄金期、矛盾凸显期叠加交织，是其国内背景；执政党面临党的建设伟大工程，是其政党背景；落后就要挨打的历史记忆，是其历史背景。[②]陈晋认为，中国逐步走向世界舞台中心，但西强我弱的舆论格局并没有改变；我们比历史上任何时期都更接近中华民族伟大复兴的目标，但各种深层次矛盾和问题前所未有；在新时代进行具有许多新的历史特点伟大斗争，需要文化自信作为精神标识和精神准备。[③]沈壮海认为，涵养文化自信，是面对民族复兴和文化复兴提出的现实问题，是近代以来中华民族从自卑、自觉到自信的历史问题，是面对世界格局和综合国力竞争大势的时代课题，是中华民族文化自觉自强的内生问题。[④]

（二）文化自信的历史依据和实践基础

在中国特色社会主义的正确引领下，中华民族实现了从站起来、富起来到强起来的伟大飞跃。党的十九大通过的《中国共产党章程（修正案）》指出，改革开放以来取得一切成绩和进步的根本原因，“归结起来就是：开辟了中国特色社会主义道路，形成了中国特色社会主义理论体系，确立了中国特色社会主义制度，发展了中国特色社会主义文化。”[⑤]

---

① 《中国共产党第十九次全国代表大会文件汇编》，人民出版社2017年版，第18、33页。

② 曲青山：《关于文化自信的几个问题》，《中共党史研究》2016年第9期。

③ 陈晋：《从文化自信看中国道路》，《中国井冈山干部学院学报》2016年第6期。

④ 沈壮海：《新时代涵养向新而行的文化自信》，《贵州民族报》2017年10月31日，第3版。

⑤ 《中国共产党第十九次全国代表大会文件汇编》，人民出版社2017年版，第69页。

阐述了道路自信、理论自信、制度自信和文化自信的关系。习近平指出："增强文化自觉和文化自信，是坚定道路自信、理论自信、制度自信的题中应有之义。"[①]

中国道路发展进程是文化自信提出的历史根据。蔡武认为，文化自信源于改革开放以来中国经济的巨大变革；源于中华文化的生机活力；源于人民的主体地位；源于核心价值观的引领；源于解放和发展文化生产力，不断推进文化治理体系创新；源于对外开放，不断增强中华文化国际影响力。[②]张岂之认为，坚持文化自信有五个认同：认同中华民族创造五千年文明；认同中华文明对人类文明的重大贡献；认同尊重世界文明的多样性；认同国家统一、民族融合为中华文明的繁荣发展奠定了坚实的基础；认同中华文化具有独特的汉字文化系统。[③]

中国社会历史性变革是文化自信提出的实践基础。陈先达认为，中华文化的创造性和时代性特质，是文化自信底气之根，中国共产党和马克思主义是文化底气的中流砥柱，中国特色社会主义伟大成就是文化底气的基础，而正确的文化政策则是维护文化底气的制度化保证。[④]杨殿军等认为，习近平新时代中国特色社会主义思想，是文化自信的思想武器；党中央对文化工作高度重视，是其强劲力量；社会稳步健康发展，是其实践支撑；一系列方针政策出台落地，是其制度指引。[⑤]石文卓认为，马克思主义理论是其理论依据；中华优秀传统文化是其历史依据；经济实力是其现实依据；文化自觉是其心理依据。[⑥]

重塑文化自信有一个历史发展过程。陈先达考察中国从高度文化自信到短期自卑、再到当代中国重建文化自信的螺旋式发展过程，强调中

---

① 《十八大以来重要文献选编》(中)，中央文献出版社 2016 年版，第 135 页。

② 蔡武主编：《筑牢文化自信之基——中国文化体制改革 40 年》，广东经济出版社有限公司 2017 年版，第 2—4 页。

③ 张岂之：《文化自信：国家兴衰的命脉 民族精神独立的基石》，《光明日报》2017 年 8 月 6 日，第 7 版。

④ 陈先达：《论文化自信的底气》，《光明日报》2017 年 9 月 11 日。

⑤ 中央党校进修部厅局班调研组：《新视域下如何坚定文化自信》，《学习时报》2018 年 3 月 28 日，第 3 版。

⑥ 石文卓：《文化自信：基本内涵、依据来源与提升路径》，《思想教育研究》2017 年第 5 期。

国共产党领导革命和民族复兴的历程，也是文化自信的重建过程。[①]汪海鹰考察文化自信历程，认为鸦片战争后，中国文化经历从自信十足到逐步丧失自信的过程。中国共产党担负起民族复兴和文化复兴的责任，抗美援朝的胜利以及改革开放的成就使中国的文化自信开始复苏。党的十八大以来，中华民族进入文化自信彰显时期。[②]

（三）文化自信提出的世界视域

文化自信的提出是对世界文明交流互鉴大势的反应。任平认为，金融危机和欧债危机改变了中国在全球的地位和开放格局。中国从“韬光养晦”转为负责任、引领性的大国；从世界工厂转变为为世界提供优秀价值和文化的国家。中国需要坚定文化自信，为解决世界问题提供异于西方的中国方案和原创价值。[③]文化自信是中国坚持自己道路的需要。陆卫明、孙泽海认为，习近平提出文化自信，是应对外来文化冲击、提高中国文化话语权的需要，是提升文化软实力、增强中国国际竞争力的需要，是夯实中国理论文化基础、坚定中国前进方向的客观需要。[④]

文化自信是正确处理中华文明与世界文明关系的要求。王在邦认为，增强文化自信，增强国家文化软实力和硬实力，是反对国际文化霸权主义的客观需要，是适应中国综合国力增长的文化需要，是阐释中国道路、中国制度、中国理论，推动世界文明和中华文明融合发展的需要。[⑤]周艳红、刘仓梳理了从费孝通的“文化自觉”到习近平“文化自信”的理论逻辑，认为树立文化自信，是构建新型中华文化、实现民族复兴、塑造国家形象、选择中国独特发展道路、提升国家文化软实力和影响力、解

---

① 陈先达：《文化自信的传统与当代》，北京师范大学出版社 2017 年版，“前言”第 1—4 页。

② 汪海鹰：《近代以来中华民族文化自信的发展历程及启示》，《马克思主义研究》2018 年第 7 期。

③ 任平：《全球文明秩序重建与中国文化自信的当代使命》，《中共中央党校学报》2017 年第 1 期。

④ 陆卫明、孙泽海：《论习近平的文化自信思想》，《北京工业大学学报》2017 年第 5 期。

⑤ 王在邦：《试论文化自信与民族复兴》，《文化软实力》2016 年第 4 期。

决世界性矛盾和问题的客观要求。[①]

党中央提出文化自信，立足于中华文化发展的历史和规律，立足和着眼于中华民族团结统一的历史根基，立足于中国特色社会主义生命力，立足于中华文明与世界各国文明的交流互鉴、共融共建，是中国特色社会主义进入新时代的标志性精神旗帜。习近平指出："全党要坚定道路自信、理论自信、制度自信、文化自信。当今世界，要说哪个政党、哪个国家、哪个民族能够自信的话，那中国共产党、中华人民共和国、中华民族是最有理由自信的。"[②]

二、文化自信的内涵和结构

习近平指出："文化自信，是更基础、更广泛、更深厚的自信。在五千多年文明发展中孕育的中华优秀传统文化，在党和人民伟大斗争中孕育的革命文化和社会主义先进文化，积淀着中华民族最深层的精神追求，代表着中华民族独特的精神标识。"[③] 这个论断从历史和现实、实践和认识、物质和精神相结合的角度指明文化自信的内涵和结构。

（一）文化自信的内涵

学术界从精神心理、社会结构、历史延续、文化功能等多维度阐释文化自信的内涵。

从精神层面阐释文化自信。云杉认为，文化自信，是一个国家、一个民族、一个政党对自身文化价值的充分肯定，对自身文化生命力的坚定信念。[④] 陈晋认为，文化自信是国家、民族、政党对自身历史精髓的领悟，对自身禀赋的尊重，对自身精神价值的肯定，并拥有实现创造性转

① 周艳红、刘仓：《从费孝通的"文化自觉"到习近平的"文化自信"》，《广西社会科学》2016年第9期。

② 《十八大以来重要文献选编》（下），中央文献出版社2017年版，第348页。

③ 《十八大以来重要文献选编》（下），中央文献出版社2017年版，第349页。

④ 云杉：《文化自觉 文化自信 文化自强——对繁荣发展中国特色社会主义文化的思考》（中），《红旗文稿》2010年第16期。

化和创新性发展的能力。[①] 曲青山认为，文化自信是民族、国家和政党对自身禀赋、文化价值的充分肯定和积极践行，是对其文化生命力保持坚定信心，包含对中华优秀传统文化、革命文化、社会主义先进文化的认同感，对中国道路、理论、制度的认同感。[②]

从多维心态阐释文化自信。郝立新、朱紫祎认为，坚定文化自信，需要审视自我，找寻中国文化的时代境遇和文化矛盾，解决时代问题；坚守自我，明晰中国文化的时代价值与独特之处，提升国家文化软实力；展现自我，在古今中外文化互动之中使中国文化面向未来、走向世界。[③]

从全球文明秩序重建来阐释文化自信。任平认为，文化自信是一个民族应对各种时代挑战、全球思想撞击、文明冲突和文化对话中对自己民族文化意义和价值的自觉认同、自觉守护和自觉皈依。[④]

从整个社会结构阐释文化自信。雒树刚认为，要从党、国家和民族发展大格局，从道路自信、理论自信、制度自信、文化自信统一，从“五位一体”总体布局和“四个全面”战略布局，从“两个百年”奋斗目标来把握文化自信。[⑤] 文化自信是对中华民族和国家综合国力的自信。刘仓认为，文化自信，既包含对民族、国家、政党、人民的历史、现实和未来的自信，也包含对综合国力的自信；既包含对实现现代化强国和中国梦的自信，也包含中国走向世界舞台中央、融合世界文明的自信。[⑥]

从中华文化历史传承阐释文化自信。坚定文化自信，坚持不忘本来、吸收外来、面向未来。苏星鸿、孙晓琳认为，文化自信的历史内涵，是对中华优秀文化、革命文化和先进文化的自信；其现实内涵，是对“四个自信”的全面把握；其发展内涵，是立足于新时代中国特色社会主义

---

① 陈晋：《从文化自信看中国道路》，《中国井冈山干部学院学报》2016 年第 6 期。

② 曲青山：《关于文化自信的几个问题》，《中共党史研究》2016 年第 9 期。

③ 郝立新、朱紫祎：《中国特色社会主义文化的时代境遇与价值选择——学习习近平总书记关于坚定文化自信的重要论述》，《毛泽东邓小平理论研究》2018 年第 11 期。

④ 任平：《全球文明秩序重建与中国文化自信的当代使命》，《中共中央党校学报》2017 年第 1 期。

⑤ 雒树刚：《坚定文化自信》，《毛泽东研究》2017 年第 5 期。

⑥ 刘仓：《论习近平文化自信的多维理路》，《山东社会科学》2017 年第 12 期。

的伟大实践。[①] 周银珍认为，文化自信是对中华民族创造文化的能力、结果以及创造活动本身的自信。从横向来看，文化自信是对核心价值观、物质、精神、制度、生活方式等方面的自信。从纵向来看，文化自信是对中华优秀传统文化、革命文化、先进文化的自信。[②]

（二）文化自信的内容结构

文化自信具有以马克思主义为指导地位的内在逻辑。王伟光认为，马克思主义是文化自信的精髓和灵魂，中国共产党的领导是文化自信的根本保证，中国特色社会主义道路自信、理论自信、制度自信是文化自信的核心要义。[③] 侯惠勤认为，坚定文化自信的本质是掌握意识形态工作领导权。从根本上说，意识形态决定文化前进方向和发展道路。[④] 沈壮海认为，文化自信，是立足当下、继往开来的文化自信，是立足中国、面向世界的文化自信。核心价值观的自信，是文化自信的内核所在。[⑤]

文化自信以文化力量为支撑。代金平、秦锐从文化引导力、文化生产力、文化凝聚力、文化包容力、文化防御力、文化影响力、文化领导力等七个维度研究文化自信。[⑥] 文化自信的主体、核心和路径。温宪元认为，文化自信是道路自信、理论自信、制度自信的必然结果和深远目标。社会主义是文化自信的核心价值；人民群众是文化自信选择和评判的主体；解决现实问题的能力是文化自信的根本。[⑦]

（三）“四个自信”的内在逻辑

习近平在会见第二届“读懂中国”国际会议外方代表时指出：“中国有坚定的道路自信、理论自信、制度自信，其本质是建立在5000多年文

---

① 苏星鸿、孙晓琳：《新时代中国特色社会主义文化自信三题》，《党的文献》2018年第2期。

② 周银珍：《习近平总书记文化自信及其当代意义研究》，《江汉大学学报》2017年第6期。

③ 王伟光：《文化自信：在改革开放中砥砺坚定》，《求是》2018年第23期。

④ 本刊记者：《坚定文化自信的理论自觉——访中国社会科学院大学特聘教授侯惠勤》，《马克思主义研究》2017年第11期。

⑤ 沈壮海：《新时代涵养向新而行的文化自信》，《贵州民族报》2017年10月31日。

⑥ 代金平、秦锐：《习近平文化自信思想的七个维度》，《探索》2017年第4期。

⑦ 温宪元：《文化自信是治国理政的基本力量》，《深圳特区报》2016年12月20日。

明传承基础上的文化自信。”[①] 这个论断从整个社会结构角度阐述“四个自信”的内在关系。

许多学者梳理了习近平从“三个自信”发展到“四个自信”的过程，强调“四个自信”是辩证统一关系。曲青山认为，“四个自信”丰富和发展了中国特色社会主义基本内涵；道路自信是其他三个自信的实践基础和基本前提；理论自信是其他三个自信的思想引领和指示航向；制度自信是其他三个自信的具体展现和可靠保障；文化自信是其他三个自信的内在要求和精神支撑。“四个自信”统一于中国特色社会主义伟大实践，沉淀和存在于党、国家和民族的历史之中。[②] 韩振峰认为，“四个自信”是一个有机整体。道路是实现途径，理论体系是行动指南，制度是根本保障，文化是精神力量，它们统一于中国特色社会主义伟大实践。[③] 侯惠勤认为，文化自信是前三个自信合乎逻辑的延伸，是中国特色社会主义日臻完善的必然结果。“四个自信”是平列关系，各有侧重、互不替代，但又相互呼应、浑然一体。[④]

文化自信是坚持中国道路的精神支撑，是最本质最基础的自信。陈晋根据文化在中国道路中的地位和作用，认为文化自信是前“三个自信”的逻辑发展；前“三个自信”本质上是五千年文明传承基础上的自信。[⑤] 魏宪朝、李东方认为，道路自信是其他三个自信的基本前提；理论自信是其他三个自信的思想引领和行动指南；制度自信是其他三个自信的具体展现和可靠保障；文化自信是其他三个自信的内在要求和精神支柱。[⑥] 潘新喆、刘爱娣认为，“文化自信”本质上是“三个自信”坚实的基础，

---

① 杜尚泽：《阔步走在中华民族伟大复兴的历史征程上（治国理政新实践）——记以习近平同志为总书记的党中央推进全方位外交的成功实践》，《人民日报》2016年1月5日。

② 曲青山：《关于文化自信的几个问题》，《中共党史研究》2016年第9期。

③ 韩振峰：《坚持“四个自信”的内在依据和重大意义》，《河北日报》2016年10月26日。

④ 本刊记者：《坚定文化自信的理论自觉——访中国社会科学院大学特聘教授侯惠勤》，《马克思主义研究》2017年第11期。

⑤ 陈晋：《文化自信：更基础、更广泛、更深厚的自信》，《北京日报》2016年7月4日。

⑥ 魏宪朝、李东方：《新时代中国共产党“四个自信”的多维探源》，《当代世界与社会主义》2018年第1期。

是“三个自信”的外在要求、必然结果和深远目标。[①]张远新认为，文化自信是道路自信的根脉所在，理论自信立足于文化自信，文化自信是制度自信的思想根基。[②]

“四个自信”的精神实质是对中国特色社会主义的自信。田心铭强调，“四个自信”的根本性质是“中国特色社会主义”。离开中国特色社会主义去讲“自信”，就偏离了“四个自信”的精神实质。[③]刘仓认为，“四个自信”关系，以“道路、理论、制度、文化”的关系为本体。“四个自信”的完整提出，形成了中国社会形态自信的基本格局，集中于对伟大政党、伟大民族、伟大国家和伟大人民的自信。[④]

（四）习近平关于文化自信的重要论述的建构

习近平关于文化自信的重要论述的新时代意蕴。刘波认为，习近平关于新时代文化自信的重要论述，立足新时代的历史方位，推动社会主义文化繁荣兴盛，建设社会主义文化强国；坚守中华文化立场，坚持“双创”之路，铸就中华文化新辉煌；坚持“不忘初心”，担负新的文化使命；坚持开放包容，构筑中国精神、中国价值、中国力量，增强世界影响力。[⑤]吴桂韩认为，习近平关于文化自信的重要论述主要包含对中华文化历史、现实和未来的自信，对社会主义核心价值观和中国精神的自信；蕴含着对传承中华优秀传统文化基因、马克思主义基因和红色基因的坚定信念，蕴含着对创造中华文化新辉煌、为人类文明作出更大贡献的坚定信念，蕴含着对坚持和发展中国特色社会主义、实现中华民族伟大复兴的坚定信念。[⑥]

习近平关于文化自信的重要论述的逻辑结构。赵付科、孙道壮认为，

---

① 潘新喆、刘爱娣：《文化自信的理论基础与实践要求》，《马克思主义研究》2016年第11期。

② 张远新：《文化自信：更基础、更广泛、更深厚的自信——学习习近平总书记关于文化自信的有关论述》，《兰州学刊》2016年第10期。

③ 田心铭：《论“四个自信”》，《学习论坛》2017年第9期。

④ 刘仓：《论“四个自信”的内在逻辑》，《兰州学刊》2018年第5期。

⑤ 刘波：《习近平新时代文化自信思想的时代意涵与价值意蕴》，《当代世界与社会主义》2018年第1期。

⑥ 吴桂韩：《习近平文化自信思想的深刻意蕴》，《山西社会主义学院学报》2016年第4期。

文化自信之根，是坚持中华优秀传统文化的根基命脉；文化自信之魂，是培育和践行社会主义核心价值观；文化自信之力，是稳步提升文化软实力；文化自信之源，是坚持民族性与时代性的融合转换；文化自信之本，是坚持人民群众的主体创造。①王文俊、钟洁认为，习近平关于文化自信的重要论述的核心要义包括理清脉络、价值引领、夯实根基、开放包容、人民中心等五个方面。②

三、文化自信的理论价值和实践意义

文化自信是实现中华民族伟大复兴的精神力量。习近平指出："实现中华民族伟大复兴，必须坚定中国特色社会主义道路自信、理论自信、制度自信、文化自信。"③从中华民族复兴高度指明文化自信的理论意义和实践意义。文化自信是一个民族、国家和政党独立自主的精神支柱。如果执政党缺乏自己独立而科学的执政理念，照搬照抄别国的道路模式，也就难以维护国家主权安全和文化安全。习近平强调："文化自信，是更基础、更广泛、更深厚的自信，是更基本、更深沉、更持久的力量。坚定文化自信，是事关国运兴衰、事关文化安全、事关民族精神独立性的大问题。"④

（一）文化自信的实践意义

文化自信是事关国家兴衰和民族精神独立的重要问题。雒树刚认为，文化自信关乎民族的存在与发展，关乎实现中华民族伟大复兴的中国梦，关乎中华民族屹立于世界民族之林。⑤肖贵清、张安强调，文化自信是提升文化软实力的前提，是实现中华民族伟大复兴的精神支柱，是应对

① 赵付科、孙道壮：《习近平文化自信观论析》，《社会主义研究》2016年第5期。

② 王文俊、钟洁：《习近平新时代文化自信思想：生成逻辑、核心要义、坐标导向》，《广西社会科学》2017年第11期。

③ 《十八大以来重要文献选编》（下），中央文献出版社2017年版，第474页。

④ 《十八大以来重要文献选编》（下），中央文献出版社2017年版，第474页。

⑤ 雒树刚：《坚定文化自信》，《毛泽东研究》2017年第5期。

全球文化激荡的心理根基，是推进中国特色社会主义伟大事业的精神力量。[①]许敏、邵龙宝认为，文化自信是中国特色社会主义进入新时代的要求，是中国形象重新确立的先决条件，是近代以来中国文化发展走向的必然阶段，是道路自信、理论自信和制度自信的基础性条件。[②]

文化自信是文化强国建设、提升文化软实力的精神支撑。曲青山认为，文化自信是实现中华民族伟大复兴的精神动力，是培育和践行社会主义核心价值观的稳固基石，是社会主义文化大发展大繁荣的必然要求，是应对意识形态领域斗争的有力武器。[③]刘宏达、王荣认为，习近平文化自信思想为中国自信提供文化坐标，为文化强国提供行动路线，为文化发展提供质量标准，为文化育人提供精神激励，为文化交流提供价值遵循，为马克思主义中国化研究提供文化向度。[④]

学者还注意文化自信的其他实践意义。周银珍认为，文化自信有助于提升中国国际话语权。[⑤]许敏、邵龙宝认为，文化自信是对世界多元文明和谐共生的认同。[⑥]叶战备认为，坚定文化自信是创新社会治理的本源。[⑦]徐奉臻认为，坚守文化自信有助于推动哲学社会科学研究的学术创新，有助于坚定对于“中国方案”的探索。[⑧]刘林涛认为，文化自信是增强中华民族文化软实力的源泉与动力，是应对世界异质文化冲突与融合的心理支撑，是实现中华民族伟大复兴的精神支柱。[⑨]

---

① 肖贵清、张安：《关于坚定中国特色社会主义文化自信的几个问题》,《当代世界与社会主义》2018 年第 1 期。

② 许敏、邵龙宝：《习近平的文化自信思想及重大价值》,《中共云南省委党校学报》2018 年第 3 期。

③ 曲青山：《关于文化自信的几个问题》,《中共党史研究》2016 年第 9 期。

④ 刘宏达、王荣：《习近平文化自信思想的科学内涵及其实践价值》,《科学社会主义》2008 年第 1 期。

⑤ 周银珍：《习近平总书记文化自信及其当代意义研究》,《江汉大学学报》2017 年第 6 期。

⑥ 许敏、邵龙宝：《习近平的文化自信思想及重大价值》,《中共云南省委党校学报》2018 年第 3 期。

⑦ 叶战备：《坚定文化自信是创新社会治理的本源》,《江苏社会科学》2018 年第 1 期。

⑧ 徐奉臻：《“文化自信”的定位内涵及功能路径》,《社会科学家》2017 年第 10 期。

⑨ 刘林涛：《文化自信的概念、本质特征及其当代价值》,《思想教育研究》2016 年第 4 期。

（二）习近平关于文化自信的重要论述的理论价值

习近平关于文化自信的重要论述是习近平新时代中国特色社会主义思想的有机组成部分。黄坤明指出，文化自信是习近平新时代中国特色社会主义思想的重要标识。习近平总书记关于文化自信的重要论述，深刻揭示了中国特色社会主义的历史传承和文化基因，阐明了坚定文化自信对于新时代坚持和发展中国特色社会主义的重大意义，集中体现了当代中国共产党人的文化观、文明观，是指导新时代社会主义文化建设的科学认识论和方法论。[①]

文化自信是中国共产党的文化理论创新成果。曲青山认为，文化自信是中国共产党理论创新的重大命题，是中国特色社会主义实践和理论不断发展的必然结果，是党的文化理念不断升华的必然结果，是马克思主义中国化的最新成果。文化自信命题，回答了实现中华民族伟大复兴和坚持、发展中国特色社会主义需要什么样的文化支撑的问题，正确解决了中华文明如何继续发展前进、如何大踏步走向世界的问题。[②]杨殿军等人认为，文化自信是习近平新时代中国特色社会主义思想的重要组成部分。习近平新时代中国特色社会主义思想是坚定文化自信的根本思想遵循，为坚定文化自信提出正确路径指引，是新时代坚定文化自信的思想武器。[③]

习近平关于文化自信的重要论述是实现伟大梦想的精神支撑。刘波认为，习近平关于文化自信的重要论述，是新时代坚持道路自信、理论自信、制度自信的深沉根基，实现伟大梦想的精神支撑，走好新征程的精神动力，保持中华民族精神独立性的深厚基石，培育和践行社会主义核心价值观的丰厚沃土。[④]赵付科、孙道壮认为，习近平关于文化自信的重要论述具有传承性意义——为中国共产党文化思想的弘扬作出了新的

---

① 史竞男：《黄坤明在深化文化体制改革座谈会上强调 以坚定的文化自信推动新时代文化改革发展开创新局面》，《人民日报》2018 年 5 月 11 日，第 4 版。

② 曲青山：《关于文化自信的几个问题》，《中共党史研究》2016 年第 9 期。

③ 中央党校进修部厅局班调研组：《新视域下如何坚定文化自信》，《学习时报》2018 年 3 月 28 日。

④ 刘波：《习近平新时代文化自信思想的时代意涵与价值意蕴》，《当代世界与社会主义》2018 年第 1 期。

贡献；方向性意义——为中国特色社会主义文化强国的建设指明了方向；发展性意义——为推动和促进人的自由全面发展奠定了基础。[①]

四、坚定文化自信面临的挑战和路径选择

（一）坚定文化自信应清除错误思想障碍

坚定文化自信面临错误思潮的挑战。王伟光认为，改革开放以来，历史虚无主义、全盘西化论、文化复古主义等错误思潮对文化自信形成严峻挑战。[②]袁敦卫认为，坚定文化自信要防止的错误观点主要有：搞文化民粹主义，笼统抵制对某些消极文化观念或文化现象的批评，过度曲解或误读文化的地方化、族群性与世界性的关系，缺乏文化融合创新发展的胸襟和眼光。[③]

坚持马克思主义立场观点和方法，反对错误思潮，是提升文化自信的前提条件。陈先达认为，重建中国文化自信，要处理好文化传统与当代的关系，反对文化自卑、文化自负论，反对闭关锁国和全盘西化；也要处理好中国文化与西方文化的关系，反对西方文化中心论和普世价值论。[④]陶文昭认为，文化自信是文明间平等的自信；世界文明间共存共处、共融共建，反对文化自卑和文化自傲。文化自信是开放的自信，引进来、走出去，取长补短，反对自我封闭和自我陶醉。文化自信是创新的自信，立足现实、面向未来；古为今用、以古鉴今，反对厚古薄今、以古非今。文化自信是发展的自信，实现文化自强，建设文化强国，反对文化焦虑和保守主义。[⑤]刘家义认为，坚定文化自信，要坚守文化本根，反对虚无主义；坚持推陈出新，警惕复古主义；坚信文化理想，抵制功利主义；坚定开放包容，避免封闭主义；坚持与时俱进，防止停滞主义。[⑥]坚定文

---

① 赵付科、孙道壮：《习近平文化自信观论析》，《社会主义研究》2016 年第 5 期。

② 王伟光：《文化自信：在改革开放中砥砺坚定》，《求是》2018 年第 23 期。

③ 袁敦卫：《论新时代坚持文化自信的根本内涵与战略意蕴》，《治理现代化研究》2018 年第 6 期。

④ 陈先达：《文化自信的传统与当代》，北京师范大学出版社 2017 年版，第 112—118 页。

⑤ 陈先达：《文化自信的传统与当代》，北京师范大学出版社 2017 年版，第 112—118 页。

⑥ 刘家义：《坚定文化自信 担当文化使命》，《光明日报》2018 年 11 月 26 日。

化自信要坚定文化自觉，树立独立自主意识。沈壮海认为，增进文化自信，需要有当下意识、时代意识、担当意识、创造意识，有效夯实其认知认同的根基、创新创造的根基、民众素质的根基、全面发展的根基。[①]

（二）增强文化自信的理论拓展路径

理论创新是提升文化自信的指导。雒树刚认为，坚定文化自信，要坚持以马克思主义和习近平新时代中国特色社会主义思想为指导，以社会主义核心价值观为引领，传承和弘扬中华优秀传统文化，创作生产无愧于伟大时代的精品力作，建设一支德艺双馨的文化队伍。[②]坚定文化自信要处理好马、中、西的关系。徐奉臻认为，增强文化自信的路径可概括为“一个坚持”“两个反对”“三个融通”和“四个讲清楚”。“一个坚持”是坚持和发展中国特色的社会主义；“两个反对”包括反对历史虚无主义，反对文化虚无主义；“三个融通”是中华优秀传统文化、革命文化和社会主义先进文化的融通，马克思主义、中华文化和国外哲学社会科学的融通，马克思主义和中国化马克思主义的融通。“四个讲清楚”是讲清楚中华文化历史脉络、民族特色、独特价值和发展道路等。[③]

（三）增强文化自信的实践拓展路径

提升文化自信的实践路径。苏星鸿、孙晓琳认为，在物质创新和精神创新的有机统一中增进文化自信；在新时代中国特色社会主义的创新实践中增进文化自信；在文化自信、文化自觉和文化自强有机统一中增进文化自信。[④]刘从德、王晓认为，提升文化自信，要推动中国特色社会主义事业新发展；以马克思主义为指导，推动传统文化创造性转化、创新性发展；深化文化体制改革，开创文化繁荣新景象；在开放发展中提

① 沈壮海：《筑实文化自信的根基》，《文化软实力》2018 年第 2 期。

② 雒树刚：《坚定文化自信》，《毛泽东研究》2017 年第 5 期。

③ 徐奉臻：《“文化自信”的定位内涵及功能路径》，《社会科学家》2017 年第 10 期。

④ 苏星鸿、孙晓琳：《新时代中国特色社会主义文化自信三题》，《党的文献》2018 年第 2 期。

升文化自信。[①]

文化强国实施战略是增强文化自信的重要实施路径。文化自信应贯彻落实到宣传思想文化各项工作。高翔认为，增强文化自信，要高举旗帜，不断推进马克思主义中国化、时代化、大众化；要凝魂聚气，积极培育和弘扬社会主义核心价值观；要清源浚流，大力弘扬中华优秀传统文化；要开放交流，有尊严地推动中华文化“走出去”；要为民惠民，让人民群众共享文化改革发展成果。[②]增强文化自信应建立政策支撑路径。刘仓认为，推进“四个伟大”，是提升文化自信的物质基础、政治保证和实现路径；政党自信是文化自信的实践主体，理论自信是文化自信的核心要义；占领意识形态制高点是增强文化自信的内生动力；实施文化强国方略，是坚定文化自信的实践路径。[③]耿超认为，提升文化自信，要深化文化体制改革，解放和发展文化生产力；要注重整合创新，提升文化凝聚力；要吸收有益文化成果，提高中国包容力；要维护国家文化安全，提升文化防御力；要推动整合文化走出去，提高文化影响力；要构建国际文化新秩序，提高文化参与力。[④]

建设具有强大凝聚力的社会主义意识形态是提升文化自信的重要环节。王伟光认为，建设具有强大凝聚力和引领力的社会主义意识形态，是文化自信的内容。[⑤]肖贵清、张安认为，增强文化自信，应坚持党对文化工作和意识形态工作的领导，增强理论创新、文化惠民和协调各方的本领；建设社会主义文化强国，提升中国文化凝聚力、创造力、影响力。[⑥]

增强国家文化软实力、扩大中华文化国际影响力是增强文化自信的世界视野。增强文化自信要创新中华文化内功和对外传播中华文化。刘

---

① 刘从德、王晓：《“文化自信”的“力量”之源与提升路径——学习习近平总书记文化自信思想的重要论述》,《中南民族大学学报》2018 年第 2 期。

② 高翔：《坚持中国特色社会主义文化自信》,《党建》2016 年第 8 期。

③ 刘仓：《论习近平文化自信的多维理路》,《山东社会科学》2017 年第 12 期。

④ 耿超：《中国特色社会主义文化自信论》, 广西师范大学出版社 2016 年版，第 150—189 页。

⑤ 王伟光：《文化自信：在改革开放中砥砺坚定》,《求是》2018 年第 23 期。

⑥ 肖贵清、张安：《关于坚定中国特色社会主义文化自信的几个问题》,《当代世界与社会主义》2018 年第 1 期。

旺旺认为，全球文化交融背景下，提升文化自信需要通过“强体”来奠定文化自信的坚实基础；通过“铸魂”来构建中华文化的精神命脉；通过“守界”来守住中华文化的民族边界；通过“发声”来增强中华文化的话语力量。[①]林映梅认为，增强文化自信，积极参与文化交流，讲好中国故事、发出中国声音、传播中国价值，吸收借鉴世界文化的优秀成果、构建中国话语体系。[②]

五、文化自信研究中的主要问题及其拓展思路

（一）文化自信研究中的若干问题

学术界对文化自信问题作出大量研究，取得许多高质量的成果。当然，其中一些论述需要推敲和辨析，有进一步讨论的必要。

其一，厘清“文化自信”和“文化”的区别和联系。文化自信是对中国历史和现实、理论和实践、成就和追求、当下和未来的信心。中国特色社会主义文化，是相对于中国道路、理论、制度的文化。中国文化是本体，文化自信是党和人民对文化的态度。文化自信是主观意志，不等同于客观现实。如果将主观代替客观，主观意志等同客观现实，将导致唯心论和唯意志论。有学者说，文化自信是“五位一体”总体布局的重要组成部分。这种表述是将“文化”和“文化自信”相混淆。此类论断还有“文化自信为更好地治国理政提供了重要资源”“文化自信是中华民族独特的精神标识”等。

其二，厘清“文化自信”和“文化软实力”关系。有学者说，“文化自信是彰显中国软实力的基础”。文化软实力是指思想文化凝聚力、影响力、生命力，是一种思想文化释放的精神力量和物质力量的总和。文化自信是主体对其文化反映力、生命力的信心，是对“文化软实力”的认同。文化软实力是文化自信的基础，而不是相反。

---

① 刘旺旺：《全球文化交融背景下提升文化自信的意蕴、挑战及对策——学习习近平关于文化自信的重要论述》，《社会主义研究》2018 年第 1 期。

② 林映梅：《习近平“文化自信”的重要价值及实践路径》，《中共云南省委党校学报》2017 年第 1 期。

其三，摆正文化自信和道路自信、制度自信、理论自信的关系。习近平阐释“四个自信”时，强调文化自信是前三个自信的题中应有之义，前三个自信“本质是建立在5000多年文明传承基础上的文化自信”，坚持了唯物论和辩证法。十八大以来，党中央阐释中国道路、中国理论和中国制度，坚定三个自信，追究其根源，在于中华五千年文明历史发展。这样突出文化自信是更基础、更深沉、更持久的力量。有学者认为：“历史从哪里开始，思想便从哪里开始，文化便从哪里开始。先有文化，后有道路、理论、制度和价值观，并且涵盖物质文明、精神文明、政治文明和生态文明诸多方面。”历史，应指人类有意识有目的的认识和改造客观世界的历史。文化是人类社会实践的产物。所谓“先有文化，后有道路”，有颠倒社会存在和社会意识之嫌。

（二）文化自信命题研究的若干拓展思路

坚定“四个自信”，增强文化自信，不是说要故步自封、妄自尊大、不思进取、坐享其成，而是根据新的实践和新的任务，不断有所发现、有所发明、有所创造、有所前进，使党和国家的事业永葆生机活力。习近平指出：“坚持不忘初心、继续前进，就要坚持中国特色社会主义道路自信、理论自信、制度自信、文化自信，坚持党的基本路线不动摇，不断把中国特色社会主义伟大事业推向前进。”① 应围绕这个时代主题拓展文化自信的研究。

文化自信是涉及整个社会建设的系统工程。从物质支撑上说，文化自信是综合国力在思想文化上的表现和反映。从精神支撑来说，文化自信是主体对自身文化价值的信念和信心。从历史传承来说，文化自信是对自身文化过去、现在、未来生命力和影响力的认同。从实践主题来说，文化自信是对中国特色社会主义和中华民族伟大复兴的信心。应该从多维度多方面研究文化自信命题。

明确文化自信的生成机制。回答文化自信的可能性、必要性和必然性，是文化自信命题研究的重要问题。文化自信是十八大以来党中央提

---

① 《十八大以来重要文献选编》（下），中央文献出版社2017年版，第348页。

出的战略命题，也是新时代推进“四个伟大”实践的旗帜。文化自信是党和人民站在历史制高点，触摸时代脉搏，心怀天下追求，放眼全球视野，引领世界文明而打出的中华文化旗帜。新时代的历史进程，也是文化自信的提升和发展机制。中国革命、建设和改革的历史，改革开放的历史成就，十八大以来的历史性变革，中华民族的伟大创造，中华文明的历史传承，中国现代化进程和世界各国历史发展的比较，中华文明与世界文明的交流互鉴等，都是文化自信的生成逻辑，应从更广阔的视野深入探讨文化自信的生成机制、发展条件和未来趋势。

挖掘文化自信提出的根据。回答文化自信的理路和实践根源，是文化自信研究的重要课题。文化软实力和硬实力是文化自信的前提和基础。提出文化自信的根据，在于文化在整个社会结构中的战略地位和作用，在于文化在中国特色社会主义建设和中华民族复兴进程中的地位和作用，在于中华文化在世界文化中的地位和作用，在于文化在执政党建设中的地位和作用，归根到底在于党对三大规律中的认识和把握。

研究文化自信的历史演变。探讨民族心态的历史演变，是文化自信命题研究的重要课题。文化自信与国运兴衰、民族命运相连。有学者提出“重建文化自信”命题，意味着文化自信是需要建构的精神；习近平总书记强调“坚定文化自信”，意味着当代中国已经树立了“文化自信”，尚缺少“我自岿然不动”的坚韧。无论哪种说法，都强调文化自信从萌芽、成长、发展到形成民族稳定心态和精神意志，需要一个建构的过程。从中国革命、建设和改革的历史来说，中华民族经历一个从缺乏自信，到逐渐树立文化自信，再到打出文化自信旗帜的过程。从鸦片战争后，中国民族自信和文化自信遭受打击。中国革命的胜利，马克思主义引领党和人民重建民族自信和文化自信。改革开放的历史成就，坚定了文化自信的心理积淀。忘记民族屈辱史和斗争史，过度乐观，妄自尊大，将面临盲人骑瞎马、夜半临深池的危险；而无视民族自尊自信自强和文化自觉自信自强的过程，偏向民族虚无主义和文化虚无主义，也会面临六神无主、执业俱废的危险。探讨民族自信和文化自信的历史进程，有助于总结治乱兴衰的历史经验，揭示社会发展规律，为民族复兴和文化复兴提供智力支持。

增强文化自信的路径选择。如何增强民族自信心和文化自信心，是新时代中国的战略任务，也是文化自信研究的重要课题。从实践过程来说，文化自信的生成机制，也是增强文化自信的路径选择。中国特色社会主义的历史发展，中国道路、中国理论、中国制度和中国文化的发展，是文化自信的物质基础和实践基础。坚持中国特色社会主义文化发展道路，建设社会主义文化强国，是增强文化自信的内在要求。适应全球化潮流，推进世界历史进程，巩固和扩大中国综合国力在世界的分量，是提升文化自信的国际视野。推进中华文明与世界文明交流互鉴，构建人类命运共同体，是增强文化自信的长远战略。比如，当今世界，战乱和挑战频发，和平和发展问题仍没有解决。世界经济增长乏力，贫富差距持续拉大，地区冲突不断，恐怖主义蔓延肆虐，生态环境面临恶化。中华文化为解决全球性问题提供新的理念，为构建公正合理的国际秩序提供新的方案，为发展新型外交关系提供新的选项，为处理国际关系提供中国智慧，为世界文明提供新形态。这样将极大提升中华民族的文化自信。

［原载《中国井冈山干部学院学报》2019 年第 4 期］

凝魂聚气、强基固本的基础工程
——学习落实习近平总书记关于培育和践行社会主义核心价值观的重要论述

党的十八大提出培育和践行社会主义核心价值观的战略任务。党的十八大以来，以习近平同志为核心的党中央，从新时代坚持和发展中国特色社会主义的高度，阐释了培育和践行社会主义核心价值观的基本观点，制定了培育和践行核心价值观的规划方案，通过宣传教育、实践养成、制度保障、法治建设、发挥党员先锋模范作用等方式，不断拓展培育和践行社会主义核心价值观的实践路径。培育和践行社会主义核心价值观是新时代筑梦追梦圆梦的铸魂工程。本文仅就培育和弘扬核心价值观的战略地位、主要实践路径与事例、核心价值观与全面从严治党的关系等问题做些探讨，以求教于方家。

一、培育和践行社会主义核心价值观是新时代坚持中国特色社会主义道路的战略选择

任何时代精神都是对时代主题的反映，任何时期的价值观也是对社会问题的回答。一个党、一个国家、一个民族选择什么样的道路、制度、理论和文化，培养什么样的建设者和接班人，都与其时代问题和价值观念相连。核心价值观是一个国家和民族凝心聚力的中轴。习近平指出："人类社会发展的历史表明，对一个民族、一个国家来说，最持久、最深

层的力量是全社会共同认可的核心价值观。核心价值观，承载着一个民族、一个国家的精神追求，体现着一个社会评判是非曲直的价值标准。”[①]

（一）培育和践行社会主义核心价值观是应对国内外挑战的需要

改革开放以来，随着市场化改革的深入，思想理论和道德建设领域出现严峻问题。中国道路面临市场化、私有化、自由化的冲击；马克思主义面临“边缘化”“庸俗化”“标签化”的龃龉；中国制度面临西方“多党制”“竞选制”“三权分立制”的干扰。毒奶粉、毒疫苗、环境污染等恶性事件，拷问着企业的性质和法治道德底线；某些党员干部丧失理想、丢弃信念、忘记宗旨、漠视法纪，拜金主义、享乐主义、个人主义的影响深厚。这些思想道德问题，都牵涉着举什么旗、走什么路、建设什么样国家和社会、培养什么样的建设者这样的根本问题。一个社会治乱兴衰的背后，都有价值观的深层因素。诸多社会动荡、阶级冲突、矛盾激化的事例，都反映了不同阶级和群众的价值观的根本冲突。习近平指出：“历史和现实都表明，核心价值观是一个国家的重要稳定器，能否构建具有强大感召力的核心价值观，关系社会和谐稳定，关系国家长治久安。”[②]

当今世界正处于大发展大变革大调整时期。世界上各种文明互相冲突和交流、交锋和交融，成为不可阻挡的大趋势。西方国家凭借其经济科技军事优势，推行文化霸权主义，推销“普世价值”，诱导他国“以西为美”“唯西是从”，妄图把世界纳入资本主义秩序。文化的影响力，首先是价值观的影响力。习近平指出：“世界上各种文化之争，本质上是价值观念之争，也是人心之争、意识形态之争。”[③]一个国家若没有思想文化和核心价值观的独立性，在根本道路、理论、制度、文化等问题上，它也会迷失方向，最终沦为他国附庸。

共产党领导人民进行具有许多新的历史特点的伟大斗争，既包含硬实力的较量，也包含软实力的斗争。任何一个大国的发展进程，既是经

① 《十八大以来重要文献选编》（中），中央文献出版社 2016 年版，第 2 页。
② 《习近平关于社会主义文化建设论述摘编》，中央文献出版社 2017 年版，第 106 页。
③ 《习近平关于社会主义文化建设论述摘编》，中央文献出版社 2017 年版，第 105 页。

济、科技、军事等硬实力提高的过程，也是价值观、思想文化等软实力提高的进程。文化软实力最根本的就是核心价值观。习近平指出："文化软实力的灵魂是什么？文化软实力建设的重点是什么？就是核心价值观，这是决定文化性质和方向的最深层次要素。一个国家的文化软实力，从根本上说，取决于其核心价值观的生命力、凝聚力、感召力。"[①] 培育和践行核心价值观，凝聚同心筑梦共识，广泛团结社会力量，是打好价值观念之争，坚守中华文化立场、坚持中国道路的内在要求。

（二）培育和践行社会主义核心价值观是新时代坚持和发展中国特色社会主义的要求

尊奉什么样的时代精神和时代价值，关系国家的前进道路和方向。新时代坚持和发展中国特色社会主义，必须有一套与经济基础和政治制度相适应的核心价值观。党的十八大指出："社会主义核心价值体系是兴国之魂，决定着中国特色社会主义发展方向"，[②] 核心价值观是核心价值体系的内核和集中概括。社会主义核心价值观的提出，使中国特色社会主义不仅是一种科学的理论指南、伟大的革命运动、先进的社会制度，而且是崇高的价值观念，完善了中国特色社会主义的整体结构，丰富了科学社会主义的理论和实践。2013 年 8 月 19 日，习近平在全国宣传思想工作会议上强调："培育和践行社会主义核心价值观，使之成为全体人民的共同价值追求。"[③]

新时代坚持和发展中国特色社会主义，是理论和实践、历史和现实、制度和社会全方位发展的进程。坚定道路自信、理论自信、制度自信、文化自信，是坚持和发展中国特色社会主义的题中应有之义。"四个自信"的本质是建立在 5000 多年文明基础上的文化自信，文化自信的核心是价值观自信。习近平指出："培育和弘扬社会主义核心价值观，增强中国特色社会主义道路自信、理论自信、制度自信、文化自信，这是保持

① 《习近平关于社会主义文化建设论述摘编》，中央文献出版社 2017 年版，第 203—204 页。

② 《十八大以来重要文献选编》（上），中央文献出版社 2014 年版，第 24 页。

③ 《习近平关于社会主义文化建设论述摘编》，中央文献出版社 2017 年版，第 105 页。

民族精神独立性的重要支撑。”[①] 培育和践行核心价值观是新时代坚持和发展中国特色社会主义的导航坐标和运行理念。

培育和践行社会主义核心价值观是引领“四个伟大”的铸魂工程。在新时代坚持和发展中国特色社会主义，实现中华民族伟大复兴中国梦想，必须进行伟大斗争、建设伟大工程、推进伟大事业，这是新时代中国共产党的历史使命。[②] 进行伟大斗争，需要举旗定向、凝心聚力；建设伟大工程，需要志同道合、自我革命；推进伟大事业，需要同心同德、群策群力；实现伟大梦想，需要精诚团结、同心共筑。这需要中国共产党构建共同的价值观念，使之成为全国人民的“最大公约数”。习近平指出：“要从巩固全党全国各族人民团结奋斗的共同思想基础、巩固党的执政地位的战略高度，持续加强社会主义核心价值体系建设，把培育和弘扬社会主义核心价值观作为凝魂聚气、强基固本的基础工程”。[③]

（三）加强培育和践行社会主义核心价值观的顶层设计

社会主义核心价值观是对时代问题的科学回答，传承着中华优秀传统文化基因，寄托着近代以来中国人民的理想和信念，植根于中国人民创造美好生活的伟大实践，承载着中华民族的梦想和追求。习近平指出：“富强、民主、文明、和谐是国家层面的价值要求，自由、平等、公正、法治是社会层面的价值要求，爱国、敬业、诚信、友善是公民层面的价值要求。这个概括，实际上回答了我们要建设什么样的国家、建设什么样的社会、培育什么样的公民的重大问题。”[④]

党的十八大以来，习近平在全国宣传思想工作会议上的讲话，在十八届中央政治局第十二次、十三次集体学习时的讲话，视察北京大学时的讲话，在海淀区民族小学座谈会上的讲话，在文艺工作座谈会和全国高校思想政治工作会议上的讲话，在纪念中国共产党成立 95 周年大会上的讲话，在哲学社会科学座谈会上的讲话等，阐释了培育和践行核心

① 《习近平关于社会主义文化建设论述摘编》，中央文献出版社 2017 年版，第 132 页。
② 《中国共产党第十九次全国代表大会文件汇编》，人民出版社 2017 年版，第 13—14 页。
③ 《习近平关于社会主义文化建设论述摘编》，中央文献出版社 2017 年版，第 107 页。
④ 《十八大以来重要文献选编》（中），中央文献出版社 2016 年版，第 3 页。

价值观的战略意义、性质特征、目标任务、实践途径、领导机制等，形成培育和践行核心价值观的基本观念和逻辑结构。培育和践行社会主义核心价值观，是以习近平同志为核心的党中央从国家发展道路和文化强国战略高度提出的重大战略思想，是习近平文化建设思想的核心要义之一。

在科学理论指导下，中共中央办公厅印发《关于培育和践行社会主义核心价值观的意见》，阐述了培育和践行核心价值观的战略地位和指导思想，明确把培育和践行核心价值观融入国民教育全过程，要求把培育和践行核心价值观落实到经济发展实践和社会治理中，加强核心价值观宣传教育，开展涵养核心价值观的实践活动；强调要加强对培育和践行核心价值观的组织领导。[①] 该《意见》是培育和践行核心价值观实践活动的政策支撑。

培育和践行社会主义核心价值观，既是理论问题，也是实践问题；既是道德修养问题，也是制度规范问题。习近平强调："要切实把社会主义核心价值观贯穿于社会生活方方面面。要通过教育引导、舆论宣传、文化熏陶、实践养成、制度保障等，使社会主义核心价值观内化为人们的精神追求，外化为人们的自觉行动。"[②] 这明确指明培养和践行社会主义核心价值观的主要路径。为贯彻习近平总书记系列讲话精神和中办《意见》，2015 年，中宣部、中央文明办印发《培育和践行社会主义核心价值观行动方案》，强调把社会主义核心价值观学习教育实践具体化系统化；并提出爱国主义教育活动、群众性精神文明创建活动、学雷锋志愿服务活动、"三严三实"教育等 15 项重点活动项目。[③] 该《行动方案》是培育和践行核心价值观的工作指向。

---

① 《十八大以来重要文献选编》(上)，中央文献出版社 2014 年版，第 577—588 页。

② 习近平：《把培育和弘扬社会主义核心价值观作为凝魂聚气强基固本的基础工程》，《人民日报》2014 年 2 月 26 日。

③ 《中宣部负责同志就〈培育和践行社会主义核心价值观行动方案〉答记者问》，《光明日报》2015 年 4 月 17 日。

二、培育和践行社会主义核心价值观的主要实践路径

（一）国民教育是培育和践行社会主义核心价值观的基础路径

青少年时期是世界观、人生观、价值观、国家观、民族观形成的关键时期。核心价值观教育要从娃娃抓起，从小扣好人生第一粒扣子。2014 年 5 月 4 日，习近平考察北京大学时，嘱咐青年要自觉践行社会主义核心价值观。30 日，习近平视察北京市海淀区民族小学，强调让社会主义核心价值观的种子在少年儿童心中生根发芽。[①]2016 年 9 月 9 日，习近平在视察北京市八一学校时强调："基础教育是立德树人的事业，要旗帜鲜明加强思想政治教育、品德教育，加强社会主义核心价值观教育，引导学生自尊自信自立自强。"[②] 这为教育立德树人、培育和践行社会主义核心价值观提供基本遵循。为贯彻习近平讲话精神和中办《意见》，2014 年，教育部颁布《教育系统贯彻落实〈关于培育和践行社会主义核心价值观的意见〉的工作方案》。共青团中央发出通知，部署在青少年中深入开展社会主义核心价值观宣传教育实践活动。[③]2014 年 4 月 1 日，教育部印发《关于培育和践行社会主义核心价值观进一步加强中小学德育工作的意见》，把立德树人作为根本任务，培育和践行社会主义核心价值观，增强中小学德育的时代性、规律性、实效性。2014 年 10 月 17 日，中共教育部党组、共青团中央印发《关于在各级各类学校推动培育和践行社会主义核心价值观长效机制建设的意见》，强调推动社会主义核心价值观融入教育教学、社会实践、文化育人、制度建设；强调加强组织领导，推进社会主义核心价值观研究传播。[④]

---

① 《习近平谈治国理政》，外文出版社 2014 年版，第 166—179、180—186 页。

② 习近平：《全面贯彻落实党的教育方针 努力把我国基础教育越办越好》，《光明日报》2016 年 9 月 10 日。

③ 《共青团中央部署在青少年中深入开展社会主义核心价值观宣传教育实践活动》，中央文明网。

④ 《教育部思想政治工作司负责人就〈关于在各级各类学校推动培育和践行社会主义核心价值观长效机制建设的意见〉答记者问》，教育部网站。

思想政治工作是培育和践行核心价值观的载体。2016 年 12 月 4 日，中共中央、国务院印发《关于加强和改进新形势下高校思想政治工作的意见》，强调“把社会主义核心价值观体现到教书育人全过程，引导师生树立正确的世界观、人生观、价值观。[①]12 月 7 日至 8 日，全国高校思想政治工作会议举行。习近平在会议中讲话时强调，围绕立德树人这个根本任务，推动核心价值观贯穿高校思想政治工作全过程，引导广大师生“做社会主义核心价值观的坚定信仰者、积极传播者、模范践行者。”[②]2017 年 1 月 10 日，国务院印发《国家教育事业发展“十三五”规划》，强调“把立德树人作为教育的根本任务，培养德智体美全面发展的社会主义建设者和接班人。”“培育和践行社会主义核心价值观，不断提高学生思想水平、政治觉悟、道德品质、文化素养，让学生成为德才兼备、全面发展的人才”[③]。

在党和国家战略指引下，教育系统组织编写《社会主义核心价值观青少年读本》《高校培育和践行社会主义核心价值观创新案例》，制定《高校学生培育和践行社会主义核心价值观测评指标》等措施，推动核心价值观进教材进课堂进头脑。根据 2018 年高校学生思想政治滚动调查，94.2% 的大学生赞同“幸福都是奋斗出来的”，92.6% 的大学生赞同“在个人利益与国家利益、集体利益发生冲突时，应首先考虑国家利益和集体利益”，94.4% 的大学生赞同“大学生应成为社会主义核心价值观的坚定信仰者、积极传播者、模范践行者”。[④]

（二）文艺创作和新闻宣传是培育和践行核心价值观的重要途径

文化产品对人们的思想观念和价值判断有重要影响。习近平指出：

---

① 《中共中央国务院印发〈关于加强和改进新形势下高校思想政治工作的意见〉》，《人民日报》2017 年 2 月 28 日。

② 《习近平关于社会主义文化建设论述摘编》，中央文献出版社 2017 年版，第 132—133 页。

③ 《国务院关于印发国家教育事业发展“十三五”规划的通知》（2017 年 1 月 10 日），中央人民政府网。

④ 赵婀娜、张烁、丁雅诵：《让党的旗帜在高校高高飘扬——高校党的建设与思想政治工作综述》，《人民日报》2019 年 1 月 15 日。

“要运用各类文化形式，生动具体地表现社会主义核心价值观，用高质量高水平的作品形象地告诉人们什么是真善美，什么是假恶丑，什么是值得肯定和赞扬的，什么是必须反对和否定的。”①

文艺工作者的重要任务，是培育和弘扬核心价值观，写出中国风格、中国作风、中国气派、中国思想、中国情感的作品，发挥文化人的作用。2014 年 10 月 15 日，习近平在文艺工作座谈会上强调，在社会主义核心价值观中，最深层、最根本、最永恒的是爱国主义。范仲淹的“先天下之忧而忧，后天下之乐而乐”，陆游的“王师北定中原日，家祭无忘告乃翁”“位卑未敢忘忧国”，文天祥的“人生自古谁无死，留取丹心照汗青”，林则徐的“苟利国家生死以，岂因祸福避趋之”，岳飞的《满江红》，方志敏的《可爱的中国》，等等，都表达了爱国主义情怀。“当代文艺更要把爱国主义作为文艺创作的主旋律，引导人民树立和坚持正确的历史观、民族观、国家观、文化观，增强做中国人的骨气和底气。”②

搞好宣传舆论是培育和践行核心价值观的重要途径。党的十八大以来，新闻媒体全面宣传中国社会的历史性成就和变革。大型政论专题片《不忘初心 继续前进》《将改革进行到底》《法治中国》《大国外交》《巡视利剑》《辉煌中国》《打铁还需自身硬》等，全面展现党中央治党治国治军战略。“伟大的变革——庆祝改革开放 40 周年大型展览”“砥砺奋进的五年——迎接党的十九大特别报道”，展示党和国家取得的历史性成就，奏响新时代民族复兴的凯歌。广电系统聚焦中国梦主题、弘扬社会主义核心价值观，推出许多优秀影视作品。以“唱响中国梦、弘扬主旋律”为总体要求，涌现出《历史转折中的邓小平》《平凡的世界》《焦裕禄》《永远的忠诚》《马向阳下乡记》《湄公河大案》《舰在亚丁湾》《嘿，老头》《草帽警察》《刑警队长》等一批优秀作品。以弘扬核心价值观为主题，推出《我的战争》《勇士》《铁道飞虎》等精品。以“提倡家教家风、伦理道德建设”为题材，推出《远方的河》《滚蛋吧！肿瘤君》等一系列宣传家庭影片。围绕“家风”主题，在新闻类节目中推出《家风是什么》

---

① 《习近平关于社会主义文化建设论述摘编》，中央文献出版社 2017 年版，第 109 页。

② 《十八大以来重要文献选编》（中），中央文献出版社 2016 年版，第 133—135 页。

《我们的传家宝》《校训是什么》《今日最美新闻人》《绝对忠诚》《北京榜样》等系列报道。[①] 关注百姓心声的“寻找最美乡村教师”“寻找最美乡村医生”“大国工匠”等优秀报道，弘扬主旋律，传递正能量。

（三）公民道德建设是培育和践行社会主义核心价值观的重要载体

国无德不兴，人无德不立。一个国家如果没有独立的思想道德，那么，这个国家的政治、经济上的独立也将缺少思想根基。中国是社会主义国家，《中华人民共和国宪法》规定，国家提倡爱祖国、爱人民、爱劳动、爱科学、爱社会主义（简称“五爱”）的公德，提倡爱国主义、集体主义和国际主义、共产主义教育，提倡辩证唯物主义和历史唯物主义教育，反对资本主义的、封建主义的和其他的腐朽思想。这些道德标准是中国社会主义区别于其他剥削阶级制度的精神特质和标识。在当代中国，富强、民主、文明、和谐的目标导向，是爱国主义的体现和追求；自由、平等、公正、法治，是对社会主义社会的本质要求；爱国、敬业、诚信、友善，体现个人对“五爱”精神的实践和延伸。社会主义核心价值观是社会主义道德的凝练概括和目标追求，社会主义道德承载着核心价值观的基本因素，是涵养社会主义核心价值观的道德源泉。习近平指出：“社会主义核心价值观是当代中国精神的集中体现，是凝聚中国力量的思想道德基础。”[②]

加强思想道德建设是弘扬核心价值观、构筑中国精神的重要载体。2015 年 10 月，习近平对全国道德模范表彰活动作出批示时说：“要持续深化社会主义思想道德建设，弘扬中华传统美德，弘扬时代新风，用社会主义核心价值观凝魂聚力，更好构筑中国精神、中国价值、中国力量，为中国特色社会主义事业提供源源不断的精神动力和道德滋养。”[③] 道德模范是社会道德建设的重要旗帜，是实现中国梦的强大精神力量。2013 年

---

① 《关于政协十二届全国委员会第四次会议第 2242 号（文化宣传类 114 号）提案答复的函》（2016 年 9 月 2 日），国家新闻出版社广电总局网站。

② 《十八大以来重要文献选编》（下），中央文献出版社 2017 年版，第 475—476 页。

③ 《习近平关于社会主义文化建设论述摘编》，中央文献出版社 2017 年版，第 146 页。

到 2017 年评选第四、五、六届全国道德模范，包含张丽莉、王福昌、黄大年等 174 名全国道德模范，王凤进、廖理纯、张佳鑫等 795 名道德模范提名人。在榜样模范的示范带动下，全国开展勤俭节约、孝老爱亲、诚信教育、公益行动、学雷锋志愿服务、文明旅游等主题实践活动，举行文明城市、文明村镇、文明单位、文明家庭、文明校园等精神文明创建活动，使核心价值观像空气一样无处不在、无时不有。

国家荣誉表彰是对践行社会主义道德优秀人物的奖励，也是培育和弘扬核心价值观的重要组织方式。2018 年 12 月 18 日，中共中央、国务院发布《关于表彰改革开放杰出贡献人员的决定》，授予于敏等 100 名同志改革先锋称号，颁授改革先锋奖章；同时，向阿兰·梅里埃等 10 名国际友人颁授中国改革友谊奖章。该《决定》指出，“他们带头践行社会主义核心价值观，大力弘扬以爱国主义为核心的民族精神和以改革创新为核心的时代精神，爱岗敬业，无私奉献，作风优良，”为推动改革开放作出杰出贡献。[①]“当代雷锋”是由中央精神文明建设指导委员会授予的一种荣誉称号，郭明义、庄仕华、孙茂芳获此殊荣。2014 年 3 月 3 日，在第十一届中国公民道德论坛上，中央精神文明建设指导委员会决定授予孙茂芳“当代雷锋”荣誉称号；号召以孙茂芳为榜样，积极培育和践行核心价值观，不断为中华民族伟大复兴的中国梦注入正能量。[②]“时代楷模”以“我们的价值观、我们的中国梦”为主题，是由中宣部组织宣传的全国重大先进典型。2014 年至 2018 年，中宣部发布 49 组“时代楷模”，其中有朱彦夫、塞罕坝机械林场、阎肃、曲建武、钟阳、黄大年、南仁东、航天员群体等群组和英雄个人。2017 年 5 月 25 日，习近平对黄大年先进事迹作出批示指出，“黄大年同志秉持科技报国理想，把为祖国富强、民族振兴、人民幸福贡献力量作为毕生追求，为我国教育科研事业作出了突出贡献，他的先进事迹感人肺腑。”中宣部追授黄大年“时代楷模”荣誉称号时，称赞其是“践行社会主义核心价值观的优秀知识

---

① 《中共中央 国务院关于表彰改革开放杰出贡献人员的决定》，《人民日报》2018 年 12 月 19 日。

② 武元晋：《孙茂芳被授予“当代雷锋”荣誉称号》，《解放军报》2014 年 3 月 3 日。

分子”。[①]

（四）法治建设是培育和践行社会主义核心价值观的刚性约束力

法律具有刚性约束力和强制力，对培育和践行核心价值观具有规定性、规范性和导向性作用。习近平提出：“要把社会主义核心价值观的要求转化为具有刚性约束力的法律规定，用法律来推动核心价值观建设。”[②]2014年10月23日，党的十八届四中全会提出：“要恪守以民为本、立法为民理念，贯彻社会主义核心价值观，使每一项立法都符合宪法精神、反映人民意志、得到人民拥护。”[③]2016年12月9日，习近平在中央政治局第三十七次集体学习时强调，“立法、执法、司法都要体现社会主义道德要求，都要把社会主义核心价值观贯穿其中，使社会主义法治成为良法善治。”[④]

在这种思想指引下，2016年12月，中办、国办印发《关于进一步把社会主义核心价值观融入法治建设的指导意见》，提出把社会主义核心价值观融入法治国家、法治政府、法治社会建设全过程。[⑤]该《意见》确立运用法治推动核心价值观建设的基本方略。2018年5月，中共中央印发《社会主义核心价值观融入法治建设立法修法规划》，提出经过5到10年时间，推动社会主义核心价值观全面融入中国特色社会主义法律体系。[⑥]根据这个原则，十二届全国人大五次会议通过《中华人民共和国民法总则》，十二届全国人大常委会第二十九次会议通过《国歌法》，十三届全国人大常委会通过《英雄烈士保护法》等，都在开篇规定“培育和践行

---

① 《中宣部追授黄大年“时代楷模”荣誉称号》，《光明日报》2017年5月27日。

② 《习近平关于社会主义文化建设论述摘编》，中央文献出版社2017年版，第111页。

③ 《十八大以来重要文献选编》中，中央文献出版社2016年版，第160页。

④ 习近平：《坚持依法治国和以德治国相结合推进国家治理体系和治理能力现代化》，《人民日报》2016年12月11日。

⑤ 《中办国办印发〈关于进一步把社会主义核心价值观融入法治建设的指导意见〉》，《人民日报》2016年12月26日。

⑥ 《中共中央印发〈社会主义核心价值观融入法治建设立法修法规划〉》，《人民日报》2018年5月8日。

社会主义核心价值观”的条款。

通过设置纪念日或者规范国家礼仪来宣传核心价值观。习近平在中央政治局第十三次集体学习时指出：“礼仪是宣示价值观、教化人民的有效方式，要有计划地建立和规范一些礼仪制度，如升国旗仪式、成人仪式、入党入团入队仪式等，利用重大纪念日、民族传统节日等契机，组织开展形式多样的纪念庆典活动，传播主流价值。”[①]2014 年 11 月 1 日，十二届全国人大常委会第十一次会议审议通过《关于设立国家宪法日的决定》，将 12 月 4 日设立为国家宪法日，增强全社会的宪法意识，弘扬宪法精神。[②]2014 年 2 月 27 日，十二届全国人大常委会第七次会议决定将 9 月 3 日确定为中国人民抗日战争胜利纪念日，将 12 月 13 日设立为南京大屠杀死难者国家公祭日。[③]2018 年 10 月 31 日，南京市十六届人大常委会第七次会议表决通过《南京市国家公祭保障条例》，这为国家公祭提供法治保障。[④]2014 年 8 月 31 日，十二届全国人大常委会第十次会议通过《关于设立烈士纪念日的决定》，将 9 月 30 日设立为烈士纪念日。[⑤]国家隆重举行纪念和公祭活动，有效地弘扬爱国主义精神和核心价值观。

三、社会主义核心价值观融入全面从严治党全过程

中国共产党人是培育和践行社会主义核心价值观的先锋模范。共产党的最终目的是实现共产主义社会，实现人的自由而全面的发展，体现着社会层面的自由平等公正的价值观。中国共产党是社会主义现代化建设的领导核心，为建设富强民主文明和谐美丽的现代化强国而奋斗，蕴含着国家层面的价值观，包含社会层面的法治精神。当代中国，爱国主义和社会主义是统一的。中国共产党的“两个先锋队”性质决定其在思

---

① 《习近平关于社会主义文化建设论述摘编》，中央文献出版社 2017 年版，第 110 页。

② 《十二届全国人大常委会第十一次会议闭幕》，《光明日报》2014 年 11 月 2 日。

③ 《十二届人大常委会第七次会议闭幕 表决通过全国人大常委会关于确定中国人民抗日战争胜利纪念日和关于设立南京大屠杀死难者国家公祭日的两个决定》，《光明日报》2014 年 2 月 28 日。

④ 《〈南京市国家公祭保障条例〉正式实施》，《人民日报》2018 年 11 月 14 日。

⑤ 《人大常委会第十次会议闭幕》，《光明日报》2014 年 9 月 1 日。

想道德建设方面起模范作用。共产党的世界观、人生观、文化观包含着社会主义核心价值观；前者是后者的理论来源，后者是前者在当代中国社会发展阶段的集中体现，二者统一于建设中国特色社会主义和全面从严治党的全过程。

（一）党员干部是培育和践行社会主义核心价值观的先锋模范

党员干部要在弘扬核心价值观方面起到领导作用、示范作用、带头作用、引领作用。习近平指出："要充分发挥榜样的作用，领导干部、公众人物、先进模范都要为全社会做好表率、起好示范作用，引导和推动全体人民树立文明观念、争当文明公民、展示文明形象。"[①]2016年6月28日，习近平在十八届中央政治局第三十三次集体学习时强调："要大力倡导社会主义核心价值观，弘扬忠诚老实、公道正派、艰苦奋斗、清正廉洁等价值观，引导党员特别是领导干部旗帜鲜明抵制和反对关系学、厚黑学、官场术、'潜规则'等庸俗腐朽的政治文化，不断培厚良好政治生态的土壤。"[②]2019年1月31日，中共中央印发《关于加强党的政治建设的意见》规定："弘扬社会主义先进文化，推进社会主义核心价值观宣传教育，引导党员干部带头做社会主义核心价值观的坚定信仰者、积极传播者、模范践行者。"[③]党的十八大以来，一批优秀共产党员和党组织在各条战线发挥先锋模范作用，展示了新时代共产党人不忘初心、牢记使命、带头弘扬核心价值观的精神风貌。

党员干部要坚持做依法治国和以德治国的模范。党的十八届四中全会指出，实现全面依法治国的总目标，必须坚持依法治国和以德治国相结合。[④]习近平强调，"要发挥领导干部在依法治国和以德治国中的关键作用。领导干部既应该做全面依法治国的重要组织者、推动者，也应该做

---

① 习近平：《人民有信仰民族有希望国家有力量锲而不舍抓好社会主义精神文明建设》，《人民日报》2015年3月1日。

② 《习近平关于社会主义文化建设论述摘编》，中央文献出版社2017年版，第147页。

③ 《中共中央关于加强党的政治建设的意见》，《人民日报》2019年2月28日。

④ 《十八大以来重要文献选编》（中），中央文献出版社2016年版，第159页。

道德建设的积极倡导者、示范者。……领导干部要努力成为全社会的道德楷模，带头践行社会主义核心价值观，讲党性、重品行、作表率，带头注重家庭、家教、家风，保持共产党人的高尚品格和廉洁操守，以实际行动带动全社会崇德向善、尊法守法。”①

高级领导干部要带头培育和践行核心价值观。保持党和国家兴旺发达、长治久安，中央委员、中央政治局委员、中央政治局常委等“关键少数”必须作表率。“子帅以正，孰敢不正”。高级领导干部的理想、信念、道德、言行，起着风向标的作用。以党的自我革命推动社会革命，以党的思想建设带动党风政风社风民风，以党内政治文化带动社会文化，才能团结人民为“两个一百年”奋斗目标服务。2016年10月27日，习近平在党的十八届六中全会第二次会议上要求关键少数要做到“十个必须”，其中包括“必须加强道德修养、模范践行社会主义核心价值观”。②党的十八届六中全会要求：“领导干部特别是高级干部必须带头践行社会主义核心价值观，讲修养、讲道德、讲诚信、讲廉耻。”③

（二）社会主义核心价值观融入党员干部系列教育活动

党的十八大以来，党内政治生活状况总体是好的，同时也出现一些突出问题。一些党员干部理想信念不坚定、对党不忠诚、纪律松弛、宗旨意识淡漠，“四风”问题突出，任人唯亲、滥用权力、违法乱纪等现象屡禁不止。这些问题，严重侵蚀党的道德根基，败坏党的先进形象，撕裂党的思想体系，动摇党的政治地位。这既有政治经济方面的原因，也有价值观的扭曲。加强宣传教育，包含核心价值观教育，是全面从严治党的基本途径。

党的十八大以来，党中央出台“八项规定”，开展反对“四风”教育，开展群众路线教育实践活动，开展“三严三实”专题教育实践活动，开展“学党章党规、学系列讲话，做合格党员”学习教育，推进“两学一

---

①《习近平在中共中央政治局第三十七次集体学习时强调 坚持依法治国和以德治国相结合 推进国家治理体系和治理能力现代化》，《人民日报》2016年12月11日。

②《十八大以来重要文献选编》（下），中央文献出版社2017年版，第466页。

③《中共十八届六中全会在京举行》，《人民日报》2016年10月28日。

做”学习教育常态化，引导党员做到政治合格、执行纪律合格、品德合格、发挥作用合格。其中核心价值观始终是各类教育实践的内容、标准和参照。2013年5月19日，中共中央印发《关于在全党深入开展党的群众路线教育实践活动的意见》，要求“坚持正面教育为主，加强马克思主义群众观点和党的群众路线教育，加强党性党风党纪教育和道德品行教育，引导党员、干部坚定理想信念，增强公仆意识，讲党性、重品行、作表率，模范践行社会主义核心价值观，坚守共产党人精神追求”①。在开展“三严三实”教育中，习近平强调，所有党员、干部都要按照“三严三实”要求鞭策自己。中华民族注重塑造官德民风，“这就是诚意正心、格物致知、修身齐家治国平天下中包含的道理。”“严和实是中华民族传统美德的基本内容，是传承民族品性、倡导社会新风、培育和践行社会主义核心价值观的重要内容”。在引领社会风尚方面，各级领导干部要当好旗帜和标杆，全体党员要发挥先锋模范作用。②

（三）建构培育和践行社会主义核心价值观的党内法规制度

培育和践行核心价值观，要宣传教育和政治实践，也需要刚性制度约束。把核心价值观载入党内法规，把理想信念、根本宗旨、道德品质、法治意识由柔性修养转变为刚性约束，为共产党人培育和践行核心价值观提供制度保障。

把培育和践行核心价值观载入《中国共产党章程》。党的十九大通过修订后的《中国共产党章程》，强调“中国共产党领导人民发展社会主义先进文化”，其中包含培育和践行社会主义核心价值观的内容。《党章》规定党员的八项义务之一，是“发扬社会主义新风尚，带头实践社会主义核心价值观和社会主义荣辱观，提倡共产主义道德，弘扬中华民族传统美德，为了保护国家和人民的利益，在一切困难和危险的时刻挺身而出，英勇斗争，不怕牺牲”③。《中国共产党章程》是执政党建设的根本大法，是全面从严治党的根本遵循。把培育和践行核心价值观纳入党章，

① 《十八大以来重要文献选编》(上)，中央文献出版社2014年版，第286页。
② 《十八大以来重要文献选编》(中)，中央文献出版社2016年版，第679页。
③ 《中国共产党第十九次全国代表大会文件汇编》，人民出版社2017年版，第72—73、80页。

上升为全党制度性规定和规范。

把培育和践行核心价值观纳入党内政治生活。党的政治生活是党的生命，也是党要管党、从严治党的基础。党的政治生活，集中体现在为党和国家的发展目标而奋斗。党的十八届六中全会通过《关于新形势下党内政治生活的若干准则》规定：领导干部特别是高级干部必须带头践行社会主义核心价值观，继承和发扬党的优良传统和作风，弘扬中华民族传统美德，讲修养、讲道德、讲诚信、讲廉耻，养成共产党人的高风亮节，自觉远离低级趣味。①

把廉洁自律纳入管党治党规范。廉洁自律是党的优良作风的表现，是党的性质和宗旨的反映。廉洁从政、廉洁用权、廉洁修身、廉洁齐家，反映了国家、社会、个人层面的核心价值观。党员坚持廉洁自律，才能永葆党的先进性和纯洁性。2015 年 10 月 18 日，中共中央印发《中国共产党廉洁自律准则》②，紧扣廉洁自律主题，强调坚持依规治党和以德治党相结合，是党执政以来第一部“规范全党廉洁自律工作的重要基础性法规”。③ 此外，其他一些管党治党的规定，也把核心价值观作为重要内容。2016 年 12 月 23 日，中共中央印发《县以上党和国家机关党员领导干部民主生活会若干规定》，要求民主生活会应当围绕主题，带头践行社会主义核心价值观，艰苦奋斗，清正廉洁，遵纪守法，注重家庭、家教、家风，教育管理好亲属和身边工作人员。④

把培育和践行核心价值观纳入干部选拔条例。党的十八大以来，党中央提出新时期好干部标准，完善选拔和任用干部的制度机制，严格政治关、品行关、能力关、作风关、廉洁关。其中弘扬和践行核心价值观是选拔领导干部的必备条件。2019 年 3 月，中共中央印发修订后的《党

---

① 《关于新形势下党内政治生活的若干准则》，《人民日报》2016 年 11 月 3 日。

② 党员廉洁自律规范包含：第一条坚持公私分明，先公后私，克己奉公。第二条坚持崇廉拒腐，清白做人，干净做事。第三条坚持尚俭戒奢，艰苦朴素，勤俭节约。第四条坚持吃苦在前，享受在后，甘于奉献。党员领导干部廉洁自律规范包含：第五条廉洁从政，自觉保持人民公仆本色。第六条廉洁用权，自觉维护人民根本利益。第七条廉洁修身，自觉提升思想道德境界。第八条廉洁齐家，自觉带头树立良好家风。

③ 《十八大以来重要文献选编》（中），中央文献出版社 2016 年版，第 725—726 页。

④ 《十八大以来重要文献选编》（下），中央文献出版社 2017 年版，第 524 页。

政领导干部选拔任用工作条例》，强调党政领导干部的基本条件之一，是“加强道德修养，讲党性、重品行、作表率，带头践行社会主义核心价值观，廉洁从政、廉洁用权、廉洁修身、廉洁齐家，做到自重自省自警自励，反对形式主义、官僚主义、享乐主义和奢靡之风，反对任何滥用职权、谋求私利的行为”①。

党的十八大以来，在党中央坚强领导下，社会主义核心价值观和主流思想舆论不断壮大，人们的思想道德素质和精神面貌不断提高，国家文化软实力大幅提升。实践证明，党中央关于培育和践行社会主义核心价值观的战略符合社会发展趋势、反映人民根本意愿，代表中国先进文化的前进方向，为推进伟大事业和伟大梦想进程发挥出凝心聚力作用。

［原载《社会主义核心价值观研究》2019 年第 2 期］

① 《党政领导干部选拔任用工作条例》，《人民日报》2019 年 3 月 18 日。

后 记

2004年7月，笔者入职当代中国研究所，在文化史研究室从事研究工作，主要集中于新中国文化理论专题、意识形态建设史、党的文化思想史等。参加中国社会科学院创新工程“中华人民共和国文化史”和“中华思想通史”等项目，为我的学术研究提供了广阔平台。

国史研究是一门科学，科学的本质在于追求真理，而追求真理来不得半点虚假。在求知过程中，常怀“战战兢兢，如履薄冰”的谨慎，常有“剪不断、理还乱”的迷茫。无论是平坦道路，还是凹凸坎坷，都是进步的阶梯。回望求学心路，聊感欣慰的是，在新中国文化建设理论和实践问题上，留下点点墨痕，记录着阴晴风雨的经历。2020年，喜逢当代中国研究所成立30周年，正值天时、地利、人和、政通、文昌，笔者能把这些文章结集出版，由衷感恩感怀感慨感叹。这本论文收录的是笔者2020年前公开发表的文章，故在整体上保留原文原貌，以忠实于历史定位和成长经历。

笔者的每一点进步，都与各位领导的关怀分不开。感谢朱佳木、李捷、荆惠民、姜辉、张星星、武力、李正华、宋月红等领导的鼓励和鞭策，感谢有林、程中原、田居俭、沙健孙、梁柱、周新城、仝华等前辈的关心和指导，感谢刘国新、夏杏珍、欧阳雪梅等师长及各位同事的指导和帮助，感谢当代中国出版社副总编辑王茵、总编辑助理王敏、编辑柯琳娟等各位同志的辛苦付出和关心厚爱。

刘 仓

2024年4月于旌勇里8号